Juristische ExamensKlausuren

Burkhard Boemke

Fallsammlung zum Arbeitsrecht

Unter Mitarbeit
von Bernhard Ulrici

Zweite, überarbeitete und aktualisierte Auflage

Professor Dr. Burkhard Boemke
Universität Leipzig
Juristenfakultät
Burgstraße 27
04109 Leipzig
boemke@rz.uni-leipzig.de

ISSN 0944-3762

ISBN 978-3-540-36980-6 Springer Berlin Heidelberg New York
ISBN 978-3-540-41298-4 1. Auflage Springer Berlin Heidelberg New York

Bibliografische Information der Deutschen Nationalbibliothek
Die Deutsche Nationalbibliothek verzeichnet diese Publikation in der Deutschen Nationalbibliografie; detaillierte bibliografische Daten sind im Internet über http://dnb.d-nb.de abrufbar.

Dieses Werk ist urheberrechtlich geschützt. Die dadurch begründeten Rechte, insbesondere die der Übersetzung, des Nachdrucks, des Vortrags, der Entnahme von Abbildungen und Tabellen, der Funksendung, der Mikroverfilmung oder der Vervielfältigung auf anderen Wegen und der Speicherung in Datenverarbeitungsanlagen, bleiben, auch bei nur auszugsweiser Verwertung, vorbehalten. Eine Vervielfältigung dieses Werkes oder von Teilen dieses Werkes ist auch im Einzelfall nur in den Grenzen der gesetzlichen Bestimmungen des Urheberrechtsgesetzes der Bundesrepublik Deutschland vom 9. September 1965 in der jeweils geltenden Fassung zulässig. Sie ist grundsätzlich vergütungspflichtig. Zuwiderhandlungen unterliegen den Strafbestimmungen des Urheberrechtsgesetzes.

Springer ist ein Unternehmen von Springer Science+Business Media

springer.de

© Springer-Verlag Berlin Heidelberg 2001, 2007

Die Wiedergabe von Gebrauchsnamen, Handelsnamen, Warenbezeichnungen usw. in diesem Werk berechtigt auch ohne besondere Kennzeichnung nicht zu der Annahme, dass solche Namen im Sinne der Warenzeichen- und Markenschutz-Gesetzgebung als frei zu betrachten wären und daher von jedermann benutzt werden dürften.

Herstellung: LE-TEX Jelonek, Schmidt & Vöckler GbR, Leipzig
Umschlaggestaltung: WMX Design GmbH, Heidelberg

SPIN 11810735   64/3100YL - 5 4 3 2 1 0   Gedruckt auf säurefreiem Papier

Vorwort

Sechs Jahre nach der ersten, erscheint die vorliegende Fallsammlung zum Arbeitsrecht nunmehr in zweiter, neu bearbeiteter Auflage. Die Neubearbeitung war durch zahlreiche Gesetzesänderungen erforderlich geworden. Neben den Änderungen im Kündigungsschutzrecht zum 01.01.2004 sowie dem Inkrafttreten des Allgemeinen Gleichbehandlungsgesetzes zum 18.08.2007 ist insbesondere das Inkrafttreten der Schuldrechtsmodernisierung zum 01.01.2002 zu nennen. Namentlich die Einbeziehung von Arbeitsverträgen in die Angemessenheitskontrolle nach den Bestimmungen über Allgemeine Geschäftsbedingungen gemäß §§ 305 ff. BGB hat zu deutlichen Verschärfungen der arbeitsvertraglichen Inhaltskontrolle geführt. Entsprechend der zunehmenden Bedeutung der Inhaltskontrolle sowie den gesteigerten Anforderungen an eine praxisorientierte Juristenausbildung behandelt Klausur 10 einen rechtsgestaltenden Sachverhalt; diese Klausur wurde von meinem wissenschaftlichen Assistenten Rechtsanwalt Bernhard Ulrici eigenverantwortlich erstellt und bearbeitet.

Die Fallsammlung versteht sich als Ergänzung zu den klassischen Lehr- und Lernbüchern. Die Erfahrung zeigt nämlich, dass der Examenskandidat häufig Probleme hat, sein durchaus vorhandenes materielles Wissen in die Lösung eines konkreten Falles einzubringen. Insoweit kann dieser Band nicht den Besuch der Vorlesungen und die eigenständige wissenschaftliche Aufarbeitung arbeitsrechtlicher Fragestellungen ersetzen, aber zumindest Hilfestellung bei der fallbezogenen Übung geben. Die ausgewählten Fälle haben Examensniveau und sind von der Lösung daran ausgerichtet, was von einem Kandidaten in einer fünfstündigen Klausur als Rechtsgutachten erwartet werden kann. Die inhaltlichen Schwerpunkte sind am Pflichtfachstoffkatalog der einzelnen Bundesländer orientiert und spiegeln Standardprobleme, z. T. echte Klassiker, arbeitsrechtlicher Examensklausuren wieder. Dabei liegt naturgemäß der Schwerpunkt im Individualarbeitsrecht, die Bezüge zum kollektiven Arbeitsrecht, insbesondere zum Betriebsverfassungsrecht sind allerdings, soweit erforderlich, stets berücksichtigt.

Die Hauptverantwortung für dieses Werk liegt naturgemäß beim Autor, der auch allein für etwaige Fehler und Unrichtigkeiten die Verantwortung übernimmt. An der Realisierung des Projekts haben aber im Hintergrund die Mitarbeiter des Lehrstuhls für Bürgerliches Recht, Arbeits- und Sozialrecht an der Juristenfakultät der Universität Leipzig mitgewirkt. Diejenigen namentlich zu benennen, die zur Verwirklichung dieser Zweitauflage beigetragen haben, würde den zur Verfügung stehenden Rahmen sprengen und nicht immer dem Verantwortungsbeitrag gerecht werden. Gleichwohl gilt Ihnen allen mein besonderer Dank.

Leipzig, im Januar 2007 Prof. Dr. Burkhard Boemke

Inhaltsverzeichnis

A. Einleitung 1
   I. Arbeitsrecht in der ersten juristischen Staatsprüfung 3
   II. Arbeitsrecht in der Fallbearbeitung 4
   III. Arbeitsrechtliche Klausurenschwerpunkte 5
      1. Begründung des Arbeitsverhältnisses 5
      2. Durchführung des Arbeitsverhältnisses 6
      3. Beendigung des Arbeitsverhältnisses 8

B. Klausuren 11
Klausur 1: Der kleine Unterschied 13
   Anfechtung des Arbeitsvertrags – Fragerecht des Arbeitgebers –
   Fehlerhaftes Arbeitsverhältnis – Urlaubsabgeltung

Klausur 2: Dienst auf der Straße 39
   Entgeltfortzahlung im Krankheitsfalle – Haftungsausschluss bei
   Arbeitsunfall (§§ 104 f. SGB VII) – Aufwendungsersatz bei Eigenschäden
   des Arbeitnehmers

Klausur 3: Martialische Schriften 63
   Kündigungsschutzklage und allgemeiner Feststellungsantrag –
   Arbeitsverweigerung aus Gewissensgründen – Ausübung des
   Direktionsrechts – Zugang der Kündigung – Zurückweisung der
   Kündigung (§ 174 BGB)

Klausur 4: Ärger am Bau 105
   Sachgrundbefristung – Weiterbeschäftigungsanspruch – Schadensersatz
   und Entschädigung nach § 15 Abs. 1 und 2 AGG – Verhaltensbedingte
   Kündigung

Klausur 5: Eine vertrauenswürdige Kassiererin 139
   Kündigungsschutzklage – Fristgemäße Anhörung des Betriebsrats
   (§ 102 Abs. 2 BetrVG) – Verdachtskündigung – Wiedereinstellungsanspruch
   – Mankohaftung – Änderungskündigung und Änderungsschutzklage

Klausur 6: Eine profitable Airline 173
   Bestehen eines Arbeitsverhältnisses – Rückzahlung von Gratifikationen
   nach Beendigung – Anspruch auf Sonderzahlungen für neu eingestellte
   Arbeitnehmer – Betriebliche Übung – Gleichbehandlung

Klausur 7: Keine Gnade vor dem Alter 195
   Zurückweisung der Kündigung (§ 174 BGB) – Geltungsbereich des
   Allgemeinen Kündigungsschutzes – Sozialabwägung bei betriebsbedingten
   Kündigungen in Kleinbetrieben – Annahmeverzug des Arbeitgebers nach
   unwirksamer Kündigung

Klausur 8: Problematische Befristungen 229
   Anschlussverbot (§ 14 Abs. 2 Satz 2 TzBfG) – Fristverlängerung und
   Änderung von Arbeitsbedingungen – Schriftformerfordernis bei
   Befristungsabrede – Herausgabe dienstlich erworbener „Bonusmeilen"
   an den Arbeitgeber

Klausur 9: Der plötzliche Aufhebungsvertrag 255
   Anfechtung und Widerruf eines Aufhebungsvertrags – Inhaltskontrolle
   von Rückzahlungsklauseln bzgl. Weiterbildungskosten – Entgeltfortzahlung
   im Krankheitsfalle

Klausur 10: Frieden im Betrieb (*Bernhard Ulrici*) 293
   Anwaltsklausur: Vertragsgestaltung – AGB-Kontrolle – Arbeitnehmer als
   Verbraucher – Besonderheiten des Arbeitsrechts – Ausschlussfrist

C. Aufbauschemata **339**

1 Zulässigkeit einer Klage am Beispiel der Kündigungsschutzklage 342
2 Gestaltungsfaktoren 343
   A. Gleichbehandlung 343
   B. Betriebliche Übung 344
   C. Ausübung des Direktionsrechts 345
   D. AGB-Kontrolle 345
   E. Vertragsgestaltung 347
3 Begründung des Arbeitsverhältnisses 349
   A. Arbeitsverhältnis 349
   B. Anfechtung des Arbeitsvertrags 350
   C. Entschädigungsanspruch aus § 15 Abs. 2 AGG bei Begründung
      eines Arbeitsverhältnisses 352
4 Ansprüche des Arbeitnehmers 354
   A. Entgeltanspruch des Arbeitnehmers 354
   B. Lohn ohne Arbeit 355
   C. Haftungsausschluss nach § 104 Abs. 1 SGB VII 358
5 Haftung des Arbeitnehmers aus § 280 Abs. 1 i. V. m. § 241 Abs. 2 BGB 359
6 Beendigung des Arbeitsverhältnisses 360
   A. Befristung 360
   B. Ordentliche Kündigung 361
   C. Außerordentliche Kündigung 362

Literaturverzeichnis **365**

Sachverzeichnis **369**

A. Einleitung

I. Arbeitsrecht in der ersten juristischen Staatsprüfung

Das Arbeitsrecht umfasst die rechtlichen Regelungen des Arbeitsverhältnisses als besonderes Schuldverhältnis und ist damit ein Teilgebiet des bürgerlichen Rechts, genauer des besonderen Schuldrechts. Die Bedeutung des Arbeitsrechts im Rahmen der ersten juristischen Staatsprüfung hängt von der jeweiligen Ausbildungsordnung für Juristen ab[1], kann also von Bundesland zu Bundesland verschieden sein. Unabhängig von Unterschieden im Detail gehört das Individualarbeitsrecht einschließlich seiner Bezüge zum kollektiven Arbeitsrecht aber fast bundesweit zum Pflichtfachstoff in der ersten juristischen Staatsprüfung. Das Arbeitsrecht kann daher als Prüfungsleistung wie folgt Bedeutung gewinnen.

- Ist das Anfertigen einer Hausarbeit Bestandteil der schriftlichen Prüfung, dann besteht im Allgemeinen auch die Möglichkeit, eine Aufgabenstellung aus dem Individualarbeitsrecht zu wählen[2].
- Von einigen Ausnahmen abgesehen (z. B. Saarland[3]) kann das Individualarbeitsrecht Gegenstand einer Aufsichtsarbeit sein[4].
- Arbeitsrecht kann Teil einer Schwerpunktbereichsprüfung sein. Die juristischen Fakultäten bestimmen durch Prüfungsordnungen[5] die Schwerpunktbereiche sowie die Einzelheiten der Prüfungsanforderungen und des Prüfungsverfahrens.
- Schließlich kann das Arbeitsrecht auch zum Inhalt des mündlichen Prüfungsgesprächs[6] gemacht werden.

---

[1] Zur Bedeutung des ArbRs in der ersten juristischen Staatsprüfung ausführlich Boemke, ArbR, § 1 Rn. 1 ff.
[2] § 11 Abs. 1, Abs. 2 Nr. 6 JAG NW i.V.m. § 6 Abs. 1 JAO NW.
[3] Vgl. §§ 11 Abs. 2 , 8 Abs. 2 SaarlJAG.
[4] §§ 8 Abs. 1, Abs. 2 Nr. 4, 13 Abs. 3 Nr. 1 BadWürttJAPrO; §§ 5, 18 Abs. 1, Abs. 2 Nr. 3 BayJAPO; §§ 7 Abs. 1 S. 1 BbgJAG, 3 Abs. 2 S. 1 BbgJAG i. V. m. § 3 Abs. 1, Abs. 4 Nr. 1 d BbgJAO; §§ 3 Abs. 1, Abs. 4 Nr. 1 lit. d, 5 Abs. 3 Nr. 1 BerlJAO; §§ 13 Abs. 1, Abs. 2 Nr. 1 lit. f und Abs. 3 Nr. 5, 14 Abs. 1, 15 Abs. 1, Abs. 2 Nr. 1 BremJAPG; §§ 12 Abs. 2, 15 Abs. 2 S. 1 Nr. 1 HmbJAG i. V. m. Prüfungsgegenständeverordnung; §§ 6 Abs. 1, Abs. 2, 7 Nr. 2 lit. h, 12 Abs. 1, 13 Abs. 2 HessJAG; §§ 11 Abs. 1, Abs. 2 Nr. 1 lit. e, 12 Abs. 1 JAPO M-V; § 3 Abs. 1 S. 1, Abs. 2 S. 1 NJAG, §§ 16 Abs. 1 Nr. 2 lit. c, 19 Abs. 1 Nr. 1 NJAVO; §§ 10 Abs. 1, Abs. 2, 11 Abs. 1, Abs. 2 Nr. 6 JAG NW; §§ 5 Abs. 1 S. 1 RhPfJAG, 6 Abs. 1 i. V. m. A II der Anlage zu § 1 Abs. 2 Nr. 1 RhPfJAPO; §§ 17 Abs. 1, Abs. 2 Nr. 3, 28 Abs. 1, Abs. 2 Nr. 1 SächsJAPO; §§ 12 Abs. 1, 13 Abs. 1, Abs. 2 Nr. 3, 16 Abs. 1, Abs. 3 JAPrVO LSA; §§ 14 Abs. 1, Abs. 2 Nr. 2 lit. d, 20 Abs. 2 Nr. 1 ThürJAPO.
[5] Vgl. z. B. § 3 Abs. 1 Nr. 4 Satzung der Universität Heidelberg über Ausbildung und Prüfung in den Schwerpunktbereichen im Studiengang Rechtswissenschaften (08.03.2004); § 24 Abs. 3 Nr. 8 Studienordnung für den Studiengang Rechtswissenschaften Universität Leipzig (07.03.2006); § 21 Abs. 3 Nr. 4 lit. b Prüfungsordnung Universität Rostock (15.03.2006) i. V. m. § 11 Abs. 2 Nr. 1 lit. e JAPO M-V.
[6] §§ 8 Abs. 1, 2 Nr. 4, 17 Abs. 2 BadWürttJAPrO; §§ 18 Abs. 1, 2 Nr. 3, 32 Abs. 1 BayJAPO; §§ 7 Abs. 1 S. 1 BbgJAG, § 19 Abs. 2 S. 2 BbgJAO; §§ 3 Abs. 1, Abs. 4 Nr. 1 lit. d, 9 Abs. 2 S. 2 BerlJAO; § 20 Abs. 1 BremJAPG; §§ 12 Abs. 2, 20 Abs. 1 Satz 2

Zu einer sorgfältigen Examensvorbereitung gehört es daher, sich die erforderlichen Grundkenntnisse im Individualarbeitsrecht einschließlich der Bezüge zum kollektiven Arbeitsrecht – insbesondere Tarifvertrags-, Arbeitskampf- und Betriebsverfassungsrecht – zu verschaffen.

II. Arbeitsrecht in der Fallbearbeitung

Dabei fällt der Einstieg in die arbeitsrechtliche Fallbearbeitung deswegen leicht, weil das Arbeitsrecht trotz seiner Eigenständigkeit in Prüfung und Lehre kein eigenes Rechtsgebiet neben dem Privatrecht, sondern nur ein Teilgebiet des bürgerlichen Rechts ist[7]. Der Arbeitsrechtsfall ist ein zivilrechtlicher Fall, der Problemstellungen im Zusammenhang mit einem besonderen Schuldverhältnis zum Gegenstand hat. Daher kann für die arbeitsrechtliche Fallbearbeitung auf die allgemeine zivilrechtliche Falllösungstechnik zurückgegriffen werden[8].

Dies bedeutet: Ist nach (konkreten) Ansprüchen der Beteiligten gefragt, richtet sich der Aufbau der Prüfung nach der so genannten Anspruchsmethode. Ganz am Anfang muss auch in der arbeitsrechtlichen Anspruchsklausur die Rechtsnorm stehen, die abstrakt geeignet ist, die vom Anspruchsteller begehrte Rechtsfolge zu gewähren. Sodann ist durch Subsumtion des Sachverhalts unter die Tatbestandsmerkmale der Anspruchsnorm zu prüfen, ob die Voraussetzungen der Anspruchsnorm erfüllt sind und damit der Anspruch entstanden ist[9]. Soweit einzelne Tatbestandsmerkmale verschiedene Deutungsmöglichkeiten offen lassen, ist deren Bedeutung im Wege der Auslegung unter Rückgriff auf die allgemeine juristische Methodenlehre zu ermitteln. Bietet der Sachverhalt entsprechende Anhaltspunkte, muss ggf. weiter geprüft werden, ob der Anspruch wieder erloschen ist oder Umstände gegeben sind, die der Durchsetzbarkeit entgegenstehen.

Falsch ist es demgegenüber, die Falllösung über vermeintliche arbeitsrechtliche Prinzipien, wie z. B. das Arbeitnehmerschutzprinzip bzw. das „Wesen" des Arbeitsverhältnisses, zu suchen und das Ergebnis zusätzlich durch Erwägungen zur „Treue und Fürsorge" im Arbeitsverhältnis abzusichern. Wer diesen Weg beschreitet, der kann im Einzelfall, gerade bei gutem Judiz, durchaus zum richtigen Ergebnis gelangen. Die Ausführungen bleiben gleichwohl überflüssig und damit

---

HmbJAG i. V. m. Prüfungsgegenständeverordnung; §§ 5, 12 Abs. 1, 14 HessJAG; §§ 11 Abs. 1, Abs. 2 Nr. 1 lit. e, 19 Abs. 1 JAPO M-V; § 3 Abs. 1, Abs. 2 Satz 1 NJAG, §§ 16 Abs. 1 Nr. 2 lit. c, 23 Abs. 1 Satz 1 NJAVO; §§ 10 Abs. 1, 11 Abs. 1, Abs. 2 Nr. 6 JAG NW, 9 Abs. 5 Satz 1 JAO NW; § 7 Abs. 1 i. V. m. A II der Anlage zu § 1 Abs. 2 Nr. 1 RhPfJAPO; §§ 8 Abs. 1, Abs. 2 Nr. 3, 10 Abs. 1, Abs. 2 Satz 1 SaarlJAG; §§ 17 Abs. 1, Abs. 2 Nr. 3, 31 Abs. 5 SächsJAPO; §§ 12 Abs. 1, 13 Abs. 1, Abs. 2 Nr. 3, 23 Abs. 1 Satz 1 JAPrVO LSA; §§ 3 Abs. 1 Satz 1, Abs. 2, Abs. 3 Nr. 4, 11 Abs. 2 Nr. 1 JAVO SH; §§ 14 Abs. 1, Abs. 2 Nr. 2 lit. d, 23 Abs. 1 ThürJAPO.

[7] Ausführlich m. w. Nachw. Boemke, Schuldvertrag und Arbeitsverhältnis, § 6.
[8] Söllner/Waltermann, ArbR, § 1 Rn. 11; Wank, Übungen im ArbR, S. 4 f.
[9] Hanau/Kramer, JuS 1994, 575, 576.

falsch[10], so dass die Leistung nur in den seltensten Fällen noch durchschnittlichen Anforderungen genügen wird.

Bei der Prüfung eines arbeitsrechtlichen Anspruchs sollte daher stets das klassische zivilrechtliche Prüfungsschema zugrunde gelegt werden, nämlich:

I. Anspruch entstanden
II. Anspruch untergegangen
III. Anspruch durchsetzbar

Kommt es für einzelne Ansprüche darauf an, ob ein Arbeitsverhältnis besteht, oder ist direkt nach dem Bestehen (oder der Beendigung) eines Arbeitsverhältnisses gefragt, dann ist nach der historischen Methode, wie sie aus dem Zivilrecht insbesondere bei der Prüfung des Herausgabeanspruchs des Eigentümers gegen den Besitzer (§§ 985 f. BGB) bekannt ist, vorzugehen. Es ist zunächst zu prüfen, ob lt. Sachverhalt überhaupt einmal zwischen den Parteien ein Arbeitsverhältnis begründet wurde; sodann ist der Frage nachzugehen, ob das wirksam begründete Arbeitsverhältnis durch später eintretende Umstände wieder beendet wurde. Auf die Einzelheiten der Methode der zivilrechtlichen Fallbearbeitung kann an dieser Stelle nicht eingegangen, vielmehr muss insoweit auf die einschlägige zivilrechtliche Anleitungsliteratur verwiesen werden[11].

III. Arbeitsrechtliche Klausurenschwerpunkte

Trotz der Fülle des theoretischen Prüfungsstoffes im Pflichtfach Arbeitsrecht, gibt es auch hier einige Grundmuster für Klausuren. Wer diese typischen Grundmuster kennt, der kann sich gezielter auf die Prüfung vorbereiten und damit die Angst vor unbekannten Aufgabenstellungen abbauen[12]. Im Individualarbeitsrecht sind die folgenden Klausurschwerpunkte zu nennen.

1. Begründung des Arbeitsverhältnisses

Im Zusammenhang mit der Begründung des Arbeitsverhältnisses stehen folgende Problemkreise häufig im Mittelpunkt: Abgrenzung des Arbeitsverhältnisses vom freien Dienstverhältnis, insbesondere Abgrenzung des Arbeitnehmers vom freien Mitarbeiter[13]; Fragerecht des Arbeitgebers[14] und Anfechtung des Arbeitsvertrags[15];

---

[10] Wank, Übungen im ArbR, S. 4.
[11] Vgl. z. B. Diederichsen/Wagner, Die BGB-Klausur, 9. Aufl. 1998; Früh, Bürgerliches Recht in der Fallbearbeitung, JuS 1993, 825 ff.; 1994, 36 ff., 212 ff., 486 ff., 759 ff., 937 ff.; 1995, 36 ff., 125 ff., 221 ff., 418 ff., 601 ff., 701 ff.
[12] Wank, Übungen im ArbR, S. 5 ff.
[13] Siehe unten Klausur 6, unter A I 2, S. 178 ff.; Richardi/Annuß, ArbR, Fall 8, S. 88, 91 ff.; Wank, Übungen im ArbR, S. 11 ff.

fehlerhaftes Arbeitsverhältnis[16]; Diskriminierung wegen des Geschlechts, des Alters oder sonstiger nach § 1 AGG untersagter Differenzierungskriterien bei Einstellung[17].

2. Durchführung des Arbeitsverhältnisses

Im Zusammenhang mit der Durchführung des Arbeitsverhältnisses finden sich häufig Klausuren zu folgenden Themenbereichen:

a) Ansprüche des Arbeitnehmers

Bei den Ansprüchen des Arbeitnehmers geht es vielfach um Zahlungsansprüche, aber seltener hinsichtlich des vereinbarten Grundlohns, sondern vielmehr um Ansprüche auf Zusatzleistungen, wie z. B. Urlaubsgeld, Weihnachtsgeld oder sonstige Sonderleistungen[18]; in diesem Zusammenhang kommen als Anspruchsgrundlagen insbesondere Gleichbehandlung[19] und betriebliche Übung[20] in Betracht, als anspruchsvernichtender Tatumstand der Widerruf durch den Arbeitgeber[21]. Sofern um die Zahlung des Grundlohns als solchen gestritten wird, handelt es sich zumeist um Fallgestaltungen des Lohns ohne Arbeit, insbesondere bei Annahmever-

---

[14] Siehe unten Klausur 1, unter A II 2 a, S. 19 ff.; Heckelmann/Franzen, Fall 1, S. 5 ff.; Michalski, ArbR, Fall 8, S. 4, 43 ff.; Richardi/Annuß, ArbR, Fall 1, S. 1, 10 f.

[15] Siehe unten Klausur 1, unter A II, S. 18 ff.; Heckelmann/Franzen, Fall 1, S. 1, 4 ff.; Michalski, ArbR, Fall 5, S. 3, 35 f., Fall 8, S. 4, 42 ff., Fall 31, S. 12, 103 ff.; Oetker, IndividualarbR, Fall 2, S. 4, 40 f.; Richardi/Annuß, ArbR, Fall 1, S. 1, 2 ff.; Wank, Übungen im ArbR, Fall 2, S. 23, 24 ff.; ders., JuS 1995, 1086, 1087 ff.

[16] Siehe unten Klausur 1, unter B I 1 a aa, S. 31 ff.; Heckelmann/Franzen, Fall 9, S. 113, 124, Fall 11, S. 142, 146 f.; Michalski, ArbR, Fall 6, S. 3, 38 f.; Hohmeister, JA 1995, 766 ff.; Richardi/Annuß, ArbR, Fall 1, S. 1, 12 ff.; Wank, Übungen im ArbR, Fall 2, S. 23, 30 f.; ders., JuS 1995, 1086 ff.

[17] Siehe unten Klausur 4, unter A II 2 e, S. 116 ff.; - Noch zum alten § 611a Abs. 1 BGB: Heckelmann/Franzen, Fall 1, S. 1, 7 f.; Michalski, ArbR, Fall 9, S. 4, 46 ff.; Oetker, IndividualarbR, Fall 4, S. 6, 51 f.

[18] Siehe unten Klausur 6, unter B, S. 189 ff.; Heckelmann/Franzen, Fall 11, S. 142, 150 ff., Fall 13, S. 172, 173 ff.; Michalski, ArbR, Fall 12, S. 5, 57 ff., Fall 13, S. 6, 60, Fall 14, S. 6, 61 ff.; Oetker, IndividualarbR, Fall 12, S. 14, 89 ff.; Richardi/Annuß, ArbR, Fall 16, S. 188, 193.

[19] Siehe unten Klausur 6, unter B II, S. 189 ff.; Heckelmann/Franzen, Fall 20, S. 270, 280 ff.; Michalski, ArbR, Fall 14, S. 6, 61 ff.; Oetker, IndividualarbR, Fall 7, S. 9, 66 f., Fall 12, S. 14, 89; Richardi/Annuß, ArbR, Fall 2, S. 16, 24 ff.; Wank, Übungen im ArbR, Fall 3, S. 37, 46 ff.

[20] Siehe unten Klausur 6, unter B I, S. 188 f.; Heckelmann/Franzen, Fall 13, S. 172, 173 ff., Fall 19, S. 258, 262 f.; Michalski, ArbR, Fall 11, S. 5, 55 f., Fall 12, S. 5, 57 ff., Fall 13, S. 6, 60; Oetker, IndividualarbR, Fall 12, S. 14, 90 ff.; Richardi/Annuß, ArbR, Fall 2, S. 16, 17 ff.; Wank, Übungen im ArbR, Fall 3, S. 37, 38 ff.

[21] Siehe unten Klausur 6, unter B II 3, S. 190 f.; Heckelmann/Franzen, Fall 22, S. 300, 305 f.; Wank, Übungen im ArbR, Fall 3, S. 37, 42.

zug des Arbeitgebers[22] oder im Krankheitsfalle[23], aber auch an Feiertagen[24] oder bei persönlicher Verhinderung des Arbeitnehmers[25]. Probleme können sich aber auch um den Urlaub des Arbeitnehmers ranken, hier kann es um die Übertragung des Erholungsurlaubs auf das folgende Kalenderjahr[26] oder den Urlaubsanspruch für Kalenderjahre, in denen der Arbeitnehmer keine Arbeitsleistung erbracht hat[27], gehen; im Zusammenhang mit der Beendigung des Arbeitsverhältnisses können auch Fragen der Urlaubsabgeltung erörtert werden[28].

Daneben können auch Schadensersatzansprüche des Arbeitnehmers Gegenstand einer arbeitsrechtlichen Fallbearbeitung sein, wobei es seltener um Sachschäden[29], häufiger aber um Personenschäden geht, hinsichtlich derer die Haftungsbeschränkung nach §§ 104 f. SGB VII zu beachten ist[30]. Durch das AGG können zukünftig auch Schadensersatz- oder Entschädigungsansprüche wegen gemäß § 7 Abs. 1 AGG unzulässiger Diskriminierungen in den Vordergrund der Betrachtung rücken[31].

Schließlich kommt auch den Aufwendungsersatzansprüchen des Arbeitnehmers gewisse Bedeutung zu, wenn dieser eigene Rechtsgüter im Zusammenhang mit der Erbringung der Arbeitsleistung einsetzt[32]; insbesondere die entsprechende Anwendung von § 670 BGB, wenn der Arbeitnehmer bei einer Dienstfahrt mit seinem Privat-PKW einen Unfall erleidet, ist examensrelevant[33].

b) Ansprüche des Arbeitgebers

Bei den Ansprüchen des Arbeitgebers kann es um sein Recht auf die Arbeitsleistung gehen. Insoweit ist oft die wirksame Ausübung des Direktionsrechts fraglich,

---

[22] Siehe unten Klausur 3, unter A II 2, S. 68 ff., und Klausur 7, unter B II 2 b, S. 222 ff.; Heckelmann/Franzen, Fall 6, S. 76, 81 ff., Fall 20, S. 270, 280 ff., Fall 21, S. 284, 296, Fall 22, S. 300, 309 f.; Oetker, IndividualarbR, Fall 7, S. 9, 65 f.; Wank, Übungen im ArbR, Fall 4, S. 59, 65 f., Fall 13, S. 181, 182 ff.
[23] Siehe unten Klausur 2, unter A I 4 und B, S. 44 ff.; Heckelmann/Franzen, Fall 7, S. 89, 98 ff.; Michalski, Fall 19, S. 8, 72 ff.; Oetker, IndividualarbR, Fall 8, S. 10, 68 ff., Fall 9, S. 11, 73 f.; Richardi/Annuß, ArbR, Fall 12, S. 129 ff.
[24] Siehe unten Klausur 9, unter C II 3, S. 291 f.; Michalski, ArbR, Fall 10, S. 5, 51; Richardi/Annuß, ArbR, Fall 16, S. 189 f.
[25] Siehe unten Klausur 3, unter A II 3, S. 77 f.
[26] Heckelmann/Franzen, Fall 7, S. 89, 90 ff.; Richardi/Annuß, ArbR, Fall 11, S. 124.
[27] Heckelmann/Franzen, Fall 7, S. 89, 90 ff.; Richardi/Annuß, ArbR, Fall 11, S. 123 f.
[28] Siehe unten Klausur 1, unter B, S. 31 ff.; Heckelmann/Franzen, Fall 7, S. 89, 90 ff.; Michalski, ArbR, Fall 17, S. 7, 68 f.; Richardi/Annuß, ArbR, Fall 11, S. 118, 123 ff.
[29] Heckelmann/Franzen, Fall 4, S. 46, 47 ff.; Michalski, ArbR, Fall 27, S. 10, 89 ff.
[30] Siehe unten Klausur 2, unter D II, S. 57 f.; Michalski, ArbR, Fall 26, S. 10, 87 ff.; Richardi/Annuß, ArbR, Fall 11, S. 118, 120 ff.
[31] Siehe unten Klausur 4, unter B IV und V, S. 125 ff.
[32] Siehe unten Klausur 2, unter C, S. 52 ff.; Heckelmann/Franzen, Fall 4, S. 46, 52 ff.; Oetker, IndividualarbR, Fall 11, S. 13, 84 f.; Richardi/Annuß, ArbR, Fall 10, S. 107, 112 ff.
[33] Siehe unten Klausur 2, unter C, S. 52 ff.; Wank, Übungen im ArbR, Fall 7, S. 103, 104 ff.

die auch Vorfrage für die Wirksamkeit einer Abmahnung oder Kündigung sein kann. Problematisch ist in diesem Zusammenhang seltener, ob die zugewiesene Tätigkeit vom Inhalt des Arbeitsvertrags umfasst wird, als vielmehr die Begrenzung des Direktionsrechts, insbesondere nach §§ 106 S. 1, 6 Abs. 2 GewO, § 315 Abs. 3 BGB[34], z. B. bei der Zuweisung einer Tätigkeit, die den Arbeitnehmer in einen Gewissenskonflikt stürzt[35].

Bei den Schadensersatzansprüchen des Arbeitgebers ist die Haftungseinschränkung nach den Grundsätzen der Arbeitnehmerhaftung bei betriebsbedingten Schäden (früher: gefahrgeneigter Arbeit) ein Klassiker[36]. Eine besondere Rolle spielen hierbei die Mankohaftung des Arbeitnehmers[37] und die diesbezüglichen Grundsätze der Darlegungs- und Beweislast[38].

3. Beendigung des Arbeitsverhältnisses

Zahlreiche arbeitsrechtliche Klausuren betreffen die Beendigung des Arbeitsverhältnisses.

Dabei geht es nicht immer um die Kündigung des Arbeitsverhältnisses. Auch die Beendigung des Arbeitsverhältnisses aus sonstigen Gründen wirft zahlreiche Standardprobleme auf. Zu nennen sind insoweit die Beendigung des Arbeitsverhältnisses durch Aufhebungsvertrag[39], wobei ein Problempunkt die Anfechtung nach § 123 Abs. 1 BGB wegen Drohung durch den Arbeitgeber mit einer Kündigung ist[40]; daneben bilden die Hinweispflichten des Arbeitgebers auf die sozialversicherungsrechtlichen, insbesondere arbeitsförderungsrechtlichen Folgen einer einvernehmlichen Beendigung des Arbeitsverhältnisses[41] und damit in Zusammenhang stehende Anfechtungsrechte und Schadensersatzansprüche des Arbeitnehmers einen weiteren Problemschwerpunkt. Bei der Befristung des Arbeitsverhältnisses[42] steht insbesondere der Sachgrund für eine Befristung im Vordergrund,

---

[34] Heckelmann/Franzen, Fall 10, S. 130, 132 ff., 140 f.; Oetker, IndividualarbR, Fall 19, S. 21, 116 ff.; Wank, Übungen im ArbR, Fall 12, S. 165, 166 f.

[35] Siehe unten Klausur 3, unter A II 2 b, S. 70 ff.; Heckelmann/Franzen, Fall 10, S. 130, 132 ff, 140 f.

[36] Siehe unten Klausur 2, unter C III, S. 54 ff.; Heckelmann/Franzen, Fall 3, S. 30, 32 ff.; Hohmeister, JA 1995, 766, 771 ff.; Oetker, IndividualarbR, Fall 10, S. 12, 82; Richardi/Annuß, ArbR, Fall 9, S. 97, 98 ff.; Wank, Übungen im ArbR, Fall 6, S. 87, 89 ff.

[37] Siehe unten Klausur 5, unter C II 2, S. 160 ff.; Michalski, ArbR, Fall 28, S. 10, 94 ff.

[38] Siehe unten Klausur 5, unter C II 2 d cc, S. 163 f.

[39] Siehe unten Klausur 9, unter A, S. 259 ff.; Heckelmann/Franzen, Fall 5, S. 60, 61 ff.; Oetker, IndividualarbR, Fall 30, S. 32, 161 ff.

[40] Siehe unten Klausur 9, unter A II 3 a, S. 267 ff.; Oetker, IndividualarbR, Fall 30, S. 32, 162 f.

[41] Siehe unten Klausur 9, unter A II 3 c, S. 270 f.

[42] Siehe unten Klausur 4, unter A II 2, S. 112 ff.; Klausur 8, unter A, B und C, S. 233 ff.; Heckelmann/Franzen, Fall 5, S. 60, 72 ff.; Kania/Moritz, JuS 1996, 517 ff.; Oetker, IndividualarbR, Fall 22, S. 24, 131 ff.; Richardi/Annuß, ArbR, Fall 10, S. 107, 108 ff.; Wank, Übungen im ArbR, Fall 1, S. 16 ff.

im Einzelfall können aber auch sachgrundlose Befristungen Rechtsprobleme aufwerfen.

Naturgemäß stehen bei Fragestellungen betreffend die Beendigung des Arbeitsverhältnisses die Probleme um die Kündigung im Vordergrund. Bekannt ist die Frage nach dem Zeitpunkt des Zugangs der Kündigung bei urlaubsbedingter Ortsabwesenheit des Arbeitnehmers[43], aber auch Stellvertretung und § 174 BGB können eine Rolle spielen[44]. Zudem kann die ordnungsgemäße Anhörung des Betriebsrats im Einzelfall problematisch sein[45].

Einen Schwerpunkt bildet neben den Fragen des besonderen Kündigungsschutzes für Betriebsratsmitglieder, Schwerbehinderte sowie Schwangere und Wöchnerinnen[46] der allgemeine Kündigungsschutz nach dem KSchG. Neben den Kündigungsgründen[47] kann es auch um den persönlichen (§ 1 Abs. 1 KSchG)[48] oder betrieblichen[49] Geltungsbereich, aber auch das Kündigungsschutzverfahren, insbesondere die Einhaltung der Drei-Wochen-Frist des § 4 KSchG, gehen[50]. Im Einzelfall kann aber auch die Wirksamkeit einer Kündigung ggü. einem Arbeitnehmer, der keinen allgemeinen oder besonderen Kündigungsschutz genießt, im Mittelpunkt einer Fallbearbeitung stehen[51]. Problematisch ist hier insbesondere, ob über § 242 BGB inhaltliche Anforderungen an den Kündigungsgrund gestellt werden dürfen und bei betriebsbedingten Gründen eine abgeschwächte Sozialauswahl gefordert werden kann[52]. Bei der außerordentlichen Kündigung geht es häufig darum, ob ein wichtiger Grund die fristlose Kündigung rechtfertigt[53]. In diesem Zusammenhang ist auch die Möglichkeit der Änderungsschutzklage[54] bedeutsam.

Daneben kann eine Nichtverlängerung eines Arbeitsverhältnisses auch zu Schadensersatz- oder Entschädigungsansprüchen führen, wie z. B. nach § 15 Abs.

---

[43] Siehe unten Klausur 3, unter B II 1 b bb, S. 89 f.; Oetker, IndividualarbR, Fall 23, S. 25, 137.
[44] Siehe unten Klausur 3, unter B I 2 b, S. 80 ff.; Boemke, JuS 1995, 519 ff.
[45] Siehe unten Klausur 3, unter B II 2 b, S. 95 f., und Klausur 5, unter A I 2 b, S. 145 ff.; Michalski, ArbR, Fall 34, S. 14, 119; Richardi/Annuß, ArbR, Fall 5, S. 48, 54 f.
[46] Heckelmann/Franzen, Fall 1, S. 1, 11 f.; Richardi/Annuß, ArbR, Fall 15, S. 170.
[47] Siehe unten Klausur 4, unter C II 2 b, S. 133, und Klausur 5, unter A II 2 b cc, S. 151 ff.; Franzen, JuS 1994, 674, 676; Geck/Seifert, JA 1995, 283, 295 f.; Heckelmann/Franzen, Fall 8, S. 102, 107 ff., Fall 9, S. 113, 119 ff., Fall 12, S. 159, 161 ff.; Helml, Jura 1996, 34, 37; Hohmeister, JA 1995, 766, 775; Moritz, Jura 1992, 281, 285; Oetker, IndividualarbR, Fall 26, S. 28, 145 f., Fall 27, S. 29, 148 f., Fall 28, S. 30, 154 f.; Schulz, JA 1995, 647, 652; Wank, Übungen im ArbR, Fall 8, S. 111, 112 ff.; Fall 9, S. 125, 131 ff.
[48] Siehe unten Klausur 8, unter A II 2, S. 239 f.; Richardi/Annuß, ArbR, Fall 6, S. 63, 66 ff.
[49] Siehe unten Klausur 5, unter A II 2 b aa, S. 149 f., und Klausur 7, unter A III 3 c, S. 203 f.; Richardi/Annuß, ArbR, Fall 5, S. 48, 55 ff.
[50] Siehe unten Klausur 3, unter B II 1 b, S. 88 ff., und Klausur 7, unter A III 1, S. 200 f.; Oetker, JuS 1990, 739, 743 f.; Richardi/Annuß, ArbR, Fall 6, S. 63, 68 f.
[51] Siehe unten Klausur 7, unter A III 4, S. 204 ff.
[52] Siehe unten Klausur 7, unter A III 4 c, S. 209 ff.
[53] Siehe unten Klausur 3, unter B I 2 c, S. 83 ff.
[54] Siehe unten Klausur 5, unter D, S. 165 ff.

1 und 2 AGG bei einem Verstoß gegen das Benachteiligungsverbot aus § 7 Abs. 1 AGG[55].

Schließlich betreffen Klausurgestaltungen auch Zahlungsansprüche anlässlich der Beendigung des Arbeitsverhältnisses. Neben der Urlaubsabgeltung zugunsten des Arbeitnehmers[56] stehen insoweit Rückzahlungsansprüche des Arbeitgebers wegen gewährter Gratifikationen[57] bzw. im Hinblick auf Aus- und Fortbildungskosten[58] im Mittelpunkt von Fallgestaltungen.

---

[55] Siehe unten Klausur 4, unter B IV und V, S. 125 ff.
[56] Siehe unten Klausur 1, unter B, S. 31 ff.; Heckelmann/Franzen, Fall 7, S. 89, 90 ff.; Richardi/Annuß, ArbR, Fall 11, S. 118, 123 ff.
[57] Siehe unten Klausur 6, unter A II, S. 182 ff.; Richardi/Annuß, ArbR, Fall 3, S. 26 ff.
[58] Siehe unten Klausur 9 unter B, S. 277 ff.; Richardi/Annuß, ArbR, Fall 4, S. 38, 39 ff.

B. Klausuren

Klausur Nr. 1

Der kleine Unterschied

Sachverhalt

Dr. med. Peter Silie betreibt im Rahmen einer 5-Tage-Woche eine chirurgische Durchgangspraxis mit einem hohen Anteil türkischer Patienten, und zwar sowohl männlichen als auch weiblichen Geschlechts. Er beschäftigt regelmäßig neben einer Sekretärin und einer Krankengymnastin drei Arzthelferinnen und zwei weibliche Auszubildende. Zum 01.10.2006 stellte Dr. med. Silie wegen erhöhten Arbeitsaufkommens Michaela Mango ein, die als einzige geeignete Bewerberin auf eine Zeitungsannonce reagiert hatte. Über die Geschlechtszugehörigkeit der äußerlich als Frau auftretenden Mango wurde bei der Einstellung nicht gesprochen. Die Frage nach einer vorliegenden Behinderung sowie der Schwerbehinderteneigenschaft verneinte Mango ausdrücklich, obwohl sie wegen Blindheit auf einem Auge mit Wirkung ab dem 01.01.2006 als Schwerbehinderte mit einem Grad der Behinderung von 50 anerkannt war.

Ende März 2007 verabreicht Dr. med. Silie Mango auf deren Bitte eine Hormonspritze zum Zwecke der Brustvergrößerung. In einem daraufhin am 06.04.2007 geführten Gespräch räumte Mango gegenüber Dr. med. Silie ein, dass sie transsexuell veranlagt sei. Ihr Vorname wurde im Juli 2006 durch rechtskräftigen Beschluss des AG auf Grundlage des Transsexuellengesetzes von Michael in Michaela geändert. Dagegen konnte die gerichtliche Feststellung der Zugehörigkeit zum weiblichen Geschlecht bislang noch nicht erfolgen, weil der dazu erforderliche operative Eingriff an den äußeren, männlichen Geschlechtsmerkmalen noch nicht vorgenommen wurde. Um reinen Tisch zu machen, gestand Mango auch ihre Schwerbehinderung ein, die sich bisher allerdings noch nicht negativ auf ihre Arbeitsleistungen ausgewirkt hatte.

Dr. med. Silie erklärte daraufhin am 09.04.2007 wegen arglistiger Täuschung und Irrtums aus allen erdenklichen Gründen die Anfechtung des Arbeitsvertrags, ohne den in seiner Praxis bestehenden Betriebsrat zu beteiligen. Er macht insbesondere geltend, dass er auf Grund der Zusammensetzung seines Patientenkreises eine besondere Sensibilität walten lassen müsse und von daher Mango als Mann nie eingestellt hätte. Wegen des Ausscheidens von Mango musste Hanna Helfer vom 09.04. bis zum 30.04.2007 Überstunden leisten, für die sie insgesamt 400 € Zuschläge auf den üblichen Lohn erhielt. Ab dem 01.05.2007 konnte Silie eine neue Mitarbeiterin einstellen, die er auf Grund eines Zeitungsinserats gefunden hatte.

1. Mango kommt am 04.05.2007 zu Ihnen und möchte wissen, ob das Arbeitsverhältnis fortbesteht. Sie erklärt außerdem, dass Dr. med. Peter Silie Ende April Kenntnis davon erlangt habe, dass sie (Mango) im Juni 2006 rechtskräftig zu einer Freiheitsstrafe von einem Jahr auf Bewährung verurteilt wurde, weil sie in ihrem vorhergehenden Arbeitsverhältnis als Arzthelferin in erheblichem Umfang Patienten bestohlen habe.

2. Kann Mango – unterstellt dass Arbeitsverhältnis sei beendet – Urlaubsabgeltung für 14 Werktage verlangen, weil ihr bisher Urlaub nicht gewährt worden war?

3. Silie verlangt von Mango wegen arglistiger Täuschung Schadensersatz in Höhe von 500 €, nämlich 100 € Inseratskosten sowie 400 € für an Helfer gezahlte Mehrarbeitszuschläge. Zu Recht?

Auszug aus dem Transsexuellengesetz:

Erster Abschnitt: Änderung der Vornamen

§ 1 Voraussetzungen
(1) Die Vornamen einer Person, die sich auf Grund ihrer transsexuellen Prägung nicht mehr dem in ihrem Geburtseintrag angegebenen, sondern dem anderen Geschlecht als zugehörig empfindet und seit mindestens drei Jahren unter dem Zwang steht, ihren Vorstellungen entsprechend zu leben, sind auf ihren Antrag vom Gericht zu ändern, wenn ...

§ 5 Offenbarungsverbot
(1) Ist die Entscheidung, durch welche die Vornamen des Antragstellers geändert werden, rechtskräftig, so dürfen die zur Zeit der Entscheidung geführten Vornamen ohne Zustimmung des Antragstellers nicht offenbart oder ausgeforscht werden, ...

Zweiter Abschnitt: Feststellung der Geschlechtszugehörigkeit

§ 8 Voraussetzungen
(1) Auf Antrag einer Person, die sich auf Grund ihrer transsexuellen Prägung nicht mehr dem in ihrem Geburtseintrag angegebenen, sondern dem anderen Geschlecht als zugehörig empfindet und seit mindestens drei Jahren unter dem Zwang steht, ihren Vorstellungen entsprechend zu leben, ist vom Gericht festzustellen, daß sie als dem anderen Geschlecht zugehörig anzusehen ist, wenn sie

1. die Voraussetzungen des § 1 Abs. 1 Nr. 1 bis 3 erfüllt,
2. nicht verheiratet ist,
3. dauernd fortpflanzungsunfähig ist und
4. sich einem ihre äußeren Geschlechtsmerkmale verändernden operativen Eingriff unterzogen hat, durch den eine deutliche Annäherung an das Erscheinungsbild des anderen Geschlechts erreicht worden ist.

§ 10 Wirkungen der Entscheidung
(1) Von der Rechtskraft der Entscheidung an, daß der Antragsteller als dem anderen Geschlecht zugehörig anzusehen ist, richten sich seine vom Geschlecht abhängigen Rechte und Pflichten nach dem neuen Geschlecht, soweit durch Gesetz nichts anderes bestimmt ist.
(2) § 5 gilt sinngemäß.

Vorüberlegungen

I. Die Entscheidung hinsichtlich der ersten Frage hängt im Ergebnis davon ab, ob der Arbeitsvertrag wirksam angefochten wurde. Dabei ist zunächst auf eine Anfechtung wegen arglistiger Täuschung einzugehen, die sich erstens auf das Geschlecht, zweitens auf die Behinderung oder Schwerbehinderteneigenschaft und drittens das Verschweigen einer strafrechtlichen Verurteilung beziehen kann. Hinsichtlich der Täuschung wegen des Geschlechts ist zu berücksichtigen, dass der Bewerber nach dem Transsexuellengesetz berechtigt war, einen weiblichen Vornamen zu führen; deswegen war eine etwaige Täuschung zumindest nicht rechtswidrig. Bei der Täuschung wegen der Schwerbehinderung muss zwischen der Täuschung über die Schwerbehinderung als solcher und der Täuschung über die Schwerbehinderteneigenschaft unterschieden werden. Hier hat M sowohl die Frage nach einer Behinderung als auch nach der Anerkennung als Schwerbehinderter bewusst unrichtig beantwortet. Dies begründet aber nur dann ein Anfechtungsrecht, wenn S als Arbeitgeber nach diesem Umstand hätte fragen dürfen. Der Bewerber muss nämlich nur zulässige Fragen wahrheitsgemäß beantworten; auf unzulässige Fragen darf er nicht nur schweigen, sondern auch die Unwahrheit sagen. Die strafrechtliche Verurteilung hatte M verschwiegen; ein Anfechtungsrecht kann daher nur bestehen, wenn eine Offenbarungspflicht gegeben war. Daneben muss erkannt werden, dass für die Voraussetzungen des Anfechtungsrechts die Sachlage zum Zeitpunkt des Wirksamwerdens der Anfechtungserklärung, nicht aber der Kenntnisstand des Anfechtenden maßgeblich ist.

Weiter kommt als Anfechtungsgrund ein Eigenschaftsirrtum im Sinne von § 119 Abs. 2 BGB in Betracht, der sich namentlich auf das Geschlecht von M beziehen kann. Hier steht im Zentrum die Verkehrswesentlichkeit dieser Eigenschaft, die sich nicht nur nach den Parteianschauungen, sondern insbesondere nach den gesetzlichen Wertentscheidungen beurteilt. Für die Begründung eines Arbeitsverhältnisses stellt insoweit § 1 AGG klar, das dem Geschlecht für die Einstellungsentscheidung grds. keine Bedeutung zukommen kann, diese Eigenschaft mithin nicht verkehrswesentlich ist. Etwas anderes gilt nach § 8 Abs. 1 AGG nur, wenn das

Geschlecht wegen der Art der auszuübenden Tätigkeit oder der Bedingungen ihrer Ausübung eine wesentliche und entscheidende berufliche Anforderung darstellt. Nur soweit diese besonderen Voraussetzungen vorliegen, besteht auch das Anfechtungsrecht aus § 119 Abs. 2 BGB.

II. Frage 2 zielt auf den Abgeltungsanspruch des Arbeitnehmers für nicht genommenen Urlaub ab, der nach § 7 Abs. 4 BUrlG nur dann besteht, wenn der Urlaub wegen der Beendigung des Arbeitsverhältnisses nicht mehr genommen werden kann. Hier darf als bekannt vorausgesetzt werden, dass nach ganz h. M. die Anfechtung des Arbeitsvertrags abweichend von § 142 Abs. 1 BGB nicht ex tunc, sondern nur ex nunc wirkt, wobei für die arglistige Täuschung Ausnahmen diskutiert werden. Die Probleme bei Frage 2 liegen mehr im Detail, nämlich inwieweit im Kalenderjahr nicht genommener Urlaub auf das Folgejahr übertragen werden kann. Die Falllösung erfordert insoweit keine besondere Gesetzeskenntnis, sondern lediglich saubere Subsumtion unter die gesetzlichen Tatbestandsvoraussetzungen.

III. Im Vordergrund steht bei Frage 3 eher allgemeines Schadensrecht als spezielles Arbeitsrecht. Den Mittelpunkt der Betrachtung bilden insbesondere allgemeine Kausalitätsüberlegungen und Zurechnungsfragen. Geht man von einer wirksamen Anfechtung wegen arglistiger Täuschung aus, dann steht die Schadensersatzpflicht von M außer Diskussion. Fraglich ist allein, ob der Arbeitnehmer auf Grund dieser Pflichtverletzung haftbar gemacht, ob also der Schaden der Pflichtverletzung zugerechnet werden kann, wobei allgemeine Schutzzwecküberlegungen zur Lösung herangezogen werden müssen. Der Arbeitgeber kann nämlich nur den Schaden ersetzt verlangen, der ihm auf Grund der Pflichtverletzung entstanden ist. Daher muss geprüft werden, wie der Arbeitgeber gestanden hätte, wenn er nicht (arglistig) getäuscht worden wäre und den Vertragsschluss unterlassen hätte. Nur der Schaden, der in diesem Falle nicht entstanden wäre, ist ersatzfähig.

Lösung

A. Fortbestand des Arbeitsverhältnisses von M

Das Arbeitsverhältnis besteht fort, wenn es ursprünglich wirksam begründet und zwischenzeitlich nicht wieder beendet worden ist.

I. Begründung des Arbeitsverhältnisses

Begründung durch Vertrag

Zunächst war das Arbeitsverhältnis durch den Abschluss eines Arbeitsvertrags begründet worden.

II. Beendigung durch Anfechtung des Arbeitsvertrags

Anfechtung

Das Arbeitsverhältnis könnte aber durch Anfechtung des Arbeitsvertrags rückwirkend wieder vernichtet worden sein[1].

1. Anfechtungsrecht

Kündigung statt Anfechtung?

Allerdings wird in der Rechtsprechung der Instanzgerichte und im Schrifttum vereinzelt die Auffassung vertreten, eine Anfechtung des Arbeitsvertrags sei nicht zulässig. Die Anfechtung sei auf schuldrechtliche Austauschverhältnisse zugeschnitten und passe daher nicht für vollzogene Dauerschuldverhältnisse. Überdies könnten durch die Anfechtung kündigungsschutzrechtliche Bestimmungen umgangen werden. Ausschließliches Gestaltungsrecht zur Beendigung von Arbeitsverhältnissen sei deshalb die Kündigung[2].

Zulässigkeit der Anfechtung

Hierbei wird aber nicht hinreichend beachtet, dass Anfechtung und Kündigung ganz unterschiedliche Bezugspunkte und wesensverschiedene Funktionen haben. Die Kündigung ist auf ein fehlerfrei begründetes Rechtsverhältnis bezogen und soll dies mit Wirkung für die Zukunft auflösen, weil sich entweder nachträglich die zugrunde liegenden Umstände geändert haben oder eine Fortsetzung nicht

---

[1] Zum Aufbau der Fallprüfung im Falle der Anfechtung siehe Boemke, ArbR, § 3 Rn. 112; Richardi/Annuß, ArbR, Fall 1, S. 2 ff.; Wank, Übungen, Fall 2, S. 24.
[2] Gschnitzer, JherJb 76 (1926), S. 317, 411 f.; Larenz, Anm. zu ArbG Bremen vom 20.02.1953, AP Nr. 1 zu § 119 BGB.

mehr gewollt ist[3]. Demgegenüber bezieht sich die Anfechtung nicht auf das Arbeitsverhältnis, sondern stets auf eine Willenserklärung; sie wirkt sich nur deswegen auch auf das Arbeitsverhältnis aus, weil mit der Vernichtung der Willenserklärung gemäß § 142 Abs. 1 BGB dem Begründungsakt des Arbeitsverhältnisses nachträglich die Grundlage entzogen wird. Dabei dient die Anfechtung dazu, Mängel der Willenserklärung zu korrigieren und die Bindung an eine fehlerbehaftete und damit nicht mehr von der materiellen Selbstbestimmung getragene Willenserklärung zu beseitigen[4]. Die Kündigung ist somit auf das Arbeitsverhältnis bezogen und Reaktion auf Mängel in der Vertragsdurchführung, während die Anfechtung auf den Arbeitsvertrag bezogen und Reaktion auf Mängel beim Vertragsschluss ist. Daher stellen beide im Bezugspunkt und in der Funktion unterschiedliche Instrumentarien dar, die nicht gegeneinander ausgetauscht werden können.

Danach ist also auch die Anfechtung eines Arbeitsvertrags zulässig[5]. Der Arbeitsvertrag wäre daher durch die Anfechtung beseitigt worden, wenn ein Anfechtungsgrund bestanden hat und fristgerecht die Anfechtung erklärt worden ist.

Voraussetzungen rechtswirksamer Anfechtung

2. Anfechtungsgrund

a) Arglistige Täuschung (§ 123 BGB)

Als Anfechtungsgrund kommt eine arglistige Täuschung i. S. v. § 123 Abs. 1 BGB in Betracht.

Anfechtung wegen arglistiger Täuschung

aa) Bezüglich des Geschlechts

Die arglistige Täuschung kann sich zunächst auf das Geschlecht bezogen haben. Zwar hat S nicht nach dem Geschlecht gefragt, so dass eine Täuschung durch eine Lüge ausscheidet; M hat aber den weiblichen Vornamen „Micha-

Täuschung durch positives Tun

---

[3] BAG vom 05.12.1957, AP Nr. 2 zu § 123 BGB unter I = BAGE 5, 159 ff.; Boemke, ArbR, § 3 Rn. 84 f.; Staudinger/Richardi, BGB, § 611 Rn. 204 ff.

[4] BAG vom 05.12.1957, AP Nr. 2 zu § 123 BGB unter I = BAGE 5, 159 ff.; Boemke, ArbR, § 3 Rn. 84 f.; Staudinger/Richardi, BGB, § 611 Rn. 204 ff.

[5] BAG vom 05.12.1957, AP Nr. 2 zu § 123 BGB unter I = BAGE 5, 159 ff.; BAG vom 21.02.1991, AP Nr. 35 zu § 123 BGB unter II 1 = NZA 1991, 719 ff.; BAG vom 11.11.1993, AP Nr. 38 zu § 123 BGB unter II 1 a = NZA 1994, 407 ff.; Boemke, ArbR, § 3 Rn. 84; Picker, ZfA 1981, 1 ff.

ela" verwendet und ist von ihrem äußeren Erscheinungsbild als Frau aufgetreten, obwohl sie biologisch noch ein Mann war. Hierdurch ist bei S die Fehlvorstellung erweckt worden, M sei weiblich. Somit liegt eine Täuschung vor. Allerdings war M nach §§ 1, 5 TSG berechtigt, einen weiblichen Vornamen zu führen, so dass ihr Verhalten rechtmäßig war.

Täuschung durch Unterlassen

Es könnte jedoch eine arglistige Täuschung durch Unterlassen vorliegen, wenn M ungefragt S über ihre biologische Zugehörigkeit zum männlichen Geschlecht hätte aufklären müssen. Eine entsprechende Offenbarungs- oder Mitteilungspflicht des Bewerbers kommt allerdings nur ausnahmsweise hinsichtlich solcher Umstände in Betracht, auf Grund derer der Einstellungsbewerber die für ihn vorgesehenen arbeitsvertraglichen Aufgaben nicht nur zeitweilig, sondern auf längere Zeit nicht erfüllen kann oder die sonst für den in Betracht kommenden Arbeitsplatz von ausschlaggebender Bedeutung sind, so dass der Vertragszweck vereitelt wird, weil das Arbeitsverhältnis undurchführbar wird bzw. dem Arbeitgeber die Durchführung des Arbeitsverhältnisses unzumutbar ist[6]. Welche Eigenschaften die Erreichung des Vertragszwecks dabei vereiteln können, bestimmt sich nach den Umständen des jeweiligen Einzelfalls unter Berücksichtigung der gesetzlichen Wertentscheidungen[7].

Gesetzliche Wertentscheidung

Hinsichtlich der Täuschung über das Geschlecht ist zu beachten, dass nach § 7 Abs. 1 i. V. m. §§ 1, 2 Abs. 1 Nr. 1 AGG der Geschlechtszugehörigkeit grds. für die Einstellungsentscheidung keine Bedeutung zukommt. Daher ist eine Täuschung über die Geschlechtszugehörigkeit im Allgemeinen zumindest nicht rechtswidrig, weil Einstellungsentscheidungen geschlechtsunabhängig getroffen werden sollen. Etwas anderes gilt nur dann, wenn ein bestimmtes Geschlecht eine wesentliche und entscheidende berufliche Anforderung darstellt (§ 8 Abs. 1 AGG). Ob dieser Ausnahmetatbestand im konkreten Fall gegeben war, kann letztlich dahinstehen, weil eine etwa vorliegende Täuschung aus anderen Gründen nicht rechtswidrig wäre: Zwar gilt M nach § 10 TSG biologisch noch als Mann; wenn ihr aber nach § 5 Abs. 1 TSG das Recht zur ausschließlichen Führung des neuen Namens zugestanden wird, dann darf

---

[6] BAG vom 21.02.1991, AP Nr. 35 zu § 123 BGB unter II 1 b = NZA 1991, 719 ff.; Boemke, ArbR, § 3 Rn. 100; MünchArbR/Buchner, § 41 Rn. 165; Hofmann, ZfA 1975, 1, 47 ff.; Hromadka/Maschmann, ArbR 1, § 5 Rn. 14.

[7] Hromadka/Maschmann, ArbR 1, § 5 Rn. 14.

diese Rechtsstellung nicht dadurch entwertet werden, dass sie gleichwohl die Zugehörigkeit zum anderen Geschlecht offenbaren muss[8].

Wegen einer etwaigen Täuschung über die Geschlechtszugehörigkeit besteht also kein Anfechtungsgrund nach § 123 Abs. 1 BGB.

bb) Bezüglich Schwerbehinderung und Schwerbehinderteneigenschaft

Das Anfechtungsrecht könnte deswegen bestehen, weil M wahrheitswidrig eine vorliegende Behinderung sowie die Anerkennung als Schwerbehinderte verneint hat.

(1) Umfang des Fragerechts

Hierin liegt zwar eine Täuschung; diese müsste allerdings auch arglistig bzw. rechtswidrig sein. Dies wäre nur dann der Fall, wenn S als Arbeitgeber insoweit ein Fragerecht zugestanden hätte, weil der Arbeitnehmer auf unzulässige Fragen nicht nur schweigen, sondern sogar die Unwahrheit sagen darf[9]. Ein Fragerecht besteht, wenn der Arbeitgeber ein berechtigtes, billigenswertes und schutzwürdiges Interesse an der Beantwortung seiner Frage für das Arbeitsverhältnis hat und kein überwiegendes Interesse des Arbeitnehmers am Verschweigen besteht. Die Fragen dürfen sich daher nur auf solche Umstände beziehen, die für die ordnungsgemäße Erbringung der Arbeitsleistung und die Durchführung des Arbeitsverhältnisses Bedeutung gewinnen können[10]. Die Einschränkung des Fragerechts des Arbeitgebers lässt sich, soweit sich dies nicht unmittelbar aus gesetzlichen Wertungen ergibt, aus dem Persönlichkeitsschutz des Arbeitnehmers herleiten[11].

Beschränktes Fragerecht

---

[8] BAG vom 21.02.1991, AP Nr. 35 zu § 123 BGB unter II 1 b = NZA 1991, 719 ff.

[9] BAG vom 05.12.1957, AP Nr. 2 zu § 123 BGB unter III mit Anm. A. Hueck = BAGE 5, 159 ff.; BAG vom 19.05.1983, AP Nr. 25 zu § 123 BGB unter I 3 c mit Anm. Mühl = BB 1984, 533 ff.; BAG vom 07.06.1984, AP Nr. 26 zu § 123 BGB unter II = NZA 1985, 57 f.; BAG vom 05.10.1995, AP Nr. 40 zu § 123 BGB = NZA 1996, 371 ff.; BAG vom 06.02.2003, NZA 2003, 848, 849; Boemke, ArbR, § 3 Rn. 88; Dütz, ArbR, Rn. 115; Hromadka/Maschmann, ArbR 1, § 5 Rn. 44; Joussen, NJW 2003, 2857, 2858; Löw, BuW 2004, 392; Moritz, NZA 1987, 329, 336.

[10] Boemke, ArbR, § 3 Rn. 88; Schaub, ArbR-Hdb., § 26 Rn. 10.

[11] Boemke, ArbR, § 3 Rn. 88; Hromadka/Maschmann, ArbR 1, § 5 Rn. 48 ff.

(2) Frage nach der Behinderung

Unzulässigkeit der Frage nach einer Behinderung

Hinsichtlich der Zulässigkeit der Frage nach der Behinderung ist das Benachteiligungsverbot gemäß § 7 Abs. 1 i. V. m. § 1 AGG zu beachten. Danach dürfen Arbeitgeber behinderte Menschen grundsätzlich nicht wegen ihrer Behinderung benachteiligen. Eine unterschiedliche Behandlung wegen der Behinderung ist gemäß § 8 Abs. 1 AGG[12] nur dann zulässig, wenn eine Vereinbarung oder eine Maßnahme die Art der von dem behinderten Beschäftigten auszuübenden Tätigkeit zum Gegenstand hat und eine bestimmte körperliche Funktion, geistige Fähigkeit oder seelische Gesundheit wesentliche und entscheidende berufliche Voraussetzung für die Tätigkeit ist. Es kommt daher entscheidend darauf an, ob der Bewerber auf Grund seiner konkreten Behinderung den Anforderungen der konkreten Tätigkeit gewachsen ist oder nicht[13]. Übertragen auf das Fragerecht bedeutet dies, dass die Frage nach der Behinderung nur zulässig ist, wenn eine bestimmte körperliche Funktion, geistige Fähigkeit oder seelische Gesundheit eine wesentliche und entscheidende berufliche Voraussetzung für die Tätigkeit darstellt[14]. Nur insoweit hat der Arbeitgeber ein rechtlich geschütztes Interesse an der wahrheitsgemäßen Beantwortung seiner Frage.

Danach hätte M die Frage nach einer Behinderung nicht wahrheitsgemäß beantworten müssen, weil sich ihre konkrete Beeinträchtigung laut Sachverhalt nicht negativ auf die Erfüllung der Pflichten aus dem Arbeitsverhältnis ausgewirkt hat[15].

---

[12] Die Rechtfertigung von Benachteiligungen ist für beide behindertenrechtliche Benachteiligungsverbote einheitlich in § 8 Abs. 1 AGG geregelt, § 81 Abs. 2 S. 2 SGB IX verweist insoweit auf die Regelungen des AGG. – Vgl. hierzu: Boemke/Danko, AGG, § 6 Rn. 37; Düwell, BB 2006, 1741.

[13] Boemke, ArbR, § 4 Rn. 48.

[14] So schon vor Inkrafttreten des AGG: BAG vom 07.06.1984, NZA 1985, 57, 58; BAG vom 05.10.1995, NZA 1996, 371, 372; Boemke, ArbR, § 3 Rn. 91; Messingschlager, NZA 2003, 301, 302.

[15] Vgl. zur Frage nach der Schwerbehinderung BAG vom 07.06.1984, NZA 1985, 57; BAG vom 11.11.1993, AP Nr. 38 zu § 123 BGB = NZA 1994, 407 ff.; Neumann/Pahlen/Majerski-Pahlen, SGB IX, § 85 Rn. 38.

(3) Frage nach der Schwerbehinderteneigenschaft

Allerdings hat S vorliegend nicht nur nach einer Behinderung als solcher, sondern auch nach der Schwerbehinderteneigenschaft, also der Anerkennung als Schwerbehinderter i. S. v. § 2 Abs. 2 SGB IX, gefragt. Die Zulässigkeit der Frage ist umstritten. Vor Inkrafttreten von § 81 SGB IX a. F. haben das BAG[16] und ein Großteil der Literatur[17] die Frage nach der Schwerbehinderteneigenschaft für zulässig angesehen, und zwar unabhängig davon, ob sich die Behinderung auf die konkrete Durchführung des Arbeitsverhältnisses auswirken konnte. Begründet wurde dies damit, dass an die Schwerbehinderteneigenschaft für die Dauer des Arbeitsverhältnisses zahlreiche gesetzliche Pflichten anknüpfen, die anders als die entsprechenden Pflichten bei Vorliegen einer Schwangerschaft nicht bloß vorübergehender Natur, sondern dauerhaft und auch nicht selten kostenintensiv sind. Diese Pflichten begründeten ein berechtigtes Interesse des Arbeitgebers, über einen solchen Umstand informiert zu werden. Dem Schwerbehinderten erwachse hieraus allgemein auch kein Nachteil, weil der Gesetzgeber durch flankierende Maßnahmen ein System geschaffen habe, das Schwerbehinderte auch dann nicht vom Arbeitsmarkt ausschließt, wenn diese ihre Schwerbehinderteneigenschaft offenbarten.

> Bedeutung der Schwerbehinderteneigenschaft für das Arbeitsverhältnis

Demgegenüber wird die Frage nach der Schwerbehinderteneigenschaft seit Einführung des schwerbehindertenrechtlichen Benachteiligungsverbots in § 81 Abs. 2 S. 1 SGB IX mit Wirkung ab dem 01.07.2001 vom überwiegenden Teil der Literatur richtigerweise für unzulässig angesehen[18]. Der Gesetzgeber hat mit dem Benachteiligungsverbot zum Ausdruck gebracht, dass die Schwerbehinderteneigen-

> Gesetzliche Wertentscheidung

---

[16] BAG vom 01.08.1985, AP Nr. 30 zu § 123 BGB = NZA 1986, 635; BAG vom 11.11.1993, AP Nr. 38 zu § 123 BGB = NZA 1994, 407; BAG vom 05.10.1995, AP Nr. 40 zu § 123 BGB unter II 2 = NZA 1996, 371 ff.; BAG vom 03.12.1998, AP Nr. 49 zu § 123 BGB = NZA 1999, 584; BAG vom 18.10.2000, AP Nr. 59 zu § 123 BGB = NZA 2001, 315.

[17] MünchArbR/Buchner, § 41 Rn. 73 ff.; Jobs, AuR 1981, 225, 230; KDZ/Däubler, KSchR, § 124 BGB Rn. 27; Kasseler Hdb./Künzl, 2.1 Rn. 102; MünchArbR/Richardi, § 46 Rn. 42; Schaub, ArbR-Hdb., § 179 Rn. 9.

[18] Boemke, ArbR, § 3 Rn. 91; Düwell, BB 2006, 1741, 1743; Joussen, NJW 2003, 2857, 2860; Messingschlager, NZA 2003, 301, 303; Neumann/Pahlen/Majerski-Pahlen, SGB IX, § 85 Rn. 39; Thüsing, BB 2002, 1146, 1149. - A. A. Schaub, NZA 2003, 299, 300 f.

schaft als solche für die Einstellungsentscheidung ohne rechtliche Relevanz sein soll[19]. Mit der Normierung des Benachteiligungsverbots bringt der Gesetzgeber zum Ausdruck, dass das Interesse des Arbeitgebers an der Vermeidung der mit einer Einstellung Schwerbehinderter einhergehenden wirtschaftlichen Nachteile und organisatorischen Belastungen rechtlich nicht schutzwürdig ist[20].

Recht Schwerbehinderteneigenschaft zu verschweigen

Die Frage nach der Schwerbehinderteneigenschaft bleibt nur insoweit zulässig, wie der Arbeitgeber gezielt die Eingliederung von Behinderten fördern oder seiner Obliegenheit zur Beschäftigung schwerbehinderter Menschen gemäß § 71 Abs. 1 SGB IX nachkommen will[21]. Die Bevorzugung der Schwerbehinderten gegenüber sonstigen Behinderten kann dann als positive Maßnahme i. S. v. § 5 AGG gerechtfertigt sein[22]. Allerdings kann der Arbeitgeber die Anfechtung des Arbeitsvertrags gegenüber einem schwerbehinderten Menschen nicht darauf stützen, dass dieser wahrheitswidrig eine Schwerbehinderung verneint hat. Das Fragerecht wird dem Arbeitgeber nur zugestanden, um schwerbehinderte Menschen bevorzugt zu berücksichtigen. Daher kann er nach dem Sinn des Fragerechts nur erwarten, dass sich ein nicht schwerbehinderter Mensch nicht fälschlich als schwerbehindert bezeichnet, nicht aber, dass ein schwerbehinderter Mensch seine Schwerbehinderung offenbart.

M durfte demzufolge die Frage nach der Schwerbehinderteneigenschaft wahrheitswidrig verneinen. Die Täuschung ist nicht rechtswidrig. Ein Anfechtungsgrund aus § 123 Abs. 1 BGB entfällt.

cc) Verschweigen der strafrechtlichen Verurteilung

Offenbarungspflicht

S hatte nicht nach strafrechtlichen Verurteilungen gefragt, so dass M nur durch Unterlassen getäuscht haben kann. Dies setzt voraus, dass sie zum Handeln, also zur ungefragten Offenbarung dieser Tatsache verpflichtet gewesen wäre. Eine entsprechende Offenbarungs- oder Mitteilungspflicht des Bewerbers kommt nur ausnahmsweise hinsichtlich solcher Umstände in Betracht, auf Grund derer der Einstellungsbewerber die für ihn vorgesehenen arbeitsvertragli-

---

[19] Boemke, ArbR, § 3 Rn. 91;
[20] Joussen, NJW 2003, 2857, 2861; Thüsing, BB 2002, 1146, 1149.
[21] Boemke/Danko, AGG, § 10 Rn. 27; Düwell, BB 2006, 1741, 1743; Messingschlager, NZA 2003, 301, 304.
[22] Dazu Boemke/Danko, AGG, § 6 Rn. 97 ff.

chen Aufgaben nicht nur zeitweilig, sondern auf längere Zeit nicht erfüllen kann oder die sonst für den in Betracht kommenden Arbeitsplatz von ausschlaggebender Bedeutung sind, so dass der Vertragszweck vereitelt wird, weil das Arbeitsverhältnis undurchführbar wird bzw. dem Arbeitgeber die Durchführung des Arbeitsverhältnisses unzumutbar ist[23].

Danach muss der Stellenbewerber von sich aus ungefragt nur über solche Vorstrafen informieren, die erstens in ein polizeiliches Führungszeugnis aufzunehmen sind und die ihn zweitens generell für die Tätigkeit als ungeeignet erscheinen lassen[24]. Da strafrechtliche Verurteilungen grds. erst nach fünf Jahren nicht mehr in ein Führungszeugnis aufzunehmen sind (§ 34 Abs. 1 Nr. 3 BZRG), hätte M im Vorstellungsgespräch S von sich aus über die Verurteilung informieren müssen, wenn sie auf Grund der konkreten Straftat ungeeignet erscheint, die Tätigkeit als Arzthelferin auszuüben. Wegen der besonderen Vertrauensbeziehung, die im Arzt-Patienten-Verhältnis besteht, sind aus Sicht eines objektiven Beobachters Personen zur Ausübung hiermit in Zusammenhang stehender Tätigkeiten ungeeignet, die diese Vertrauensbeziehung zu ihrem eigenen finanziellen Vorteil durch Diebstähle zu Lasten von Patienten ausgenutzt haben. M hätte daher ihre Verurteilung ungefragt offenbaren müssen, so dass ein Anfechtungsgrund bestand.

Relevanz der Straftat für Arbeitsverhältnis

b) Irrtum über verkehrswesentliche Eigenschaft (§ 119 Abs. 2 BGB)

aa) Begriff der verkehrswesentlichen Eigenschaft

Weiter könnte ein Anfechtungsgrund nach § 119 Abs. 2 BGB wegen eines Irrtums des S über verkehrswesentliche Eigenschaften von M bestehen. Eigenschaften einer Person sind neben den auf ihrer natürlichen Beschaffenheit beruhenden Merkmalen auch ihre gegenwärtigen, prägenden tatsächlichen und rechtlichen Merkmale, Verhältnisse und Beziehungen zur Umwelt, soweit sie in der Person selbst ihren Grund haben, von ihr ausgehen oder sie unmittelbar kennzeichnen[25].

Eigenschaften der Person

---

[23] Siehe oben A II 2 a aa, S. 19 ff.
[24] Boemke, ArbR, § 3 Rn. 103; Hergenröder, AR-Blattei SD 715 Rn. 128.
[25] BAG vom 21.02.1991, NZA 1991, 719, 722; BGH vom 22.09.1983, BGHZ 88, 240, 245 = NJW 1984 230 ff.;

bb) Hinsichtlich des Geschlechts

Gesetzliche Wertentscheidung

In Betracht kommt hierbei wiederum ein Irrtum über das Geschlecht von M. Bei der Geschlechtszugehörigkeit als untrennbar mit der Person verbundenes Merkmal handelt es sich um eine Eigenschaft i. S. v. § 119 Abs. 2 BGB[26]. Relevant ist ein solcher Irrtum aber nur, wenn er verkehrswesentlich ist. Verkehrswesentlich sind dabei solche Eigenschaften, auf die unter Berücksichtigung der konkreten Interessenlage der Parteien bei Geschäften der fraglichen Art üblicherweise Wert gelegt wird und gelegt werden darf[27]. Für die Geschlechtszugehörigkeit hat der Gesetzgeber in § 7 Abs. 1 i. V. m. §§ 1, 2 Abs. 1 Nr. 1 AGG klargestellt, dass dem Geschlecht bei Arbeitsverhältnissen für die Einstellungsentscheidung grds. keine Bedeutung zukommen darf. Dies bedeutet, dass auf das Geschlecht im Rechtsverkehr auf Grund der gesetzgeberischen Entscheidung bei der Begründung von Arbeitsverhältnissen kein Wert gelegt werden darf. Ein Irrtum über das Geschlecht eines Bewerbers kann demnach im Allgemeinen auch kein Recht zur Anfechtung nach § 119 Abs. 2 BGB begründen[28].

Geschlechtsspezifische Tätigkeiten

Eine Ausnahme gilt nach § 8 Abs. 1 AGG nur dann, wenn ein bestimmtes Geschlecht für die Tätigkeit eine wesentliche und entscheidende berufliche Anforderung darstellt, also zur Ausführung der betreffenden Tätigkeit unbedingt notwendig wäre[29]. Ein relevanter Irrtum über eine verkehrswesentliche Eigenschaft wäre demnach nur gegeben, wenn die konkrete Tätigkeit in der Arztpraxis von S nur von einer Frau hätte ausgeübt werden können. Dies kann man entgegen einer vom BAG[30] vertretenen Auffassung nicht allein damit begründen, dass das Praxiskonzept von S darauf ausgelegt sei, nur Frauen zu beschäftigen. Ein solches Praxiskonzept ist nach § 7 Abs. 1 AGG rechtswidrig und unbeachtlich, wenn hierfür nicht sachliche Gründe

---

Hromadka/Maschmann, ArbR 1, § 5 Rn. 158; Palandt/Heinrichs, BGB, § 119 Rn. 24.

[26] Hromadka/Maschmann, ArbR 1, § 5 Rn. 158.
[27] BAG vom 21.02.1991, AP Nr. 35 zu § 123 BGB = NZA 1991, 719 ff.; Hromadka/Maschmann, ArbR 1, § 5 Rn. 158.
[28] Struck, BB 1990, 2267. - Im Ergebnis noch anders: LAG Berlin vom 27.07.1990, BB 1990, 1979, und BAG vom 21.02.1991, AP Nr. 35 zu § 123 BGB = NZA 1991, 719 ff.
[29] Begründung Vorschlag der Kommission für RL 2000/43/EG, KOM 1999/566 endg., S. 9; Boemke/Danko, AGG, § 6 Rn. 6.
[30] BAG vom 21.02.1991, AP Nr. 35 zu § 123 BGB = NZA 1991, 719 ff. = NJW 1991, 2723, 2725 f.

nach § 8 Abs. 1 AGG vorliegen[31]. Wie bereits oben dargelegt[32], bestanden keine schützenswerten Gründe, die Tätigkeit nur von einer Frau ausführen zu lassen. S betreibt keine gynäkologische, sondern eine chirurgische Durchgangspraxis mit männlichen und weiblichen Patienten. Er könnte daher durch entsprechende organisatorische Maßnahmen sicherstellen, dass M nur männliche Patienten betreut. Auch führen bestimmte Erwartungen des Kundenkreises bzw. Patientenkreises nicht dazu, dass ein bestimmtes Geschlecht zur wesentlichen und entscheidenden beruflichen Anforderung wird[33]. Bei Einsätzen im europäischen und nordamerikanischen Raum wird ein bestimmtes Geschlecht lediglich auf Grund bestimmter Erwartungen keine unverzichtbare Voraussetzung für die Ausübung einer Tätigkeit sein. Das Geschlecht stellt daher auch keine verkehrswesentliche Eigenschaft i. S. v. § 119 Abs. 2 BGB dar. Eine Anfechtung wegen Irrtums über das Geschlecht von M scheidet aus.

cc) Hinsichtlich Behinderung und Schwerbehinderteneigenschaft

Der Irrtum über die Behinderung eines Bewerbers stellt nur dann einen Irrtum über eine verkehrswesentliche Eigenschaft dar, wenn der Behinderte auf Grund der Art der Behinderung für die vereinbarte Tätigkeit nicht geeignet ist[34]. Die Behinderung von M hat sich jedoch laut Sachverhalt nicht auf die Verrichtung der Arbeit ausgewirkt, so dass insoweit kein Anfechtungsrecht besteht.

Irrtum über Behinderung

Auch die Schwerbehinderteneigenschaft als solche, also die Anerkennung als Schwerbehinderter, stellt keine verkehrswesentliche Eigenschaft dar[35]. Der Gesetzgeber hat nämlich in § 81 Abs. 2 Satz 1 SGB IX normiert, dass ein schwerbehinderter Mensch nicht wegen der Behinderung benachteiligt werden darf. Nach dieser Wertentscheidung

Irrtum über Schwerbehinderteneigenschaft

---

[31] Staudinger/Richardi/Annuß, BGB, § 611a Rn. 57, 58 ff; Struck, BB 1990, 2267, 2268. – Die Bedeutung von § 611a Abs. 1 BGB a. F. für die Bestimmung der Verkehrswesentlichkeit hat das BAG allerdings völlig außer Betracht gelassen!
[32] Siehe dazu oben A II 2 a aa, S. 19 ff.
[33] Boemke/Danko, AGG, § 6 Rn. 23; Wisskirchen, DB 2006, 1491, 1493.
[34] KR-Etzel, §§ 85 – 90 SGB IX Rn. 31; Hromadka/Maschmann, ArbR 1, § 5 Rn. 159; Neumann/Pahlen/Majerski-Pahlen, SGB IX, § 85 Rn. 38; Schaub, ArbR-Hdb., § 179 Rn. 8.
[35] Vgl. KR-Etzel, §§ 85 – 90 SGB IX Rn. 31; Schaub, ArbR-Hdb., § 179 Rn. 8.

darf die Schwerbehinderteneigenschaft bei der Einstellungsentscheidung keine Rolle spielen und kann demnach auch keine verkehrswesentliche Eigenschaft i. S. d. § 119 Abs. 2 BGB sein. Ein Anfechtungsrecht gemäß § 119 Abs. 2 BGB wegen Irrtums über die Schwerbehinderteneigenschaft scheidet demnach auch aus.

dd) Hinsichtlich der verschwiegenen Straftat

Irrtum über Straftat

Oben war festgestellt worden, dass M auf Grund der Verurteilung wegen einer Straftat ungeeignet war, die Tätigkeit als Arzthelferin auszuüben[36]. Dementsprechend handelt es sich hierbei auch um eine verkehrswesentliche Eigenschaft, die zur Anfechtung nach § 119 Abs. 2 BGB berechtigt.

c) Folgerungen

Anfechtungsrecht

Ein Anfechtungsrecht besteht wegen der Täuschung durch das Verschweigen der Verurteilung wegen einer für das Arbeitsverhältnis erheblichen Straftat trotz Bestehens einer Offenbarungspflicht sowie des damit verbundenen Irrtums sowohl nach § 123 Abs. 1 BGB als auch nach § 119 Abs. 2 BGB.

3. Anfechtungserklärung

a) Anfechtungsfrist (§§ 121, 124 BGB)

Rechtzeitige Anfechtungserklärung

S hat drei Tage nach Kenntnis von seinem täuschungsbedingten Irrtum über das Abschlusszeugnis die Anfechtung gegenüber M (§ 143 Abs. 2 BGB) erklärt. Er hat diese Erklärung somit unverzüglich[37] abgegeben und daher sowohl die Frist des § 121 BGB als auch des § 124 BGB gewahrt.

b) Erkennbarkeit des Anfechtungsgrunds

Einbezogene Anfechtungsgründe

Allerdings könnte die Anfechtungserklärung unwirksam sein, wenn der Anfechtungsgrund genannt werden müsste. S hat nämlich nur pauschal aus allen erdenklichen Gründen die Anfechtung erklärt, und überdies war ihm der Umstand, der seine Anfechtung tragen würde, zum Zeitpunkt der Abgabe der Anfechtungserklärung nicht bekannt. Ob ein konkreter Anfechtungsgrund bei Abgabe der Anfechtungserklärung genannt und inwieweit ein solcher ggf. nachgeschoben

---

[36] Siehe oben unter A II 2 a cc, S. 24 f.
[37] Zur Berücksichtigung einer angemessenen Überlegungsfrist siehe Palandt/Heinrichs, BGB, § 121 Rn. 3.

werden kann, ist in den Einzelheiten umstritten[38]. Einerseits verlangt das Gesetz nicht ausdrücklich die Angabe eines Anfechtungsgrunds, andererseits besteht ein berechtigtes Interesse des Anfechtungsgegners zu wissen, auf welche Sachverhalte und Willensmängel der Anfechtende seine Erklärung stützt. Dementsprechend ist die Angabe von Anfechtungsgründen dann nicht erforderlich, wenn zum Zeitpunkt des Wirksamwerdens der Anfechtungserklärung dem Anfechtungsgegner die Gründe, welche die Anfechtung tragen sollen, bekannt oder zumindest erkennbar waren[39]. Da für M aus den Umständen erkennbar war, dass S sowohl wegen arglistiger Täuschung als auch Eigenschaftsirrtums anfechten will und sie Kenntnis von ihrer offenbarungspflichtigen Vorstrafe hatte, umfasst die Anfechtungserklärung auch diesen zur Anfechtung berechtigenden Umstand.

c) Beteiligung des Betriebsrats

Die Anfechtungserklärung könnte allerdings wegen Nichtbeteiligung des Betriebsrats analog § 102 Abs. 1 Satz 3 BetrVG unwirksam sein. In der Literatur wird teilweise die Auffassung vertreten, dass der Betriebsrat in entsprechender Anwendung von § 102 Abs. 1 BetrVG vor der Anfechtung des Arbeitsvertrags zu hören sei[40]. Dies ist aber mit der h. L. abzulehnen[41]. Da dem Betriebsrat kein Mitbestimmungsrecht beim Abschluss des Arbeitsvertrags zusteht, muss der Arbeitgeber auch frei in seiner Entscheidung darüber sein, ob er nach Bekanntwerden des Anfechtungsgrunds den Arbeitsvertrag gelten lassen will.

Keine Anhörung des Betriebsrats

d) Wirksamkeit der Anfechtungserklärung

Danach hat S die Anfechtung des Arbeitsvertrags wirksam erklärt.

---

[38] Überblick zum Meinungsstand bei MünchKomm/Mayer-Maly/Busche, BGB, § 143 Rn. 7 ff.
[39] MünchKomm/Mayer-Maly/Busche, BGB, § 143 Rn. 9; Palandt/Heinrichs, BGB, § 143 Rn. 3.
[40] DKK/Kittner, BetrVG, § 102 Rn. 21; Gamillscheg, AcP 176 (1976), S. 197, 218; Hönn, ZfA 1987, 61, 89 f.; M. Wolf/Gangel, AuR 1982, 271, 275 f.
[41] BAG vom 11.11.1993, AP Nr. 38 zu § 123 BGB unter II 1 d = NZA 1994, 407 ff.; APS/Koch, § 102 BetrVG Rn. 32; Boemke, ArbR, § 3 Rn. 122; Fitting, BetrVG, § 102 Rn. 15; v. Hoyningen-Huene/Linck, KSchG, § 1 Rn. 103; KR/Etzel, § 102 BetrVG Rn. 42; Picker, ZfA 1981, 1, 43; Richardi/Thüsing, BetrVG, § 102 Rn. 27.

4. Wirkung der Anfechtung

Beendigung des Arbeitsverhältnisses für die Zukunft

Nach § 142 Abs. 1 BGB wirkt die Anfechtung auf den Zeitpunkt der Vornahme des Rechtsgeschäfts zurück. Danach wäre dem Arbeitsverhältnis rückwirkend die Grundlage entzogen. Allerdings soll nach fast einhelliger Auffassung ein bereits vollzogenes Arbeitsverhältnis nicht rückwirkend vernichtet, sondern nur mit Wirkung für die Zukunft beendet werden können[42]. Welcher Auffassung zu folgen ist, kann im vorliegenden Zusammenhang allerdings dahinstehen. Auch nach herrschender Meinung beendet die Anfechtung das Arbeitsverhältnis mit sofortiger Wirkung, d. h. Auslauffristen müssen nicht beachtet werden[43].

Danach ist das Arbeitsverhältnis durch die Anfechtung spätestens zum 09.04.2007 beendet worden, es besteht über diesen Zeitpunkt hinaus nicht fort.

III. Ergebnis zur Frage 1

Das Arbeitsverhältnis ist zwar ursprünglich durch Abschluss des Arbeitsvertrags begründet, aber durch die wirksame Anfechtung des Arbeitsvertrags wieder beendet worden. Es besteht daher nicht über den 09.04.2007 hinaus fort.

---

[42] Ausführlich zum Streitstand mit zahlreichen Nachw. Boemke, ArbR, § 3 Rn.117 ff.; Boemke, Schuldvertrag und Arbeitsverhältnis, § 11 II, S. 477 ff.

[43] BAG vom 07.12.1961, AP Nr. 1 zu § 611 BGB Faktisches Arbeitsverhältnis = NJW 1962, 555; BAG vom 15.01.1986, AP Nr. 66 zu § 1 LohnFG unter III 2 = NZA 1986, 561f.; Canaris, BB 1967, 165, 169; Dütz, ArbR, Rn. 117; Hanau/Adomeit, ArbR, Rn. 639; Meisel/Sowka, Mutterschutz, § 9 MuSchG Rn. 27; Walker, JA 1985, 138, 148 f.

B. Urlaubsabgeltungsanspruch der M gemäß § 7 Abs. 4 BUrlG

Nach § 7 Abs. 4 BUrlG kann für Urlaub, der wegen der Beendigung des Arbeitsverhältnisses nicht genommen werden kann, Abgeltung in Geld verlangt werden.

Anpruchsgrundlage

I. Bestehender Urlaubsanspruch

Voraussetzung ist daher zunächst, dass M bei Beendigung des Arbeitsverhältnisses noch ein Urlaubsanspruch zustand. Hierbei ist zwischen den Jahren 2006 und 2007 zu unterscheiden.

Urlaubsanspruch

1. Kalenderjahr 2006

Da M erst in der zweiten Hälfte des Kalenderjahres 2006 eingestellt wurde, kann sie den vollen Urlaubsanspruch nach §§ 3 Abs. 1, 4 BUrlG nicht mehr erwerben, sondern es kommt nur ein Teilurlaubsanspruch nach § 5 Abs. 1 lit. a) BUrlG in Betracht.

Teilurlaub für 2006

a) Anspruch entstanden

aa) Arbeitsverhältnis

(1) Grundsatz: fehlerhaftes Arbeitsverhältnis

Die Entstehung des Urlaubsanspruchs für 2006 setzt voraus, dass in diesem Kalenderjahr zwischen M und S ein Arbeitsverhältnis bestanden hat. Problematisch ist in diesem Zusammenhang, dass der Arbeitsvertrag wirksam angefochten wurde[44]. Nach § 142 Abs. 1 BGB wirkt die Anfechtung grundsätzlich zurück, d. h. mit der Vernichtung der Willenserklärung wird dem Arbeitsvertrag die Grundlage entzogen, so dass nach allgemeinen Grundsätzen das Arbeitsverhältnis nicht wirksam zustande gekommen und damit ein Urlaubsanspruch ausgeschlossen wäre.

Bestehendes Arbeitsverhältnis

Dies wird aber von der h. L. abgelehnt, weil wegen des Austauschs einer Vielzahl von Leistungen über einen längeren Zeitraum das Bereicherungsrecht für eine Rückabwicklung wenig geeignet sei und zum anderen der Arbeitnehmer für die geleistete Arbeit eines Schutzes bedürfe[45]. Die An-

Grundsatz: Keine Rückwirkung der Anfechtung

---

[44] Siehe oben unter A III, S. 30.
[45] Vgl. z. B. BAG vom 05.12.1957, AP Nr. 2 zu § 123 BGB unter I mit Anm. A. Hueck = JZ 1958, 511; BAG vom 10.02.1968, AP Nr. 2 zu § 119 BGB unter II 2 mit Anm. A.

fechtung des Arbeitsvertrags soll daher grundsätzlich nur für die Zukunft wirken, das Arbeitsverhältnis bis zur Erklärung der Anfechtung als wirksam zustande gekommen behandelt werden[46]. Vom 01.10.2006 bis zum 09.04.2007 bestand danach ein, wenn auch fehlerhaftes Arbeitsverhältnis, das grundsätzlich bis zum Zeitpunkt der Geltendmachung des Fehlers wie ein wirksam zustande gekommenes Arbeitsverhältnis behandelt wird. Der Arbeitnehmer kann auch im fehlerhaften Arbeitsverhältnis bei entsprechender Anspruchsgrundlage Lohn ohne Arbeit verlangen, insbes. bei Erkrankungen nach dem EFZG und bei Urlaub nach dem BUrlG. Danach hätte im Kalenderjahr 2006 ein Arbeitsverhältnis zwischen M und S bestanden, M also einen Teilurlaubsanspruch erworben.

(2) Ausnahme: Rückwirkung der Anfechtung bei besonders schweren Mängeln

Ausnahme: Rückwirkung bei schweren Mängeln

Das Arbeitsverhältnis soll jedoch ausnahmsweise dann mit Wirkung für die Vergangenheit als nicht wirksam zustande gekommen behandelt werden, wenn es an einem besonders schweren Mangel leidet[47] oder der Arbeitnehmer keinen Schutz verdient[48]. Dies wird z. B. angenommen, wenn die Durchführung des Arbeitsverhältnisses als solches gegen strafbewehrte Bestimmungen[49] oder gegen die guten Sitten[50] verstößt. Aber auch wenn der Arbeitnehmer den Ar-

---

Hueck = NJW 1968, 1444; BAG vom 16.09.1982, AP Nr. 24 zu § 123 BGB unter IV 3 = NJW 1984, 446 f.; BAG vom 29.08.1984, AP Nr. 27 zu § 123 BGB unter II 3 = NZA 1985, 58 ff.; Dütz, ArbR, Rn. 117; Franzen, JuS 1995, 232, 233; Richardi/Annuß, ArbR, Fall 1, S. 13 ff.; Wank, Übungen, Fall 2, S. 31. – Ebenso für GmbH-Geschäftsführervertragsverhältnis BGH vom 16.01.1995, NJW 1995, 1158 f. = BB 1995, 536. - A. A. Beuthien, RdA 1969, 161 ff.; Boemke, Schuldvertrag und Arbeitsverhältnis, § 11 II 3, S. 480 ff.

46 Vgl. dazu Boemke, Schuldvertrag und Arbeitsverhältnis, § 11 II 1 c bb, S. 478 f.

47 BAG vom 07.06.1972, AP Nr. 18 zu § 611 BGB Faktisches Arbeitsverhältnis unter 2 = BB 1973, 291; Ramm, Anfechtung, S. 45. - Kritisch W. Blomeyer, AR-Blattei, Arbeitsvertrag-Arbeitsverhältnis V, C III 1.

48 W. Blomeyer, AR-Blattei, Arbeitsvertrag-Arbeitsverhältnis V, C III 1; MünchArbR/Richardi, § 46 Rn. 66 f.

49 BAG vom 07.06.1972, AP Nr. 18 zu § 611 BGB Faktisches Arbeitsverhältnis unter 2 = BB 1973, 291; MünchArbR/Richardi, § 46 Rn. 72.

50 BAG vom 10.09.1959, AP Nr. 1 zu § 138 BGB; BAG vom 01.04.1976, AP Nr. 34 zu § 138 BGB unter II = NJW 1976,

beitgeber bei Vertragsschluss arglistig getäuscht oder widerrechtlich bedroht hat (§ 123 Abs. 1 BGB), soll nach einer in der Literatur vertretenen Auffassung nur eine Rückabwicklung nach Bereicherungsrecht in Betracht kommen und somit ein Bestandsschutz für die Vergangenheit ausscheiden[51]. Dies würde bedeuten, dass der Arbeitnehmer zwar für die geleistete Arbeit Wertersatz verlangen kann[52]; hat er aber im Rahmen des fehlerhaften Arbeitsverhältnisses während bestimmter Zeiträume keine Arbeitsleistung erbracht, steht ihm kein Ersatz für die nicht geleistete Arbeit zu. Mangels Arbeitsverhältnis besteht auch kein Anspruch auf Entgelt ohne Arbeitsleistung[53], so dass M keinen Urlaubsanspruch erworben hätte.

(3) Maßgeblich: Wert der Arbeitsleistung

Fraglich ist allerdings, ob der Auffassung von der Rückwirkung der Anfechtung bei arglistiger Täuschung zu folgen ist. Die Schutzbedürftigkeit des Arbeitnehmers durch den Vollzug des Arbeitsverhältnisses wird nämlich nicht dadurch geringer, dass das Arbeitsverhältnis nicht ordnungsgemäß zustande gekommen ist. Daher zeitigt die Anfechtung in diesen Fällen nur dann Rückwirkung, wenn die Arbeitsleistung für den Arbeitgeber auf Grund der Täuschung ohne jedwedes Interesse war[54]. Dies war hier laut Sachverhalt nicht der Fall, so dass die Anfechtung das Arbeitsverhältnis zum 09.04.2007 beendet hat. M stand bis zu diesem Zeitpunkt in einem Arbeitsverhältnis zu S. Sie hat daher für das Jahr 2006 einen Teilurlaubsanspruch erworben.

Rückwirkung, wenn Arbeitsleistung ohne Interesse

1958 ff.; einschränkend: Gamillscheg, FS W. Weber (1974), S. 793, 812.

[51] Hönn, ZfA 1987, 61, 85 f.; MünchArbR/Richardi, § 46 Rn. 73; Wank, Übungen, Fall 2, S. 31.

[52] BAG vom 12.02.1992, AP Nr. zu § 611 BGB Weiterbeschäftigung = NZA 1993, 177, 178; v. Hoyningen-Huene, BB 1988, 264, 267.

[53] BAG vom 17.01.1991, AP Nr. 8 zu § 611 BGB Weiterbeschäftigung unter II 2 und 4 = NZA 1991, 769 f.; Heckelmann/Franzen, Fall 11, S. 145 ff. - A. A. MünchArbR/Wank, § 121 Rn. 108 f.

[54] MünchArbR/Richardi, § 46 Rn. 66. - Im Ergebnis auch BAG vom 18.04.1968, AP Nr. 32 zu § 63 HGB mit Anm. Mayer-Maly = DB 1968, 1073.

bb) Umfang des Urlaubsanspruchs

Grundurlaub Nach § 5 Abs. 1 lit. a) BUrlG kann M für jeden vollen Monat des Bestehens des Arbeitsverhältnisses, also für insgesamt drei Monate, 1/12 des Jahresurlaubs verlangen. Da keine besondere Vereinbarung über den Urlaub getroffen wurde, bestimmt sich die Dauer des Erholungsurlaubs nach § 3 Abs. 1 BUrlG, der Urlaubsanspruch besteht also im Kalenderjahr für 24 Werktage. Allerdings legt diese Bestimmung durch die Bezugnahme auf Werktage eine 6-Tage-Woche zugrunde. Ist die Arbeitszeit auf weniger als sechs Werktage in der Woche verteilt, müssen für die Berechnung der Urlaubsdauer Arbeits- und Werktage rechnerisch zueinander in Beziehung gesetzt werden. Dies geschieht dadurch, dass die Gesamtdauer des gesetzlichen Urlaubs durch die Zahl 6 geteilt und mit der Zahl der für den Arbeitnehmer maßgeblichen Wochenarbeitstage multipliziert wird[55]. Demnach wäre für die Berechnung des Teilurlaubsanspruchs ein Jahresurlaubsanspruch von 24 : 6 x 5 Arbeitstagen = 20 Arbeitstage zugrunde zu legen. Hieraus würde sich ein Teilurlaubsanspruch von 5 Arbeitstagen ergeben.

Zusatzurlaub für Schwerbehinderte Als Schwerbehinderter stehen M allerdings gemäß § 125 SGB IX weitere fünf Arbeitstage pro Kalenderjahr Zusatzurlaub zu. Da der Zusatzurlaub für Schwerbehinderte in seinem Entstehen und Erlöschen dem Grundurlaubsanspruch nach dem BUrlG folgt[56], kann M für 2006 auch hinsichtlich des Zusatzurlaubs nur einen Teilurlaubsanspruch in Höhe von 3/12, insgesamt also 1,25 zusätzliche Urlaubstage verlangen.

Gesamturlaubsanspruch Insgesamt hat M daher für 2006 einen Anspruch auf 3/12 des Grundurlaubs von 20 Arbeitstagen sowie des Zusatzurlaubs von 5 Arbeitstagen, also von 6,25 Arbeitstagen Urlaub erworben. Dieser Urlaubsanspruch ist nicht auf 6 Urlaubstage abzurunden, weil § 5 Abs. 2 BUrlG zwar anordnet, Urlaubstage, die mindestens einen halben Tag ergeben, auf volle Urlaubstage aufzurunden. Hieraus folgt aber nicht im Umkehrschluss, dass im Übrigen abzurunden wäre;

---

[55] BAG vom 27.01.1987, AP Nr. 30 zu § 13 BUrlG = NZA 1987, 462 ff.; BAG vom 22.10.1991, AP Nr. 6 zu § 3 BUrlG = NZA 1993, 79 ff.; BAG vom 18.02.1997, NZA 1997, 1123, 1124 f.; Leinemann/Linck, UrlaubsR, § 3 BUrlG Rn. 16.

[56] BAG vom 26.06.1986, AP Nr. 5 zu § 44 SchwbG unter I 2 a = NZA 1987, 98 f.; BAG vom 25.06.1996, AP Nr. 11 zu § 47 SchwbG 1986 unter I 3 a = NZA 1996, 1153 f.; Kasseler Hdb./Hauck, 2.4 Rn. 689; Neumann/Pahlen/Majerski-Pahlen, SGB IX, § 125 Rn. 10.

vielmehr ist auch für Bruchteile von Urlaubstagen Arbeitsbefreiung zu gewähren bzw. hat unter den Voraussetzungen des § 7 Abs. 4 BUrlG eine Abgeltung zu erfolgen[57].

b) Anspruch untergegangen

Der Anspruch ist zwar bisher nicht erfüllt worden, er könnte aber nach § 7 Abs. 3 BUrlG untergegangen sein. Der Urlaubsanspruch ist nämlich nach §§ 1, 7 Abs. 3 Satz 1 BUrlG auf das Kalenderjahr befristet, d. h. der Urlaubsanspruch entsteht mit Beginn des Kalenderjahrs und endet mit demselben[58], so dass mit Ablauf des Kalenderjahrs der Urlaubsanspruch grundsätzlich erlischt.

<small>Bindung an das Kalenderjahr</small>

Ausnahmsweise kann nach § 7 Abs. 3 Satz 2 BUrlG der Urlaub aus besonderen Gründen auf das nächste Kalenderjahr übertragen werden. Aber auch in diesem Falle muss der Urlaub innerhalb des Übertragungszeitraums von drei Monaten genommen werden; andernfalls erlischt er[59]. Da hier der 31.03.2007 schon verstrichen ist, wäre somit der Urlaubsanspruch von M für 2006 erloschen. Bei einem Teilurlaubsanspruch nach § 5 Abs. 1 lit. a) BUrlG hat der Arbeitnehmer allerdings die Möglichkeit, diesen insgesamt nach § 7 Abs. 3 Satz 4 BUrlG auf das nächste Kalenderjahr zu übertragen, ohne an den Übertragungszeitraum gebunden zu sein. Voraussetzung hierfür ist allerdings, dass der Arbeitnehmer bis zum Ende des Kalenderjahrs, für den der Teilurlaubsanspruch besteht, eine entsprechende Erklärung gegenüber dem Arbeitgeber abgibt; ein bloßes Schweigen, insbesondere die Nichtgeltendmachung des Teilurlaubsan-

<small>Übertragung des Urlaubsanspruchs</small>

---

[57] BAG vom 26.01.1989, AP Nr. 13 zu § 5 BUrlG = NZA 1989, 756, 757 f.; BAG vom 14.02.1991, AP Nr. 1 zu § 3 BUrlG Teilzeit = NZA 1991, 777 f.; ErfK/Dörner, § 5 BUrlG Rn. 36; Leinemann/Linck, UrlaubsR, § 5 BUrlG Rn. 44 ff.; MünchArbR/Leinemann, § 89 Rn. 112. – A. A. noch BAG vom 28.11.1968, AP Nr. 6 zu § 5 BUrlG = BB 1969, 274.

[58] BAG vom 13.05.1982, AP Nr. 4 zu § 7 BUrlG = DB 1982, 2470; BAG vom 28.11.1990, AP Nr. 18 zu § 7 BUrlG Übertragung = NZA 1991, 423 f.; BAG vom 07.12.1993, AP Nr. 15 zu § 7 BUrlG = NZA 1994, 802 ff.; BAG vom 17.01.1995, AP Nr. 66 zu § 7 BUrlG Abgeltung = NZA 1995, 531 f.; Kothe, BB 1984, 609, 618 f.; Leinemann/Linck, UrlaubsR, § 7 BUrlG Rn. 90; Neumann/Fenski, BUrlG, § 7 Rn. 65.

[59] Leinemann/Linck, UrlaubsR, § 7 BUrlG Rn. 117 ff., Neumann/Fenski, BUrlG, § 7 Rdn. 73.

spruchs, genügt hierfür nicht[60], weil Schweigen rechtlich grds. unerheblich ist. Dem Sachverhalt ist nicht zu entnehmen, dass M ein entsprechendes Begehren geäußert hat, so dass der Teilurlaubsanspruch nicht auf das neue Kalenderjahr übertragen worden ist.

c) Folgerungen

Kein Urlaub für 2006

Für 2006 ist ein Teilurlaubsanspruch in Höhe von 6,25 Werktagen zwar zunächst entstanden; der Anspruch ist aber nach § 7 Abs. 3 Satz 1 BUrlG erloschen.

2. Kalenderjahr 2007

Urlaubsanspruch für 2007

Nach dem oben Dargelegten ist für 2007 gemäß §§ 5 Abs.1 lit. c), 3 Abs. 1 BUrlG ebenfalls als Grunderholungsurlaub ein Teilurlaubsanspruch in Höhe von 5 Arbeitstagen (3/12 x 24/6 Werktage x 5 Arbeitstage) entstanden, weil das Arbeitsverhältnis ebenfalls drei volle Monate im Jahr 2007 bestand. Hinzu kommt für drei Monate der Zusatzurlaub nach § 125 SGB IX in Höhe von 1,25 Arbeitstagen (3/12 x 5 Arbeitstage). Insgesamt steht M für 2007 also ein Anspruch auf Erholungsurlaub für 6,25 Tage zu.

II. Nichtgewährung wegen der Beendigung des Arbeitsverhältnisses

Weil dieser Urlaub wegen der Beendigung des Arbeitsverhältnisses nicht mehr gewährt werden kann, besteht also insoweit ein Anspruch von M auf Abgeltung.

III. Ergebnis

Abgeltungsanspruch

M hat einen Anspruch auf Urlaubsabgeltung gemäß §§ 5 Abs. 1 lit. c), 3 Abs. 1 BUrlG für 2007 in Höhe von 6,25 Arbeitstagen.

---

[60] BAG vom 29.07.2003, NZA 2004, 385; Leinemann/Linck, UrlaubsR, § 7 BUrlG Rn. 181. — A. A. BAG vom 10.03.1966, AP Nr. 2 zu § 59 KO = BB 1966, 580.

C. Schadensersatzansprüche von S

S könnte einen Anspruch auf Schadensersatz gegen M aus § 280 Abs. 1 i. V. m. § 241 Abs. 2 BGB in Höhe von 500 € haben, nämlich 100 € Inseratskosten sowie 400 € Zulage für von H geleistete Überstunden.

Anspruchsgrundlage

I. Schadensersatzanspruch dem Grunde nach

Zwischen S und M müsste ein Schuldverhältnis mit Pflichten nach § 241 Abs. 2 BGB entstanden sein. Nach § 311 Abs. 1 BGB ist für ein solches Schuldverhältnis grundsätzlich ein Vertragsschluss zwischen den Beteiligten erforderlich. Ausnahmsweise entsteht nach § 311 Abs. 2 BGB aber auch ein Schuldverhältnis durch Aufnahme von Vertragsverhandlungen oder durch Anbahnung eines Vertrages (Nr. 1 und 2), so dass schon durch die Verhandlungen über einen Vertragsschluss ein Schuldverhältnis entstanden ist.

Schuldverhältnis

Die Täuschung über verkehrswesentliche Umstände bei Vertragsschluss stellt eine vorvertragliche Pflichtverletzung gemäß § 280 Abs. 1 BGB dar[61]. Da M gewusst und gewollt die Vorstrafe verschwiegen hat, ist vorsätzliches Handeln gegeben, das M nach § 276 Abs. 1 BGB zu vertreten hat. Sie ist daher zum Schadensersatz dergestalt verpflichtet, dass sie S so zu stellen hat wie er gestanden hätte, wenn sie sich pflichtgemäß verhalten und S über die Straftat informiert hätte. In diesem Fall wäre das Arbeitsverhältnis nicht begründet worden. Die Inseratskosten sowie die Überstundenzuschläge sind daher ersatzfähige Schäden, wenn sie dadurch entstanden sind, dass S nicht auf den Vertragsschluss mit M verzichtet hat.

schuldhafte Pflichtverletzung

II. Ersatzfähige Schadenspositionen

1. Inseratskosten

Ersatzfähig könnten dabei zunächst die Aufwendungen für Inseratskosten in Höhe von 100 € sein. Sicherlich besteht zwischen der Anfechtung und den Inseratskosten ein ursächlicher Zusammenhang; hätte S den Arbeitsvertrag nicht angefochten, dann hätte er keine neue Mitarbeiterin suchen müssen; die Inseratskosten wären nicht entstanden. Dies

Ursächlicher Zusammenhang zwischen Pflichtverletzung und

---

[61] Siehe allgemein Erman/H. Palm, BGB, § 123 Rn. 20 ff.; MünchKomm/Kramer, BGB, § 123 Rn. 35a; Palandt/Heinrichs, BGB, § 123 Rn. 27. – Zur Täuschung bei Abschluss des Arbeitsvertrags: Dütz, ArbR, Rn. 84.

reicht aber für die Ersatzfähigkeit nicht aus; der Schaden muss nämlich gerade auf der Pflichtverletzung beruhen. Dies setzt voraus, dass der Schaden nicht eingetreten wäre, wenn M sich pflichtgemäß verhalten, S also über ihre Vorstrafe wahrheitsgemäß informiert hätte.

Kein Ersatz der Inseratskosten

Wäre S von M nicht getäuscht worden, dann hätte er mit M keinen Arbeitsvertrag geschlossen. In diesem Falle wären aber gleichwohl Inseratskosten entstanden, weil weitere geeignete Bewerber laut Sachverhalt nicht zur Verfügung standen. Demgemäß wäre dieser „Schaden" auch bei pflichtgemäßem Verhalten nicht zu verhindern gewesen, so dass Schadensersatz für diese Kosten ausscheidet[62].

2. Überstundenzuschläge für Vertretung

Überstundenzuschläge als ersatzfähiger Schaden

Als ersatzfähiger Schaden kommen weiter die Überstundenzuschläge für H in Höhe von 400 € in Betracht. Im Gegensatz zum üblichen Stundenlohn, der insoweit für die geleistete Tätigkeit in jedem Fall hätte aufgewandt werden müssen, stellen die zu zahlenden Überstundenzuschläge einen ersatzfähigen Ausfallschaden dar, wenn die vorhandene Arbeitsmenge durch eine Ersatzkraft bewältigt wird. Etwas anderes gilt nur dann, wenn auch bei pflichtgemäßem Verhalten eine Ersatzkraft hätte Überstunden leisten müssen. Hierfür könnte sprechen, dass S im August außer M keine qualifizierten Bewerber finden konnte. Allerdings war es ihm nach dem Ausscheiden von M im April 2007 sehr schnell möglich, eine andere Kraft zu finden. Daher spricht eine große, nach § 287 ZPO hinreichende, Wahrscheinlichkeit dafür, dass ohne die Täuschung durch M die Überstundenzuschläge für H nicht angefallen wären. Daher beruhen die 400 € Überstundenzuschlag auf der Schädigung durch M und sind daher ersatzfähiger Schaden.

III. Ergebnis

S kann von M 400 € Schadensersatz gemäß §§ 280 Abs. 1, 241 Abs. 2 BGB verlangen.

---

[62] BAG AP Nr. 8 zu § 276 BGB Vertragsbruch = NZA 1984, 122; Boemke, ArbR, § 4 Rn. 31; Dütz, ArbR, Rn. 84; Heckelmann/Franzen, Fall 1, S. 13.

Klausur Nr. 2

Dienst auf der Straße

Sachverhalt

Bettina-Beate Bunsen-Brenner, Inhaberin eines gleichnamigen Chemieunternehmens mit selbstständigen Niederlassungen in Cottbus und Potsdam mit jeweils mehr als 100 Beschäftigten, beauftragte ihre Angestellten Erwin Entwickler und Torsten Tester am 31.01.2007 wegen der Erprobung eines neuentwickelten Arzneimittels von Potsdam nach Calau zu fahren. Da keine Firmenfahrzeuge zur Verfügung stehen, benutzte Entwickler, wie in solchen Fällen üblich, seinen privaten PKW, in dem Tester mitfuhr. Infolge nicht den Witterungsverhältnissen angepasster, leicht überhöhter Geschwindigkeit kam Entwickler wenige Kilometer vor Calau von der Fahrbahn ab und überschlug sich mehrmals, nachdem er das am Straßenrand parkende Fahrzeug der Studentin Sabine Steher gestreift hatte. Hierbei wurde das Fahrzeug von Steher leicht beschädigt, der Wagen von Entwickler aber vollständig zerstört.

Weil er angeschnallt war, wurde Entwickler nur leicht verletzt und konnte schon am 07.02.2007 wieder an seinem Arbeitsplatz erscheinen. Demgegenüber wurde Tester, der sich nicht angeschnallt hatte, aus dem Wagen geschleudert und schwer verletzt. Er war sechs Wochen arbeitsunfähig krank. Von dem Bruttomonatslohn für Februar 2007 i. H. v. 3.000 € hatte Richard Reich, der Buchhalter von Bunsen-Brenner, auf Grund einer entsprechenden Vereinbarung im Arbeitsvertrag bereits am 30.01.2007 einen Nettolohnbetrag von 1.809,45 € auf das Konto von Tester bei der B-Bank überwiesen sowie den Arbeitnehmeranteil am Gesamtsozialversicherungsbeitrag in zutreffender Höhe von 20,25 % des Bruttolohns an die Krankenkasse und entsprechend den Eintragungen auf der Lohnsteuerkarte 552,66 € Lohnsteuer sowie 30,39 € Solidaritätszuschlag an das zuständige Finanzamt abgeführt.

Der Betrag von 1.809,45 € ergibt sich aus dem Bruttoarbeitsentgelt von Tester abzüglich 20,25 % Arbeitnehmeranteil am Gesamtsozialversicherungsbeitrag (-607,50 €) und abzüglich der für 3.000,00 € Monatslohn zu entrichtenden Lohnsteuer i. H. v. 552,66 € (Monatslohnsteuer für das Jahr 2007 in der Steuerklasse I) sowie abzüglich des Solidaritätszuschlags i. H. v. 30,39 €.

1. Bunsen-Brenner verlangt von Tester den für Februar 2007 ausgezahlten Nettolohn in Höhe von 1.809,45 € sowie die an das Finanzamt abgeführte Lohnsteuer und den Solidaritätszuschlag in Höhe von zusammen 583,05 € zurück.

2. Entwickler verlangt von Bunsen-Brenner Entgeltfortzahlung für sechs Krankheitstage; Bunsen-Brenner weigert sich zu zahlen, weil Entwickler die Arbeitsunfähigkeit nicht nachgewiesen, insbesondere kein ärztliches Attest vorgelegt hat.

3. Entwickler verlangt von Bunsen-Brenner den Zeitwert seines Fahrzeuges in Höhe von 8.000 € ersetzt.

4. Tester verlangt von Entwickler Schmerzensgeld.

5. Steher verlangt von Entwickler Schadensersatz für die Beschädigungen an ihrem Fahrzeug in Höhe von 700 €. Entwickler seinerseits wendet sich daraufhin an Bunsen-Brenner.

Bearbeiterhinweis: Es ist ein Rechtsgutachten zu erstellen. Schadensersatzansprüche aus §§ 7, 18 StVG sind nicht zu prüfen.

Vorüberlegungen

I. Die ersten beiden Fragen betreffen die Verpflichtung des Arbeitgebers zur Entgeltfortzahlung im Krankheitsfall. Dabei darf sich der Bearbeiter nicht davon irritieren lassen, dass der Sachverhalt diese Fragestellung in zwei verschiedene Konstellationen einkleidet. Nur in Frage 2 spiegelt sich die typische Konstellation wieder, in der ein Arbeitnehmer noch nicht erhaltenen Lohn für die Dauer der Krankheit begehrt und nach der Lohnzahlungspflicht des Arbeitgebers fragt. Fordert der Arbeitgeber dagegen, wie in Frage 1, schon gezahlten Lohn zurück, verliert dieselbe Fragestellung dennoch nicht an Bedeutung; der Erfolg des Rückzahlungsverlangens hängt nämlich entscheidend davon ab, ob der Arbeitgeber zur Entgeltfortzahlung verpflichtet war oder nicht.

II. Im Verhältnis Tester - Entwickler handelt es sich bei der Frage 4 um eine Streitigkeit unter Arbeitskollegen im Betrieb, die im Falle einer gerichtlichen Auseinandersetzung den Betriebsfrieden erheblich gefährden kann. Daher ist für Personenschäden infolge eines Arbeitsunfalls grds. die gesetzliche Unfallversicherung unter Ausschluss privater Ansprüche zwischen den Kollegen (§ 105 SGB VII) einstandspflichtig. Allerdings sind Schmerzensgeldzahlungen nicht vom Leistungsumfang der gesetzlichen Unfallversicherung umfasst, so dass der Frage nachzugehen ist, ob ein derartiger Schmerzensgeldanspruch vom Haftungsausschluss erfasst wird oder nicht.

III. In Frage 3 geht es um eine typische Fallgestaltung, in welcher der Arbeitnehmer vom Arbeitgeber Aufwendungsersatz verlangt, weil er bei der Erbringung der Arbeitsleistung eigene Rechtsgüter eingesetzt hat und diese hierbei geschädigt worden sind. Anspruchsgrundlage ist § 670 BGB in doppelter Analogie, nämlich zum einen Anwendung auf das Arbeitsverhältnis und zum anderen Anwendung auf Schäden als unfreiwillige Vermögensopfer. Grundlage ist der Gedanke, dass derjenige den Schaden tragen soll, der den Nutzen aus einer Tätigkeit zieht, solange nicht das Risiko von dem anderen Teil übernommen worden ist. Für die Schadensverteilung sind die Grundsätze der eingeschränkten Arbeitnehmerhaftung bei betrieblich veranlasster Tätigkeit heranzuziehen, weil es für die Risikotragung unerheblich ist, ob der Arbeitnehmer vom Arbeitgeber zur Verfügung gestellte Arbeitsmittel beschädigt oder aber mit Zustimmung des Arbeitgebers eingesetzte, eigene Rechtsgüter.

IV. Frage 5 befasst sich mit der Schädigung Dritter in Zusammenhang mit der betrieblichen Tätigkeit und damit mit dem Problem der Außenhaftung des Arbeitnehmers. Hier ist zu diskutieren, ob sich die Haftungseinschränkung zugunsten von Arbeitnehmern auch auf das Außenverhältnis erstreckt. Fraglich ist zudem, ob und inwieweit sich der Arbeitnehmer beim Arbeitgeber schadlos halten kann.

Lösung

A. Ansprüche von Bunsen-Brenner gegen Tester

I. Rückzahlung von 1.809,45 € (Nettolohn für 02/2007)

1. Anspruchsgrundlage

Ein Anspruch von B gegen T auf Rückzahlung des für den Monat Februar 2007 ausgezahlten Lohns könnte sich aus §§ 326 Abs. 4, 346 Abs. 1 BGB ergeben[1]. Die Vorschrift des § 326 Abs. 4 BGB statuiert einen Rückzahlungsanspruch für den Fall, dass der Gläubiger der nach § 275 BGB unmöglich gewordenen Leistung die gemäß § 326 Abs. 1 Satz 1 BGB nicht geschuldete Gegenleistung bereits erbracht hat. Für den Umfang der Rückerstattungspflicht verweist § 326 Abs. 4 BGB auf die §§ 346 bis 348 BGB und ist damit Rechtsfolgenverweisung[2].

Anspruchsgrundlage

2. Gegenseitiger Vertrag

Zunächst müsste es sich bei vorliegendem Arbeitsvertrag zwischen der B und dem T um einen gegenseitigen Vertrag handeln. Ein Arbeitsvertrag mit den synallagmatischen Hauptleistungspflichten des Arbeitnehmers, die geschuldete Arbeitsleistung zu erbringen, sowie des Arbeitgebers, das Arbeitsentgelt zu zahlen, erfüllt dieses Erfordernis[3].

Arbeitsvertrag

---

[1] Die Rückerstattung bereits gezahlter, aber infolge der Unmöglichkeit der Arbeitsleistung nicht geschuldeter Vergütung erfolgte vor der Schuldrechtsreform nach bereicherungsrechtlichen Grundsätzen (§§ 812 ff. BGB). Über § 326 Abs. 4 BGB gilt nunmehr das strengere Rücktrittsrecht, das beispielsweise den Entreicherungseinwand (vgl. § 818 Abs. 3 BGB) nicht kennt. Eine vereinzelt vertretene teleologische Reduktion des § 326 Abs. 4 BGB in der Weise, dass den Arbeitnehmer generell keine Rückgewährpflicht bei Entreicherung treffen soll, ist abzulehnen; vgl. HWK/Thüsing, § 611 BGB Rn. 399; Henssler, RdA 2002, 129, 132; Lorenz/Riehm, Neues SchuldR, Rn. 325. - Krit. Löwisch, NZA 2001, 465, 467.

[2] Wörlen/Leinhas, JA 2007, 22, 26.

[3] ErfK/Preis, § 611 BGB Rn. 4. - Eingehender zur Anwendung der §§ 320 ff. BGB: MünchKomm/Müller-Glöge, BGB, § 611 Rn. 9 ff.

3. Ohne Arbeit kein Lohn (§ 326 Abs. 1 Satz 1 BGB)

Ohne Leistung keine Gegenleistung

Durch das wirksam begründete Arbeitsverhältnis war zunächst ein Anspruch von T gegen B auf Lohnzahlung aus § 611 Abs. 1 BGB begründet worden[4]. Dieser Anspruch könnte jedoch nach dem allgemeinen, nunmehr in § 326 Abs. 1 Satz 1 BGB normierten Grundsatz „ohne Leistung keine Gegenleistung"[5] wieder untergegangen sein, wenn T die Erbringung der Arbeitsleistung unmöglich geworden ist. Für Februar kam er seiner Arbeitspflicht krankheitsbedingt nicht nach. Da der Verpflichtung zur Arbeitsleistung im Allgemeinen Fixschuldcharakter zukommt[6] und ausgefallene Arbeit grds. nicht nachgeholt werden kann, ist T nach § 275 Abs. 1 BGB die Leistungserbringung für Februar 2007 unmöglich geworden. Damit wäre grundsätzlich auch sein Lohnanspruch gegen B untergegangen.

4. Anspruchserhaltende Gegennorm

Verlagerung des Gegenleistungsrisikos

Etwas anderes gilt nur dann, wenn eine Gegennorm dem Arbeitgeber das Gegenleistungsrisiko überbürdet, den Arbeitgeber also weiterhin zur Gegenleistung verpflichtet, obwohl dieser seine Leistung nicht erhält[7]. Fraglich ist, ob

---

[4] Der Anspruch auf den Arbeitslohn entsteht bereits mit Abschluss des Arbeitsvertrags. Die Erbringung der Arbeitsleistung ist nur von Bedeutung für die Frage, ob der Anspruch wieder untergegangen ist. Vgl. dazu Boemke, ArbR, § 5 Rn. 143 f.

[5] Teilweise wird dieser Grundsatz aus § 614 BGB abgeleitet, was dogmatisch unzutreffend ist, weil es sich bei dieser Bestimmung um eine bloße Fälligkeitsregel handelt; vgl. Boemke, ArbR, § 5 Rn. 143; ErfK/Preis, § 614 BGB Rn. 4.

[6] BAG vom 17.03.1988, AP Nr. 99 zu § 626 BGB unter II 4 d = NZA 1989, 261 ff. = NJW 1989, 546 ff.; Beuthien, RdA 1972, 20 ff.; Dütz, ArbR, Rn. 187; Schaub/Linck, ArbR-Hdb., § 49, § 51 Rn. 2; Steinmeyer/Waltermann, Casebook Arbeitsrecht, S. 64; Zöllner/Loritz, ArbR, § 18 I 1, S. 227 f. – Für relative Fixschuld MünchArbR/Blomeyer, § 57 Rn. 9 ff. – Ausführlich zur Problematik v. Stebut, RdA 1985, 66 ff. – Etwas anderes gilt freilich in den Fällen, in denen flexible Arbeitszeitmodelle wie Gleitarbeitszeit oder Arbeitszeitkonten eingeführt wurden. Hier wird man von einer grundsätzlichen Nachholbarkeit innerhalb des zugestandenen Ausgleichszeitraums ausgehen müssen; vgl. ErfK/Preis, § 611 BGB Rn. 839; HWK/Thüsing, § 611 BGB Rn. 390; Schaub, ArbR-Hdb., § 49 Rn. 5.

[7] Entgeltfortzahlungstatbestände im Überblick bei Boemke, ArbR, § 5 Rn. 145 ff.

vorliegend eine solche anspruchserhaltende Gegennorm eingreift.

a) Entgeltfortzahlung im Krankheitsfalle (§ 3 Abs. 1 EFZG)

So könnte der Anspruch von T auf das Arbeitsentgelt nach § 3 Abs. 1 Satz 1 EFZG aufrecht erhalten worden sein[8], wenn T durch die Arbeitsunfähigkeit infolge Krankheit ohne sein Verschulden an der Erbringung der Arbeitsleistung verhindert gewesen ist. Laut Sachverhalt war T infolge schwerer Verletzungen, also Krankheit i. S. lohnfortzahlungsrechtlicher Bestimmungen, sechs Wochen arbeitsunfähig. Fraglich ist allerdings, ob ihn hieran ein Verschulden trifft. Der Begriff des Verschuldens in § 3 Abs. 1 EFZG ist dabei entgegen verbreiteter Auffassung im technischen Sinn von § 276 Abs. 1 BGB und nicht als Verschulden gegen sich selbst i. S. v. § 254 BGB zu verstehen[9], weil den Arbeitnehmer aus dem Arbeitsverhältnis eine allgemeine Leistungstreuepflicht trifft. Die Zusage der Arbeitsleistung

Verschuldensbegriff

---

[8] Eine seit dem Beschäftigungsförderungsgesetz von 1996 im Vordringen befindliche Auffassung geht unter Heranziehung des Wortlauts des § 3 Abs. 1 Satz 1 EFZG, der infolge dieses Gesetzes im Text durch Ersetzung der Worte „Anspruch auf Arbeitsentgelt" durch die Worte „Anspruch auf Entgeltzahlung im Krankheitsfall" geändert wurde, davon aus, dass § 3 EFZG nicht nur den grundsätzlich nach § 326 Abs. 1 Satz 1 erloschenen Lohnanspruch aus dem Arbeitsvertrag aufrecht erhält, sondern einen eigenständigen Anspruch begründet (Hromadka/Maschmann, ArbR 1, § 8 Rdnr. 64; Schmitt, EFZG, § 3 Rn. 209 f.). Dem ist nicht zu folgen, weil § 3 EFZG dem Arbeitgeber das Risiko zuweist, Lohn trotz krankheitsbedingten Ausfalls der Arbeitsleistung zahlen zu müssen. Der Sache nach wird daher die Gegenleistungsgefahr abweichend von § 326 Abs. 1 Satz 1 BGB geregelt und der Lohnanspruch trotz Nichtleistung der Arbeit aufrecht erhalten. Unter anderem ergibt sich auch aus der Bundestagsdrucksache 13/4612, S. 15, dass trotz der Wortlautänderung die Rechtsnatur des § 3 Abs. 1 Satz 1 EFZG nicht angetastet werden sollte, sondern weiterhin § 611 Abs. 1 BGB die Anspruchsgrundlage bildet (vgl. BAG vom 16.01.2001, NZA 2002, 746, 747. – Zur Rechtslage vor Inkrafttreten des EFZG vgl. BAG vom 27.03.1991, AP Nr. 92 zu § 1 LFZG = NZA 1991, 895 f.; BAG vom 20.08.1980, AP Nr. 12 zu § 6 LFZG = DB 1981, 222 f.).

[9] Für technisches Verschulden: MünchArbR/Boecken, § 83 Rn. 97; Hofmann, ZfA 1979, 307; Künzl, BB 1989, 62, 66. – Dagegen für Verschulden gegen sich selbst: Erman/Belling, BGB, § 616 Rn. 39; Gerauer, NZA 1994, 496; Gitter, DAR 1992, 409; Hromadka/Maschmann, ArbR 1, § 8 Rn. 76.

beinhaltet nämlich zugleich das Versprechen, alles zu unterlassen, was die Leistungsdurchführung gefährden oder gar vereiteln könnte[10]. Allerdings führt nach allgemeiner Auffassung nicht bereits jede leichte Fahrlässigkeit zum Verlust des Anspruchs auf Entgeltfortzahlung, weil andernfalls die Bestimmung in der Praxis regelmäßig leerlaufen würde. Vielmehr begründet erst ein mindestens grob fahrlässiges Verhalten, das auch gern formelhaft als gröblicher Verstoß gegen das von einem verständigen Menschen (im eigenen Interesse) zu erwartende Verhalten[11] oder als besonders leichtfertiges Missachten von Umständen, die auf der Hand liegen[12], umschrieben wird, ein Verschulden i. S. v. § 3 Abs. 1 Satz 1 EFZG[13].

Nichtanlegen des Sicherheitsgurts als Verschulden

Im konkreten Fall hat T zwar den Verkehrsunfall als solchen nicht schuldhaft herbeigeführt; die Arbeitsunfähigkeit als Unfallfolge ist aber maßgeblich auf das Nichtanlegen des Sicherheitsgurts zurückzuführen. Dieser Verstoß gegen § 21a StVO rechtfertigt nach inzwischen gefestigter Auffassung den Vorwurf grober Fahrlässigkeit[14]. Allerdings wird der Anspruch auf Entgeltfortzahlung durch das grob fahrlässige Verhalten nur insoweit ausgeschlossen, wie die Arbeitsunfähigkeit kausal auf dem Pflichtverstoß beruht[15]. Hierfür trägt der Arbeitgeber die Darlegungs- und Beweislast, wobei er sich auf den Beweis des ersten Anscheins stützen kann[16].

Ursächlichkeit für Arbeitsunfähigkeit

Infolge desselben Geschehensablaufs ist T stärker verletzt worden als der angegurtete E, der nach einigen Tagen schon wieder arbeitsfähig war. Die Umstände sprechen daher dafür, dass die Arbeitsunfähigkeit von T, soweit sie länger als die von E angedauert hat, auf das Nichtanlegen

---

[10] Boemke, Schuldvertrag und Arbeitsverhältnis, § 9 III 3 c aa, S. 328; Buchner, ZfA 1979, 335, 339.
[11] BAG vom 05.04.1962, AP Nr. 28 zu § 63 HGB = BB 1962, 839; BAG vom 23.11.1971, AP Nr. 8 zu § 1 LFZG = NJW 1972, 703; Hromadka/Maschmann, ArbR 1, § 8 Rn. 76.
[12] Hofmann, ZfA 1979, 307, 308; Künzl, BB 1989, 62, 66.
[13] MünchArbR/Boecken, § 83 Rn. 94 ff.; Hofmann, SAE 1984, 41.
[14] BAG vom 07.10.1981, AP Nr. 46 zu § 1 LFZG unter 4 b mit Anm. Trieschmann = NJW 1982, 1013 f. - Vgl. zum umfangreichen Schrifttum: MünchArbR/Boecken, § 83 Rn. 117; Denck, RdA 1980, 246; Händel, NJW 1979, 2289; Klinkhammer, AuR 1983, 127; Kuckuk, DB 1980, 302.
[15] BAG vom 07.10.1981, AP Nr. 46 zu § 1 LFZG = NJW 1982, 1013 f.
[16] Schmitt, EFZG, § 3 Rn. 120.

des Sicherheitsgurts zurückzuführen ist. Demnach kann davon ausgegangen werden, dass T mit angelegtem Sicherheitsgurt zwar auch Verletzungen erlitten hätte, ab dem 07.02.2007 aber wieder arbeitsfähig gewesen wäre. Daher ist die Arbeitsunfähigkeit nur bis einschließlich zum 06.02.2007 unverschuldet, im Übrigen aber auf grob fahrlässiges Verhalten von T und damit ein Verschulden i. S. v. § 3 Abs. 1 Satz 1 EFZG zurückzuführen.

b) Verantwortlichkeit des Arbeitgebers (§ 326 Abs. 2 Satz 1 Alt. 1 BGB)

Darüber hinaus könnte der Entgeltanspruch auch nach § 326 Abs. 2 Satz 1 Alt. 1 BGB aufrecht erhalten worden sein, wenn B als Gläubiger der Arbeitsleistung für den Umstand, der zur Unmöglichkeit der Erbringung der Arbeitsleistung führte, weit überwiegend verantwortlich war. Dies bestimmt sich nach §§ 276 ff. BGB analog, weil §§ 276 ff. BGB unmittelbar nur die Verantwortlichkeit des Schuldners (hier also des Arbeitnehmers) betreffen[17]. Die Leistungsunmöglichkeit hat B weder persönlich verschuldet (§ 276 Abs. 1 Satz 1 BGB) noch kann ihr ein etwaiges Fehlverhalten von E über § 278 BGB zugerechnet werden. Soweit ein Arbeitgeber einen Arbeitnehmer nicht willentlich mit Schutzaufgaben betraut, sind diese grundsätzlich nicht Erfüllungsgehilfen des Arbeitgebers gegenüber geschädigten Arbeitskollegen[18]. Zudem hat es T unabhängig davon grob fahrlässig unterlassen, den Sicherheitsgurt anzulegen, so dass ihn im Verhältnis zu B die alleinige Verantwortlichkeit für die Arbeitsunfähigkeit trifft, soweit es den Zeitraum ab 07.02.2007 betrifft.

§ 326 Abs. 2 Satz 1 Alt. 1 BGB greift nicht ein, weil B keine Verantwortlichkeit trifft.

E nicht Erfüllungsgehilfe von B

---

[17] HWK/Thüsing, § 611 BGB Rn. 400; Gotthardt, Arbeitsrecht nach der Schuldrechtsreform, Rn. 128.
[18] BAG vom 17.12.1968, AP Nr. 2 zu § 324 BGB unter II 1 mit Anm. A. Hueck = NJW 1969, 766; Boemke, ArbR, § 7 Rn. 8; Heckelmann/Franzen, Fall 4, S. 49. – Wer hier eine Zurechnung des Verhaltens von E über § 278 BGB annimmt, müsste gleichwohl eine Haftung von B wegen § 104 Abs. 1 Satz 1 SGB VII ablehnen. Dieser Haftungsausschluss umfasst nämlich auch den Verdienstausfall (vgl. Heckelmann/Franzen, Fall 3, S. 38; KassKomm/Ricke, § 104 SGB VII Rn. 5).

5. Rückzahlungsbetrag

Dauer der Entgeltfortzahlung

Der Lohnzahlungsanspruch von T wird trotz Nichtleistung der Arbeit für die Zeit vom 01. bis 06.02.2007 nach § 3 Abs. 1 Satz 1 EFZG aufrechterhalten; im Übrigen liegen dessen Voraussetzungen nicht vor, so dass es für die Zeit vom 07. bis 28.02.2007 bei der allgemeinen Regelung des § 326 Abs. 1 Satz 1 BGB verbleibt. Die bereits erfolgte Entgeltzahlung ist daher für die Zeit vom 07. bis 28.02.2007 nicht geschuldet und kann insoweit von B nach den §§ 326 Abs. 4, 346 Abs. 1 BGB zurückgefordert werden.

Anteiliger Gehaltsanspruch

Zur Berechnung dieses Betrags ist zunächst die Höhe des geleisteten Entgelts für die Zeit vom 01. bis 06.02.2007 festzustellen. Auf der Grundlage des Lohnausfallprinzips ist der anteilige Entgeltanspruch bei einem festen Monatsentgelt wie folgt zu berechnen: Das monatliche Bruttoarbeitsentgelt wird durch die in dem betreffenden Monat tatsächlich anfallenden Arbeitstage geteilt und sich der danach ergebende Betrag mit der Anzahl der krankheitsbedingt ausgefallenen Arbeitstage multipliziert.[19]

Berücksichtigung des Arbeitnehmeranteils zur Sozialversicherung

Im konkreten Fall beträgt das monatliche Bruttoarbeitsentgelt von T 3.000 €. Der sich bei 20 tatsächlich anfallenden Arbeitstagen (5-Tage-Woche) im Februar 2007 mittels Division ergebende Betrag wird mit den 4 krankheitsbedingt ausgefallenen Arbeitstagen multipliziert, woraus sich ein Bruttolohnzahlungsanspruch von T i. H. v. 600 € für die Zeit vom 01. bis 06.02.2007 ergibt. Nach Abzug des Arbeitnehmeranteils am Gesamtsozialversicherungsbeitrag, der laut Sachverhalt 20,25 %[20], mithin 121,50 € beträgt, hat T für Februar 2007 berechtigterweise 478,50 €[21] erhalten. Da B an T aber 1.809,45 € ausgezahlt hatte, kann B die Rückzahlung des Differenzbetrags in Höhe von 1.330,95 € verlangen.

---

[19] BAG vom 14.08.1985, AP Nr. 40 zu § 63 HGB (LS) = NZA 1986, 231 f.; MünchArbR/Boecken, § 84 Rn. 41.

[20] Der Gesamtsozialversicherungsbetrag für den Arbeitnehmer ergibt sich aus: Rentenversicherung 9,95 %; Arbeitslosenversicherung 2,1 %; Krankenversicherung 7,35 % (berechnet aus 13,8 %, von denen 0,9 % der Arbeitnehmer allein trägt und der übrige Teil hälftig von Arbeitnehmer und Arbeitgeber getragen wird, § 241a I SGB V); Pflegeversicherung 0,85 % (gültig für alle Bundesländer mit Ausnahme von Sachsen).

[21] Bei einem Bruttomonatslohn von 600 € ist in der Steuerklasse I keine Lohnsteuer und kein Solidaritätszuschlag abzuführen.

II. Rückzahlung von 583,05 € (Lohnsteuer und Solidaritätszuschlag)

Der Rückzahlungsanspruch hinsichtlich der an das Finanzamt abgeführten 583,05 € Lohnsteuer und Solidaritätszuschlag setzt voraus, dass B diese als nicht geschuldete Gegenleistung im Sinne von § 326 Abs. 4 BGB bewirkt hat. Dies könnte deswegen fraglich sein, weil B diesen Geldbetrag nie an T überwiesen hatte, jener also hierüber nicht verfügen konnte. Gleichwohl ist ihm die gemäß § 38 Abs. 3 EStG für Rechnung des Arbeitnehmers abgeführte Lohnsteuer zugeflossen. Der geschuldete Bruttobetrag unterliegt der Einkommensteuerpflicht als Einkunft aus nichtselbstständiger Arbeit (vgl. § 2 Abs. 1 S. 1 Nr. 4 EStG); Steuerschuldner ist nach § 38 Abs. 2 Satz 1 EStG der Arbeitnehmer. Gemäß § 42 d EStG haftet der Arbeitgeber zwar gegenüber dem Finanzamt für die Abführung der Lohnsteuer des Arbeitnehmers, im zivilrechtlichen Sinne tilgt er hiermit aber die Steuerschuld des Arbeitnehmers und zugleich auch dessen Lohnforderung[22]. Er kommt also damit seiner Gegenleistungspflicht aus dem Arbeitsverhältnis nach. Soweit der Anspruch auf die Gegenleistung nach § 326 Abs. 1 Satz 1 BGB untergegangen ist, hat der Arbeitnehmer auch diesen Teil der Bruttozuwendung an den Arbeitgeber zurückzugewähren.

Rückzahlungsanspruch dem Grunde nach

Da bei einer Bruttomonatslohnforderung in Höhe von 600 €[23] für die Zeit vom 01. bis 06.02.2007 keine Lohnsteuer anfällt, kann B auch die abgeführte Lohnsteuer und den Solidaritätszuschlag in voller Höhe von insgesamt 583,05 € von T zurückverlangen.

Höhe des Rückzahlungsanspruchs

---

[22] BAG vom 15.03.2000, NZA 2000, 1004, 1006; BAG vom 05.04.2000, NZA 2000, 1008, 1009; BAG vom 16.06.2004, AP Nr. 9 zu § 611 BGB Lohnrückzahlung unter II 1 = NZA 2004, 1274 f.
[23] Siehe oben A I 5, S. 48.

B. Lohnanspruch von E gegen B

Anspruchsgrundlage

E könnte gegen B einen Anspruch auf Lohn aus dem Arbeitsverhältnis i. V. m. § 611 Abs. 1 BGB haben.

I. Anspruch entstanden

Bestehendes Arbeitsverhältnis

Mit der Begründung des Arbeitsverhältnisses ist der Anspruch auf den Arbeitslohn zunächst entstanden[24].

II. Anspruch untergegangen (§ 326 Abs. 1 Satz 1 BGB)

Entgeltfortzahlung

Da nicht geleistete Arbeit wegen ihres Fixschuldcharakters nicht nachgeholt werden kann, also mit Zeitablauf Unmöglichkeit eintritt, geht nach § 326 Abs. 1 Satz 1 BGB der Lohnanspruch wieder unter, wenn der Arbeitnehmer die Arbeitsleistung nicht erbringt[25]. Allerdings bleibt der Lohnanspruch ausnahmsweise nach § 3 Abs. 1 Satz 1 EFZG erhalten, wenn der Arbeitnehmer ohne sein Verschulden arbeitsunfähig erkrankt ist und deswegen die Arbeitsleistung nicht erbringen konnte. E war infolge der Unfallverletzung sechs Tage außer Stande, seine Arbeitsleistung zu erbringen. Weil er den Unfall nicht grob fahrlässig herbeigeführt hat, fällt ihm kein Verschulden i. S. v. § 3 Abs. 1 EFZG zur Last[26]. Somit bleibt der Lohnanspruch trotz Nichtleistung der Arbeit in voller Höhe bestehen.

III. Durchsetzbarkeit (§ 7 Abs. 1 Nr. 1 EFZG)

Nichtvorlage der AU-Bescheinigung

Fraglich ist allerdings die Durchsetzbarkeit des Anspruchs. Nach § 7 Abs. 1 Nr. 1 EFZG kann der Arbeitgeber nämlich die Fortzahlung des Arbeitsentgelts verweigern, wenn der Arbeitnehmer nicht die von ihm nach § 5 Abs. 1 EFZG vorzulegende ärztliche Arbeitsunfähigkeitsbescheinigung vorlegt. Nach § 5 Abs. 1 EFZG muss der Arbeitnehmer die krankheitsbedingte Arbeitsunfähigkeit durch ärztliches Attest nachweisen, wenn die Krankheit länger als drei Kalendertage andauert; der Arbeitgeber kann eine solche Bescheinigung auch schon früher verlangen.

---

[24] Siehe oben A I 3, S. 44.
[25] Siehe oben A I 3, S. 44.
[26] Siehe oben A I 4 a, S. 45 ff.

Im vorliegenden Fall hat die Krankheit des E vom 01.02.[27] bis mindestens zum 04.02. 2007 und damit mehr als drei Kalendertage gedauert. Er war daher nach § 5 Abs. 1 Satz 1 und 2 EFZG verpflichtet, unverzüglich, spätestens aber am vierten Tag der Krankheit, seine Krankheit nachzuweisen[28]. E hat bisher kein derartiges Attest vorgelegt, so dass B nach § 7 Abs. 1 Nr. 1 EFZG formal ein Leistungsverweigerungsrecht zusteht.

Zeitliche Dauer der Krankheit

Trotz fehlenden Nachweises der Erkrankung könnte hier der Anspruch gleichwohl deswegen durchsetzbar sein, weil nach dem Sachverhalt die krankheitsbedingte Arbeitsunfähigkeit feststeht und unstreitig ist. Die nach § 5 EFZG vorzulegende Arbeitsunfähigkeitsbescheinigung dient dem außerprozessualen und prozessualen Nachweis der Arbeitsunfähigkeit und soll Streitigkeiten vermeiden helfen. Dem Arbeitgeber soll hingegen keine Möglichkeit eingeräumt werden, unter Berufung auf formale Standpunkte die Zahlung des Arbeitsentgelts im Krankheitsfalle zu verweigern. Daher bedarf es keines Nachweises, wenn die krankheitsbedingte Arbeitsunfähigkeit unstreitig ist oder anderweitig feststeht[29].

Entbehrlichkeit der Vorlage bei anderweitigem Nachweis

IV. Ergebnis zur Frage 2

E hat trotz Nichtleistung der Arbeit einen Anspruch auf Zahlung des Arbeitslohns für die Zeit vom 01.02. bis 06.02.2007. B kann die Entgeltzahlung nicht nach §§ 7 Abs. 1 Nr. 1, 5 Abs. 1 EFZG verweigern, weil nach dem Sachverhalt unstreitig ist, dass E arbeitsunfähig erkrankt war[30].

---

[27] Zur Frage, ob der Tag der Erkrankung miteingerechnet wird, vgl. Diller, NJW 1994, 1690, 1691; Schmitt, EFZG, § 5 Rn. 48 ff.

[28] BAG vom 31.08.1989, AP Nr. 23 zu § 1 KSchG Verhaltensbedingte Kündigung = NZA 1990, 433 f.

[29] BAG vom 12.06.1996, NZA 1997, 191, 194; ErfK/Dörner, § 7 EFZG Rn. 15; MünchKomm/Müller-Glöge, BGB, § 7 EFZG Rn. 9.

[30] Vgl. BAG vom 01.10.1997, AP Nr. 5 zu § 5 EFZG = NZA 1998, 369, 372, wonach das Zurückbehaltungsrecht des Arbeitgebers endet, wenn der Arbeitnehmer seine krankheitsbedingte Arbeitsunfähigkeit ggf. anderweitig bewiesen hat.

C. Ansprüche von E gegen B auf Ersatz des Schadens an seinem PKW

Anspruchsgrundlage

E könnte gegen B einen Anspruch auf Aufwendungsersatz in Höhe von 8.000 € in entsprechender Anwendung von § 670 BGB haben.

I. Aufwendungsersatzanspruch aus § 670 BGB analog

Anwendung im Arbeitsrecht

Voraussetzung ist zunächst, dass § 670 BGB auf Schäden, die der Arbeitnehmer bei Ausübung der betrieblichen Tätigkeit erleidet, überhaupt anwendbar ist. Eine unmittelbare Anwendung ist ausgeschlossen, weil dem Arbeitsverhältnis weder ein unentgeltlicher Auftrag noch eine entgeltliche Geschäftsbesorgung (vgl. § 675 BGB) zugrunde liegt[31]. Allerdings beruht die Regelung über den Aufwendungsersatz beim unentgeltlichen Auftrag auf dem allgemeinen Rechtsgedanken, dass derjenige, der den Nutzen aus einer Tätigkeit zieht, auch die damit verbundenen Kosten tragen soll. Daher findet § 670 BGB analoge Anwendung auf das Arbeitsverhältnis, soweit es um den Ersatz von Aufwendungen geht, die mit dem Arbeitslohn nicht abgegolten sind[32].

Anwendung auf Eigenschäden

Darüber hinaus betrifft § 670 BGB seinem Wortlaut nach unmittelbar nur Aufwendungen, also freiwillige Vermögensopfer[33]; vorliegend verlangt E aber einen Unfallschaden, also eine unfreiwillige Vermögenseinbuße ersetzt. Insoweit kommt wiederum eine entsprechende Anwendung

---

[31] BAG (GS) vom 10.11.1961, AP Nr. 2 zu § 611 BGB Gefährdungshaftung des Arbeitgebers unter VII mit Anm. Isele = NJW 1962, 411.

[32] BAG (GS) vom 10.11.1961, AP Nr. 2 zu § 611 BGB Gefährdungshaftung des Arbeitgebers unter VII mit Anmerkung Isele = NJW 1962, 411; BAG vom 08.05.1980, AP Nr. 6 zu § 611 BGB Gefährdungshaftung des Arbeitgebers unter I 1 mit Anmerkung Brox = NJW 1981, 702 f.; BAG vom 11.08.1988, AP Nr. 7 zu § 611 BGB Gefährdungshaftung des Arbeitgebers unter A I vor 1 = NZA 1989, 54 f.; BAG (GS) 12.06.1992, AP Nr. 102 zu § 611 BGB Haftung des Arbeitnehmers unter B II 2 = NZA 1993, 547 ff.; BAG vom 23.03.1983, AP Nr. 82 zu § 611 BGB Haftung des Arbeitnehmers unter II 3 b = NJW 1983, 1693 ff.; MünchArbR/Blomeyer, § 96 Rn. 68; Boemke, ArbR, § 8 Rn. 2; Schaub/Koch, ArbR-Hdb. § 85 Rn. 1. – Vgl. allgemein hierzu: Müller-Erzbach, AcP 106 (1909), S. 309, 383 ff. und 453 ff.

[33] BGH vom 16.12.1952, BGHZ 8, 222, 229; Palandt/Sprau, BGB, § 670 Rn. 2; MünchKomm/Seiler, BGB, § 670 Rn. 6.

des § 670 BGB in Betracht. Der allgemeine, dieser Regelung zugrunde liegende Rechtsgedanke, wonach derjenige, der den Nutzen aus einer Tätigkeit zieht, auch die hiermit in Zusammenhang stehenden Kosten tragen soll, hat nämlich auch Einfluss auf die Risikohaftung bei Tätigkeiten in fremdem Interesse. Vom Gesetzgeber nur klar in § 110 HGB herausgearbeitet, in der Anwendung hierauf aber nicht beschränkt, muss derjenige, der einen anderen eine gefahrbehaftete Tätigkeit ausführen lässt, auch die damit verbundenen tätigkeitsspezifischen Risiken und sich hieraus entwickelnde Schäden tragen (cuius commodum, eius periculum)[34].

II. Aufwendungsersatz bei Unfallschäden am Privat-PKW

Erleidet der Arbeitnehmer bei Erbringung der Arbeitsleistung einen Schaden an seinen eigenen Rechtsgütern, dann besteht grds. eine Verpflichtung des Arbeitgebers zum Aufwendungsersatz, wenn der Arbeitgeber zur Ermöglichung der betrieblichen Tätigkeit eigene Betriebsmittel (betriebseigene Fahrzeuge) hätte zur Verfügung stellen und das damit verbundene Betriebsrisiko (Unfallrisiko) hätte tragen müssen. Unter Zugrundelegung dieser Risikoverteilung haben sich für den Aufwendungsersatz beim Einsatz von Kraftfahrzeugen folgende differenzierte Voraussetzungen herausgebildet[35]:

Schäden an Privat-PKW

- Das Fahrzeug muss mit Billigung des Arbeitgebers genutzt werden. Dabei ist kein ausdrückliches Einverständnis zu fordern, sondern es genügt, wenn die Nutzung des PKW zu dienstlichen Zwecken vom Arbeitgeber – wie im vorliegenden Fall – gebilligt wird, z. B. weil er keine eigenen Firmenfahrzeuge zur Verfügung stellen kann.

Billigung des Arbeitgebers

- Für den Einsatz des Fahrzeugs darf keine besondere Vergütung gezahlt werden, die ihrer Höhe nach das gesamte

Keine besondere Vergütung

---

[34] Boemke, Schuldvertrag und Arbeitsverhältnis, § 8 IV 4 c aa, S. 310; Canaris, RdA 1966, 41,43; Larenz, JuS 1965, 373, 375.

[35] Vgl. hierzu BAG vom 08.05.1980, AP Nr. 6 zu § 611 BGB Gefährdungshaftung des Arbeitgebers unter I 2 = NJW 1981, 702 f.; BAG vom 11.08.1988, AP Nr. 7 zu § 611 BGB Gefährdungshaftung des Arbeitgebers unter A II 1 = NZA 1989, 54 f.; BAG vom 14.12.1995, AP Nr. 13 zu § 611 BGB Gefährdungshaftung des Arbeitgebers unter B I = NZA 1996, 417 f.; Boemke, ArbR, § 8 Rn. 11 ff.; Schaub/Koch, ArbR-Hdb., § 85 Rn. 6 f.

Unfallrisiko kompensieren soll, z. B. eine Kilometerpauschale, in die Kosten für eine Vollkaskoversicherung einkalkuliert sind. Erhält der Arbeitnehmer, wie hier, nur den normalen Lohn ohne zusätzliche Risikoprämie, so muss er nicht damit rechnen, das Unfallrisiko auf sich nehmen zu müssen.

Betrieblicher Betätigungsbereich

- Schließlich darf der eingetretene Schaden nicht in den Bereich des vom Arbeitnehmer zu tragenden allgemeinen Lebensrisikos fallen; dieser muss vielmehr dem betrieblichen Betätigungsbereich des Arbeitgebers zuzuordnen sein. Im Zusammenhang mit Eigenschäden des Arbeitnehmers am PKW ist auf den Anlass der Fahrt abzustellen. Hier erfolgte die Fahrt in Zusammenhang mit der Ausübung der betrieblichen Tätigkeit; es lag also eine Dienstreise vor. Diese fällt in die Risikosphäre des Arbeitgebers und betrifft nicht das allgemeine Lebensrisiko des Arbeitnehmers.

III. Berücksichtigung des Verschuldens von E

Bedeutung des Eigenverschuldens

Danach kann § 670 BGB in doppelter Analogie auf den vorliegenden Sachverhalt angewandt werden. Es besteht also grds. ein Aufwendungsersatzanspruch von E gegen B. Der Aufwendungsersatzanspruch könnte vorliegend allerdings deswegen ausgeschlossen sein, weil E den Unfall selbst fahrlässig herbeigeführt hat. Im Allgemeinen gilt § 670 BGB nämlich nur für zufallsbedingte Schäden; hat der Ersatzberechtigte den Schaden selbst fahrlässig herbeigeführt, ist regelmäßig ein Aufwendungsersatzanspruch ausgeschlossen[36]. Bei der entsprechenden Anwendung dieser Regelung im Arbeitsrecht müssen jedoch auch die Besonderheiten der Haftung des Arbeitnehmers berücksichtigt werden. Da es letztlich um die Frage geht, wer das Risiko betrieblicher Tätigkeit tragen soll, führt ein Verschulden des Arbeitnehmers nicht zum Anspruchsausschluss, sondern ist in Anwendung der Grundsätze zur eingeschränkten Arbeitnehmerhaftung entsprechend § 254 BGB nur anspruchsmindernd zu berücksichtigen[37]. Es wäre nämlich

---

[36] BAG vom 08.05.1980, AP Nr. 6 zu § 611 BGB Gefährdungshaftung des Arbeitgebers unter I 2 = NJW 1981, 702 f.; Gick, JuS 1980, 393, 399; Grunsky, JZ 1983, 372, 378; MünchKomm/Seiler, BGB, § 670 Rn. 14 ff.

[37] BAG vom 08.05.1980, AP Nr. 6 zu § 611 BGB Gefährdungshaftung des Arbeitgebers unter II 3 mit insoweit ablehnender Anmerkung Brox = NJW 1981, 702 f.; BAG vom 11.08.1988; AP Nr. 7 zu § 611 BGB Gefährdungshaftung des Arbeitgebers

wertungswidersprüchlich, wenn der Arbeitnehmer Schäden, die er im Rahmen der Grundsätze über die Einschränkung der Arbeitnehmerhaftung dem Arbeitgeber nicht zu ersetzen bräuchte, selbst tragen müsste, wenn diese an seinen Rechtsgütern entstehen[38]. Für die Höhe des Aufwendungsersatzanspruchs des E kommt es daher darauf an, welcher Haftungsanteil nach Haftungsgrundsätzen im Arbeitsverhältnis auf B entfallen würde.

Hierbei ist zu berücksichtigen, dass nach neuerer Rechtsprechung die Haftungseinschränkungen nicht mehr davon abhängig sind, ob der Arbeitnehmer eine schadensgeneigte Tätigkeit ausgeführt hat; vielmehr kommen Privilegierungen bei sämtlichen betrieblichen Tätigkeiten in Betracht[39]. Deswegen muss die Fahrt durch E nach Calau nicht durch schwierige Verkehrsverhältnisse gefährlich gewesen sein. Es genügt, dass es sich um eine Dienstreise handelte. Auch ein schweres Verschulden des Arbeitnehmers würde die Haftungseinschränkung und damit den Aufwendungsersatz nicht vollständig ausschließen[40]. Beide Umstände, Gefährlichkeit der Tätigkeit und Verschuldensgrad des Arbeitnehmers, fließen, bei hinreichendem Vorhandensein abwägungsrelevanter Kriterien, lediglich in die Abwägungsent-

Schadensquotelung

---

unter A II 1 = NZA 1989, 54 f.; MünchArbR/Blomeyer, § 96 Rn. 74; Boemke, ArbR, § 8 Rn. 10; Wank, Übungen, Fall 6, S. 97.

[38] MünchArbR/W. Blomeyer, § 96 Rn. 74; Boemke, ArbR, § 8 Rn. 9.

[39] BAG (GS) vom 12.06.1992, AP Nr. 102 zu § 611 BGB Haftung des Arbeitnehmers unter B II = NZA 1993, 547 ff.; BAG (GS) vom 27.09.1994, AP Nr. 103 zu § 611 BGB Haftung des Arbeitnehmers unter B II 2 mit Anmerkung Schlachter = WiB 1994, 952 mit Anm. Boemke = NZA 1994, 1083 ff.; Boemke, Schuldvertrag und Arbeitsverhältnis, § 8 IV 4 c, S. 310 m. w. Nachw. – A. A. noch: BAG (GS) vom 25.09.1957, AP Nr. 4 zu § 898, 899 RVO unter III 1 = NJW 1959, 2194; BAG vom 03.08.1971, AP Nr. 66 zu § 611 BGB Haftung des Arbeitnehmers unter II 2 mit Anmerkung Rieger. – Vgl. auch BAG vom 21.11.1959, AP Nr. 14 zu § 611 BGB Haftung des Arbeitnehmers unter 2 u. 4 und BAG vom 29.05.1960, AP Nr. 19 zu § 611 BGB Haftung des Arbeitnehmers, wobei im Rahmen der Gefahrneigung der Tätigkeit speziell für Kraftfahrer darauf abgestellt wurde, ob die Verkehrverhältnisse auf Grund der Sichtverhältnisse und der Stärke des Verkehrs schwierig sind oder nicht.

[40] BAG vom 12.10.1989, AP Nr. 97 zu § 611 BGB Haftung des Arbeitnehmers unter II 2 = NZA 1990, 97 ff.; Boemke, Schuldvertrag und Arbeitsverhältnis, § 8 IV 4 c, S. 310 m. w. Nachw. – A. A. Zöllner/Loritz, § 19 II 1 b, S. 252.

scheidung ein. Von der grundsätzlich vorliegenden vollen Verantwortlichkeit des Arbeitgebers für den Schaden auf Grund seines Betriebsrisikos ist wie auf einer Messlatte der dem Arbeitnehmer durch sein Verschulden zugewiesene Verantwortungs- bzw. Schadensanteil abzuziehen, d. h. der eigentlich in voller Höhe bestehende Aufwendungsersatzanspruch ist entsprechend dem Verschuldensanteil zu kürzen[41]. Bei Fehlen hinreichender Kriterien, die eine saubere Bestimmung des Betriebsrisikos bzw. des Verschuldens und damit eine sichere Abwägung gewährleisten würden, kann als grobe Faustformel eine Haftungsdreiteilung herangezogen werden, bei welcher der Arbeitnehmer bei grober und der Arbeitgeber bei leichtester Fahrlässigkeit des Arbeitnehmers den Schaden insgesamt zu tragen hat, während bei normaler Fahrlässigkeit eine Quotelung erfolgt[42].

IV. Ergebnis zur Frage 3

Im konkreten Fall fällt E durch die leicht überhöhte Geschwindigkeit normale Fahrlässigkeit zur Last, so dass eine Aufteilung des Schadens erfolgt. Mangels abweichender Anhaltspunkte im Sachverhalt kann dabei von einer gleichmäßigen Verteilung des Schadens ausgegangen werden, so dass E in Höhe von 50 % seines Schadens Aufwendungsersatz von B verlangen kann. Sein Begehren ist also in Höhe von 4.000 € in entsprechender Anwendung von § 670 BGB begründet.

---

[41] MünchArbR/Blomeyer, § 59 Rn. 50; v. Hoyningen-Huene, BB 1989, 1889, 1895.

[42] BAG (GS) vom 27.09.1994, AP Nr. 103 zu § 611 BGB Haftung des Arbeitnehmers unter C I 1 mit Anmerkung Schlachter = WiB 1994, 952 mit Anm. Boemke = NZA 1994, 1083 ff.; BAG vom 16.02.1995, AP Nr. 106 zu § 611 BGB Haftung des Arbeitnehmers = NZA 1995, 565 f.

D. Schmerzensgeldanspruch von T gegen den E

T könnte gegen E einen Anspruch auf Schmerzensgeld aus § 253 Abs. 2 BGB i. V. m. § 823 Abs. 1 BGB haben. Nach § 253 Abs. 2 BGB kann nämlich auch für den Nichtvermögensschaden eine billige Entschädigung in Geld verlangt werden, wenn wegen einer Körper- oder Gesundheitsverletzung Schadensersatz zu leisten ist.

Anspruchsgrundlage

I. Deliktische Haftung (§ 823 Abs. 1 BGB)

Die Tatbestandsvoraussetzungen des § 823 Abs. 1 BGB sind erfüllt, weil E durch den von ihm fahrlässig verursachten Unfall die Gesundheit des T verletzt hat. Damit liegen die Voraussetzungen für einen Schmerzensgeldanspruch nach allgemeinen Bestimmungen vor.

Körperverletzung

II. Haftungsausschluss nach §§ 104 f. SGB VII

Der Schmerzensgeldanspruch könnte im konkreten Fall aber nach den Grundsätzen über die Beschränkung der Haftung bei Arbeitsunfällen nach §§ 105 Abs. 1 Satz 1, 8 Abs. 1 SGB VII ausgeschlossen sein.

Haftungsbeschränkung bei Arbeitsunfällen

1. Arbeitsunfall

Voraussetzung für den Haftungsausschluss ist, dass ein Arbeitsunfall zwischen Arbeitskollegen desselben Betriebs vorliegt. E und T sind beide Beschäftigte in der Niederlassung Potsdam des Chemieunternehmens von B und damit kraft Gesetzes gemäß § 2 Abs. 1 Nr. 1 SGB VII Versicherte desselben Betriebs. Die Schädigung beruht auch auf einem Arbeitsunfall und damit auf einer versicherten Tätigkeit i. S. v. § 8 Abs. 1 SGB VII, weil die Fahrt, auf der T durch E verletzt wurde, unmittelbar zur Ausübung der Arbeitstätigkeit rechnete[43]. Vom Haftungsausschluss ausgenommen sind nach § 105 Abs. 1 Satz 1 Hs. 2 Alt. 2 i. V. m. § 8 Abs. 2 SGB VII Unfälle, die sich auf dem Arbeitsweg zwischen Wohnung und Betriebsstätte ereignen. Vorliegend handelt es sich jedoch um eine reine Dienstfahrt; der Weg wird hier gerade in Ausführung der versicherten Tätigkeit zurückgelegt. Unfälle auf solchen Wegen werden vom Haftungsprivileg umfasst. Damit liegen die tatbestandlichen Vorausset-

Begriff des Arbeitsunfalls

---

[43] Vgl. Rolfs, NJW 1996, 3177, 3179.

zungen des Haftungsausschlusses bei Arbeitsunfällen vor; so dass E gegenüber T nicht für den verursachten Personenschaden haftet.

2. Erstreckung auf Schmerzensgeldanspruch

Reichweite des Haftungsausschlusses

Umstritten ist allerdings, ob sich dieser Haftungsausschluss hinsichtlich des Personenschadens auch auf den Schmerzensgeldanspruch erstreckt. Die sachliche Rechtfertigung des Haftungsausschlusses liegt nämlich darin begründet, dass an die Stelle der zivilrechtlichen Schadensersatzforderungen die Leistungen der gesetzlichen Unfallversicherung nach §§ 27 ff. SGB VII treten. Schmerzensgeld wird aber von der gesetzlichen Unfallversicherung gerade nicht gezahlt. Gleichwohl kann hieraus nicht geschlossen werden, dass der betriebliche Schädiger zu Schmerzensgeldzahlungen an Arbeitskollegen verpflichtet ist. Die gesetzliche Unfallversicherung bildet nämlich ein abschließendes System der Ersatzleistungen für Personenschäden, das dem Arbeitnehmer zahlreiche Vorteile bietet; so setzen z. B. die Leistungen abweichend von der allgemeinen deliktsrechtlichen Haftung kein Fremdverschulden voraus und werden auch dann in voller Höhe erbracht, wenn den versicherten Arbeitnehmer ein Mitverschulden an der Schädigung trifft[44]. Auf Grund dieser Vorteile muss der Arbeitnehmer allerdings auch die im Interesse der Wahrung des Betriebsfriedens verbundenen Nachteile, nämlich den Ausschluss des Schmerzensgelds hinnehmen[45].

III. Ergebnis zur Frage 4

Kein Schmerzensgeld

Somit liegen zwar die Voraussetzungen eines Schmerzensgeldanspruchs von T gegen E gemäß § 823 Abs. 1 i. V. m. § 253 Abs. 2 BGB vor. Da die Schädigung aber im Rahmen eines Arbeitsunfalls erfolgte, ist die Haftung des E hierfür und damit auch der Schmerzensgeldanspruch von T nach § 105 Abs. 1 Satz 1 SGB VII ausgeschlossen.

---

[44] BAG vom 23.09.1969, AP Nr. 3 zu § 636 RVO mit Anmerkung Watermann = NJW 1970, 442; Dütz, ArbR, Rn. 257.

[45] BVerfG vom 07.11.1972, AP Nr. 6 zu § 636 RVO unter C I = NJW 1973, 502 ff.; Boemke, ArbR, § 7 Rn. 64; Heckelmann/Franzen, Fall 3, S. 39 f.; Schaub/Koch, ArbR-Hdb., § 109 Rn. 62.

E. Schadensersatzansprüche von S

I. Ansprüche von S gegen E

E hat den PKW von S bei dem Betrieb seines Kraftfahrzeugs beschädigt. Die tatbestandlichen Voraussetzungen eines Schadensersatzanspruchs nach § 823 Abs. 1 BGB (Eigentum) sind damit gegeben. Fraglich ist allerdings, ob E sich nicht auch gegenüber S auf eine Beschränkung seiner Haftung nach den Grundsätzen über die Einschränkung der Arbeitnehmerhaftung berufen kann. Nach herrschender Auffassung ist die Einschränkung der Arbeitnehmerhaftung auf das Innenverhältnis zum Arbeitgeber beschränkt und hat keine Außenwirkung ggü. Dritten[46]. Die Gegenauffassung, die generell[47] oder zumindest bei Schädigungen von Vertragspartnern des Arbeitgebers (Einwendungsdurchgriff nach dem Gedanken der wirtschaftlichen Einheit), wie z. B. Betriebsmittelgebern[48], eine Drittwirkung annehmen möchte, überzeugt nicht. Die Einschränkung der Arbeitnehmerhaftung findet ihre Grundlage nämlich in der Zurechnung des Betriebs- und Organisationsrisikos, das dem Arbeitgeber als verschuldensunabhängiger, haftungsrechtlicher Zurechnungsfaktor angerechnet wird. Der außenstehende Dritte kann aber auf die Arbeitsabläufe keinen Einfluß nehmen, so dass ihm gegenüber eine analoge Anwendung von § 254 BGB als Grundlage einer Haftungseinschränkung nicht in Betracht kommt.

Haftung im Außenverhältnis

S kann daher von E vollen Schadensersatz in Höhe von 700 € aus § 823 Abs. 1 BGB (Eigentum) verlangen.

II. Freistellungsanspruch von E gegen B

Zugleich stellt sich die Frage, ob E, der den Schaden von S zu ersetzen hat, sich seinerseits bei B schadlos halten kann. Sofern der Arbeitnehmer den geschädigten Dritten bereits befriedigt hat, hat er gegen den Arbeitgeber einen Rück-

Freistellungsanspruch im Innenverhältnis

---

[46] BAG (GS) vom 25.09.1957, AP Nr. 4 zu §§ 898, 899 RVO unter III 1 = NJW 1959, 2194; BGH vom 19.09.1989, AP Nr. 99 zu § 611 BGB Haftung des Arbeitnehmers = NJW 1989, 3273, 3274 ff.; BGH vom 21.12.1993, AP Nr. 104 zu § 611 BGB Haftung des Arbeitnehmers = NJW 1994, 852, 854 f. = WiB 1994, 247 f. mit zust. Anm. Boemke; MünchArbR/Blomeyer, § 60 Rdnr. 2; Boemke, ArbR, § 10 Rn. 114 ff.; Krause, VersR 1995, 752, 756 und 758 f.
[47] Baumann, BB 1990, 1833 ff.
[48] Denck, JZ 1990, 175 ff.; Gamillscheg, AuR 1990, 167, 168.

griffsanspruch in Höhe des Anteils an der Schadenssumme, den dieser bei quotaler Schadensverteilung nach den Grundsätzen des innerbetrieblichen Schadensausgleichs zu tragen hat[49]. Hat der Arbeitnehmer allerdings wie im vorliegenden Fall den Schaden des Dritten noch nicht ersetzt, so ist zu fragen, ob er vom Arbeitgeber verlangen kann, dass dieser ihn von seiner Ersatzverpflichtung gegenüber dem Dritten freistellt. Ein solcher Freistellungsanspruch könnte sich mangels ausdrücklicher gesetzlicher Regelung aus einer analogen Anwendung der §§ 670, 257 BGB ergeben. Zwar gilt § 670 BGB unmittelbar nur für den unentgeltlichen Auftrag, kann aber grundsätzlich auch im Arbeitsverhältnis entsprechende Anwendung finden[50]. Es stünde in Widerspruch zu den Grundsätzen über den innerbetrieblichen Schadensausgleich, sollte der Arbeitnehmer allein und endgültig für die Schäden aus betrieblich veranlasster Tätigkeit einzustehen haben[51]. Zudem könnte eine unterschiedliche Behandlung der Eigenschäden des Arbeitnehmers und derjenigen Belastungen, die aus einer Inanspruchnahme Dritter resultieren, nur schwerlich gerechtfertigt werden[52]. Der schadensersatzpflichtige Arbeitnehmer hat damit gegen seinen Arbeitgeber einen Freistellungsanspruch nach §§ 670, 257 BGB analog, soweit jener im Innenverhältnis verpflichtet wäre, einen eigenen Schaden zu tragen[53].

---

[49] MünchKomm/Henssler, BGB, § 619a Rn. 20; Junker, GK-ArbR, Rn. 308. – Das Risiko der Insolvenz des Arbeitgebers trägt in diesem Fall nicht der Dritte, der seinen Schaden in voller Höhe vom Arbeitnehmer ersetzt verlangen kann, sondern der Arbeitnehmer, dessen Regressforderung möglicherweise unbefriedigt bleibt; vgl. Rolfs, StudKomm ArbR, § 619a BGB Rn. 23.
[50] Boemke, ArbR, § 8 Rn. 9; siehe oben C III 1, S. 54 ff.
[51] Boemke, ArbR, § 8 Rn. 16. – Siehe auch ausführliche Begründung der Analogie zu §§ 670, 257 BGB bei Heckelmann/Franzen, Fall 3, S. 42 f.
[52] Insoweit für einen Gleichlauf Preis, ArbR I, § 53 II 1.
[53] So einhellig MünchArbR/Blomeyer, § 60 Rdnr. 15; ErfK/Preis, § 619a BGB Rn. 26; HWK/Krause, § 619a BGB Rn. 62; MünchKomm/Henssler, BGB, § 619a Rn. 20. – Auch das BAG vom 23.06.1988, AP Nr. 94 zu § 611 BGB Haftung des Arbeitnehmers, erkennt i. E. einen solchen Freistellungsanspruch an, stützt diesen aber auf die Fürsorgepflicht des Arbeitgebers = NZA 1989, 181 f. Der Freistellungsanspruch kann aber an den geschädigten Dritten abgetreten und von diesem gepfändet werden. Damit kann dieser dann unmittelbar gegen den Arbeitgeber vorgehen; der Freistellungsanspruch

Da im vorliegenden Fall eine quotale Schadensaufteilung von jeweils 50 % anzunehmen ist[54], kann E von B verlangen dass diese ihn in Höhe von 350 € von seiner Verbindlichkeit gegenüber S befreit.

---

verwandelt sich in einen Zahlungsanspruch (vgl. BAG vom 11.02.1969, AP Nr. 45 zu § 611 BGB Haftung des Arbeitnehmers; BAG vom 18.01.1966, AP Nr. 37 zu § 611 BGB Haftung des Arbeitnehmers; HWK/Krause, § 619a BGB Rn. 62; Boemke, ArbR, § 8 Rn. 16; Dütz, ArbR, Rn. 201.

[54] Siehe oben C IV, S. 56.

Klausur Nr. 3

Martialische Schriften

Sachverhalt

Ferdinand Feist (F) ist seit dem 06.09.2005 als Drucker bei dem Druckereiunternehmen Druck & Press (D & P) mit insgesamt 15 Mitarbeitern angestellt; er entschied sich damals für diese Tätigkeit, weil Druck & Press eine auf unpolitische Musikliteratur spezialisierte Druckerei war. Im Jahr 2006 gelang es Druck & Press einen großen Auftrag an Land zu ziehen. Für einen Militariaverlag sollte eine mehrbändige Reihe über die Feldzüge der NS-Wehrmacht im Osten unter dem Titel „Der aufrechte Landser - Ostfeldzüge 1941 - 1943" gedruckt werden. Feist weigerte sich, dieses Werk zu drucken, weil es sich um kriegsverherrlichende, das NS-Regime glorifizierende Machwerke handele und er als anerkannter Kriegsdienstverweigerer und Mitglied der „Vereinigung der Verfolgten des Naziregimes – VVN – Bund der Antifaschisten" aus Gewissensgründen hieran nicht mitwirken könne; er verlangte die Zuweisung einer anderen Arbeit. Da sonstige, für Feist geeignete Tätigkeiten bzw. Beschäftigungsmöglichkeiten während des Druckzeitraums nicht vorlagen, wurde er von November 2006 bis Februar 2007 nicht beschäftigt und erhielt für diesen Zeitraum auch keinen Lohn.

Im März 2007 erhielt Druck & Press erneut einen Auftrag zu einer Reihe „Siegreiche Panzerschlachten in Nordafrika", mit dem der Verlag voraussichtlich für zwei Jahre ausgelastet sein wird. Als Feist bei Beginn der Drucklegung wieder die Arbeitsleistung verweigerte, reichte es dem Geschäftsführer und Prokuristen von Druck & Press, Dr. Presser (P), dessen Prokuraerteilung ordnungsgemäß im Handelsregister eingetragen und bekannt gemacht worden war, endgültig. Am 02.03.2007 leitete er ordnungsgemäß die Anhörung des Betriebsrats zu einer beabsichtigten fristlosen Kündigung von Feist wegen „ernsthafter fortgesetzter Arbeitsverweigerung" ein. Am Schluss des hierfür verwendeten Formulars befindet sich folgender Vermerk: „Bei einem Antrag auf außerordentliche Kündigung bitten wir aus betriebsverfassungsrechtlichen Gründen auch um die Stellungnahme zu einer fristgemäßen, ordentlichen Kündigung". Da der Betriebsrat sich nicht äußerte, kündigte Dr. Presser das Arbeitsverhältnis mit Schreiben vom 06.03.2007, das Feist am 09.03.2007 zuging, mit sofortiger Wirkung auf. Feist wies die Kündigung nach Rücksprache mit seinem Rechtsanwalt am 11.03.2007 zurück, weil dem Kündigungsschreiben keine Vollmachtsurkunde, insbesondere nicht die Prokuraerteilung beigefügt worden war. Am 15.03.2007 reichte Feist Kündigungsschutzklage ein mit dem Antrag festzustellen, dass das Arbeitsverhältnis durch die Kündigung vom 09.03.2007 nicht aufgelöst worden sei und das Arbeitsverhältnis über den 09.03.2007 hinaus fortbestehe. Da Dr. Presser Zweifel hinsichtlich der Wirksamkeit einer außerordentlichen Kündigung hatte, verfasste er am 06.04.2007 ein erneutes Kündigungsschreiben, in dem er Feist nochmals hilfsweise die ordentliche Kündigung des Arbeitsverhältnisses erklärte. Das Kündigungsschreiben übermittelte er am 06.04.2007 um 23.58 Uhr per Fax an Feist. Wegen einer Störung in der öffentlichen Übermittlungsleitung trafen die Übermittlungssignale allerdings erst am 07.04.2007 um 00.02 Uhr bei Feist ein. Sie wurden in seinem Empfangsgerät ordnungsgemäß gespeichert, konnten aber nicht ausgedruckt werden, weil die Druckeinrichtung, welche die gespeicherten Informationen an den Drucker weiterleitet, defekt war. Dr. Presser warf das Originalkündigungsschreiben zusätzlich am 12.04.2007 nach seiner Arbeitszeit um 20.00 Uhr bei Feist in den Briefkasten ein.

Feist merkte von all dem nichts. Er befand sich ab dem 06.04.2007 auf einem schon im Januar 2007 genehmigten vierwöchigen Erholungsurlaub in Südamerika. Erst bei seiner Rückkehr am 04.05.2007 erfuhr er von der erneuten, ordentlichen Kündigung. In der mündlichen Verhandlung vom 18.05.2007 beantragte Feist, auch diese Kündigung für unwirksam zu erklären. Ihm sei bewusst, dass er sehr spät dran sei; wegen seiner urlaubsbedingten Abwesenheit habe er seine Interessen aber nicht zeitiger verfolgen können.

1. Feist verlangt für den Zeitraum von November 2006 bis Februar 2007 Lohnzahlung. Zu Recht?

2. Haben die Klagen von Feist gegen die Kündigungen Erfolg?

Vorüberlegungen

I. Im ersten Teil geht es um die Verweigerung der Arbeitsleistung aus Gewissensgründen, und zwar konkret um das Problem, ob der Arbeitnehmer trotz Nichtleistung der Arbeit Entgeltfortzahlung verlangen kann. Dies wäre dann der Fall, wenn der Arbeitgeber sich im Annahmeverzug befunden hätte (§ 615 BGB). Für die Beantwortung dieser Frage kommt es entscheidend darauf an, ob dem Arbeitnehmer wirksam eine Tätigkeit zugewiesen werden kann, durch die er in einen Gewissenskonflikt gestürzt wird. Dies kann nicht generell entschieden werden, sondern ist davon abhängig, ob die Zuweisung der Arbeit trotz des Gewissenskonflikts noch billigem Ermessen i. S. v. § 106 GewO entspricht. Die Entscheidung erfordert eine Abwägung unter Berücksichtigung der Umstände des Einzelfalls, wobei sowohl die vom Arbeitnehmer eingegangene arbeitsrechtliche Leistungsverpflichtung als auch seine durch Art. 4 Abs. 1 GG grundrechtlich geschützte Gewissensentscheidung in die Entscheidung einzubeziehen sind.

Ist der Arbeitgeber trotz des Gewissenskonflikts nicht in Annahmeverzug geraten, dann ist damit gleichwohl über den Lohnanspruch noch nicht abschließend entschieden. In Betracht zu ziehen ist noch eine unverschuldete Leistungsverhinderung aus persönlichen Gründen (vgl. § 275 Abs. 3 BGB), die nach § 616 BGB dann den Lohnanspruch aufrechterhält, wenn die Leistungsstörung einen nicht erheblichen Zeitraum betrifft.

II. Im zweiten Teil geht es prozessual um die Verbindung der Kündigungsschutzklage mit einem allgemeinen Feststellungsantrag. Problematisch sind hierbei zum einen Fragen der Zulässigkeit im Hinblick auf das Rechtsschutzbedürfnis. Zum anderen ist darauf einzugehen, ob die Erhebung der allgemeinen Feststellungsklage es entbehrlich macht, hinsichtlich nachfolgender Kündigungen die Drei-Wochen-Frist des § 4 S. 1 KSchG zu wahren.

Materiell sind im zweiten Teil drei Gesichtspunkte anzusprechen. Erstens die Zurückweisung einer durch einen Prokuristen ausgesprochenen Kündigung nach § 174 BGB; hier stellt sich als Problem, ob die Eintragung der Prokura ins Handelsregister und Bekanntmachung der Inkenntnissetzung i. S. v. § 174 S. 2 BGB gleichsteht. Zweitens geht es um das viel diskutierte

Standardproblem des Zugangs der Kündigung bei urlaubsbedingter Ortsabwesenheit des Arbeitnehmers; hier sollte bekannt sein, dass das BAG seine frühere Rechtsprechung aufgegeben hat, derzufolge bei Kenntnis des Arbeitgebers von der Ortsabwesenheit abweichend von allgemeinen Grundsätzen der Zugang erst in dem Zeitpunkt anzunehmen sein soll, in dem der Arbeitnehmer zurückkehrt und von der Kündigung tatsächlich erfährt. Drittens geht es um die soziale Rechtfertigung einer Kündigung, wenn der Arbeitnehmer wegen eines Gewissenskonflikts die Arbeitsleistung nicht erbringen kann. Hier gilt es zu erkennen, dass wegen der Unzumutbarkeit der Leistungserbringung für den Arbeitnehmer keine zur verhaltensbedingten Kündigung berechtigende Arbeitsverweigerung vorliegt; wenn aber wegen des Gewissenskonflikts für längere Zeit eine Beschäftigungsmöglichkeit entfällt, dann kann dies den Arbeitgeber zur Kündigung aus personenbedingten Gründen berechtigen.

Lösung

A. Anspruch von F gegen D & P auf Lohnzahlung für November 2006 – Februar 2007

F könnte gegen D & P einen Anspruch auf Zahlung des für November 2006 bis Februar 2007 vereinbarten Lohns aus § 611 Abs. 1 BGB i. V. m. dem Arbeitsvertrag[1] haben.

Anspruchsgrundlage

I. Anspruch entstanden

Mit Abschluss des Arbeitsvertrags ist der Anspruch auf den Arbeitslohn zunächst einmal entstanden.

Bestehendes Arbeitsverhältnis

II. Anspruch untergegangen

1. „Ohne Arbeit kein Lohn" (§ 326 Abs. 1 S. 1 Hs. 1 BGB)

Der Anspruch auf den Arbeitslohn könnte aber nach der allgemeinen, in § 326 Abs. 1 Hs. 1 BGB normierten Regel „ohne Leistung keine Gegenleistung" – bzw. konkreter für das Arbeitsverhältnis „ohne Arbeit kein Lohn" – entfallen sein, wenn F die Erbringung der geschuldeten Arbeitsleistung unmöglich geworden wäre. F hat von November 2006 bis Februar 2007 nicht gearbeitet; die Arbeitsleistung ist wegen ihres Fixschuldcharakters im Allgemeinen auch nicht nachholbar[2]. Mit Nichtleistung der Arbeit zum vereinbarten Zeitpunkt tritt daher Unmöglichkeit ein, so dass der Vergütungsanspruch nach der Grundregel des § 326 Abs. 1 S. 1 Hs. 1 BGB wieder erloschen wäre.

Ohne Leistung keine Gegenleistung

---

[1] § 615 BGB ist nicht unmittelbar einschlägig, weil diese Bestimmung keinen selbstständigen Anspruch gibt, sondern lediglich bewirkt, dass – abweichend vom aus § 326 Abs. 1 BGB folgenden Grundsatz „ohne Arbeit kein Lohn" – der Vergütungsanspruch trotz Nichtleistung der Arbeit aufrecht erhalten wird (vgl. nur Palandt/Weidenkaff, BGB, § 615 Rn. 3; Schaub/Linck, ArbR-Hdb., § 95 Rn. 1).

[2] Boemke, ArbR, § 9 Rn. 88; 92; Beuthien, RdA 1972, 20, 21; Hromadka/Maschmann, ArbR 1, § 6 Rn. 128; § 8 Rn. 2 f.; Preis, ArbR 1, § 41, S. 497 f.

2. Annahmeverzug von D & P (§ 615 BGB)

Entgeltfortzahlung bei Annahmeverzug

Trotz Nichtleistung der Arbeit könnte der Anspruch im konkreten Fall ausnahmsweise nach § 615 BGB aufrechterhalten worden sein. Danach behält der Dienstverpflichtete seinen Anspruch auf die Vergütung, ohne zur Nachleistung verpflichtet zu sein, wenn der Dienstberechtigte mit der Annahme der Dienste in Verzug kommt.

a) Anwendbarkeit von § 615 BGB

Annahmeverzug und Unmöglichkeit

Fraglich ist allerdings, ob § 615 S. 1 BGB vorliegend überhaupt anwendbar ist. Die Bestimmung setzt nämlich voraus, dass der Dienstberechtigte sich im Annahmeverzug befindet, also die Leistung des Dienstverpflichteten an sich noch möglich ist. Da die Verpflichtung zur Arbeitsleistung vielfach zeitgebunden ist, wird mit der Nichterbringung der Arbeitsleistung diese zugleich unmöglich, so dass ein Annahmeverzug ausscheiden würde[3]. Daher wird teilweise die Auffassung vertreten, dass in den Fällen, in denen der Arbeitgeber die Arbeitsleistung des Arbeitnehmers nicht annimmt und damit zugleich die Leistungserbringung unmöglich wird, nicht § 615 BGB, sondern § 326 BGB anwendbar sein soll[4]. Danach würde mit der Nichtleistung der Arbeit in dem Zeitraum November 2006 bis Februar 2007 insoweit Unmöglichkeit eintreten und § 615 BGB keine Anwendung finden können. Ob F den Lohnanspruch trotz Nichtleistung der Arbeit behält, wäre nach § 326 Abs. 2 BGB zu bestimmen.

§ 615 BGB als Sonderregelung zu § 326 Abs. 1 BGB

Demgegenüber vertritt die wohl mittlerweile h. M. eine unmittelbare Anwendung des § 615 BGB in den Fällen, in denen der Arbeitgeber den Arbeitnehmer nicht beschäftigt, obwohl er es könnte[5]. Tritt die Unmöglichkeit erst dadurch ein, dass der Arbeitgeber den Arbeitnehmer nicht beschäftigt, soll § 615 BGB als dienstrechtsspezifische Sonderregelung § 326 Abs. 2 BGB verdrängen. § 615 BGB unterstelle

---

[3] Dütz, ArbR, Rn. 187; Hromadka/Maschmann, ArbR 1, § 6 Rn. 128, § 8 Rn. 1 ff.; Jauernig/Mansel, BGB, § 615 Rn. 6.

[4] Dütz, ArbR, Rn. 248; Jauernig/Mansel, BGB, § 615 Rn. 6; Palandt/Weidenkaff, BGB, § 615 Rn. 4.

[5] BAG vom 09.08.1984, AP Nr. 34 zu § 615 BGB unter B II = NZA 1985, 119 f.; BAG vom 14.11.1985, AP Nr. 39 zu § 615 BGB unter C I 1 e = NZA 1986, 637 ff.; BAG vom 21.01.1993, AP Nr. 53 zu § 615 BGB unter II 2 = NZA 1993, 550 ff.; BAG vom 24.11.1994, AP Nr. 60 zu § 615 BGB unter II = NZA 1995, 263 ff.; Söllner/Waltermann, ArbR, Rn. 797.

einerseits die Nachholbarkeit der Arbeit, stelle aber andererseits den Arbeitnehmer unter Aufrechterhaltung seines Lohnanspruchs von einer Nachleistung frei, weshalb der Annahmeverzug damit durch § 615 BGB zur Annahmeunmöglichkeit wird.

Nach einer noch weitergehenden Auffassung soll § 615 BGB sogar dann anwendbar sein, wenn der Arbeitgeber den Arbeitnehmer zwar beschäftigen will, aber nicht kann, z. B. weil die Produktionsstätte abgebrannt ist o. Ä[6]. Diese Auffassung stützt sich auf den zutreffenden Gedanken, dass § 615 BGB dem Arbeitnehmer den Lohnanspruch ohne Nachleistungsverpflichtung immer dann erhalten will, wenn er arbeitswillig und -fähig war und daher der Arbeitgeber das Beschäftigungsrisiko trägt[7]. Dies entspricht der allgemeinen Auffassung, derzufolge das Verwendungsrisiko grundsätzlich der Gläubiger der Leistung zu tragen hat. Kann der Arbeitgeber als Betriebsinhaber mit einer gekauften Maschine nichts anfangen, weil die Produktionsstätte abgebrannt ist, dann bleibt er gleichwohl zur Kaufpreiszahlung verpflichtet. Insoweit darf der Arbeitnehmer als Schuldner nicht deswegen schlechter stehen, weil zur Erbringung seiner Leistung eine Mitwirkungshandlung des Arbeitgebers erforderlich ist. Dieser in der Literatur vertretenen Auffassung hat sich das BAG in einem aktuellerem Urteil zu § 615 BGB a. F. angenähert[8]. Für diese Auffassung spricht nunmehr auch § 615 Satz 3 BGB, mit dem der Gesetzgeber, wenn auch sprachlich etwas missglückt, klarstellen wollte, dass der Arbeitgeber zur Entgeltfortzahlung verpflichtet ist, wenn die Gründe für die Nichtleistung der Arbeit aus seiner betrieblichen Risikosphäre stammen.

§ 615 BGB greift daher grundsätzlich immer dann ein, wenn der Arbeitgeber den Arbeitnehmer nicht beschäftigt, obwohl dieser arbeitsbereit und arbeitswillig ist. Demnach

Beschäftigungsrisiko beim Arbeitgeber

---

[6] Boemke, ArbR, § 5 Rn. 167; Fenn/Klose, JuS 2000, 531, 536; Luke, NZA 2004, 244, 246. - Abweichend: Lösung über die Betriebsrisikolehre, z. B. BAG vom 28. 9. 1972, AP Nr. 28 zu § 615 BGB Betriebsrisiko = NJW 1973, 342; BAG vom 18.05.1999, AP Nr. 7 zu § 1 TVG Tarifverträge: Betongewerbe unter I 2 b = NZA 1999, 1166 ff.

[7] Vgl. BAG vom 23.06.1994, AP Nr. 56 zu § 615 BGB unter 1 = NZA 1995, 468 ff.; MünchArbR/Blomeyer, § 57 Rn. 19 f.; Boemke, ArbR, § 5 Rn. 168; MünchArbR/Boewer, § 79 Rn. 13 ff.; Heckelmann/Franzen, Fall 5, S. 79 ff.; Rückert, ZfA 1983, 1, 15 ff.; Zöllner/Loritz, § 18 V 1, S. 240.

[8] BAG vom 18.05.1999, AP Nr. 7 zu § 1 TVG Tarifverträge: Betonsteingewerbe unter I 2 c = NZA 1999, 1166 ff.

könnte F nach §§ 611 Abs. 1, 615 BGB Vergütung für den Zeitraum von November 2006 bis Februar 2007 verlangen, wenn D & P sich für diesen Zeitraum in Annahmeverzug befunden hätte.

b) Voraussetzungen des Annahmeverzugs (§§ 294 ff. BGB)

Die Voraussetzungen des Annahmeverzugs bestimmen sich nach §§ 294 ff. BGB.

aa) Ordnungsgemäßes Leistungsangebot

Zunächst ist erforderlich, dass der Schuldner die geschuldete Leistung ordnungsgemäß angeboten hat, und zwar grundsätzlich tatsächlich (§ 294 BGB) oder, wenn eine Mitwirkungshandlung des Gläubigers erforderlich ist, wörtlich (§ 295 BGB). Vorliegend hat F seine Leistung weder wörtlich noch tatsächlich angeboten, sondern war im Rahmen der ihm zugewiesenen Tätigkeit überhaupt nicht leistungsbereit. Von Annahmeverzug ließe sich in der vorliegenden Konstellation deswegen überhaupt nur dann sprechen, wenn F nicht verpflichtet war, die ihm übertragene Tätigkeit auszuführen, es also an einer wirksamen Zuweisung einer Tätigkeit durch D & P fehlen würde.

bb) Weisungsrecht nach dem Arbeitsvertrag

Welche Tätigkeiten der Arbeitgeber dem Arbeitnehmer zuweisen darf, bestimmt sich zunächst nach dem Inhalt des Arbeitsvertrags, also nach den Vereinbarungen über Art, Inhalt, Umfang, Ort und Zeit der Arbeit[9]. Der Arbeitgeber darf im Wege des Weisungsrechts lediglich den durch die Vorgaben des Arbeitsvertrags gesetzten Rahmen konkretisieren, diesen aber nicht überschreiten[10]. Danach kann D & P auf Grund seines Weisungsrechts F nur solche Arbeiten zuweisen, die inhaltlich den von F nach dem Arbeitsvertrag geschuldeten Diensten entsprechen.

Nach dem Arbeitsvertrag war F als Drucker eingestellt worden. Wird die Tätigkeit des Arbeitnehmers derart fachlich umschrieben, dann kann der Arbeitgeber auf Grund

---

[9] BAG vom 10.11.1955, AP Nr. 2 zu § 611 BGB Beschäftigungspflicht unter I mit Anm. A. Hueck = NJW 1956, 359 f.; BAG vom 06.04.1989, AP Nr. 2 zu § 2 BAT SR 2r unter II 1; v. Hoyningen-Huene/Boemke, Versetzung, S. 84.

[10] BAG vom 14.07.1965, AP Nr. 19 zu § 611 BGB Direktionsrecht = NJW 1965, 2365 f.

seines Weisungsrechts sämtliche Arbeiten zuweisen, die sich innerhalb des üblichen Berufsbilds bewegen. Vorliegend ist der Druck von Schriften, ganz gleich welchen Inhalts, vom Tätigkeitskreis eines Druckers und damit vom Inhalt des Arbeitsverhältnisses umfasst. Somit hält sich die zugewiesene Arbeit im Rahmen der Vorgaben des Arbeitsvertrags.

cc) Grenzen durch höherrangiges Recht

Allerdings ist der Arbeitgeber nicht nur an den Arbeitsvertrag gebunden, sondern er muss auch die durch Gesetz und kollektivrechtliche Vereinbarungen (Tarifvertrag, Betriebsvereinbarung) gezogenen Schranken beachten[11]. In diesem Zusammenhang werden nicht nur speziell arbeitsrechtliche, gesetzliche oder tarifvertragliche Schutzvorschriften, sondern auch allgemein zivilrechtliche Regelungen bedeutsam. Insbesondere ist eine Zuweisung einer Tätigkeit dann nicht wirksam, wenn hiermit gegen gesetzliche Verbote (§ 134 BGB) oder die guten Sitten (§ 138 BGB) verstoßen würde[12]. *Gesetzliche Grenzen*

Nach dem Sachverhalt soll F an der Herstellung von Druckwerken über den Zweiten Weltkrieg mitwirken. Es bestehen jedoch keine Anhaltspunkte dafür, dass die Voraussetzungen der §§ 130, 131 StGB vorliegen. Die Zuweisung der Tätigkeit verstößt somit weder gegen ein gesetzliches Verbot[13] noch gegen die guten Sitten[14]. *Kein Gesetzesverstoß*

dd) Arbeitspflicht bei Gewissenskonflikt

Die Zuweisung der Tätigkeit könnte im konkreten Fall aber deswegen nicht wirksam erfolgt sein, weil sie F in einen Gewissenskonflikt stürzt.

---

[11] BAG vom 11.06.1958, AP Nr. 2 zu § 611 BGB Direktionsrecht mit Anm. A. Hueck = DB 1958, 1186 f.; BAG vom 27.03.1980, AP Nr. 26 zu § 611 BGB Direktionsrecht unter III 1 mit Anm. Löwisch = DB 1980, 1603 f.; Boemke-Albrecht, BB 1991, 541, 542.
[12] BAG vom 20.12.1984, AP Nr. 27 zu § 611 BGB Direktionsrecht unter B III 2 mit Anm. Brox = NZA 1986, 21 ff.
[13] Ebenso für einen vergleichbaren Sachverhalt: BAG vom 20.12.1984, AP Nr. 27 zu § 611 BGB Direktionsrecht unter B III 2 mit Anm. Brox = NZA 1986, 21 ff. (insoweit nicht abgedruckt).
[14] Zum Begriff der guten Sitten und der hierdurch erreichten Inhaltskontrolle: Boemke, NZA 1993, 532 ff.; Hromadka/Maschmann, ArbR 1, § 5 Rn. 106 ff.

Billiges Ermessen als Ausübungsschranke

(1) § 106 S. 1 GewO als Ausgangspunkt

Teilweise wird versucht, diese Problematik über das Recht der Leistungsunmöglichkeit (§ 275 Abs. 1 BGB)[15] bzw. über ein Leistungsverweigerungsrecht des Arbeitnehmers nach § 275 Abs. 3 BGB[16] zu lösen. Hierbei wird aber nicht hinreichend beachtet, dass Leistungsunmöglichkeit und Leistungsverweigerung im BGB als Korrektiv nur Bedeutung gewinnen, wenn eine wirksame Verpflichtung[17], also Zuweisung von Arbeit, vorliegt und dies zu schlechthin unerträglichen und unzumutbaren Ergebnissen führt[18]. Im Vorfeld kann aber eine derartige wirksame Verpflichtung schon durch § 106 S. 1 GewO ausgeschlossen sein[19]. Danach kann der Arbeitgeber den Inhalt der Arbeitspflicht nur im Rahmen billigen Ermessens näher bestimmen. Einer Zuweisung von Arbeit, die nicht billigem Ermessen entspricht, muss der Arbeitnehmer nicht nachkommen.

Billigkeit als Einzelfallgerechtigkeit

(2) Begriff der Billigkeit

Da Billigkeit ihrer Definition nach Einzelgerechtigkeit darstellt[20], kann die Billigkeit der Arbeitszuweisung nicht pauschal beurteilt werden. Vielmehr bedarf es einer Abwägung der Interessenlage beider Vertragsparteien unter Berücksichtigung der besonderen Umstände des jeweiligen Einzelfalls[21]. Auswahl und Gewichtung der einzelnen Kriterien

---

[15] Kohte, NZA 1989, 161, 164 ff.
[16] Canaris, JZ 2001, 499, 504; Fischer, DB 2001, 1923, 1926; Henssler, AcP 190 (1990), 538, 545; Mayer, AuR 1985, 105, 110; ErfK/Preis, § 611 BGB Rn. 847; Preis, ArbR 1, § 15 III 3, S. 137.
[17] Dazu Preis/Gotthardt, NZA 2000, 348, 352.
[18] BAG vom 27.03.1987, AP Nr. 29 zu § 242 BGB Betriebliche Übung unter III 2 = DB 1987, 1996 f.
[19] Für den Vorrang des § 315 BGB auch BAG vom 24.05.1989, AP Nr. 1 zu § 611 BGB Gewissensfreiheit unter B I 1 = NZA 1990, 144 ff. – Siehe hierzu Boemke, ArbR, § 9 Rn. 71.
[20] BGH vom 16.05.1951, BGHZ 2, 150, 154; BGH vom 06.07.1955, BGHZ 18, 149, 151; Engisch, Auf der Suche nach Gerechtigkeit, München (1971), S.181; v. Hoyningen-Huene, Die Billigkeit im Arbeitsrecht, S. 16, 17; Knöpfel, AcP 155 (1956), 135, 139; Laule, DB 1966, 769, 770; Schneider, JZ 1962, 277.
[21] BAG vom 20.12.1984, AP Nr. 27 zu § 611 BGB Direktionsrecht unter B III 2 c bb mit Anm. Brox = NZA 1986, 21 ff.; BAG vom 23.06.1993, AP Nr. 42 zu § 611 BGB Direktionsrecht unter II 2 = NZA 1993, 1127 ff.; BAG vom 23.09.2004, NZA 2005, 359, 361; MünchArbR/Blomeyer, § 48 Rn. 41; Boemke, ArbR, § 9 Rn. 20; Hromadka/Maschmann, ArbR 1,

sind anhand der verfassungsrechtlichen und gesetzlichen Wertentscheidungen, der Wertungsgrundsätze anderer unbestimmter Rechtsbegriffe und Generalklauseln sowie der Kulturanschauungen der jeweiligen Rechtsgemeinschaft vorzunehmen[22].

(3) Abwägung im Einzelfall

(3.1) Gewissenskonflikt des Arbeitnehmers

Da der grundrechtlich normierten Werteordnung bei der Anwendung unbestimmter Rechtsbegriffe eine besondere Bedeutung zukommt (Ausstrahlungswirkung oder mittelbare Drittwirkung der Grundrechte)[23], ist bei der Abwägung insbesondere das Grundrecht auf Glaubens- und Gewissensfreiheit (Art. 4 Abs. 1 GG)[24] zugunsten von F zu berücksichtigen. Eine Zuweisung von Tätigkeiten, die den Arbeitnehmer in einen Gewissenskonflikt stürzt, kann unbillig sein. Der Arbeitnehmer ist allerdings nicht schon dann in seiner Glaubens- und Gewissensfreiheit beeinträchtigt, wenn er einen Gewissenskonflikt vorgibt; dieser muss vielmehr tatsächlich vorliegen.

Ausstrahlungswirkung der Grundrechte

Für die Frage, ob ein solcher erheblicher Gewissenskonflikt vorliegt, geht die h. M. von einem subjektiven Gewissensbegriff aus[25]. Die Gewissensentscheidung ist danach

Subjektiver Gewissensbegriff

---

§ 5 Rn. 133; Preis, ArbR 1, § 18 VI 7, S. 179; MünchArbR/Richardi, § 12 Rn. 52.

[22] BVerfG vom 22.11.1951, BVerfGE 7, 198, 204 ff.; BVerfG vom 23.04.1986, NJW 1987, 827, 827 f.; BAG vom 27.02.1985, AP Nr. 14 zu § 611 BGB unter C I 2, NZA 1985, 702 ff.; BAG vom 20.12.1984, AP Nr. 27 zu § 611 BGB Direktionsrecht unter B III 2 c bb mit Anm. Brox = NZA 1986, 21; MünchArbR/Blomeyer, § 48 Rn. 42; Boemke, NZA 1993, 532, 533; Stahlhacke/Preis/Vossen, Kündigung und Kündigungsschutz, Rn. 278; Zöllner/Loritz, § 7 I 1, 2, S. 90 f.

[23] Vgl. BVerfG vom 22.11.1951, BVerfGE 7, 198, 204 ff. – Ausführlich Boemke/Gründel, ZfA 2001, 245 ff.

[24] BAG vom 20.12.1984, AP Nr. 27 zu § 611 BGB Direktionsrecht unter B III 2 c bb mit Anm. Brox = NZA 1986, 21; BAG vom 24.05.1989, AP Nr. 1 zu § 611 BGB Gewissensfreiheit unter B I 1 b mit Anm. Kraft/Raab und Berger-Delhey = NZA 1990, 144 ff.; BAG vom 22.05.2003, AP Nr. 18 zu § 1 KSchG 1969 Wartezeit unter B II 5 a; v. Hoyningen-Huene/Boemke, Versetzung, S. 98 f.; Heckelmann/Franzen, S. 132 f.

[25] BAG vom 20.12.1984, AP Nr. 27 zu § 611 BGB Direktionsrecht unter B III 3 b aa mit Anm. Brox = NZA 1986, 21 ff.; BAG vom 24. 5. 1989, AP Nr. 1 zu § 611 BGB Gewissensfreiheit unter B I 2 mit Amn. Kraft/Raab und Berger-Delhey = NZA 1990, 144 ff.; BAG vom 22.05.2003, AP Nr. 18 zu § 1

ein rein innerer Vorgang, dessen Überprüfbarkeit nur eingeschränkt möglich ist. Der Arbeitnehmer muss nur darlegen und erläutern, dass es sich um eine an den Kategorien von „Gut" und „Böse" orientierte Entscheidung handelt, die ihn aus Gewissensgründen in einer konkreten Situation innerlich bindend verpflichte, bestimmte Handlungen zu unterlassen[26]. Mit dem grundrechtlichen Schutz aus Art. 4 Abs. 1 GG wäre es hingegen nicht vereinbar, eine Gewissensnot von einigem Gewicht dahingehend zu verlangen, dass ein Dritter den Konflikt als unzumutbar bezeichnen würde[27]. Es ist nämlich gerade das Wesen der Gewissensentscheidung, das diese vernünftigen, rational nachvollziehbaren Argumenten nicht mehr zugänglich ist[28]. Daher kommt es im konkreten Fall auch nicht darauf an, auf welche Art und Weise F an der Verbreitung der Druckerzeugnisse mitwirken soll; dass es sich um bloß mechanische Reproduktion handelt, die eine Identifikation mit dem Inhalt nicht erfordert, hindert einen Gewissensnotstand nicht[29]. Im vorliegenden Fall hat F einen Gewissenskonflikt hinreichend dargetan, wofür insbesondere auch seine Kriegsdienstverweigerung sowie die Mitgliedschaft im VVN sprechen.

KSchG 1969 Wartezeit unter B II 5 a = EzA Nr. 2 zu § 242 BGB 2002 Kündigung; Kothe, NZA 1989, 161, 163; Mayer, AuR 1985, 105, 108; Preuß, Anm. zu BAG vom 20.12.1984, AuR 1986, 379, 383; Zöllner/Loritz, § 7 II 5, S. 97.

[26] BAG vom 20.12.1984, AP Nr. 27 zu § 611 BGB Direktionsrecht unter B III 3 b aa = NZA 1986, 21; BAG vom 24.05.1989, AP Nr. 1 zu § 611 BGB Gewissensfreiheit unter B I 2 a mit Amn. Kraft/Raab und Berger-Delhey = NZA 1990, 144 ff.; MünchArbR/Blomeyer, § 48 Rn. 42; Boemke, ArbR, § 9 Rn. 69; Heckelmann/Franzen, Fall 10, S. 132 f.; v. Hoyningen-Huene/Linck, KSchG, § 1 Rn. 214; Preis, ArbR 1, § 15 III 3, S. 136.

[27] So aber LAG Düsseldorf vom 22.04.1988, BB 1988, 1750 f., 1750; BAG vom 24.05.1989, AP Nr. 27 zu § 611 BGB Direktionsrecht unter B I 2 b ee mit Amn. Kraft/Raab und Berger-Delhey = NZA 1990, 144 ff.; Reuter, BB 1986, 385, 389.

[28] Vgl. BAG vom 20.12.1984, AP Nr. 27 zu § 611 BGB Direktionsrecht unter B III 3 b cc mit Anm. Brox = NZA 1986, 21 ff.; Boemke, ArbR, § 9 Rn. 69.

[29] Boemke, ArbR, § 9 Rn. 70; Kohte, NZA 1989, 161, 165. – Anders z. B. v. Hoyningen-Huene/Boemke, Versetzung, S. 99; Reuter, BB 1986, 385, 388 ff.

(3.2) Schutzwürdige Arbeitgeberinteressen

Allerdings führt allein der Nachweis eines Gewissenskonflikts noch nicht zur Unbilligkeit der Tätigkeitszuweisung. Dem Gewissenskonflikt des Arbeitnehmers stehen nämlich das Grundrecht der Berufsfreiheit des Arbeitgebers sowie die eigene Leistungszusage des Arbeitnehmers gegenüber. Die Berufung auf Grundrechte gestattet es nicht in jedem Fall, sich von einer einmal gegebenen Leistungszusage zu lösen. Vielmehr hat der Vertragspartner sich ein Leistungsversprechen geben lassen, um eigene Ziele und häufig grundrechtlich geschützte Belange realisieren zu können. Insofern hat der Arbeitgeber ein gewichtiges Interesse daran, die ihm versprochene Leistung auch einfordern zu können.

Leistungszusage des Arbeitnehmers

(3.3) Interessenabwägung

Beide berechtigten Interessen müssen in einen angemessenen Ausgleich gebracht werden, so dass weder ein genereller Vorrang der Gewissensentscheidung noch der Leistungspflicht in Betracht kommt. Gleichwohl ist zu berücksichtigen, dass der Arbeitnehmer dem Arbeitgeber eine Leistungszusage gegeben hat und Art. 4 GG im Grundsatz den Einzelnen nur vor Eingriffen in seine Privatsphäre schützt, ihm aber nicht erlauben will, sein persönliches Gewissen vor alle anderen Verpflichtungen zu stellen, die er gegenüber Dritten eingegangen ist. Daher gebührt der individuellen Gewissenspflicht im Grundsatz nicht der Vorrang vor Rechtspflichten im Allgemeinen und arbeitsvertraglichen Dienstpflichten im Besonderen[30], sondern der Arbeitgeber kann grundsätzlich auch vom Inhalt des Arbeitsverhältnisses gedeckte Tätigkeiten zuweisen, die den Arbeitnehmer in einen Gewissenskonflikt stürzen. Dies wird dadurch unterstützt, dass ein genereller Vorrang der Gewissenspflicht der Rechtssicherheit abträglich wäre; die Verlässlichkeit von Leistungszusagen wäre erheblich beeinträchtigt, wenn die übernommene Verpflichtung durch bloßes Zurückziehen auf das Gewissensgebot beseitigt werden könnte[31]. Allerdings ist zugunsten des Arbeitnehmers zu berücksichtigen, dass der Arbeitgeber sein Direktionsrecht nicht treuwidrig ausnutzen darf. Dies wäre aber der Fall, wenn er dem Arbeitnehmer ohne betriebliche Erfordernisse

Abwägung im Einzelfall

---

[30] Kraft, AcP 163 (1963), 472, 484 f.
[31] Kraft, AcP 163 (1963), 484. – Andeutungen auch bei Kothe, NZA 1989, 161, 163 ff.

Tätigkeiten zuweisen würde, die ihn in einen erheblichen Gewissenskonflikt bringen könnten.

Vorrang der Leistungsverpflichtung

Für die Interessenabwägung ergibt sich damit: Weil der Arbeitnehmer mit Abschluss des Arbeitsvertrags abstrakt die Verpflichtung übernommen hat, bestimmte, durch den Arbeitgeber näher zu konkretisierende Dienstleistungen zu übernehmen, haben wegen des wichtigen, allgemeinen Grundsatzes der Vertragstreue[32] („pacta sunt servanda") grundsätzlich die betrieblichen Interessen des Arbeitgebers Vorrang. Der Gewissenskonflikt des Arbeitnehmers führt nicht zur Unbilligkeit der Weisung, wenn der Arbeitgeber aus betrieblichen Gründen darauf bestehen muss, dass gerade dieser Arbeitnehmer die für ihn (gewissens-)konfliktbeladene Tätigkeit ausführt[33]. Die Weisung widerspricht daher nur dann billigem Ermessen, wenn es dem Arbeitgeber möglich und auch zumutbar ist, dem Arbeitnehmer einen anderen freien Arbeitsplatz oder eine andere Tätigkeit ohne Gewissenskonflikte anzubieten, und zugleich andere Arbeitnehmer zur Verfügung stehen, die zur Ausübung der betreffenden Tätigkeit bereit und in der Lage sind[34].

(4) Folgerungen

Wirksamkeit der Zuweisung

Für den konkreten Fall bedeutet dies: Da nach dem Sachverhalt während des Zeitraums von November 2006 bis Februar 2007 keine anderweitigen Beschäftigungsmöglichkeiten für F bestanden, haben die Interessen von D & P an der Zuweisung der Tätigkeit gegenüber den Interessen des F den Vorrang. Die Tätigkeitszuweisung entsprach daher billigem Ermessen.

---

[32] Palandt/Heinrichs, BGB, § 242 Rn. 30; MünchKomm/Roth, BGB, § 241 Rn. 93, § 242 Rn. 154; Staudinger/Olzen, BGB, Einl. zu §§ 241 ff. Rn. 65. – Zur geschichtlichen Entwicklung: MünchKomm/Emmerich, BGB, § 311 Rn. 14 ff.

[33] BAG vom 20.12.1984, AP Nr. 27 zu § 611 BGB Direktionsrecht mit Anm. Brox unter B III 2 c bb = NZA 1986, 21 ff.; BAG vom 22.05.2003, AP Nr. 18 zu § 1 KSchG 1969 Wartezeit unter B II 5 a = EzA Nr. 2 zu § 242 BGB 2002 Kündigung; Boemke, ArbR, § 9 Rn. 71; Henssler, AcP 190 (1990), 538, 564. – Siehe auch Heckelmann/Franzen, Fall 10, S. 135 f.

[34] BAG vom 20.12.1984, NZA 1986, 21, 23; MünchArbR/Blomeyer, § 48 Rn. 42; Boemke, ArbR, § 9 Rn. 71 ff.; Boemke/Gründel, ZfA 2001, 245, 261 f.; Henssler, AcP 190 (1990), 538, 564.

c) Zwischenergebnis

F hat die ihm wirksam zugewiesene Tätigkeit nicht ausgeübt. Folglich liegt kein Annahmeverzug vor, so dass der Lohnanspruch nicht nach § 615 BGB aufrechterhalten wird[35].

Kein Annahmeverzug

3. Entgeltfortzahlung bei persönlicher Leistungsverhinderung (§ 616 BGB)

Auch wenn D & P sich nicht im Annahmeverzug befunden hat, könnte der Lohnanspruch trotz Nichtleistung der Arbeit gleichwohl aufrechterhalten worden sein, und zwar nach § 616 BGB. Voraussetzung hierfür wäre, dass F während dieses Zeitraums ohne sein Verschulden durch einen in seiner Person liegenden Grund eine verhältnismäßig nicht erhebliche Zeit an der Dienstleistung verhindert gewesen wäre. Die Nichtleistung der Arbeit aus Gewissensgründen führt zu einem Leistungsverweigerungsrecht nach § 275 Abs. 3 BGB mit der Folge, dass der Arbeitnehmer aus Gewissens- und damit in seiner Person liegenden Gründen die Tätigkeit nicht ausüben kann[36]. Dementsprechend besteht bei einer Leistungsverweigerung aus Gewissensgründen der Entgeltfortzahlungsanspruch nach § 616 BGB, wenn die Leistungsverhinderung unverschuldet und zeitlich nicht erheblich ist[37].

Tatbestandsvoraussetzungen

Die Nichterbringung einer Arbeitsleistung auf Grund eines Gewissenskonflikts ist grds. unverschuldet, soweit nicht der Verschuldensvorwurf gerade in der Übernahme der Tätigkeit zu sehen ist. F konnte zum Zeitpunkt der Eingehung des Arbeitsverhältnisses nicht damit rechnen, dass der auf Musikliteratur spezialisierte Verlag den Druck von Militarialiteratur übernimmt, so dass kein Verschulden gegeben ist. Der Entgeltanspruch bleibt allerdings nur dann aufrechterhalten, wenn die Leistungsverhinderung nur eine

Leistungsverhinderung für erhebliche Zeit

---

[35] So auch für einen vergleichbaren Fall: Heckelmann/Franzen, Fall 10, S. 130 ff.

[36] Boemke, ArbR, § 9 Rn. 71 ff.; ErfK/Preis, § 611 BGB Rn. 849; Richardi, NZA 2002, 1004, 1007.

[37] Boemke, ArbR, § 9 Rn. 75; Fabricius, Leistungsstörungen im Arbeitsverhältnis, S. 108 f; Richardi, NZA 2002, 1004, 1007; Wendeling-Schröder, BB 1988, 1742, 1746. – A. A. ErfK/Preis, § 611 BGB Rn. 850. Gegen Anwendung des § 616 BGB vor dem 01.01.2002 auch BAG vom 22.12.1982, AP Nr. 23 zu § 123 BGB unter B II 2 b = NJW 1983, 2782, 2783 f.; MünchArbR/Blomeyer, § 48 Rn. 42, 45; Hanau, ZfA 1984, 453, 557 f.; Heinze, ZfA 1983, 409, 600; Reuter, BB 1986, 384, 389 ff; Söllner, AuR 1985, 323, 324.

rechterhalten, wenn die Leistungsverhinderung nur eine „verhältnismäßig nicht erhebliche Zeit" andauert. Welche Zeitspanne noch nicht erheblich ist, muss unter Berücksichtigung der konkreten Umstände des Einzelfalls, insbesondere der bisherigen Dauer des Dienstverhältnisses einerseits und der Dauer, Art und Schwere des Verhinderungsgrunds andererseits bestimmt werden[38]. Anerkannt ist jedenfalls, dass in Anlehnung an § 3 Abs. 1 EFZG eine Verhinderungsdauer von mehr als sechs Wochen stets erheblich ist[39]. Wird diese Zeitspanne überschritten, dann entfällt der Lohnanspruch insgesamt; er wird nicht etwa für den Zeitraum, der noch nicht erheblich ist, aufrechterhalten[40].

Keine Entgeltfortzahlung

Da F im vorliegenden Fall von November 2006 bis Februar 2007 insgesamt vier Monate die Arbeit aus Gewissensgründen nicht leisten konnte, ist er für einen nicht mehr unerheblichen Zeitraum an der Erbringung der Arbeitsleistung verhindert gewesen. Die tatbestandlichen Voraussetzungen des § 616 BGB sind somit nicht gegeben. Der Lohnanspruch wird nicht nach dieser Bestimmung aufrechterhalten.

III. Ergebnis

F hat in der Zeit von November 2006 bis Februar 2007 nicht gearbeitet. Sein ursprünglich mit Begründung des Arbeitsverhältnisses entstandener Lohnanspruch ist daher nach § 326 Abs. 1 S. 1 Hs. 1 BGB wieder untergegangen. Er kann somit für diesen Zeitraum keine Entgeltzahlung verlangen.

---

[38] Boemke, ArbR, § 5 Rn. 192; Hromadka/Maschmann, ArbR 1, § 8 Rn. 119; Schaub/Linck, ArbR-Hdb., § 97 Rn. 16 f. - Weitere Beispiele siehe MünchArbR/Boewer, § 80 Rn. 17. - Vgl. auch BAG vom 20.07.1977, AP Nr. 47 zu § 616 BGB unter 1: Verhinderung von mehr als acht Wochen nicht mehr unerheblich.

[39] Vgl. BAG vom 20.07.1977, VersR 1977, 1115; MünchArbR/Boewer, § 80 Rn. 17; Hromadka/Maschmann, ArbR 1, § 8 Rn. 119; Schaub/Linck, ArbR-Hdb., § 97 Rn. 16.

[40] BAG (GS) vom 18.12.1959, AP Nr. 22 zu § 616 BGB unter II mit Anm. Hueck = NJW 1960, 741 ff.; Boemke, ArbR, § 5 Rn. 192; Palandt/Weidenkaff, BGB, § 616 Rn. 9.

B. Erfolgsaussichten der Klagen

I. Kündigungsschutzklage gegen die außerordentliche Kündigung

Die Kündigungsschutzklage gegen die außerordentliche Kündigung vom 09.03.2007 ist erfolgreich, wenn sie zulässig und begründet ist.

1. Zulässigkeit der Kündigungsschutzklage

Für die Kündigungsschutzklage ist das Arbeitsgericht nach § 2 Abs. 1 Nr. 3 lit. b) ArbGG zuständig.

Rechtsweg zum ArbG

F hat am 15.03.2007 beantragt festzustellen, dass das Arbeitsverhältnis durch die außerordentliche Kündigung vom 09.03.2007 nicht aufgelöst ist und über den 09.03.2007 hinaus fortbesteht. Ob es sich hierbei um eine Kombination einer Kündigungsschutzklage mit einem allgemeinen Feststellungsantrag handelt, kann im vorliegenden Zusammenhang dahinstehen. In jedem Falle wäre die Kündigungsschutzklage zulässig, weil es sich gegenüber dem allgemeinen Feststellungsantrag um die speziellere Klage handelt[41].

Kündigungsschutzklage als speziellere Klageart

Da F mit Klageerhebung am 15.03.2007 die nach § 4 S. 1 i. V. m. § 13 Abs. 1 S. 2 KSchG erforderliche Klagefrist von drei Wochen nach Zugang der Kündigung eingehalten hat, kann auch dahinstehen, ob die Nichteinhaltung der Klagefrist die Kündigungsschutzklage unzulässig macht oder nur im Rahmen der Begründetheitsprüfung zu berücksichtigen ist[42]. Die Kündigungsschutzklage gegen die

Wahrung der Klagefrist

---

[41] Bandey, Die Kündigungsschutzklage nach dem Kündigungsschutzgesetz, Diss. Marburg 1992, S. 150; Boemke, RdA 1995, 211, 214; ErfK/Kiel, § 4 KSchG Rn. 86; v. Hoyningen-Huene/Linck, KSchG, § 4 Rn. 70, 70a, 71e; Stahlhacke, FS Wlotzke, S. 173, 178.

[42] Für Begründetheitsvoraussetzung: BAG vom 20.09.1955, AP Nr. 7 zu § 3 KSchG mit zust. Anm. Bötticher; BAG vom 19.01.1961, AP Nr. 1 zu § 6 KSchG unter I 1 = NJW 1961, 846; BAG vom 26.06.1986, AP Nr. 14 zu § 4 KSchG 1969 unter B II 3 b = NZA 1986, 761 ff.; BAG vom 24.06.2004, AP Nr. 22 zu § 620 BGB Kündigungserklärung unter B I 1 = NZA 2004, 1330 ff.; v. Hoyningen-Huene/Linck, KSchG, § 4 Rn. 83; ErfK/Kiel, § 4 KSchG Rn. 51; Stahlhacke/Preis/Vossen, Kündigung und Kündigungsschutz, Rn. 1812 ff.; Wilhelm, NZA 1988, Beil. 3, S. 18, 19. – Vgl. dagegen zutreffend für Zuläs-sigkeitsvoraussetzung: Boemke, RdA 1995, 211, 216; Herschel, Anm. zu BAG vom 19.05.1954, AP

dem F am 09.03.2007 zugegangene Kündigung ist somit zulässig.

2. Begründetheit der Kündigungsschutzklage

Die Klage wäre begründet, wenn D & P keine wirksame außerordentliche Kündigung ausgesprochen hätte.

a) Kündigungserklärung

Kündigung durch Vertreter

Nach § 626 BGB kann jedes Arbeitsverhältnis aus wichtigem Grund außerordentlich gekündigt werden. Prokurist P hat als Stellvertreter die hierfür erforderliche Kündigungserklärung im Namen und damit mit Wirkung für D & P abgegeben (§ 164 Abs.1 S. 1 BGB i. V. m. § 49 HGB). Diese Erklärung ist F auch zugegangen. Da die Erklärung gegenüber F schriftlich abgegeben wurde, ist das Schriftformerfordernis nach § 623 BGB gewahrt.

b) Zurückweisung der Kündigung nach § 174 BGB

aa) Zurückweisungsrecht

Voraussetzungen des Zurückweisungsrechts

Die Kündigung könnte aber nach § 174 BGB unwirksam sein. Nach dieser Bestimmung ist ein einseitiges Rechtsgeschäft unwirksam, das ein Bevollmächtigter einem anderen gegenüber vornimmt, wenn der Bevollmächtigte eine Vollmachtsurkunde nicht vorlegt und der andere das Rechtsgeschäft aus diesem Grunde unverzüglich zurückweist. Die Zurückweisung ist allerdings dann ausgeschlossen, wenn der Vollmachtgeber den anderen von der Bevollmächtigung in Kenntnis gesetzt hat.

bb) Unverzügliche Zurückweisung

Unverzüglichkeit

P hat als Prokurist und damit als Bevollmächtigter eine außerordentliche Kündigung, die ein einseitiges Rechtsgeschäft darstellt[43], gegenüber F ausgesprochen. Er hat dabei die ihm erteilte Prokura, also die Vollmachtsurkunde, nicht vorgelegt, so dass grundsätzlich nach § 174 S. 1 BGB das Zurückweisungsrecht bestehen würde. F hat die Kündi-

---

Nr. 3 zu § 4 KSchG unter 2; Nikisch, ArbR I, § 51 VII 2, S. 779.

[43] Vgl. BAG vom 11.07.1991, AP Nr 9 zu § 174 BGB unter B II 2 a = NZA 1992, 449 ff.; Dütz, ArbR, Rn. 279; Hromadka/Maschmann, ArbR 1, § 10 Rn. 36; Palandt/Weidenkaff, BGB, Vor § 620 Rn. 28; Preis, ArbR 1, § 56 II, S. 640.

gungserklärung gegenüber P[44] auch am 11.03.2007 zurückgewiesen, weil dem Kündigungsschreiben keine Vollmachtsurkunde beigefügt war. Diese Erklärung zwei Tage nach Zugang der Kündigung erfolgte unverzüglich und damit ohne schuldhaftes Zögern; dem Arbeitnehmer ist zumindest bei schriftlichen Kündigungen eine zwar knappe, aber doch angemessene Überlegungsfrist einzuräumen[45]. Damit wäre die Kündigung infolge der ordnungsgemäßen und wirksamen Zurückweisung durch F nach § 174 S. 1 BGB unwirksam, falls nicht das Zurückweisungsrecht nach § 174 S. 2 BGB ausgeschlossen wäre.

cc) Inkenntnissetzung durch Vertretenen

Gegenüber einseitigen Rechtsgeschäften, die der Bevollmächtigte vornimmt, besteht das Zurückweisungsrecht trotz fehlender Vorlage der Vollmachtsurkunde nach § 174 S. 2 BGB dann nicht, wenn der Vollmachtgeber den Empfänger des einseitigen Rechtsgeschäfts von der Bevollmächtigung in Kenntnis gesetzt hatte. Für eine ausdrückliche Mitteilung der Vertretungsmacht durch D & P an F bestehen nach dem vorliegenden Sachverhalt keine Anhaltspunkte. Allerdings handelt es sich bei der Bevollmächtigung durch Prokuraerteilung nicht um eine verborgene Tatsache; vielmehr war die Prokuraerteilung nach § 53 Abs. 1 S. 1 HGB ordnungsgemäß in das Handelsregister eingetragen und bekannt gemacht worden, was F gemäß § 15 Abs. 2 S. 1 HGB gegen sich gelten lassen muss. F muss sich also so behandeln lassen, als hätte er von der Prokuraerteilung durch D & P an P Kenntnis gehabt.

[Marginalie: Kein Zurückweisungsrecht bei Inkenntnissetzung]

Allerdings führt nach § 174 S. 2 BGB noch nicht die bloße Kenntnis von der Bevollmächtigung zum Verlust des Zurückweisungsrechts. Die Zurückweisung ist vielmehr nur dann ausgeschlossen, wenn der Vollmachtgeber, hier also D & P, den anderen Teil, hier F, von der Bevollmächtigung in Kenntnis gesetzt hat. Vorliegend hat D & P F nicht unmit-

[Marginalie: Inkenntnissetzung durch Vollmachtgeber]

---

[44] Da § 174 BGB den Arbeitnehmer nur vor einer ungewissen Rechtslage schützen, den Arbeitgeber aber nicht die Kenntnis der Zurückweisung ermöglichen will, reicht es für die Zurückweisung aus, wenn der Arbeitnehmer den Bevollmächtigten als Adressat wählt und ihm gegenüber die Zurückweisung erklärt: vgl. hierzu MünchKomm/Schramm, BGB, § 174 Rn. 5.
[45] BAG vom 11.07.1991, AP Nr 9 zu § 174 BGB unter B II 2 b = NZA 1992, 449 ff.; Boemke, JuS 1995, 519, 520. - A. A. MünchKomm/Schramm, BGB, § 174 Rn. 6.

telbar von der Prokuraerteilung an P in Kenntnis gesetzt; daher wäre das Zurückweisungsrecht nur dann ausgeschlossen, wenn die Eintragung und Bekanntmachung i. S. v. § 15 Abs. 2 S. 1 HGB einer Inkenntnissetzung nach § 174 S. 2 BGB gleichstehen würde. Dies wird von einer in der Literatur vertretenen Ansicht abgelehnt, weil der Zweck des § 174 BGB hierdurch nicht erfüllt werden könne. § 174 BGB soll dem Erklärungsempfänger die Möglichkeit geben, sich Rechtssicherheit über die Wirksamkeit ihm gegenüber vorgenommener einseitiger Rechtsgeschäfte zu verschaffen. Diese Rechtssicherheit werde ihm jedoch nicht schon dann gegeben, wenn er sich auf Grund einer Fiktion so behandeln lassen muss, als habe er tatsächliche Kenntnis gehabt; erforderlich sei vielmehr, dass der Gekündigte durch direkte Mitteilung des Vollmachtgebers von der Bevollmächtigung tatsächlich in Kenntnis gesetzt worden ist[46].

Eintragung in das Handelsregister

Diese Auffassung beachtet jedoch nicht hinreichend, dass § 174 S. 2 BGB Rechtsfolgen nicht an die Erlangung tatsächlicher Kenntnis durch unmittelbare Information knüpft. Vielmehr verlangt § 174 BGB lediglich die auf das Ziel der Kenntnisvermittlung gerichtete Inkenntnissetzung durch den Vollmachtgeber. Hierunter ist jede bewusste, (auch) an den Erklärungsempfänger gerichtete Kundgabe der Bevollmächtigung durch den Vollmachtgeber zu verstehen[47]. Die Eintragung in das Handelsregister und die Bekanntmachung sollen die zuverlässige Unterrichtung der Öffentlichkeit über bestimmte, schwer erkennbare, aber rechtserhebliche Verhältnisse vollkaufmännischer Unternehmen sicherstellen. Daher kann die Eintragung und Bekanntmachung bezüglich der einzutragenden Tatsachen als Bekanntgabe des Kaufmanns an die Allgemeinheit und damit zugleich an jeden Teilnehmer des Geschäftsverkehrs, also auch an F, aufgefasst werden[48].

Publizität des Handelsregisters

Dafür spricht auch der Sinn und Zweck des § 174 BGB: Der Erklärungsempfänger kann bei der Eintragung der Prokura ins Handelsregister und deren Bekanntmachung genauso auf die Richtigkeit der Vollmachtserteilung vertrauen, wie bei der Vorlage einer Vollmachtsurkunde. Infolge

---

46 Boecken, Anm. zu BAG vom 11.07.1991, EzA Nr. 9 zu § 174 BGB.
47 MünchKomm/Schramm, BGB, § 174 Rn. 7.
48 BAG vom 11.07.1991, AP Nr. 9 zu § 174 BGB unter B II 2 b = NZA 1992, 449 ff.; BAG vom 18.10.2000, NZA 2001, 219, 220; Boemke, JuS 1995, 519, 520 f.; MünchKomm/Schramm, BGB, 174 Rn. 7.

der Publizitätswirkung darf der Erklärungsempfänger in beiden Fällen gleichermaßen auf die Bestandskraft des einseitigen Rechtsgeschäfts vertrauen[49]. Folglich ist dem Zweck des § 174 BGB, Gewissheit über den Bestand des Rechtsgeschäfts zu verschaffen, auch mit der Handelsregistereintragung genüge getan. Damit entfällt das Zurückweisungsrecht nach § 174 S. 2 BGB.

dd) Folgerungen

F war mit der Eintragung der Prokuraerteilung an P ins Handelsregister mit anschließender Bekanntmachung von der Bevollmächtigung i. S. v. § 174 S. 2 BGB in Kenntnis gesetzt worden. Er hatte kein Zurückweisungsrecht, so dass die Kündigung nicht nach § 174 S. 1 BGB unwirksam ist.

Die Kündigungserklärung als solche ist damit wirksam abgegeben worden.

Kein Zurückweisungsrecht

c) Kündigungsgrund

aa) Wichtiger Grund

Eine außerordentliche Kündigung ist aber nur wirksam, wenn hierfür ein wichtiger Grund besteht. Nach § 626 Abs. 1 BGB müssen Tatsachen vorliegen, die dem Kündigenden unter Berücksichtigung aller Einzelfallumstände und der Interessen der Parteien die Fortsetzung des Arbeitsverhältnisses bis zum Ablauf der Kündigungsfrist bzw. zum vereinbarten Ende des Arbeitsverhältnisses unzumutbar machen[50]. Dabei hat nach inzwischen ganz allgemeiner Auffassung die Prüfung, ob ein wichtiger Grund zur Kündigung vorliegt, in zwei Stufen zu erfolgen[51]: Zunächst ist zu prüfen, ob der Sachverhalt an sich, d. h. unter Außerachtlassung der besonderen Umstände des Einzelfalls, geeignet ist, einen wichtigen Grund für eine außerordentliche Kündigung abzugeben. Ist dies nicht der Fall, scheidet eine außerordentliche Kündigung aus. Liegt ein „an sich" wichtiger Grund vor, ist in einem zweiten Schritt zu prüfen, ob auf Grund der konkreten Umstände des Einzelfalls es dem Kündigenden gleichwohl zumutbar ist, am Arbeitsverhältnis festzu-

Doppelte Unzumutbarkeit der Weiterbeschäftigung

---

[49] Ausführlich Boemke, JuS 1995, 519, 521.
[50] Vgl. dazu Hromadka/Maschmann, ArbR 1, § 10, Rn. 102 ff.; Preis, ArbR 1, § 66 III, S. 774, 776 f.
[51] BAG vom 17.05.1984, AP Nr. 14 zu § 626 BGB Verdacht strafbarer Handlung unter II, insbesondere II 1 b = NZA 1985, 91 f.; Boemke, ArbR, § 13 Rn. 74 ff.; MünchKomm/Henssler, § 626 Rn. 75; Soergel/Kraft, BGB, § 626 Rn. 33.

halten oder zumindest die Rechtsbeziehung bis zum nächsten regulären Beendigungstermin fortzusetzen.

bb) Beharrliche Arbeitsverweigerung

Als Grund für eine außerordentliche Kündigung kommt zunächst eine beharrliche Arbeitsverweigerung in Betracht. Verletzt der Arbeitnehmer die Arbeitspflicht gröblich, indem er trotz Verpflichtung zur Arbeitsleistung fortgesetzt nicht zur Arbeit erscheint, liegt in der Regel ein wichtiger Grund zur Kündigung vor[52]. Vorliegend ist F zwar über einen längeren Zeitraum nicht zur Arbeit erschienen; dies geschah aber wegen eines Gewissenskonflikts. F war damit nach § 275 Abs. 3 BGB zur Leistungsverweigerung berechtigt, so dass eine Pflichtverletzung ausscheidet[53]. Ein wichtiger Grund kann folglich nicht angenommen werden, weil F wegen des vorliegenden Gewissenskonflikts nicht zur Leistung verpflichtet war und ihm auf Grund seiner Gewissensfreiheit der Gewissenskonflikt nicht vorgeworfen werden kann.

cc) Fehlende Beschäftigungsmöglichkeit

Ein wichtiger Grund für die Kündigung könnte aber deswegen vorliegen, weil für F in absehbarer Zeit keine Beschäftigungsmöglichkeit im Betrieb von D & P mehr besteht. Insoweit ist grundsätzlich anerkannt, dass ein personenbedingter Grund zur Kündigung vorliegen kann, wenn für einen Arbeitnehmer wegen eines Gewissenskonflikts keine Beschäftigungsmöglichkeiten im Betrieb bestehen[54]. Ob im konkreten Fall D & P an sich die Fortsetzung des Arbeitsverhältnisses unzumutbar ist oder besondere Umstände vorliegen, die ein Festhalten am Arbeitsverhältnis erfordern, kann aber letztlich dahinstehen, wenn es D & P zumindest

---

Keine Arbeitsverweigerung

Keine Beschäftigungsmöglichkeit als wichtiger Grund

---

[52] BAG vom 09.05.1996, NZA 1996, 1085, 1086; BAG vom 21.11.1996, NZA 1997, 487 ff.; Boemke, ArbR, § 13 Rn. 93; Hromadka/Maschmann, ArbR 1, § 10 Rn. 109 f.
[53] Vgl. KR/Fischermeier, § 626 BGB Rn. 141.
[54] BAG vom 24.05.1989, AP Nr. 1 zu § 611 BGB Gewissensfreiheit unter B I 2 b ff mit Anm. Kraft/Raab und Berger-Delhey = NZA 1990, 144 ff.; BAG vom 22.05.2003, AP Nr. 18 zu § 1 KSchG 1969 Wartezeit unter B II 5 b dd = EzA Nr. 2 zu § 242 BGB 2002 Kündigung = SAE 2004, 46 ff. mit Anm. Kort; APS/Dörner, § 626 BGB Rn. 202; KR/Fischermeier, § 626 BGB Rn. 141; Hromadka/Maschmann, ArbR 1, § 10 Rn. 176; v. Hoyningen-Huene/Linck, KSchG, § 1 Rn. 213.

zuzumuten wäre, bis zum nächsten Kündigungstermin zuzuwarten.

Hierfür sprechen im vorliegenden Fall zwei Argumente: D & P hat trotz viermonatiger Nichtleistung von Arbeit durch F keine Kündigung ausgesprochen; dies zeigt, dass ein weiteres Zuwarten von vier Wochen bis zum Ablauf der Kündigungsfrist keine unzumutbare Belastung darstellt. Überdies treffen die Folgen der Fortsetzung des Arbeitsverhältnisses bis zum Kündigungstermin D & P nicht übermäßig hart, weil F zwar nicht beschäftigt werden kann, ihm aber auch kein Lohnanspruch zusteht[55]. Die Interessenabwägung ergibt daher, dass D & P ein Zuwarten bis zum nächsten regulären Kündigungstermin zugemutet werden kann, so dass kein wichtiger Grund zur außerordentlichen Kündigung besteht.

Zumutbarkeit der Weiterbeschäftigung bis zum Ablauf der Kündigungsfrist

d) Zwischenergebnis

Ein wichtiger Grund liegt mangels erheblichen Gewichts des personenbedingten Grunds nicht vor. Die außerordentliche Kündigung ist unwirksam und beendet das Arbeitsverhältnis damit zum 09.03.2007 nicht.

Kein wichtiger Grnd

3. Umdeutung (§ 140 BGB)

Das Arbeitsverhältnis könnte allerdings zu einem späteren Zeitpunkt beendet worden und damit die Kündigungsschutzklage nur hinsichtlich des Beendigungszeitpunkts erfolgreich sein, wenn die außerordentliche Kündigung in eine ordentliche Kündigung zum nächst zulässigen Zeitpunkt umgedeutet werden könnte. Nach § 140 BGB kann ein unwirksames Rechtsgeschäft umgedeutet werden, wenn es den Erfordernissen eines anderen Rechtsgeschäfts entspricht und anzunehmen ist, dass dieses andere Rechtsgeschäft bei Kenntnis von der Nichtigkeit gewollt worden wäre. Da die ordentliche Kündigung in ihren Rechtswirkungen hinter der außerordentlichen Kündigung zurückbleibt, weil sie das Arbeitsverhältnis ebenfalls beendet, aber nur zu einem späteren Zeitpunkt, ist sie in einer außerordentlichen Kündigung als „wesensgleiches" Minus enthalten, so dass eine Umdeutung grds. in Betracht kommt[56]. Allerdings ist

Ordentliche Kündigung als „wesensgleiches" Minus

---

[55] Siehe oben unter A, S. 67 ff.
[56] BAG vom 10.05.1984 – 2 AZR 87/83 – unter II 2, (n. v.); BAG vom 20.09.1984, NZA 1985, 286, 287 f.; BAG vom 31.03.1993, NZA 1994, 409, 411 f.; Boemke, ArbR, § 13 Rn. 42 ff. – Vgl. allgemein BGH vom 08.09.1997, NJW 1998, 76.

	im Einzelfall eine Umdeutung nur möglich, wenn eine ordentliche Kündigung, wäre sie anstelle der außerordentlichen Kündigung ausgesprochen worden, ihrerseits wirksam gewesen wäre[57].
Betriebsratsanhörung zur ordentlichen Kündigung	Bedenken gegen die Wirksamkeit einer ordentlichen Kündigung bestehen hier wegen § 102 Abs. 1 Satz 3 BetrVG. Danach ist eine Kündigung unwirksam, wenn der Betriebsrat nicht ordnungsgemäß angehört worden ist. Vorliegend hatte P den Betriebsrat am 02.03.2007 zu einer außerordentlichen und hilfsweise zu einer ordentlichen Kündigung angehört. Die Anhörung des Betriebsrats zu einer außerordentlichen und einer ordentlichen Kündigung in einem Schriftsatz unterliegt keinen Bedenken und ist grds. zulässig[58]. Allerdings müssen die Voraussetzungen für die Ordnungsmäßigkeit der Anhörung für beide Kündigungen getrennt betrachtet werden, insbesondere muss die unterschiedliche Länge der Anhörungsfrist beachtet werden. Aus § 102 Abs. 2 Satz 1 BetrVG lässt sich entnehmen, dass der Betriebsrat bei der ordentlichen Kündigung eine Woche Bedenkzeit für eine Reaktion hat. Dies bedeutet, dass zu einer Kündigung, die vor Ablauf der Wochenfrist ausgesprochen wurde, der Betriebsrat nicht ordnungsgemäß angehört wurde, so dass die Kündigung nach § 102 Abs. 1 Satz 3 BetrVG rechtsunwirksam ist[59].
Keine Umdeutung	Im konkreten Fall hatte P den Betriebsrat durch Schreiben vom 02.03.2007 zur außerordentlichen und ordentlichen Kündigung angehört, die außerordentliche Kündigung aber bereits am 06.03.2007 ausgesprochen. Zu diesem Zeitpunkt war die Anhörungsfrist für die ordentliche Kündigung noch nicht abgelaufen, so dass eine zu diesem Zeitpunkt ausgesprochene Kündigung rechtsunwirksam gewesen wäre[60]. Da eine am 06.03.2007 ausgesprochene Kündigung nach § 102 Abs. 1 Satz 3 BetrVG nicht rechtswirksam gewesen wäre, scheidet eine Umdeutung der außerordentlichen in eine ordentliche Kündigung aus.

---

[57] Vgl. BAG vom 09.05.1985 – 2 AZR 355/84, (n. v.); BAG vom 18.10.2000, NZA 2001, 219, 220 f.; Boemke, ArbR, § 13 Rn. 46.

[58] BAG vom 16.03.1978, BB 1979, 371; BAG vom 09.05.1985 – 2 AZR 355/84 – unter II 2 a, (n. v.); KR/Etzel, § 102 BetrVG Rn. 182; GK-BetrVG/Raab, § 102 Rn. 48.

[59] BAG vom 13.11.1975, NJW 1976, 1766 (Ls. 1); BAG vom 20.09.1984, NZA 1985, 286, 287; BAG vom 11.07.1991, NZA 1992, 38, 40; APS/Koch, § 102 BetrVG Rn. 161; KR/Etzel, § 102 BetrVG Rn. 182b.

[60] Vgl. APS/Koch, § 102 BetrVG Rn. 161.

4. Ergebnis

Die Kündigungsschutzklage vom 15.03.2007 gegen die außerordentliche Kündigung vom 09.03.2007 ist zulässig und begründet.

II. Kündigungsschutzklage gegen die ordentliche Kündigung vom 07.04.2007

1. Zulässigkeit

a) Kündigungsschutzklage als spezielle Klageart

Bedenken gegen die Zulässigkeit der am 18.05.2007 erhobenen Kündigungsschutzklage könnten zunächst deswegen bestehen, weil F zugleich mit der Kündigungsschutzklage vom 15.03.2007 beantragt hat, festzustellen, dass das Arbeitsverhältnis über den 09.03.2007 hinaus fortbesteht. Wäre hierin ein allgemeiner Feststellungsantrag zu sehen, könnte die spätere Kündigungsschutzklage nach § 261 Abs. 3 Nr. 1 ZPO i. V. m. § 46 Abs. 2 Satz 1 ArbGG wegen anderweitiger Rechtshängigkeit unzulässig sein. Dies wird von Teilen der Literatur[61] mit der Begründung vertreten, dass der Streitgegenstand der Kündigungsschutzklage schon durch den Feststellungsantrag umfasst werde[62] und daher nicht neben einem bereits rechtshängigen Feststellungsantrag geltend gemacht werden könne.

Kündigungsschutzklage und allgemeiner Feststellungsantrag

Hierbei wird jedoch nicht hinreichend beachtet, dass schon nach dem allgemeinen Grundsatz *lex specialis derogat legi generali* der Kündigungsschutzklage als speziellerer Klage der Vorrang vor dem allgemeinen Feststellungsantrag gebührt[63]. Darüber hinaus ist die Kündigungsschutzklage auch hinsichtlich ihres sachlichen Prüfungsumfangs weitergehend als die allgemeine Feststellungsklage. Sowohl die Sozialwidrigkeit als auch – nach der gesetzlichen Neuregelung des § 4 S. 1 KSchG ab 01.01.2004 – andere Unwirksamkeitsgründe einer Kündigung können nämlich nur

Vorrang der Kündigungsschutzklage

---

[61] Bötticher, BB 1959, 1032, 1035; v. Hoyningen-Huene/Linck, KSchG, § 4 Rn. 78 ff.; Stahlhacke/Preis/Vossen, Kündigung und Kündigungsschutz, Rn. 1896; Wilhelm, NZA 1988, Beil. 3, S. 18, 21.

[62] v. Hoyningen-Huene/Linck, KSchG, § 4 Rn. 78 m. w. Nachw.; Stahlhacke/Preis/Vossen, Kündigung und Kündigungsschutz, Rn. 1896.

[63] Grundlegend hierzu: Boemke, RdA 1995, 211, 214, 224. – Siehe auch MünchArbR/Berkowsky, § 148 Rn. 108 ff.; ErfK/Kiel, § 4 KSchG Rn. 86. – Dagegen Hromadka/Maschmann, ArbR 1, § 10 Rn. 317.

mit der Kündigungsschutzklage nach § 4 KSchG, nicht aber dem allgemeinen Feststellungsantrag geltend gemacht werden[64]; nur auf diesem prozessualen Weg kann der Eintritt der Heilungswirkung des § 7 KSchG verhindert werden[65]. Es kann daher an dieser Stelle dahinstehen, ob F zugleich mit der Kündigungsschutzklage vom 15.03.2007 einen allgemeinen Feststellungsantrag gestellt hat[66], weil ein solcher Antrag eine spätere Kündigungsschutzklage nicht nach § 261 Abs. 3 Nr. 1 ZPO i. V. m. § 46 Abs. 2 Satz 1 ArbGG sperrt[67].

b) Wahrung der Drei-Wochen-Frist

Klagefrist

Die Kündigungsschutzklage könnte weiter unzulässig sein, wenn F nicht die dreiwöchige Klagefrist des § 4 S. 1 KSchG gewahrt hat.

aa) Fristwahrung als Zulässigkeitsvoraussetzung

Klagefrist als materielle Ausschlussfrist

Allerdings führt nach h. M. das Versäumen der Klagefrist nicht zur Unzulässigkeit der Kündigungsschutzklage. Es handele sich bei dieser Klagefrist nicht um eine Prozessvoraussetzung, sondern lediglich um eine Ausschlussfrist mit materiell-rechtlicher Wirkung[68]. Eine nach Ablauf der

---

[64] BAG vom 15.12.2006, EzA Nr. 72 zu § 4 n. F. KSchG unter B I 1 NZA 2007, 791 ff.; LAG Rheinland-Pfalz vom 30.03.2006 - 9 Sa 26/05; ErfK/Kiel, § 4 KSchG Rn. 1, 86.

[65] Bakker, Anm. zu BAG vom 31.03.1993, EzA Nr. 46 zu § 4 KSchG; Bitter, DB 1997, 1407, 1408 f.; Boemke, ArbR, § 13 Rn. 160 ff.; ders., RdA 1995, 211, 220; ders., Anm. zu BAG vom 16.03.1994, WiB 1994, 780, 781; Franzen, Anm. zu BAG vom 27.01.1994, EzA Nr. 48 zu § 4 KSchG. – A. A. BAG vom 21.01.1988, AP Nr. 19 zu § 4 KSchG 1969 unter B II 2 b mit Anm. Mummenhoff = SAE 1990, 83 ff.; OLG Stuttgart vom 24.03.1982, BB 1982, 864 f. unter 1; Schaub, NZA 1990, 85, 87.

[66] Hierzu siehe unten C I, S. 101 f.

[67] Grundlegend: Boemke, RdA 1995, 211, 224, 225. – Ebenso BAG vom 16.08.1990, AP Nr. 20 zu § 611 BGB Treuepflicht unter II 2 = NZA 1991, 141 ff.; BAG vom 07.12.1995, AP Nr. 33 zu § 4 KSchG 1969 unter III 2 b = NZA 1996, 334 ff.; KDZ/Zwanziger, KSchR, Einl. Rn. 704. – A. A. Böttcher, FS Herschel, S. 188; Wilhelm, NZA 1988, Beil. 3, S. 18, 21.

[68] BAG vom 20.09.1955, AP Nr. 7 zu § 3 KSchG mit zust. Anm. Böttcher; BAG vom 26.06.1986, AP Nr. 14 zu § 4 KSchG 1969 unter B II 3 b = NZA 1986, 761 ff.; BAG vom 24.06.2004, AP Nr. 22 zu § 620 BGB Kündigungserklärung unter B I 1 = NZA 2004, 1330 ff.; KR/Friedrich, § 4 KSchG Rn. 217; v. Hoyningen-Huene/Linck, KSchG, § 4 Rn. 83;

Klagefrist eingelegte Kündigungsschutzklage sei nicht unzulässig, sondern lediglich unbegründet.

Dieser Auffassung ist hinsichtlich der materiell-rechtlichen Wirkung zuzustimmen, weil nach § 7 KSchG die fehlende soziale Rechtfertigung der Kündigung geheilt wird. Steht aber der Eintritt der Heilungswirkung und damit die soziale Rechtfertigung der Kündigung fest, dann entfällt das Rechtsschutzinteresse des Arbeitnehmers an der Erhebung der Kündigungsschutzklage. Das besondere Interesse des Arbeitnehmers, abweichend von § 256 Abs. 1 ZPO nicht das Bestehen eines Rechtsverhältnisses, sondern allein die Nichtauflösung des Arbeitsverhältnisses durch die angegriffene Kündigung feststellen zu lassen, besteht nur, wenn hierdurch die Heilung einer etwaigen Sozialwidrigkeit einer Kündigung verhindert werden kann. Das rechtliche Interesse des Arbeitnehmers an der Erhebung der Kündigungsschutzklage deckt sich mit seinem Interesse, die Wirkung des § 7 KSchG zu verhindern[69]. Mit der Versäumung der Drei-Wochen-Frist entfällt daher das Rechtsschutzinteresse des Arbeitnehmers, so dass die Kündigungsschutzklage unzulässig ist[70].

Fehlendes Rechtsschutzbedürfnis bei Fristversäumung

bb) Zugang der Kündigung bei urlaubsbedingter Ortsabwesenheit

Für die Zulässigkeit der Kündigungsschutzklage kommt es daher darauf an, ob F die Drei-Wochen-Frist des § 4 KSchG gewahrt hat. Nach § 4 S. 1 KSchG beginnt die Frist zur Erhebung der Kündigungsschutzklage mit dem Zugang der Kündigungserklärung i. S. v. § 130 Abs. 1 BGB zu laufen. Nach allgemeiner Auffassung geht eine unter Abwesenden abgegebene Willenserklärung in dem Zeitpunkt zu, in dem sie derart in den Machtbereich des Empfängers gelangt, dass unter Zugrundelegung gewöhnlicher Verhältnisse damit zu rechnen ist, der Erklärungsempfänger könne von der Erklärung Kenntnis erlangen[71].

Fristbeginn mit Zugang

ErfK/Kiel, § 4 KSchG Rn. 51; Löwisch/Spinner, KSchG, § 4 Rn. 79; Mummenhoff, JuS 1989, 693; Vollkommer, AcP 161 (1962), 351; Wilhelm, NZA 1988, Beil. 3, S. 18, 19.

[69] BAG vom 11.02.1981, AP Nr. 8 zu § 4 KSchG 1969 unter B II 2 mit Anm. M. Wolf = DB 1981, 2233 f.; Boemke, RdA 1995, 211, 216; Nikisch, ArbR I, § 51 VII 2, S. 779. – Ähnlich Vollkommer, AcP 161 (1962), 332, 343 f.

[70] Grundlegend hierzu: Boemke, RdA 1995, 211, 216.

[71] BAG vom 16.12.1980, AP Nr. 11 zu § 130 BGB = NJW 1981, 1470; BAG vom 08.12.1983, AP Nr. 12 zu § 130 BGB unter B

(1) Übermittlung per Fax

Fax formunwirksam

Im konkreten Fall ist das Kündigungsschreiben per Telefax am 07.04.2007 bei F eingetroffen. Ob die Urlaubsabwesenheit von F sich auf den Zugang insoweit auswirken kann, muss an dieser Stelle nicht entschieden werden. Die Frist des § 4 KSchG wird nämlich nur durch eine formwirksame Kündigung in Lauf gesetzt[72]. Gemäß § 623 BGB bedarf die Kündigung eines Arbeitsverhältnisses der Schriftform, die durch die Übermittlung einer Fernkopie (Telefax) nicht gewahrt wird[73]. Damit ist durch die Übermittlung des Kündigungsschreibens per Fernkopie keine rechtswirksame Kündigung erklärt, so dass die Frist zur Erhebung der Kündigungsschutzklage hierdurch nicht in Lauf gesetzt werden konnte.

(2) Übermittlung per Brief

Zugang des Briefs

Allerdings hat P das Kündigungsschreiben am 12.04.2007 um 20.00 Uhr in den Briefkasten von F geworfen. Zwar kann vom Empfänger zu diesem Zeitpunkt keine Nachschau erwartet werden, weil ein Briefkasten gewöhnlich baldmöglichst nach den üblichen Postzustellungszeiten überprüft wird; unter Annahme gewöhnlicher Verhältnisse geht ein in den Abendstunden eingeworfener Brief aber am nächstfolgenden Tag zu[74] - und zwar zu dem Zeitpunkt, in dem üblicherweise eine Kontrolle des Hausbriefkastens erwartet werden kann. Unter Berücksichtigung dieser allgemeinen Grundsätze wäre F die Kündigung daher am 13.04.2007 zugegangen.

I = NJW 1984, 1651 f.; BAG vom 16.03.1988, AP Nr. 16 zu § 130 BGB unter I 1 = NJW 1989, 606; BAG vom 24.06.2004, AP Nr 22 zu § 620 BGB Kündigungserklärung unter B I 2 a = NZA 2004, 1330 ff.; MünchKomm/Einsele, § 130 Rn. 19; v. Hoyningen-Huene/Linck, KSchG, § 4 Rn. 51. - Vgl. dazu auch Hromadka/Maschmann, ArbR 1, § 10 Rn. 54.

[72] APS/Ascheid, § 4 KSchG Rn. 62; Dütz, Rn. 284, 352; Preis/Gotthardt, NZA 2000, 348, 352; Stahlhacke/Preis/Vossen, Kündigung und Kündigungsschutz, Rn. 161.

[73] BGH vom 28.01.1993, BGHZ 121, 224 unter II 2 = NJW 1993, 1126 ff.; BGH vom 09.01.1997, NJW 1997, 3169 ff. unter II 2 b; Larenz/Wolf, Allgemeiner Teil des bürgerlichen Rechts, § 27 Rn. 40; Palandt/Heinrichs, BGB, § 126 Rn. 7, 11; Preis/Gotthardt, NZA 2000, 348, 351.

[74] BGH vom 10.02.1994, VersR 1994, 586 f.; BAG vom 08.12.1983, AP Nr. 12 zu § 130 BGB unter B II 2 = NJW 1984, 1651 f.; MünchKomm/Einsele, § 130 Rn. 19; Palandt/Heinrichs, BGB, § 130 Rn. 6.

Fraglich ist allerdings, ob die Kündigung im konkreten Fall nicht wegen der urlaubsbedingten Abwesenheit von F zu einem späteren Zeitpunkt zugegangen ist. Nach einer – vorübergehend auch vom BAG vertretenen – Auffassung soll es für den Zugang einer Kündigung ausnahmsweise dann auf den Zeitpunkt der tatsächlichen Kenntnisnahme des Arbeitnehmers ankommen, wenn dieser urlaubsbedingt ortsabwesend war und der Arbeitgeber hiervon Kenntnis hatte[75]. In einem solchen Falle könne nämlich der Arbeitgeber nicht erwarten, dass der Arbeitnehmer vor Beendigung des Urlaubs ein an seine Heimatadresse gerichtetes Kündigungsschreiben zur Kenntnis nehmen kann. Danach wäre F das Kündigungsschreiben erst am Tage seiner Rückkehr aus dem Urlaub, also am 04.05.2007 zugegangen.

Bedeutung der Ortsabwesenheit

Diese Auffassung berücksichtigt jedoch nicht hinreichend, dass es bei den Grundsätzen des Zugangs von Willenserklärungen nicht um Vertrauensschutz, sondern um eine sach- und interessengerechte Verteilung des Transportrisikos des Erklärenden und des Kenntnisnahmerisikos des Empfängers geht. Die Wohnung des Erklärungsempfängers als räumlicher Lebensmittelpunkt ist dabei nach der Verkehrsanschauung der Ort, an dem diesem Schriftstücke übermittelt werden können (vgl. § 181 f. ZPO). Daher ist es Sache des Erklärenden, die Erklärung unmittelbar gegenüber dem Erklärungsempfänger abzugeben (vgl. § 180 ZPO) oder aber an dessen Wohnung zu übermitteln; Zugangshindernisse gehen dabei zu seinen Lasten. Ist die Erklärung aber an die Wohnanschrift des Empfängers übermittelt, dann fällt es in dessen Risikobereich, wie und zu welchem Zeitpunkt er sich von deren Inhalt Kenntnis verschafft[76]. Das Kenntnisnahmerisiko trägt der Erklärungsempfänger; es ist seine Sache, durch entsprechende organisatorische Maßnahmen dafür Sorge zu tragen, vom Inhalt der an seine Wohnanschrift übermittelten Erklärungen Kenntnis erlangen zu können[77].

Verteilung von Transport- und Kenntnisnahmerisiko

---

[75] BAG vom 16.12.1980, AP Nr. 11 zu § 130 BGB = NJW 1981, 1470. – Zustimmend Nippe, JuS 1991, 285, 289 f.

[76] BAG vom 16.03.1988, AP Nr. 16 zu § 130 BGB unter I 4 = NZA 1988, 875 ff.; BAG vom 24.06.2004, NZA 2004, 1330, 1331; Boemke, JuS 1995, 519, 523; Dütz, ArbR, Rn. 282; Staudinger/Singer/Benedict, BGB, § 130 Rn. 71.

[77] BAG vom 16.03.1988, AP Nr. 16 zu § 130 BGB unter I 4 = NZA 1988, 875 ff.; Hromadka/Maschmann, ArbR 1, § 10 Rn. 58.

Zugangszeitpunkt

Trotz der urlaubsbedingten Ortsabwesenheit von F ist die Kündigung somit am 13.04.2007 zugegangen. Die Drei-Wochen-Frist des § 4 KSchG begann somit am 14.04.2007 (§ 187 Abs. 1 BGB i. V. m. § 222 Abs. 1 ZPO, § 46 Abs. 2 S. 1 ArbGG) zu laufen und endete dementsprechend mit Ablauf des 04.05.2007 (§ 188 Abs. 2 BGB i. V. m. § 222 Abs. 1 ZPO, § 46 Abs. 2 S. 1 ArbGG). Mit dem in der mündlichen Verhandlung vom 18.05.2007 gestellten Kündigungsschutzantrag hätte F daher diese Frist nicht gewahrt.

cc) Keine Fristwahrung durch allgemeinen Feststellungsantrag

Bedeutung des allgemeinen Feststellungsantrags für Fristwahrung

Allerdings könnte hier die fristgerechte Erhebung der Kündigungsschutzklage entbehrlich sein. Mit seiner Kündigungsschutzklage vom 15.03.2007 hatte F nämlich zugleich die Feststellung beantragt, dass das Arbeitsverhältnis über den 09.03.2007 hinaus fortbesteht. Nach verbreiteter Auffassung soll ein allgemeiner Feststellungsantrag alle weiteren Arbeitgeberkündigungen mit der Folge erfassen, dass diese nicht innerhalb von drei Wochen in den Prozess eingeführt werden müssen, sondern der Arbeitnehmer deren Sozialwidrigkeit jederzeit geltend machen kann[78]. Danach wäre durch das Einführen der Kündigung in den Prozess am 18.05.2007 der Eintritt der Heilungswirkung des § 7 KSchG verhindert worden und damit das Feststellungsinteresse für die Kündigungsschutzklage weiter gegeben.

Fristwahrung nur durch Kündigungsschutzklage

Diese Auffassung überzeugt jedoch nicht, weil der Arbeitnehmer die Unwirksamkeit einer Kündigung ausschließlich mit der Kündigungsschutzklage nach § 4 KSchG, nicht aber mit der allgemeinen Feststellungsklage angreifen kann. § 4 KSchG zwingt den Arbeitnehmer, jede einzelne Kündigung frist- und formgerecht mit einer Kündigungsschutzklage anzugreifen, wenn er den Eintritt der Heilungswirkung des § 7 S. 1 KSchG verhindern will. Die allgemeine Feststellungsklage ist nur dazu da, bestehende Unsicherheiten über den Bestand des Arbeitsverhältnisses

---

[78] BAG vom 21.01.1988, AP Nr. 19 zu § 4 KSchG 1969 unter B II 2 b = NZA 1988, 651 ff.; BAG vom 16.03.1994, AP Nr. 29 zu § 4 KSchG 1969 unter III 2 mit Anm. Dütz/Singer = NZA 1994, 860 ff.; BAG vom 13.3.1997, AP Nr. 38 zu § 4 KSchG 1969 unter II 1 = NZA 1997, 844 ff.; APS/Ascheid, § 4 KSchG Rn. 141; Hromadka/Maschmann, ArbR 1, § 10 Rn. 316; Schaub, NZA 1990, 85, 87. – Vgl. BAG vom 12.05.2005, AP Nr. 53 zu § 4 KSchG 1969 unter B I 2 = NZA 2005, 1259 ff.

zu beseitigen, nicht aber gleichsam prophylaktisch sich gegen in der Zukunft zu erwartende Kündigungen zu wenden. Der anhängige Feststellungsantrag wahrt also die Drei-Wochen-Frist des § 4 KSchG nicht[79].

dd) Fristverlängerung nach § 6 KSchG

Infolge des anhängigen Feststellungsantrags könnte jedoch eine Verlängerung der Anrufungsfrist von drei Wochen nach § 6 KSchG mit der Folge in Betracht kommen, dass die Kündigungen noch ohne gesonderte gerichtliche Zulassung in den Prozess eingeführt werden können[80]. Nach Auffassung des BAG soll der Arbeitnehmer im Rahmen der Feststellungsklage auch dann die Sozialwidrigkeit weiterer Kündigungen geltend machen können, wenn er sie zwar später als drei Wochen nach Zugang, aber noch vor Schluss der mündlichen Verhandlung erster Instanz geltend gemacht hat[81]. Folglich wäre nach dieser Auffassung die Anrufungsfrist gewahrt.

Verlängerte Anrufungsfrist

Hierbei wird aber nicht hinreichend berücksichtigt, dass Voraussetzung für die verlängerte Anrufungsfrist ist, dass der Arbeitnehmer die Unwirksamkeit der Kündigung innerhalb von drei Wochen im Klagewege geltend gemacht hat[82]. Hierzu ist aber erforderlich, dass der Arbeitnehmer die Kündigung in den Prozess einführt. Das bloße Aufrechterhalten des Feststellungsantrags stellt keinen Angriff auf die Kündigung dar und kann deswegen keine Fristverlängerung begründen[83].

Aufrechterhalten des Feststellungsantrags nicht ausreichend

ee) Nachträgliche Zulassung der Kündigungsschutzklage (§ 5 Abs. 1 KSchG)

Allerdings ist nach § 5 Abs. 1 Satz 1 KSchG die Kündigungsschutzklage auf Antrag nachträglich zuzulassen, wenn der Arbeitnehmer trotz Anwendung aller ihm nach der Lage der Umstände zuzumutenden Sorgfalt darin verhindert gewesen war, die Klage fristgerecht zu erheben.

Unverschuldete Fristversäumung

---

[79] Boemke, RdA 1995, 211, 220, 227; ders., Anm. zu BAG vom 07.12.1997, AP Nr. 33 zu § 4 KSchG 1969; v. Hoyningen-Huene/Linck, KSchG, § 4 Rn. 75a ff.
[80] Zum Verhältnis zu § 5 KSchG siehe v. Hoyningen-Huene/Linck, KSchG, § 6 Rn. 1.
[81] BAG vom 07.12.1995, AP Nr. 33 zu § 4 KSchG 1969 unter III 1 b mit Anm. Boemke = NZA 1996, 334 ff.
[82] v. Hoyningen-Huene/Linck, KSchG, § 4 Rn. 75d.
[83] Boemke, RdA 1995, 211, 227; ders., Anm. zu BAG vom 07.12.1995, AP Nr. 33 zu § 4 KSchG 1969.

Hier ist F während des Laufs der Klagefrist urlaubsbedingt ortsabwesend gewesen, so dass er von der Kündigung erst bei seiner Rückkehr am 04.05.2007 Kenntnis erlangt hat. Für solche Fälle urlaubsbedingter Ortsabwesenheit ist allgemein anerkannt, dass der Arbeitnehmer zumindest dann die Fristeinhaltung ohne sein Verschulden versäumt, wenn er erst nach Fristablauf zurückkehrt[84]. Somit trifft F an der Fristversäumung kein Verschulden.

Fristgerechter Zulassungsantrag

Die Kündigungsschutzklage wäre daher nachträglich zuzulassen, wenn F einen entsprechenden Antrag fristgerecht gestellt hätte. Der Antrag muss dabei nicht ausdrücklich gestellt werden; vielmehr reicht es aus, wenn der Arbeitnehmer irgendwie zum Ausdruck bringt, dass die Klage trotz Fristversäumung noch zugelassen werden möge[85]. Dies lässt sich dem Vorbringen des F hinreichend deutlich entnehmen. Die Frist für den Antrag beträgt nach § 5 Abs. 3 Satz 1 KSchG zwei Wochen gerechnet ab der Behebung des Hindernisses. Die Frist begann daher nach § 187 Abs. 1 BGB i. V. m. § 222 Abs. 1 ZPO, § 46 Abs. 2 S. 1 ArbGG am 05.05.2007 zu laufen und endete nach § 188 Abs. 2 BGB i. V. m. § 222 Abs. 1 ZPO, § 46 Abs. 2 S. 1 ArbGG mit Ablauf des 18.05.2007. Durch die Klageerhebung und Stellung des Antrags am 18.05.2007 hat F somit die Frist gewahrt.

c) Zwischenergebnis

Kündigungsschutzklage zulässig

Die Kündigungsschutzklage ist trotz Versäumens der Drei-Wochen-Frist nach § 5 Abs. 1 KSchG nachträglich zuzulassen und damit zulässig.

---

[84] LAG Nürnberg vom 05.02.1992, LAGE Nr. 57 zu § 5 KSchG; LAG Köln 04.03.1996, LAGE Nr. 75 zu § 5 KSchG = NZA-RR 1996, 455 f.; LAG Hamm vom 28.03.1996, LAGE Nr. 78 zu § 5 KSchG = NZA-RR 1996, 454; LAG Köln vom 17.04.1997, LAGE Nr. 87 zu § 5 KSchG = NZA-RR 1998, 14; LAG Köln vom 14.03.2003, LAGE Nr. 106a zu § 5 KSchG; Hromadka/Maschmann, ArbR 1, § 10 Rn. 58, 308 f.; v. Hoyningen-Huene/Linck, KSchG, § 5 Rn. 18; ErfK/Kiel, § 5 KSchG Rn. 14; Stahlhacke/Preis/Vossen, Kündigung und Kündigungsschutz, Rn. 1854 f.; Staudinger/Singer/Benedict, BGB, § 130 Rn. 71.

[85] APS/Ascheid, § 5 KSchG Rn. 64; v. Hoyningen-Huene/Linck, KSchG, § 5 Rn. 20.

2. Begründetheit

a) Ordnungsgemäße Kündigungserklärung

Nach § 620 Abs. 2 BGB kann jedes auf unbestimmte Zeit eingegangene Arbeitsverhältnis grundsätzlich ordentlich gekündigt werden. Die hierzu erforderliche Erklärung hat P als Prokurist von D & P im Namen und mit Wirkung für D & P abgegeben. Die nach § 623 BGB erforderliche Schriftform hat D & P nicht schon durch das Telefax vom 06.04.2007, zugegangen am 07.04.2007, sondern erst durch Einwurf des Originalschreibens in den Briefkasten des F am 12./13.04.2007 gewahrt[86].

Kündigungsrecht

Damit wäre die Kündigung wirksam erklärt worden, wenn keine sonstigen Unwirksamkeits- oder Nichtigkeitsgründe vorliegen würden.

b) Anhörung des Betriebsrats (§ 102 Abs. 1 BetrVG)

Nach § 102 Abs. 1 S. 3 BetrVG ist die Kündigung unwirksam, wenn der Betriebsrat nicht oder fehlerhaft[87] angehört worden ist. Zur ordnungsgemäßen Anhörung gehört neben der Angabe des Kündigungssachverhalts auch die Angabe der Kündigungsart; wurde nur zur außerordentlichen Kündigung angehört, ist eine später erklärte ordentliche Kündigung grundsätzlich wegen Verstoßes gegen § 102 Abs. 1 BetrVG unwirksam[88]. Der Arbeitgeber kann aber von vornherein den Betriebsrat auch zu einer hilfsweise zu erklärenden ordentlichen Kündigung hören, wenn er ihn deutlich auf diese Absicht hinweist[89]. Im konkreten Fall hat P den Betriebsrat um eine Stellungnahme auch zu einer ordentlichen Kündigung gebeten und damit zum Ausdruck gebracht, dass er ebenso eine solche Maßnahme in Betracht zieht. Weil durch die Anhörung nur sichergestellt werden

Doppelanhörung des Betriebsrats

---

[86] Siehe oben B II 1 b bb, S. 89 ff.
[87] BAG vom 28.02.1974, NJW 1974, 1526; BAG vom 16.09.1993, NZA 1994, 311 (Ls. 2); BAG vom 26.01.1995, NZA 1995, 672, 673; Hromadka/Maschmann, ArbR 1, § 10 Rn. 288 ff.; GK-BetrVG/Raab, § 102 Rn. 77 ff.
[88] BAG vom 20.09.1984, AP Nr. 80 zu § 626 BGB unter II 1 = NZA 1985, 286 ff.; APS/Koch, § 102 BetrVG Rn. 99; Fitting, BetrVG, § 102 Rn. 63; v. Hoyningen-Huene/Linck, KSchG, § 13 Rn. 52.
[89] BAG vom 20.09.1984, AP Nr. 80 zu § 626 BGB unter II 1 = NZA 1985, 286 ff.; Fitting, BetrVG, § 102 Rn. 63; v. Hoyningen-Huene/Linck, KSchG, § 13 Rn. 54; GK-BetrVG/Raab, § 102 Rn. 48.

soll, dass der Arbeitgeber die Einwendungen des Betriebsrats gegen seinen Kündigungsentschluss erwägen kann, ist eine solche Doppelanhörung zulässig, und zwar auch dann, wenn die ordentliche Kündigung nicht gleichzeitig (hilfsweise) mit der außerordentlichen Kündigung erklärt wird.

Kein Verbrauch durch Zeitablauf

Die Anhörung zur ordentlichen Kündigung ist nicht durch den Ausspruch der ersten Kündigung vom 06./09.03.2007 verbraucht. Nach dem Sachverhalt kündigte P „mit sofortiger Wirkung" und daher nur außerordentlich, nicht aber ordentlich. Auch das zwischen der Anhörung und dem Ausspruch der Kündigung mehr als ein Monat verstrichen ist führt nicht zur Unwirksamkeit der Kündigung nach § 102 Abs. 1 Satz 3 BetrVG. Eine Frist zum Ausspruch der Kündigung enthält § 102 BetrVG nämlich nicht. Daher kann der Arbeitgeber auch erst geraume Zeit nach der Anhörung die Kündigung aussprechen, wenn sich in der Zwischenzeit der Kündigungssachverhalt nicht geändert hat, insbesondere keine weiteren Gründe mehr eingetreten sind, auf welche die Kündigung nunmehr gestützt werden soll[90]. Da bis zum Ausspruch der ordentlichen Kündigung durch P keine Änderung des Kündigungssachverhalts eingetreten war, liegt eine ordnungsgemäße Anhörung des Betriebsrats zur Kündigung vor, zumal die Wochenfrist des § 102 Abs. 2 S. 1 und 2 BetrVG gewahrt wurde.

c) Soziale Rechtfertigung der Kündigung (§ 1 KSchG)

aa) Allgemeiner Kündigungsschutz (§§ 1 Abs. 1, 23 Abs. 1 KSchG)

Wartezeit und betrieblicher Geltungsbereich

Die Kündigung könnte wegen fehlender sozialer Rechtfertigung unwirksam sein (§ 1 Abs. 1 KSchG). Da die ordentliche Kündigung grds. keines rechtfertigenden Grunds bedarf, setzt dies voraus, dass der betriebliche Geltungsbereich des allgemeinen Kündigungsschutzes erschlossen ist (§ 23 Abs. 1 KSchG) und F die Wartezeit nach § 1 Abs. 1 KSchG erfüllt hat. Mit 15 Beschäftigten ist der Schwellenwert von mehr als zehn Arbeitnehmern überschritten und damit nach § 23 Abs. 1 Satz 3 KSchG der betriebliche Geltungsbereich des allgemeinen Kündigungsschutzes eröffnet. Überdies besteht das Arbeitsverhältnis von F seit dem

---

[90] BAG vom 11.10.1989, NZA 1990, 748 ff.; BAG vom 18.05.1994, NZA 1995, 65, 67; Boemke, ArbR, § 13 Rn. 121; Fitting, BetrVG, § 102 Rn. 60; GK/Kraft, BetrVG, § 102 Rn. 40.

06.09.2005, also länger als sechs Monate (§ 1 Abs. 1 KSchG), so dass er allgemeinen Kündigungsschutz genießt.

Die Kündigung von F wäre daher nur wirksam, wenn sie sozial gerechtfertigt ist, sie also durch Gründe, die in der Person oder im Verhalten von F liegen, oder durch dringende betriebliche Erfordernisse, die einer Weiterbeschäftigung von F entgegenstehen, bedingt ist (§ 1 Abs. 2 KSchG). Die Kündigung könnte im konkreten Fall deswegen gerechtfertigt sein, weil F in der Vergangenheit über einen Zeitraum von vier Monaten keine Arbeit geleistet hat und auch in Zukunft keine Beschäftigungsmöglichkeit absehbar ist.

Soziale Rechtfertigung

bb) Verhaltensbedingte Kündigung

Hieraus könnte sich ein verhaltensbedingter Grund zur Kündigung ergeben. In diesem Zusammenhang ist allgemein anerkannt, dass eine Arbeitsverweigerung als Verstoß gegen die arbeitsvertraglichen Hauptpflichten grundsätzlich einen Grund zur ordentlichen Kündigung bilden kann[91]. Der Arbeitgeber muss Verstöße gegen die Hauptleistungspflicht nicht auf Dauer hinnehmen. Im vorliegenden Fall war F allerdings aus Gewissensgründen daran gehindert, die ihm zugewiesene Arbeit auszuführen. Er war daher nicht verpflichtet, die von ihm geforderte Tätigkeit auszuüben, so dass ein pflichtwidriges Verhalten als Voraussetzung der verhaltensbedingten Kündigung ausscheidet[92].

Nichtarbeit wegen Gewissenskonflikt kein verhaltensbedingter Grund

---

[91] BAG vom 31.01.1985, AP Nr. 6 zu § 8 a MuSchG 1968 unter I 1 = NZA 1986, 138 f.; BAG vom 24.05.1989, AP Nr. 1 zu § 611 BGB Gewissensfreiheit unter B I 1 = NZA 1990, 144 f.; BAG vom 21.05.1992, AP Nr. 29 zu § 1 KSchG 1969 Verhaltensbedingte Kündigung unter II 2 b = NZA 1993, 115 ff.; BAG vom 21.11.1996, AP Nr. 130 zu § 626 BGB unter II 3 b = NZA 1997, 487 ff.; Hromadka/Maschmann, ArbR 1, § 10 Rn. 185; Stahlhacke/Preis/Vossen, Kündigung und Kündigungsschutz, Rn. 630.

[92] BAG vom 25.10.1984, AP Nr. 3 zu § 273 BGB unter II 3 = NZA 1985, 355 ff.; BAG vom 21.05.1992, AP Nr. 29 zu § 1 KSchG 1969 Verhaltensbedingte Kündigung unter II 2 b bb = NZA 1993, 115 ff.; BAG vom 09.05.1996, AP Nr. 5 zu § 273 BGB unter II 1 c = NZA 1996, 1085 ff.; Hromadka/Maschmann, ArbR 1, Rn. 176, 186; Stahlhacke/Preis/Vossen, Kündigung und Kündigungsschutz, Rn. 631, 634.

cc) Personenbedingte Kündigung

Nichtarbeit wegen Gewissenskonflikt als personenbedingter Grund

Allerdings ist allgemein anerkannt, dass ein personenbedingter Kündigungsgrund vorliegen kann, wenn ein Arbeitnehmer aus in seiner Person liegenden Gründen auf nicht absehbare Zeit daran gehindert ist, die von ihm geschuldete Arbeitsleistung zu erbringen[93]. Dies gilt trotz des Grundrechts aus Art. 4 Abs. 1 GG auch in den Fällen eines Gewissenskonflikts[94]. Zwar sind bei der Auslegung und Anwendung zivilrechtlicher Bestimmungen die grundrechtlichen Wertentscheidungen zu berücksichtigen, so dass eine Kündigung allein wegen einer Glaubens- oder Gewissensentscheidung des Arbeitnehmers nicht sozial gerechtfertigt wäre. Führt die grundrechtlich geschützte Entscheidung des Arbeitnehmers aber dazu, dass Beschäftigungsmöglichkeiten entfallen, dann ist es dem Arbeitgeber unter Berücksichtigung seiner ebenfalls grundrechtlich geschützten Berufsfreiheit (Art. 12 Abs. 1 GG) nicht mehr zuzumuten, ein Vertragsverhältnis aufrechtzuerhalten, das nicht mehr realisiert werden kann[95].

Negative Zukunftsprognose

Da der Zweck der personenbedingten Kündigung darin besteht, den Arbeitgeber vor künftigen Störungen zu bewahren, reicht es nicht aus, wenn es in der Vergangenheit zu Störungen im Arbeitsverhältnis gekommen ist. Vielmehr bedarf es einer negativen Zukunftsprognose[96], d. h. es muss damit zu rechnen sein, dass es auch in Zukunft zu erheblichen, dem Arbeitgeber nicht zuzumutenden Störungen im Vertragsverhältnis kommt. Im konkreten Fall ist D & P für die kommenden zwei Jahre mit einem Auftrag ausgelastet, an dem F aus Gewissensgründen nicht mitwirken kann. Daher besteht auf nicht absehbare Zeit in der Zukunft keine

---

[93] BAG vom 24.05.1989, AP Nr. 1 zu § 611 BGB Gewissensfreiheit unter B I 1 = NZA 1990, 144 ff.; v. Hoyningen-Huene/Linck, KSchG, § 1 Rn. 216; Hromadka/Maschmann, ArbR 1, § 10 Rn. 176.

[94] BAG vom 20.12.1984, AP Nr. 27 zu § 611 BGB Direktionsrecht unter B III = NZA 1986, 21 ff.; BAG vom 24.05.1989, AP Nr. 1 zu § 611 BGB Gewissensfreiheit unter B I 1, 2 = NZA 1990, 144 ff.; ErfK/Ascheid/Oetker, § 1 KSchG Rn. 260; Hromadka/Maschmann, ArbR 1, § 10 Rn. 176, 186. – Vgl. hierzu auch Gast, BB 1992, 785, 787; Hohn, DB 1990, 1187. – Differenzierend Kohte, NZA 1989, 161, 164 ff.; Wendeling/Schröder, BB 1988, 1742.

[95] Vgl. ErfK/Ascheid/Oetker, § 1 KSchG Rn. 260.

[96] BAG vom 22.09.1994, AP Nr. 25 zu § 1 KSchG 1969 Personenbedingte Kündigung unter II 1 a = NZA 1995, 119 f.; Hromadka/Maschmann, ArbR 1, § 10 Rn. 169.

Beschäftigungsmöglichkeit für F, so dass die negative Zukunftsprognose getroffen werden kann.

Trotz der negativen Zukunftsprognose steht noch nicht die Wirksamkeit der Kündigung fest. Diese ist nämlich nur ultima ratio. Der Arbeitgeber hat daher bei seiner Entscheidung, ob er das Arbeitsverhältnis kündigt, anderweitige Beschäftigungsmöglichkeiten im Betrieb oder Unternehmen zu berücksichtigen[97]. Besteht ein freier Arbeitsplatz, den der Arbeitnehmer einnehmen kann, muss der Arbeitgeber diesen im Wege des Direktionsrechts versetzen oder ggf. eine Änderungskündigung aussprechen[98]. Allerdings gibt der Sachverhalt hier für anderweitige Beschäftigungsmöglichkeiten keine Anhaltspunkte, so dass die Kündigung im konkreten Fall auch ultima ratio ist.

Keine Weiterbeschäftigungsmöglichkeit

Schließlich müssen vor Ausspruch der Kündigung alle Umstände des konkreten Einzelfalls betrachtet und die Interessen des Arbeitgebers an der Beendigung des Arbeitsverhältnisses mit denen des Arbeitnehmers an dessen Fortbestand gegeneinander abgewogen werden. Aber auch diese Interessenabwägung ändert nichts an der sozialen Rechtfertigung der Kündigung, weil es dem Arbeitgeber mangels anderweitiger Anhaltspunkte nicht zuzumuten ist, einen Arbeitnehmer zu behalten, den er auf unabsehbare Zeit nicht einsetzen kann.

Interessenabwägung

dd) Zwischenergebnis

Die Kündigung ist damit sozial gerechtfertigt und rechtswirksam.

Soziale Rechtfertigung

---

[97] BAG vom 29.03.1990, AP Nr. 50 zu § 1 KSchG 1969 Betriebsbedingte Kündigung unter B II 7 b aa = NZA 1991, 181 ff.; KR/Etzel, § 1 KSchG Rn. 217; v. Hoyningen-Huene/Linck, KSchG, § 1 Rn. 178; KDZ/Kittner, KSchR, § 1 KSchG Rn. 365, 366.

[98] BAG vom 10.03.1977, AP Nr. 4 zu § 1 KSchG 1969 Krankheit unter III 2 = NJW 1977, 2132; BAG vom 30.05.1978, AP Nr. 70 zu § 626 BGB unter III 3 = NJW 1979, 332 ff.; BAG vom 27.09.1984, AP Nr. 8 zu § 2 KSchG unter B II 3 c = NZA 1985, 455 ff.; Hromadka/Maschmann, ArbR 1, § 10 Rn. 170; Stahlhacke/Preis/Vossen, Kündigung und Kündigungsschutz, Rn. 918; Wank, RdA 1993, 79, 80 ff.

d) Beendigungszeitpunkt

Kündigungsfrist und -termin

Fraglich ist nur noch, zu welchem Zeitpunkt die Kündigung wirksam geworden ist. Das Arbeitsverhältnis kann nach § 622 Abs. 1 BGB grundsätzlich mit einer Frist von vier Wochen zum 15. oder zum Ende des Kalendermonats gekündigt werden. Weil F erst seit 06.09.2005 bei D & P beschäftigt ist und das Arbeitsverhältnis demzufolge noch keine zwei Jahre bestanden hat, kommt er nicht in den Genuss der verlängerten Kündigungsfristen nach § 622 Abs. 2 BGB. Das am 07.04.2007 zugegangene Telefaxkündigungsschreiben entsprach nicht der gesetzlichen Form des § 623 BGB. Die gesetzliche Form wurde erst durch den Einwurf des Originalkündigungsschreibens am 12.04.2007 gewahrt, das F am 13.04.2007 zugegangen ist[99]. Die Vier-Wochen-Frist ist daher nach § 188 Abs. 2 BGB am 11.05.2007 abgelaufen, so dass die Kündigung zum 15.05.2007 wirksam geworden ist.

3. Ergebnis

Beendigung zum 15.05.2007

Die Kündigungserklärung ist im Laufe des 13.04.2007 zugegangen. Unter Berücksichtigung einer Kündigungsfrist von vier Wochen und eines Kündigungstermins zum 15. oder zum Ende eines Kalendermonats ist das Arbeitsverhältnis zum 15.05.2007 beendet worden.

---

[99] Siehe oben B II 1 b bb, S. 89 ff.

C. Allgemeiner Feststellungsantrag

I. Vorliegen eines Antrags

Zusammen mit der Kündigungsschutzklage gegen die außerordentliche Kündigung vom 09.03.2007 hat F am 15.03.2007 beantragt festzustellen, dass das Arbeitsverhältnis über den 09.03.2007 hinaus fortbesteht. Hierüber müsste das Arbeitsgericht dann entscheiden, wenn es sich um einen neben der Kündigungsschutzklage gestellten, selbstständigen prozessualen Antrag handeln würde. Bedenken könnten deswegen bestehen, weil das BAG in zwei Entscheidungen angenommen hat, dass die Erhebung einer Feststellungsklage neben der Kündigungsschutzklage der Darlegung eines besonderen Feststellungsinteresses bedürfe. Befasse sich die Klagebegründung ausschließlich mit der Unwirksamkeit der angegriffenen Kündigung, dann liege regelmäßig kein gegenüber der Kündigungsschutzklage erweiterter Streitgegenstand, sondern lediglich ein unselbstständiges Fortbestehensbegehren als unselbstständiges Anhängsel ohne eigene prozessrechtliche Bedeutung vor. Der Arbeitnehmer wolle hiermit nur floskelartig die Folgen einer erfolgreichen Kündigungsschutzklage formulieren und den Inhalt des Kündigungsschutzantrages verdeutlichen, indem er darauf hinweist, dass das Arbeitsverhältnis fortbestehe, wenn die Kündigung unwirksam sei. In diesem Falle läge nur der Kündigungsschutzantrag und damit nur ein Streitgegenstand vor[100].

Allgemeiner Feststellungsantrag neben Kündigungsschutzklage

Dieser Auffassung kann nicht gefolgt werden, weil aus der Unwirksamkeit der Kündigung nicht zwingend der Fortbestand des Arbeitsverhältnisses folgt. Dies kann schon vorher beendet worden oder womöglich nie wirksam zustande gekommen sein. Hat das Arbeitsgericht Bedenken an der Zulässigkeit des allgemeinen Feststellungsantrages, so muss es nach § 139 ZPO auf Klarstellung oder Umformulierung des Antrags hinwirken[101]. Auf keinen Fall darf es

Bescheidung auch unzulässiger Anträge

---

[100] BAG vom 27.01.1994, AP Nr. 28 zu § 4 KSchG 1969 unter B II 2 = NZA 1994, 812 ff.; BAG vom 16.03.1994, AP Nr. 29 zu § 4 KSchG 1969 unter III 2, 3 = NZA 1994, 860 ff. = WiB 1994, 780 f. mit Anm. Boemke; Hromadka/Maschmann, ArbR 1, § 10 Rn. 320 ff.; ErfK/Kiel, § 4 KSchG Rn. 79, 86. – Zustimmend Boemke, RdA 1995, 211, 225; Grunsky, EWiR 1994, 903, 904.

[101] BAG vom 21.01.1988, AP Nr. 19 zu § 4 KSchG 1969 unter B II 2 c = NZA 1988, 651 ff.; BAG vom 27.01.1994, AP Nr. 28 zu § 4 KSchG 1969 unter B II 2 b (1) = NZA 1994, 812 ff.;

einen Antrag allein deswegen ignorieren, weil dieser für unzulässig gehalten wird. Der Antrag kann zwar mangels Feststellungsinteresses unzulässig sein; er muss aber trotzdem beschieden werden. Deswegen ist die Auffassung der Rechtsprechung, welche den Antrag als nicht gestellt ansieht und damit in unzulässiger Weise die Antragstellung mit der Zulässigkeit desselben vermischt, abzulehnen. Auch wenn F kein besonderes Feststellungsinteresse dargelegt hat, liegt damit ein selbstständiger allgemeiner Feststellungsantrag vor[102].

II. Feststellungsinteresse

Bestehendes Feststellungsinteresse

Allerdings bedarf der Feststellungsantrag nach § 256 Abs. 1 ZPO eines besonderen Feststellungsinteresses. Dieses besteht, soweit es um den Fortbestand des Arbeitsverhältnisses geht, grundsätzlich dann, wenn eine der Parteien den Fortbestand des Arbeitsverhältnisses in Zweifel zieht[103]. Hier hat der Arbeitgeber durch den Ausspruch der außerordentlichen Kündigung Rechtsunsicherheit heraufbeschworen, die aber durch die Entscheidung über die Kündigungsschutzklage beseitigt wird, so dass hinsichtlich dieses behaupteten Beendigungstatbestandes kein Feststellungsinteresse des F besteht.

Kein Feststellungsinteresse neben Kündigungsschutzklage

Allerdings hat D & P mit der am 13.04.2007 zugegangenen Kündigung sich eines weiteren Beendigungstatbestands berühmt, so dass hierdurch zunächst das Feststellungsinteresse begründet wurde. Diese Kündigung hat F aber in der mündlichen Verhandlung vom 18.05.2007 zulässig mit der Kündigungsschutzklage angegriffen, wodurch nachträglich das Feststellungsinteresse wieder entfallen ist[104].

Boemke, Anm. zu BAG vom 16.03.1994, WiB 1994, 780, 781; v. Hoyningen-Huene/Linck, KSchG, § 4 Rn. 76; ErfK/Kiel, § 4 KSchG Rn. 79, 89.

[102] Boemke, ArbR, § 13 Rn. 160 ff.; ders., RdA 1995, 211, 225; ders., Anm. zu BAG vom 16.03.1994, WiB 1994, 780, 781; v. Hoyningen-Huene/Linck, KSchG, § 4 Rn. 76.

[103] BAG vom 07.12.1995, AP Nr. 33 zu § 4 KSchG 1969 unter III 2 = NZA 1996, 334 ff.; Boemke, ArbR, § 13 Rn. 163; Hromadka/Maschmann, ArbR 1, § 10 Rn. 319; Stahlhacke/Preis/Vossen, Kündigung und Kündigungsschutz, Rn. 1891.

[104] BAG vom 16.08.1990, AP Nr. 20 zu § 611 BGB Treuepflicht unter II 2 = NZA 1991, 141 ff.; Boemke, ArbR, § 13 Rn. 162; ders., RdA 1995, 211, 224 f. – Vgl. auch oben B II 1 a, S. 87 f.

III. Ergebnis

Der allgemeine Feststellungsantrag vom 15.03.2007 ist daher unzulässig.

Klausur Nr. 4

Ärger am Bau

Sachverhalt

Peter Prol war seit dem 01.09.2005 im Baubetrieb von Bertram Baumann neben zwölf weiteren Arbeitnehmern als Meister angestellt. Sein Arbeitsverhältnis war zunächst auf ein halbes Jahr, also bis zum 28.02.2006, formgerecht befristet gewesen, weil Baumann die künftige Entwicklung in der Baubranche nicht ausreichend abschätzen konnte. Am 01.03.2006 vereinbarten beide schriftlich die „Verlängerung" des Arbeitsverhältnisses bis zum 31.07.2006. Die Gründe für die Befristung blieben gleich. Nach einer einmonatigen Unterbrechung kam Baumann erneut auf Prol zu und schloss mit ihm Ende August 2006 schriftlich einen weiteren befristeten Arbeitsvertrag für den Zeitraum ab dem 01.09.2006 bis zum 28.02.2007. Grund für die Befristung war diesmal ein außerordentlich arbeitsintensiver, befristeter Projektauftrag, der bis Ende März 2007 verwirklicht werden musste. Nach dem Kenntnisstand Ende August konnte dieser Auftrag einerseits nicht mit dem bestehenden Personalbestand bewältigt werden, andererseits musste davon ausgegangen werden, dass nach Abschluss des Projekts eine Anschlussbeschäftigung nicht möglich war.

Mitte Dezember 2006 fragte Baumann bei Prol an, ob dieser sich über den 28.02.2007 hinaus eine Weiterbeschäftigung im Rahmen eines unbefristeten Arbeitsverhältnisses vorstellen könne. Baumann tat dies, weil sich der ursprünglich nur befristete personalintensive Großauftrag inzwischen unerwartet zu einem Dauerprojekt gewandelt hatte. Prol erklärte, dies komme ihm sehr entgegen; er wies Baumann in diesem Zusammenhang allerdings darauf hin, dass er ab dem 02.04.2007 seinen neunmonatigen Grundwehrdienst antreten müsse. Als Prol am 01.03.2007 zur Arbeit erschien, erklärte ihm Baumann, dass das Arbeitsverhältnis zum 28.02.2007 ausgelaufen sei und er deswegen nicht weiterbeschäftigt werden könne. Prol erfuhr von einem Kollegen, dass alle anderen Beschäftigten, deren Arbeitsverhältnisse ebenfalls für den Zeitraum des Großauftrags befristet worden waren, in ein unbefristetes Arbeitsverhältnis übernommen worden seien. Auf seine am gleichen Tag eingereichte Klage stellte das ArbG mit Urteil vom 30.03.2007 fest, dass das Arbeitsverhältnis nicht auf Grund der Befristung bis zum 28.02.2007 beendet wurde; zugleich wurde Baumann zur vorläufigen Weiterbeschäftigung ab dem 31.03.2007 verurteilt und die Berufung zugelassen. Baumann legte nur gegen das Feststellungsurteil Rechtsmittel ein, beschäftigte Prol aber nicht weiter.

Schwierigkeiten gab es auch mit Baggerführerin Grit Greifer, die seit Anfang 2005 in einem unbefristeten Arbeitsverhältnis beschäftigt wurde. Greifer war in der Vergangenheit wiederholt zu spät zur Arbeit erschienen. Daher hatte sie der dazu von Baumann beauftragte, nicht kündigungsberechtigte Vorarbeiter Alfons Abmann Anfang Januar 2007 abgemahnt. Nachdem Greifer aber weiterhin sehr unpünktlich den Dienst antrat und teilweise bis zu sechzig Minuten ohne Angabe triftiger Gründe zu spät zur Arbeit erschien, kündigte ihr Baumann form- und fristgerecht zum 28.02.2007 das Arbeitsverhältnis auf.

1. Wie wird das LAG auf die Berufung von Baumann entscheiden?

2. Für den Fall, dass das Arbeitsverhältnis wirksam beendet worden ist, verlangt Prol von Baumann mit einem am 30.04.2007 zugegangenen Schreiben
   a) für die Zeit vom 31.03.2007 bis zur Entscheidung des LAG Entgelt oder zumindest Ersatzansprüche
   b) sowie eine Entschädigung.

   Er ist der Auffassung, Baumann habe ihn nur wegen seines bevorstehenden Wehrdiensts nicht in ein unbefristetes Arbeitsverhältnis übernommen.

   Prol möchte am 15.05.2007 von Ihnen wissen, ob die Ansprüche bestehen würden und ob er bei der Geltendmachung der Ansprüche Fristen zu beachten habe.

3. Greifer erhebt form- und fristgerecht Kündigungsschutzklage. Mit Erfolg?

Vorüberlegungen

I. Nach § 14 Abs. 1 TzBfG i. V. m. § 620 Abs. 3 BGB bedarf die Befristung eines Arbeitsverhältnisses grds. eines sachlichen Grunds. Damit soll Arbeitgebern der Anreiz genommen werden, durch eine wiederholte Befristung von Arbeitsverhältnissen abweichend von § 1 Abs. 1 KSchG die Rechtsbeziehung auch ohne sachliche Rechtfertigung beenden zu können. Eine sachgrundlose Befristung ist nach § 14 Abs. 2 TzBfG nur in beschränktem Umfang zulässig und setzt voraus, dass keine Vorbeschäftigung gegeben war. Wegen der Vorbeschäftigung von September 2005 bis Juli 2006 hing die Wirksamkeit der Befristung von September 2006 bis Februar 2007 daher im konkreten Fall davon ab, ob für die Beschäftigung ab September 2006 ein Sachgrund gegeben war. Soweit die Voraussetzungen vorlagen, stellen sich im konkreten Fall zwei Anschlussfragen: Wandelt sich erstens das befristete Arbeitsverhältnis in ein unbefristetes um, wenn der Sachgrund im Laufe des bestehenden Arbeitsverhältnisses entfällt. Kann zweitens der Arbeitnehmer eine Übernahme in ein unbefristetes Arbeitsverhältnis verlangen, wenn der Arbeitgeber nach Ablauf der Befristung aus diskriminierenden Gründen i. S. v. § 1 AGG die Übernahme in ein unbefristetes Arbeitsverhältnis verweigert.

II. Im zweiten Teil geht es zunächst um Lohnansprüche für den Zeitraum zwischen dem Auslaufen der Befristung bis zur rechtskräftigen Abweisung der „Entfristungsklage" von P. Solche Ansprüche können nicht mehr auf das ursprüngliche Arbeitsverhältnis gestützt werden, weil dieses nach der Aufgabenstellung wirksam beendet worden ist. Auch der sog. allgemeine Weiterbeschäftigungsanspruch hilft als Grundlage für einen Lohnanspruch nicht weiter. Das Weiterbeschäftigungsurteil kann keine Vergütungsansprüche begründen. Mit der Aufstellung der Voraussetzungen für den Weiterbeschäftigungsanspruch wollte das BAG nämlich keinen eigenständigen Rechtsgrund schaffen. Es sollten nur die Voraussetzungen konkretisiert werden, unter denen der Beschäftigungsanspruch aus dem, mangels wirksamer Kündigung, noch bestehenden Arbeitsverhältnis durch einstweilige Verfügung durchsetzbar ist. Wird die Wirksamkeit der Kündigung und damit die Beendigung des Arbeitsverhältnisses festgestellt, ist das fehlerhafte

Rechtsverhältnis auf allgemeiner Grundlage (§§ 812 ff. BGB) abzuwickeln. Fraglich kann allein sein, ob sich der Anspruch auf die §§ 280 Abs. 1, 3 und 283 BGB stützen lässt, weil B durch Zeitablauf die Realisierung des Anspruchs aus dem rechtskräftigen Weiterbeschäftigungsurteil unmöglich geworden ist. Hiergegen spricht aber letztlich, dass damit die Voraussetzungen des Annahmeverzugs umgangen würden.

Für die geltend gemachten Schadensersatz- und Entschädigungsansprüche kommen § 15 Abs. 1 und 2 AGG als Anspruchsgrundlagen in Betracht; diese haben im Bereich geschlechtsspezifischer Diskriminierungen § 611a BGB abgelöst. Diese Ansprüche kommen, was gelegentlich noch übersehen wird, auch männlichen Arbeitnehmern zugute. Im vorliegenden Zusammenhang ist unschwer zu erkennen, dass entsprechend der Benachteiligung wegen Schwangerschaft (vgl. § 3 Abs. 1 Satz 2 AGG) die Nichtbegründung eines Arbeitsverhältnisses wegen des bevorstehenden Grundwehrdiensts eine Benachteiligung wegen des Geschlechts ist; nur Männer sind nämlich zum Wehrdienst verpflichtet. Schwierigkeiten kann allerdings im Einzelfall der Nachweis bereiten, dass die benachteiligende Maßnahme wegen des Geschlechts getroffen wurde. Hier greift aber zugunsten des Arbeitnehmers die Beweiserleichterung nach § 22 AGG ein; kann der Arbeitnehmer Indizien beweisen, die eine Diskriminierung aus unzulässigen Gründen überwiegend wahrscheinlich erscheinen lassen, tritt eine Beweislastumkehr ein.

III. Hinter der Feststellung der Wirksamkeit der Kündigung bei Frage 3 verstecken sich Probleme der Abmahnung. Diese ist bei verhaltensbedingten Kündigungen regelmäßig Voraussetzung für die Wirksamkeit der Kündigung. Hinreichend bekannt dürfte sein, dass auf sie als geschäftsähnliche Handlung die Vorschriften über Willenserklärungen entsprechend anzuwenden sind. Mit der Abmahnung werden verschiedene Zielsetzungen verfolgt. Vordergründig soll dem Arbeitnehmer die Pflichtwidrigkeit seines Verhaltens vor Augen geführt (Hinweisfunktion) und er zu pflichtgemäßem Verhalten aufgefordert werden (Ermahnungsfunktion). Der Arbeitgeber verdeutlicht damit, dass er in Zukunft nicht mehr bereit ist, ein bestimmtes Verhalten hinzunehmen (Warnfunktion) und der Arbeitnehmer im Wiederholungsfalle mit arbeitsrechtlichen Konsequenzen rechnen muss (Androhungsfunktion). Zudem wird mit der Abmahnung das Geschehen in der Personalakte festgehalten (Dokumentationsfunktion).

Weniger bekannt dürfte allerdings sein, wer berechtigt ist, eine Abmahnung auszusprechen. Umstritten ist, ob auch solche Personen zur Abmahnung befugt sind, die nicht kündigungsberechtigt sind. Die Lösung erschließt sich ohne weiteres, wenn man die Rechtsnatur der Abmahnung als geschäftsähnliche Handlung berücksichtigt. Es können daher die Grundsätze zur Stellvertretung bei einseitigen Rechtsgeschäften Anwendung finden, wobei den §§ 174, 180 BGB besondere Bedeutung zukommt.

Lösung

A. Erfolgsaussichten der Berufung des Baumann

Die Berufung von Baumann kann nur Erfolg haben, wenn der Rechtsweg zu den Arbeitsgerichten gegeben und die Berufung zulässig sowie begründet ist.

I. Zulässigkeit der Berufung

Zulässigkeit

Die Berufung ist zulässig, wenn alle Voraussetzungen für eine Sachentscheidung gegeben sind.

1. Rechtsweg

Rechtsweg zum ArbG

Der Rechtsweg zum LAG ist gemäß § 64 Abs. 1 ArbGG eröffnet, weil ein Urteil des ArbG angegriffen wird.

2. Statthaftigkeit

Berufung statthaft

Gegen das berufungsfähige Endurteil des Arbeitsgerichtes ist die Berufung statthaft (§ 64 Abs. 1 ArbGG). Eine Zulassung ist nicht erforderlich, weil es um eine Bestandsstreitigkeit geht (§ 64 Abs. 2 lit. c) ArbGG).

3. Form und Frist

Form und Frist der Berufung

Auf Grund fehlender Angaben im Sachverhalt kann davon ausgegangen werden, dass nach § 64 Abs. 6 ArbGG i.V.m. § 519 Abs. 1 ZPO die Berufungsschrift beim LAG eingereicht wurde und diese gemäß §§ 11 Abs. 2, 64 Abs. 6 ArbGG i.V.m. §§ 519 Abs. 4, 130 Nr. 6 ZPO von einem postulationsfähigen Verbandsvertreter oder Anwalt unterzeichnet war. Es ist auch anzunehmen, dass die Berufung gemäß §§ 64 Abs. 6 ArbGG, 520 ZPO ordnungsgemäß begründet und die einmonatige Berufungs- sowie die einmonatige Berufungsbegründungsfrist nach § 66 Abs. 1 Satz 1 ArbGG gewahrt wurde.

4. Zwischenergebnis

Berufung zulässig

Folglich liegen die Sachentscheidungsvoraussetzungen vor. Damit ist die Berufung zulässig.

II. Begründetheit der Berufung

Die Berufung ist begründet, wenn das Urteil des Arbeitsgerichts rechtsfehlerhaft ist. Das wäre dann der Fall, wenn die Klage vor dem Arbeitsgericht bereits unzulässig war oder wenn die zulässige Klage unbegründet war, das Arbeitsverhältnis also durch wirksame Befristung zum 28.02.2007 beendet worden wäre.

Voraussetzungen der Begründetheit

1. Zulässigkeit der Klage vor dem Arbeitsgericht

Zunächst ist wieder zu prüfen, ob die Voraussetzungen für eine Sachentscheidung vorlagen.

Zulässige Klage

a) Rechtsweg, Klageart, Feststellungsinteresse

Im Berufungsverfahren wird die Zulässigkeit des beschrittenen Rechtswegs nicht mehr überprüft (§ 65 ArbGG)[1]. Gemäß § 17 TzBfG war die Entfristungsklage als besondere Feststellungsklage die statthafte Klageart. Das erforderliche Feststellungsinteresse ergibt sich bereits daraus, dass die Klageerhebung notwendig ist, um die Heilung der rechtsunwirksamen Befristung nach §§ 7 KSchG analog, 17 Satz 2 TzBfG zu verhindern.

Nicht: Rechtsweg

b) Klagefrist

Möglicherweise hatte Prol bei Einreichung seiner Klage eine Klagefrist zu beachten. Die hierfür maßgebliche Vorschrift ist § 17 TzBfG. Im Zusammenhang mit § 4 KSchG, welcher dem § 17 TzBfG ähnelt, ist umstritten, ob es sich bei der Einhaltung der Klagefrist um eine Zulässigkeitsvoraussetzung handelt. Die herrschende Meinung lehnt dies ab und misst der Frist lediglich materiell-rechtliche Bedeutung zu[2]. Die Klage wäre bei Fristversäumung dann nicht unzu-

Klagefrist bei Entfristungsklage

---

[1] Früher war umstritten, ob es sich bei dem Verhältnis der Arbeitsgerichtsbarkeit zur ordentlichen Gerichtsbarkeit nur um eine Frage der sachlichen Zuständigkeit oder des Rechtswegs handelt. Durch die Änderung des § 48 ArbGG und der dortigen Bezugnahme auf §§ 17a ff. GVG ist nach nun fast einhelliger Meinung die Frage in letzterem Sinne entschieden. Vgl. BAG vom 26.03.1992, AP Nr. 7 zu § 48 ArbGG 1979 unter II 1 a = NZA 1992, 954; BAG vom 28.04.1992, AP Nr. 11 zu § 50 BetrVG 1972 unter B I 1; Germelmann/Matthes/Prütting/Müller-Glöge, ArbGG, § 1 Rn. 5 f.

[2] BAG vom 20.09.1955, AP Nr. 7 zu § 3 KSchG 1951 mit zust. Anm. Bötticher; BAG vom 28.04.1983, NJW 1984, 255; BAG vom 26.06.1986, AP Nr. 14 zu § 4 KSchG 1969 unter B II 3 b

lässig, sondern unbegründet. Nach anderer Ansicht hat die Klagefrist auch formell-rechtliche Bedeutung. Der Kündigungsschutzklage soll bei Versäumung der Drei-Wochen-Frist das Rechtsschutzbedürfnis fehlen, so dass die Klage bei Fristversäumung durch Prozessurteil als unzulässig abzuweisen sei[3]. Der Antrag des ProI richtet sich vorliegend ausschließlich auf die Feststellung der Unwirksamkeit der letzten Befristung bis zum 28.02.2007. Die ursprünglichen Befristungen aus dem Jahre 2006 greift er mit seinem Feststellungsantrag nicht an. Hinsichtlich der letzten Befristung ist die Klagefrist nach dem Sachverhalt gewahrt und ein Streitentscheid daher entbehrlich.

c) Zwischenergebnis

Klage zulässig

Die Klage war somit zulässig.

2. Begründetheit der Klage vor dem Arbeitsgericht

Begründetsheitsvoraussetzungen

Die Klage von ProI vor dem Arbeitsgericht wäre begründet, wenn das Arbeitsverhältnis über den 28.02.2007 hinaus fortbestünde, weil die vereinbarte Befristung rechtsunwirksam war.

a) Begründung eines Arbeitsverhältnisses

Wirksamer Arbeitsvertrag

Zwischen Baumann und ProI wurde ein Arbeitsverhältnis gemäß § 611 BGB wirksam begründet. Die möglicherweise unwirksame Befristung berührt die Wirksamkeit des Vertrags im Übrigen nicht[4].

b) Kein Abschluss eines unbefristeten Arbeitsvertrags im Dezember 2006

Zustandekommen des Arbeitsvertrags

Durch das Gespräch zwischen Baumann und ProI Anfang Dezember 2006 könnte ein unbefristeter Arbeitsvertrag geschlossen worden sein. Voraussetzung hierfür wären zwei entsprechende Willenserklärungen, also zwei auf die Begründung eines unbefristeten Arbeitsverhältnisses gerichte-

---

= NZA 1986, 761; KR/Friedrich, § 4 KSchG Rn. 217; v. Hoyningen-Huene/Linck, KSchG, § 4 Rn. 83; Löwisch/Spinner, KSchG, § 4 Rn. 90; Vollkommer, AcP 161(1962), 332, 351; Wilhelm, NZA 1988, Beil. 3, S. 18 f.

[3] Ausführlich Boemke, RdA 1995, 211, 216. - Ebenso Nikisch, ArbR I, § 51 VII 2, S. 779.

[4] Vgl. Hromadka/Maschmann, ArbR 1, § 4 Rn. 16; Palandt/Weidenkaff, BGB, § 620 Rn. 14.

te Erklärungen. Maßgeblich ist insoweit, wie ein neutraler Dritter die Erklärungen nach Treu und Glauben unter Berücksichtigung der Verkehrssitte verstehen durfte.

Laut Sachverhalt hat Baumann bei Prol angefragt, ob er sich eine Weiterbeschäftigung im Rahmen eines unbefristeten Arbeitsverhältnisses vorstellen könne. Insoweit unterbreitet Baumann kein Angebot von seiner Seite, sondern versucht für seine Personalplanung abzuklären, ob auf Seiten des Arbeitnehmers über den geplanten Beendigungszeitpunkt hinaus die Bereitschaft und die Möglichkeit einer Weiterbeschäftigung bestehen. Daher fehlt es schon bei der Erklärung von Baumann an einem nach außen tretenden Rechtsbindungswillen. Auch bei der Erklärung von Prol kann kein Rechtsbindungswille ermittelt werden, weil er lediglich erklärte, dass ihm ein unbefristetes Arbeitsverhältnis sehr entgegenkäme. Damit äußerte er nur ein entsprechendes Interesse, nicht aber, dass er sich fest binden wolle. Ein Arbeitsvertrag über ein unbefristetes Arbeitsverhältnis wurde somit Anfang Dezember 2006 nicht geschlossen.

Bereitschaft und Möglichkeit einer Weiterbeschäftigung

c) Wirksamkeit der ersten beiden Befristungen

Ein unbefristetes Arbeitsverhältnis könnte jedoch gemäß § 16 Satz 1 Hs. 1 TzBfG bestehen, wenn die am 01.09.2005 vereinbarte Befristung des Arbeitsverhältnisses bzw. die am 01.03.2006 vereinbarte Verlängerung der Befristung unwirksam gewesen wäre. Ob dies der Fall gewesen ist, kann letztlich dahinstehen. Prol hatte die Unwirksamkeit dieser Befristungen nicht innerhalb der Klagefrist des § 17 Satz 1 TzBfG angegriffen, so dass gemäß § 7 KSchG analog i. V. m. § 17 Satz 2 TzBfG die Rechtwirksamkeit dieser Befristungen unwiderleglich vermutet wird[5]. Etwas anderes gilt nach der Rspr. des BAG nur dann, wenn die Parteien die Befristung des Arbeitsverhältnisses unter den Vorbehalt stellen, dass zwischen ihnen nicht bereits ein unbefristetes Arbeitsverhältnis besteht. In diesem Fall kann auch die Befristung des vorangegangenen Vertrags auf ihre Rechts-

Kontrolle der letzten Befristung

---

[5] APS/Backhaus, § 17 TzBfG Rn. 65; KR/Bader, § 17 TzBfG Rn. 52 ff. – So schon BAG vom 22.03.2000, NZA 2000, 885, 886 f., sowie BAG vom 28.06.2000, NZA 2000, 1110, 1111, jeweils zur Vorgängerregelung in § 1 Abs. 5 BeschFG 1996.

wirksamkeit hin geprüft werden[6]. Für einen solchen Vorbehalt gibt der Sachverhalt jedoch keine Anhaltspunkte her.

d) Wirksamkeit der letzten Befristung vom 01.09.2006 bis 28.02.2007

Schriftform

Entscheidend kommt es also darauf an, ob die letzte Befristung für die Zeit vom 01.09.2006 bis 28.02.2007 wirksam vereinbart war. Die Schriftform nach § 14 Abs. 4 TzBfG wurde beachtet.

aa) Erfordernis eines sachlichen Grunds für die Befristung des Arbeitsvertrags

Sachgrundbefristung

Nach § 14 Abs. 1 TzBfG bedürfen Befristungen eines Arbeitsverhältnisses eines sachlichen Grunds, soweit sie nicht anderweitig gesetzlich ausdrücklich zugelassen sind – wofür hier keine Anhaltspunkte gegeben sind – oder die Voraussetzungen eines sachgrundlosen Befristung nach § 14 Abs. 2 TzBfG vorliegen. Vorliegend bewegte sich der vereinbarte Befristungszeitraum vom 01.09.2006 bis 28.02.2007 im zulässigen Rahmen des Satzes 1, jedoch war ProI im Betrieb von Baumann im Vorfeld schon einmal beschäftigt, nämlich vom 01.09.2005 bis 31.07.2006. Eine sachgrundlose Befristung scheitert damit am Anschlussverbot des § 14 Abs. 2 Satz 2 TzBfG.

Anschlussverbot

Zum Teil wird in der Literatur gefordert, vom Anschlussverbot solche Beschäftigungsverhältnisse auszunehmen, die besonders lange Zeit zurückliegen[7]. Ob dieser Auffassung entgegen dem eindeutigen Gesetzeswortlaut gefolgt werden kann, bedarf vorliegend keiner Entscheidung[8]. Das letzte befristete Arbeitsverhältnis lag nur einen Monat zurück, so dass selbst die teilweise geforderte Einschränkung von § 14 Abs. 2 Satz 2 TzBfG nicht einschlägig wäre.

Keine Verlängerung

Mit der Vereinbarung vom August 2006 wurde auch nicht das zum 31.07.2006 ausgelaufene befristete Arbeitsverhältnis i. S. v. § 14 Abs. 2 Satz 1 Hs. 2 TzBfG verlängert. Eine Verlängerung i. S. d. Bestimmung setzt voraus, dass sich das verlängerte befristete Arbeitsverhältnis unmittelbar, also ohne zeitliche Unterbrechung, an das vorherge-

---

[6] BAG vom 04.06.2003, NZA-RR 2003, 621, 623 f.; BAG vom 10.03.2004, NZA 2004, 925, 926; BAG vom 13.10.2004, NZA 2005, 401, 403 f.; ErfK/Müller-Glöge, § 17 TzBfG Rn. 7.
[7] Osnabrügge, NZA 2003, 639, 643; Löwisch, BB 2001, 254.
[8] Zum Problem ausführlich Fall 8, unter A I 2 c bb (3.2.2.), S. 237.

hende anschließt[9]. Jede – auch noch so kurze – Unterbrechung ist schädlich. Da hier zwischen beiden Arbeitsverhältnissen ein Zeitraum von einem Monat liegt, ist eine Verlängerung i. S. v. § 14 Abs. 2 Satz 1 Hs. 2 TzBfG nicht gegeben.

Eine sachgrundlose Befristung nach § 14 Abs. 2 TzBfG war damit nicht mehr möglich.

bb) Vorliegen eines Sachgrunds

Die Befristung wäre daher nur wirksam, wenn ein sachlicher Grund i. S. v. § 14 Abs. 1 Satz 1 TzBfG vorgelegen hätte. In Betracht kommt hier ein vorübergehender zusätzlicher Bedarf an der Arbeitsleistung i. S. v. § 14 Abs. 1 Satz 2 Nr. 1 TzBfG wegen des ursprünglich zeitlich begrenzten Großauftrags. Insofern ist insbesondere anerkannt, dass ein projektbedingt erhöhter Personalbedarf die Befristung des Arbeitsverhältnisses eines projektbezogen beschäftigten Arbeitnehmers rechtfertigen kann. Dies setzt, wie jede Befristung wegen eines vorübergehenden Mehrbedarfs an Arbeitskräften, voraus, dass im Zeitpunkt des Vertragsschlusses mit hinreichender Sicherheit zu erwarten ist, dass für die Beschäftigung des Arbeitnehmers über das vereinbarte Vertragsende hinaus kein Bedarf besteht[10]. Laut Sachverhalt konnte zum Zeitpunkt der Befristungsvereinbarung davon ausgegangen werden, dass mit Projektabschluss der Beschäftigungsbedarf entfiel. Daher bestand zum Zeitpunkt des Vertragsschlusses gemäß § 14 Abs. 1 Satz 2 Nr. 1 TzBfG ein Sachgrund für die Befristung.

Zusätzlicher Mehrbedarf

Die Befristung könnte jedoch nachträglich unwirksam geworden sein, weil der befristete Projektauftrag nachträglich zu einem Dauerauftrag ausgeweitet wurde. Hiergegen spricht jedoch, dass für die Beurteilung der Wirksamkeit eines Rechtsgeschäfts der Zeitpunkt maßgeblich ist, in dem dieses vereinbart wurde. Für die Beurteilung, ob ein Sachgrund die Befristung rechtfertigt, ist daher allein der Zeitpunkt der Befristungsvereinbarung maßgeblich[11]. Würde

Unbeachtlichkeit späterer Entwicklungen

---

[9] APS/Backhaus, § 14 TzBfG Rn. 371; KR/Lipke, § 14 TzBfG Rn. 286.

[10] BAG vom 07.04.2004, AP Nr. 4 zu § 17 TzBfG unter II 2 a aa; BAG vom 25.08.2004, NZA 2005, 357, 358; BAG vom 15.02.2006, ZTR 2006, 509 ff.; KR/Lipke, § 14 TzBfG Rn. 67, 73.

[11] BAG vom 10.06.1992, EzA § 620 BGB, Nr. 116; BAG vom 04.06.2003, NZA-RR 2003, 621, 622 f.; APS/Backhaus, § 14

man auf einen späteren Zeitpunkt abstellen, so führte dies zu erheblicher Rechtsunsicherheit bei den Beteiligten über die Wirksamkeit der Befristungsabrede[12]. Dass der Großauftrag verlängert werden würde, war für Baumann anfänglich nicht abzusehen. Das ursprünglich angenommene Ende des Großauftrages fällt auch nicht unter das bloße konjunkturelle Risiko, so dass ein ausreichender Sachgrund für die Befristung des Beschäftigungsverhältnisses vorlag und die Befristungsabrede damit wirksam ist.

e) Unbefristetes Arbeitsverhältnis auf Grund geschlechtsspezifischer Diskriminierung

aa) Benachteiligung wegen des Geschlechts

Anknüpfung an Wehrdienst

Ein unbefristetes Arbeitsverhältnis könnte jedoch begründet worden sein, wenn die Nichtübernahme von Prol in ein unbefristetes Arbeitsverhältnis auf einer unzulässigen geschlechtsspezifschen Diskriminierung beruhen würde und diese Diskriminierung die unbefristete Fortsetzung des Arbeitsverhältnisses zur Folge hätte. Nach § 7 Abs. 1 i. V. m. § 1 AGG ist die Benachteiligung wegen des Geschlechts unzulässig. Eine unmittelbare Diskriminierung wegen des Geschlechts liegt vor, wenn ein Arbeitnehmer deswegen schlechtergestellt wird, weil er ein Mann ist; dies gilt, wie § 3 Abs. 1 Satz 2 AGG zeigt, auch dann, wenn als Anknüpfungspunkt für die benachteiligende Maßnahme Umstände gewählt werden, die nur Männer treffen können. Insoweit stellt die Schlechterstellung wegen des Wehrdienstes eine geschlechtsspezifische Diskriminierung dar[13].

bb) Kausalität zwischen Geschlecht und Benachteiligung

Beweiserleichterung gemäß § 22 AGG

Dem Sachverhalt lässt sich allerdings nicht zwingend entnehmen, dass Baumann das Arbeitsverhältnis mit Prol deswegen nicht als unbefristetes fortgeführt hat, weil dieser zum Grundwehrdienst eingezogen wurde. Insofern steht nach dem Sachverhalt nicht fest, dass der Wehrdienst kau-

---

TzBfG Rn. 12, § 15 TzBfG Rn. 97 ff.; ErfK/Müller-Glöge § 14 TzBfG Rn. 21.

[12] BAG vom 24.10.2001 AP BGB § 620 Befristeter Arbeitsvertrag Nr. 229; ErfK/Müller-Glöge § 14 TzBfG Rn. 21.

[13] Inzwischen ganz überwiegende Auffassung. – Vgl. nur Boemke/Danko, AGG, § 13 Rn. 13; Kutsch, BB 1991, 2149, 2152; Staudinger/Annuß, BGB (2005), § 611a Rn. 48; Wißmann, DB 1991, 650, 651. – A. A. Schrader, DB 2006, 2571, 2573.

sal für die Nichtübernahme in ein unbefristetes Arbeitsverhältnis war. Für den Nachweis der Kausalität zwischen Benachteiligung und Diskriminierungsmerkmal i. S. v. § 1 AGG ist allerdings kein Vollbeweis erforderlich. Vielmehr reicht es nach § 22 AGG aus, wenn Indizien vorliegen, die eine Benachteiligung wegen eines in § 1 AGG genannten Grunds vermuten lassen. Der Beschäftigte muss also Vermutungstatsachen vortragen, aus denen sich schließen lässt, dass die Ungleichbehandlung auf einem Merkmal beruht, das von § 1 AGG erfasst wird. Es muss also nur überwiegend wahrscheinlich sein, dass das Geschlecht kausal für die Benachteiligung war[14].

Hier lassen sich drei Sachverhaltsumstände nennen, die zusammen genommen mit hinreichender Wahrscheinlichkeit darauf hindeuten, dass eine Diskriminierung wegen des Geschlechts vorliegt. Erstens bestand der Beschäftigungsbedarf entgegen den ursprünglichen Planungen über das Befristungsende hinaus fort, weil sich der vorübergehende Projektauftrag in einen Dauerauftrag umgewandelt hatte. Zweitens hatte Baumann Mitte Dezember 2006 Prol auf eine Fortsetzung des Arbeitsverhältnisse über den Endtermin der Befristung hinaus angesprochen; dies zeigt, dass er mit seinen Leistungen zufrieden und an einer Fortsetzung der Rechtsbeziehung interessiert war. Drittens wurden alle anderen für den Projektauftrag befristet eingestellten Mitarbeiter in ein unbefristetes Arbeitsverhältnis übernommen. Daher spricht eine überwiegende Wahrscheinlichkeit dafür, dass auch Prol in ein unbefristetes Arbeitsverhältnis übernommen worden wäre, wenn er nicht seinen Grundwehrdienst hätte leisten müssen.

Indizien für geschlechtsspezifische Benachteiligung

Ist eine Beweislastumkehr im Sinne des § 22 AGG eingetreten, muss der Arbeitgeber durch Beweismittel darlegen, dass nicht gegen die Bestimmungen zum Schutz vor Benachteiligung verstoßen wurde. Hier lassen sich aber dem Sachverhalt keine Anhaltspunkte dafür entnehmen, dass Baumann aus anderen Gründen als dem anstehenden Grundwehrdienst Prol von der Umwandlung des befristeten in ein unbefristetes Arbeitsverhältnis ausgenommen hat.

Kein Gegenbeweis durch Arbeitgeber

---

[14] BVerfG vom 16.11.1993, NZA 1994, 745, 746; BAG vom 05.02.2004, NZA 2004, 540, 543; ErfK/Schlachter, § 611a BGB Rn. 26. – Ausführlich Boemke/Danko, AGG, § 10 Rn. 9 ff.

cc) Unbefristetes Arbeitsverhältnis als Rechtsfolge?

Kein Anspruch auf Begründung eines Arbeitsverhältnisses

Ein unbefristetes Arbeitsverhältnis bestünde jedoch nur dann, wenn Rechtsfolge der Nichtverängerung eines befristeten Arbeitsverhältnisses aus geschlechtsspezifischen Gründen das Zustandekommen eines unbefristeten Arbeitsverhältnisses wäre, Eine solche Rechtsfolge ergibt sich nicht unmittelbar aus § 7 Abs. 2 AGG. Danach sind Bestimmungen in Vereinbarungen, die gegen das Benachteiligungsverbot aus § 7 Abs. 1 AGG verstoßen, unwirksam. Hier geht es aber nicht um diskriminierende Bestimmungen in einem Vertrag, sondern gerade die Nichtvornahme eines Vertragsschlusses. Zentraler Vorwurf ist also nicht die Beendigung des Arbeitsverhältnisses auf Grund der Befristung[15], sondern die Nichterneuerung des Arbeitsverhältnisses aus geschlechtsspezifischen Gründen[16]. Der Arbeitnehmer, dessen befristetes Arbeitsverhältnis aus geschlechtsspezifischen Gründen verlängert wird, steht also nicht anders dar als ein Arbeitnehmer, der im Bewerbungsverfahren aus geschlechtsspezifischen Gründen nicht berücksichtigt wird. Ein Bewerber, der aus in § 1 AGG genannten Gründen nicht eingestellt wird, hat aber gemäß § 15 Abs. 6 AGG keinen Anspruch auf Begründung eines Arbeitsverhältnisses. Stattdessen wird der abgelehnte Bewerber auf Sekundäransprüche nach § 15 Abs. 1 und 2 AGG verwiesen. Nichts anderes kann daher für den Fall gelten, dass ein Arbeitnehmer diskriminierungsbedingt von einem befristeten in ein unbefristetes Arbeitsverhältnis nicht übernommen wird. Auch hier stehen dem benachteiligten Arbeitnehmer nur Entschädigungs- und Schadensersatzansprüche nach § 15 Abs. 1 und 2 AGG zu. Es ist demnach zwischen Prol und Baumann kein unbefristetes Arbeitsverhältnis entstanden.

III. Ergebnis

Berufung erfolgreich

Das Arbeitsverhältnis wurde am 28.02.2007 beendet. Folge ist, dass die Klage vor dem Arbeitsgericht unbegründet war und die Berufung von Baumann damit begründet ist. Die Berufung wird Erfolg haben; das Landesarbeitsgericht wird die Entscheidung des Arbeitsgerichts aufheben.

---

[15] So allerdings EuGH vom 04.10.2001, NZA 2001, 1241, 1243.
[16] So zutreffend EuGH vom 04.10.2001, NZA 2001, 1243, 1246.

B. Lohn- und Ersatzansprüche des Prol

I. Lohnansprüche aus § 611 Abs. 1 BGB

Prol könnte gegen Baumann einen Anspruch aus § 611 Abs. 1 BGB auf Lohnzahlung ab dem 31.03.2007 bis zur rechtskräftigen Entscheidung des LAG haben. Voraussetzung hierfür wäre, dass über diesen Zeitpunkt hinaus ein Arbeitsverhältnis bestanden hätte.

Anspruchsgrundlage und -voraussetzungen

1. Rechtsgeschäftlich begründetes Arbeitsverhältnis

Ursprünglich wurde zwar ein wirksames Arbeitsverhältnis begründet. Dieses ist aber nach dem Sachverhalt rechtwirksam zum 28.02.2007 beendet worden.

Ursprüngliches Arbeitsverhältnis beendet

2. Weiterbeschäftigungsverhältnis

Der Anspruch von Prol auf Lohn könnte sich aus § 611 Abs. 1 BGB i. V. m. dem sog. Weiterbeschäftigungsverhältnis ergeben. Nach einer in der Literatur vertretenen Auffassung soll ein Arbeitgeber, der erstinstanzlich zur Weiterbeschäftigung verurteilt worden ist, in entsprechender Anwendung von § 102 Abs. 5 BetrVG den Arbeitnehmer bis zum rechtskräftigen Abschluss des Rechtsstreits bei unveränderten Arbeitsbedingungen weiterbeschäftigen müssen. Durch den rechtskräftigen Abschluss des Rechtsstreits soll das Arbeitsverhältnis in Analogie zu § 102 Abs. 5 BetrVG auflösend bedingt fortgesetzt werden[17]. Der Arbeitnehmer soll bis zum rechtskräftigen Abschluss des Rechtsstreits so behandelt werden, als habe ein wirksames Arbeitsverhältnis bestanden, und nach diesen Grundsätzen auch Entgeltzahlung ohne Arbeitsleistung verlangen können[18]. Diese zum Rechtsstreit über die Wirksamkeit einer Arbeitgeberkündigung entwickelten Grundsätze werden auf sonstige Fälle, in denen Streit über den (Fort-) Bestand eines Arbeitsverhältnisses besteht, übertragen[19].

Begründung des Weiterbeschäftigungsverhältnisses

---

[17] Braasch, BB 1976, 319, 322; Hueck, Anm. zu BAG vom 18.01.1979 zu AP Nr. 7 zu § 611 BGB Beschäftigungspflicht (Bl. 927); MünchArbR/Wank, § 121 Rn. 103 ff.

[18] Braasch, BB 1976, 319, 322; MünchArbR/Wank, § 121 Rn. 108 ff. – Im Ergebnis auch Zöllner/Loritz, ArbR, § 23 VII 6 d, S. 306 f.

[19] So zum Streit über die Wirksamkeit einer Anfechtung des Arbeitsvertrags LAG Hamm vom 18.02.1986, NZA 1986, 399.

Gegenstand der Weiterbeschäftigungsentscheidung

Dieser Auffassung, wonach durch das Weiterbeschäftigungsurteil ein Arbeitsverhältnis in Form des Weiterbeschäftigungsverhältnisses geschaffen wird, kann unter Heranziehung allgemeiner Erwägungen der Rechtskraft nicht gefolgt werden: Nach der herrschenden prozessualen Rechtskrafttheorie wird durch die Rechtskraft der Weiterbeschäftigungsentscheidung nur die bestehende Rechtslage festgestellt, nicht etwa werden nicht bestehende Rechte neu geschaffen[20]. Die Weiterbeschäftigungsentscheidung gewährt daher Prol lediglich eine prozessuale Befugnis zur Betreibung der Zwangsvollstreckung, begründet aber keinesfalls ein bisher nicht existentes Arbeitsverhältnis. Ein Rechtsgrund oder eine Anspruchsgrundlage für einen Lohnanspruch wird daher allein durch die inzwischen mangels Einlegung von Rechtsmitteln seitens Baumanns rechtskräftig gewordene Weiterbeschäftigungsentscheidung nicht geschaffen.

3. Arbeitsverhältnis kraft allgemeinen Weiterbeschäftigungsanspruchs

Allgemeiner Weiterbeschäftigungsanspruch

Fraglich ist, ob ein Arbeitsverhältnis auf Grund eines allgemeinen Weiterbeschäftigungsanspruchs von Prol bestand. Die grundlegende Entscheidung des GS des BAG vom 27.02.1985[21] zum allgemeinen Weiterbeschäftigungsanspruch wird vielfach dahingehend missverstanden. So wird der Entscheidung z. T. entnommen, dass dem Arbeitnehmer ein Weiterbeschäftigungsanspruch zustünde und damit auch das Arbeitsverhältnis über den Kündigungszeitpunkt hinaus fortgesetzt werde, wenn die Kündigung oder ein sonstiger Beendigungsgrund offensichtlich unwirksam bzw. nicht gegeben sei oder aber in einem erstinstanzlichen, wenn auch noch nicht rechtskräftigen Urteil, das Arbeitsverhältnis als fortbestehend angesehen werde[22]. Diese Ansicht geht davon aus, dass das Arbeitsverhältnis in diesen Fällen zu-

---

[20] BGH vom 03.07.1961, BGHZ 35, 338, 340 f.; BGH vom 06.03.1985, NJW 1985, 2535 f. - Vgl. dazu auch Jauernig, ZPR, § 62 II 2.

[21] BAG (GS) vom 27.02.1985, AP Nr. 14 zu § 611 BGB Beschäftigungspflicht = NJW 1985, 2968 ff.

[22] LAG Köln vom 26.09.1986, NZA 1987, 158, 159 ff.; LAG Niedersachsen vom 07.02.1986, DB 1986, 1126, 1127 f.; v. Hoyningen-Huene, BB 1988, 264 f.; MünchArbR/Wank, § 121 Rn. 70 ff.

nächst einmal unabhängig von der Wirksamkeit der Kündigung oder eines sonstigen Beendigungsgrunds fortbesteht[23].

Damit wird jedoch verkannt, dass der GS des BAG, entgegen der Formulierungen, keinen allgemeinen Weiterbeschäftigungsanspruch kreiert hat. Der Anspruch auf Weiterbeschäftigung besteht während eines Rechtsstreits über den Bestand des Arbeitsverhältnisses nur, wenn die Arbeitgeberkündigung unwirksam oder ein sonstiger Beendigungstatbestand nicht gegeben war[24]. Es handelt sich also nur um den aus dem Arbeitsverhältnis folgenden allgemeinen Beschäftigungsanspruch[25], den der Arbeitgeber nicht durch unwirksame Rechtshandlungen einseitig suspendieren oder beseitigen kann. Der GS des BAG hat daher keinen vom Fortbestand des Arbeitsverhältnisses unabhängigen Weiterbeschäftigungsanspruch geschaffen, sondern lediglich die Voraussetzungen näher bestimmt, unter denen der Arbeitnehmer bei Streitigkeiten über den Fortbestand des Arbeitsverhältnisses seinen allgemeinen Beschäftigungsanspruch im Wege einer einstweiligen Verfügung durchsetzen kann.

Voraussetzung: Fortbestand des Arbeitsverhältnisses

Vorliegend ist das Arbeitsverhältnis von Prol zum 28.02.2007 beendet worden, so dass ein allgemeiner Beschäftigungsanspruch nicht besteht.

Kein allgemeiner Beschäftigungsanspruch

4. Fehlerhaftes Arbeitsverhältnis

Ein Entgeltanspruch könnte sich aber aus den Grundsätzen über das fehlerhafte Arbeitsverhältnis ergeben. Nach der h. M. ist das fehlerhafte Arbeitsverhältnis für die Vergangenheit wie ein wirksames Arbeitsverhältnis zu behandeln[26]. Das hat nicht nur zur Folge, dass für geleistete Arbeit Lohn zu zahlen ist, sondern es besteht auch der Schutz nach den Entgeltfortzahlungsbestimmungen wie in einem ordnungsgemäß begründeten Arbeitsverhältnis. Nach einer in der Literatur vertretenen Auffassung soll ein fehlerhaftes Arbeitsverhältnis zustande kommen, wenn der Arbeitgeber (vorläufig) zur Weiterbeschäftigung des Arbeitnehmers ver-

Grundsätze des fehlerhaften Arbeitsverhältnisses

---

[23] Dütz, AuR 1987, 317, 324; Künzl, BB 1989, 1261, 1266 f.; MünchArbR/Wank, § 121 Rn. 107; Zöllner/Loritz, § 23 VII 6 d, S. 307.
[24] BAG (GS) vom 27.02.1985, AP Nr. 14 zu § 611 BGB Beschäftigungspflicht unter C II vor 1 = NZA 1985, 702.
[25] BAG vom 12.09.1985, AP Nr. 7 zu § 102 BetrVG 1972 Weiterbeschäftigung unter B II 3 b aa = NZA 1986, 424.
[26] Vgl. Hromadka/Maschmann, ArbR 1, § 5 Rn. 149.

pflichtet sei[27]. Der einvernehmliche Wille zur Durchführung des Arbeitsverhältnisses als Voraussetzung eines fehlerhaften Arbeitsverhältnisses sei hier gegeben, weil der entgegenstehende tatsächliche Wille des Arbeitgebers durch die gerichtliche Entscheidung ersetzt werde.

Kein Vollzug des Arbeitsverhältnisses

Fraglich ist vorliegend allerdings, ob überhaupt die Voraussetzungen eines fehlerhaften Arbeitsverhältnisses in tatsächlicher Hinsicht gegeben sind. Prol hat nämlich die Vollstreckung des Urteils unterlassen und zu keinem Zeitpunkt Arbeitsleistungen erbracht. Der Arbeitnehmer verdient im fehlerhaften Arbeitsverhältnis nach h. M. aber deshalb besonderen Schutz, weil er im Vertrauen auf den Bestand und die Rechtsfolgen des Arbeitsverhältnisses seine Arbeitsleistung erbracht hat und Lohn erwartet. An diesem Vertrauenstatbestand fehlt es, wenn der Arbeitnehmer überhaupt nicht gearbeitet hat, er bedarf dann keines Schutzes mehr. Es ergeben sich hier auch nicht die Abwicklungsschwierigkeiten, welche die h. M. zu dieser rechtlichen Konstruktion bewogen haben. Zu diesen Schwierigkeiten kommt es nur, wenn das Arbeitsverhältnis in Vollzug gesetzt wurde. Da Prol nach dem wirksamen Auslaufen des Arbeitsverhältnisses am 28.02.2007 nicht mehr gearbeitet hat, ist ein fehlerhaftes Arbeitsverhältnis nie zustande gekommen[28].

Rückabwicklung prozessualer Weiterbeschäftigungsverhältnisse

Dieses Ergebnis wird durch folgende Erwägungen unterstützt: Inhalt der vorläufigen Weiterbeschäftigungsverpflichtung ist lediglich die Pflicht zur tatsächlichen Weiterbeschäftigung. Über die Rechtsgrundlage der Weiterbeschäftigung ist damit nicht entschieden, insbesondere wird durch die Weiterbeschäftigungsentscheidung kein Arbeitsverhältnis[29] und damit auch kein Rechtsgrund für den Lohnanspruch geschaffen. Ergibt sich im Nachhinein, dass das Arbeitsverhältnis nicht (mehr) bestanden hat, sind ausgetauschte Leistungen nach Bereicherungsrecht rückabzu-

---

[27] Dütz, AuR 1987, 317, 322; Löwisch, ArbR, Rn. 1408. – Dagegen BAG vom 10.03.1987, NZA 1987, 373, 374; BAG vom 12.02.1992, NZA 1993, 177 f.; KR/Etzel, § 102 BetrVG Rn. 282.

[28] Vgl. dazu insbesondere Boemke, Schuldvertrag und Arbeitsverhältnis, § 11 III 4 a. – Siehe auch BAG vom 16.09.1982, AP Nr. 24 zu § 123 BGB unter IV 3 a = NJW 1984, 446; Walker, JA 1985, 136, 140.

[29] BAG vom 12.09.1985, NZA 1986, 424, 425.

wickeln, weil für den Leistungsaustausch kein Rechtsgrund bestanden hat[30].

Der Entgeltanspruch von Prol lässt sich daher auch nicht auf die Grundsätze über das fehlerhafte Arbeitsverhältnis stützen.

II. Wertersatzanspruch aus §§ 812 Abs. 1 Satz 1 Alt. 1, 818 Abs. 2 BGB

Prol könnte gegen Baumann einen Anspruch aus § 812 Abs. 1 Satz 1 Alt. 1 i. V. m. § 818 Abs. 2 BGB auf Zahlung des Werts der geleisteten Arbeit haben. Im Falle geleisteter Arbeit richtet sich die Abwicklung der ausgetauschten Leistungen nach Vollstreckung einer einstweiligen Verfügung oder eines vorläufig vollstreckbaren, später aber aufgehobenen Urteils grundsätzlich nach Bereicherungsrecht[31]. Ob diese Grundsätze auf den Fall übertragen werden können, dass ein rechtskräftiges Weiterbeschäftigungsurteil vorliegt, obwohl das Arbeitsverhältnis rechtswirksam beendet worden war, kann vorliegend dahinstehen. Da Prol im vorliegenden Fall nicht gearbeitet hat, erlangte Baumann nichts, wofür er nach Bereicherungsrecht Ersatz leisten müsste[32]. Ein Anspruch aus §§ 812 Abs. 1 Satz 1 Alt. 1, 818 Abs. 2 BGB besteht folglich nicht.

Kein Wertersatz mangels Arbeitsleistung

III. Schadensersatz statt der Leistung gemäß §§ 280 Abs. 1, 3, 283 BGB

Prol könnte allerdings ab 31.03.2007 bis zur Rechtskraft des LAG-Urteils den geltend gemachten Lohnanspruch aus §§ 280 Abs. 1, 3 und 283 BGB als Schadensersatz statt der Leistung verlangen, wenn Baumann die Erfüllung einer Pflicht aus dem Schuldverhältnis schuldhaft unmöglich geworden ist und Prol hierdurch ein Schaden entstanden wäre.

Anspruchsgrundlage und -voraussetzungen

Hier bestand ab dem 31.03.2007 eine Beschäftigungspflicht[33]. Diese ist durch das erstinstanzliche Urteil rechts-

Beschäftigungspflicht als Nebenpflicht

---

[30] BAG vom 10.03.1987, NZA 1987, 373 ff.; BAG vom 17.01.1991, NZA 1991, 769 f.; BAG vom 12.02.1992, NZA 1993, 177 f.; Boemke, ArbR, § 15 Rn. 19 f.; v. Hoyningen-Huene, BB 1988, 264, 268. - A. A. Dütz, AuR 1987, 317, 324.
[31] Siehe oben Fn. 30.
[32] Vgl. BAG vom 17.01.1991, AP Nr. 8 zu § 611 BGB Weiterbeschäftigung unter II 4 = NZA 1991, 769; Boemke, ArbR, § 15 Rn. 19 f.; Walker, DB 1988, 1596, 1599.
[33] Vgl. allgemein zur Beschäftigungspflicht: BAG (GS) vom 27.02.1985, AP Nr. 14 zu § 611 BGB Beschäftigungspflicht = BB 1985, 1978 f.; BAG vom 10.11.1955, BAGE 2, 221 = AP

kräftig festgestellt worden, weil sich die Berufung von Baumann ausschließlich gegen das Feststellungsurteil wandte. Die Erfüllung dieser Pflicht ist Baumann nach § 275 Abs. 1 BGB unmöglich geworden, weil es sich bei der Arbeitspflicht des Arbeitnehmers und der korrespondierenden Beschäftigungspflicht des Arbeitgebers regelmäßig um ein absolutes Fixgeschäft handelt, also mit der Nichtbeschäftigung im vereinbarten Zeitraum Unmöglichkeit eingetreten ist[34]. Es sind auch keine Anhaltspunkte ersichtlich, die darauf schließen lassen, dass Baumann die Unmöglichkeit nicht i. S. d. § 276 Abs. 1 Satz 1 BGB zu vertreten hat[35].

Kein Schaden infolge Pflichtverletzung

Da die Voraussetzungen der §§ 280 Abs. 1, 3 und 283 BGB vorliegen, ist Baumann Prol zum Schadensersatz verpflichtet. Nach Auffassung des BAG soll in einem solchen Falle der Schadensersatzanspruch des Arbeitnehmers in dem entgangenen Verdienst bestehen[36]. Prol hätte danach vom 31.03.2007 bis zur Rechtskraft des LAG-Urteils Anspruch auf Ersatz des entgangenen Lohns. Diese Auffassung stößt bei näherer Betrachtung auf Bedenken. Nach § 280 Abs. 3 BGB ist das positive Interesse zu ersetzen, der Gläubiger ist also so zu stellen, wie er bei ordnungsgemäßer Erfüllung stünde. Dann hätte Baumann Prol beschäftigt. Mangels bestehenden Arbeitsverhältnisses hätte er aber auch in diesem Falle keinen Verdienstanspruch gehabt, weil auf vollstreckungsrechtlicher Grundlage ohne Arbeitsverhältnis erbrachte Leistungen nach Bereicherungsrecht rückabgewickelt werden müssen. Insofern besteht der Schaden von Prol infolge der Nichtbeschäftigung nicht in dem entgangenen Lohn[37].

Nr. 2 zu § 611 BGB Beschäftigungspflicht; Boemke, ArbR, § 6 Rn. 2 ff.; Hromadka/Maschmann, ArbR 1, § 7 Rn. 96.

[34] Siehe BAG vom 12.09.1985, NZA 1986, 424, 425.

[35] Das BAG (vom 12.09.1985, NZA 1986, 424, 425) stellt zudem noch auf § 287 Satz 2 BGB (a. F.) ab, weil die Leistung nach dem Kalender bestimmt ist (§ 284 Abs. 2 Satz 1 BGB), und kommt deshalb dazu, dass der Arbeitgeber auch für Zufall haftet. Dem ist nicht zu folgen. Das BAG hat zunächst festgestellt, dass wegen des Fixschuldcharakters der Arbeitsleistung Unmöglichkeit eingetreten ist. Verzug ist dann nicht mehr möglich, weil dieser die Nachholbarkeit der Leistung voraussetzt. Konsequent weitergedacht hätte das sonst zur Folge, dass der Schuldner bei absoluten Fixgeschäften immer auch für Zufall haften müsste. – Vgl. zur Abgrenzung von Unmöglichkeit und Verzug: Larenz, SchR I, § 23, S. 344; Medicus, SchR I, Rn. 393.

[36] BAG vom 12.09.1985, NZA 1986, 424, 425.

[37] Vgl. auch BAG vom 17.01.1991, NZA 1991, 769, 770.

Ein weiterer Aspekt spricht dagegen, Verdienstausfall als Schadensersatz wegen der Nichtbeschäftigung zu gewähren. Im unstreitig bestehenden Arbeitsverhältnis kommt die Aufrechterhaltung des Lohnanspruchs nach § 615 BGB nur in Betracht, wenn der Arbeitnehmer den Arbeitgeber in Verzug gesetzt, also die Beschäftigung verlangt hat. Nach der vorliegend vom BAG vertretenen Ansicht müsste der Arbeitgeber bei jeder zu vertretenden Nichtbeschäftigung des Arbeitnehmers den Verdienst fortzahlen, auch wenn ihn der Arbeitnehmer nicht in Annahmeverzug gesetzt hatte. Daher überzeugt diese Rechtsprechung, dem Arbeitnehmer bei Nichterfüllung der Beschäftigungspflicht als Schadensersatz den entgangenen Verdienst zuzusprechen, nicht[38]. Entweder dem Arbeitnehmer steht ein Lohnanspruch zu, dann bleibt dieser trotz Nichtbeschäftigung nach § 615 BGB erhalten; oder der Arbeitnehmer hat keinen Lohnanspruch, dann kann ihm dieser infolge der Nichtbeschäftigung auch nicht entgehen.

Grundsätze des Annahmeverzugs

Prol kann von Baumann nicht aus den §§ 280 Abs. 1, 3 und 283 BGB Ersatz des geltend gemachten Lohns verlangen. Damit kann Prol von Baumann für die Zeit ab dem 31.03.2007 keinen Lohn oder entsprechenden Ersatz verlangen.

Kein Schadensersatzanspruch

IV. Schadenersatzanspruch von Prol nach § 15 Abs. 1 AGG

1. Überblick

Prol könnte von Baumann Schadenersatz nach § 15 Abs. 1 AGG verlangen, wenn die Bestimmung auf die Nichtverlängerung eines Arbeitsverhältnisses anwendbar wäre, ein Verbot gegen das Benachteiligungsverbot aus § 7 Abs. 1 BGB vorlegen würde und Prol ein Schaden entstanden wäre, soweit nicht die unterschiedliche Behandlung nach § 8 AGG gerechtfertigt ist. Der Schadensersatzanspruch wäre nach § 15 Abs. 1 Satz 2 AGG ausgeschlossen, wenn Baumann den Schaden nicht zu vertreten hätte.

Anspruchsgrundlage und -voraussetzungen

---

[38] Boemke, ArbR, § 7 Rn. 29. – Kritisch hierzu auch Erman/Edenfeld, BGB, § 611 Rn. 383.

2. Anwendbarkeit des AGG (§ 2 Abs. 4 AGG analog)

Anwendbar bei Nichtverlängerung eines Arbeitsverhältnisses

Die Anwendung von § 15 Abs. 1 AGG könnte hier nach § 2 Abs. 4 AGG ausgeschlossen sein. Danach gelten für Kündigungen nicht die Regelungen des AGG, sondern ausschließlich die Bestimmungen des allgemeinen und des besonderen Kündigungsschutzes. Vorliegend geht es aber nicht um eine Kündigung, sondern die Nichtverlängerung eines Arbeitsverhältnisses. Während die Kündigung ein einseitiges Rechtsgeschäft ist, fehlt es bei der Nichtverlängerung eines Arbeitsverhältnisses gerade an der Vornahme eines Rechtsgeschäfts, so dass der vorliegende Sachverhalt schon vom Wortlaut der Bestimmung nicht erfasst wird[39]. Überdies ist die Herausnahme der Kündigungen aus dem Anwendungsbereich des AGG europarechtlich bedenklich, weil Art. 5 Abs. 1 RL 76/07/EWG im Hinblick auf geschlechtsspezifische Diskriminierungen die Beendigung eines Beschäftigungsverhältnisses („Entlassungsbedingungen") ausdrücklich in den Anwendungsbereich der Diskriminierungsverbote einbezieht. § 2 Abs. 4 AGG ist daher eng auszulegen und kann nicht auf Sachverhalte erstreckt werden, die vom Wortlaut der Bestimmung nicht erfasst werden.

3. Verstoß gegen das Benachteiligungsverbot (§ 15 Abs. 1 Satz 1 AGG)

Anknüpfung an Wehrdienst als geschlechtsspezifische Benachteiligung

Wie oben dargelegt[40], stellt die Nichtverlängerung eines befristeten Arbeitsverhältnisses wegen bevorstehenden Wehrdiensts eine unmittelbare Benachteiligung (§ 3 Abs. 1 AGG) aus geschlechtsspezifischen Gründen (§ 1 AGG) dar. Es liegt daher ein Verstoß gegen das Benachteiligungsverbot vor, es sei denn, die unterschiedliche Behandlung wäre nach § 8 Abs. 1 AGG gerechtfertigt. Eine unterschiedliche Behandlung ist danach zulässig, wenn der Grund wegen der Art der auszuübenden Tätigkeit eine wesentliche und entscheidende berufliche Anforderung darstellt, sofern der Zweck rechtmäßig und die Anforderung angemessen ist.

Sachliche Rechtfertigung

Vorliegend kommt als sachlicher Grund i. S. v. § 8 Abs. 1 AGG die Einberufung zum Wehrdienst deswegen in Betracht, weil Prol ab Anfang April 2007 seinen Grundwehrdienst leisten muss und er deswegen schon einen Monat

---

[39] Vgl. EuGH vom 04.10.2001, NZA 2001, 1243, 1246.
[40] Siehe oben unter A II 2 e aa, S. 116.

nach Beginn des unbefristeten Arbeitsverhältnisses für die Dauer von neun Monaten nicht zur Erbringung der Arbeitsleistung verpflichtet gewesen wäre, weil für die Dauer des Wehrdiensts das Arbeitsverhältnis nach § 1 Abs. 1 ArbPlSchG ruht. Eine wesentliche und entscheidende berufliche Anforderung i. S. v. § 8 Abs. 1 AGG könnte es daher sein, dass der Arbeitnehmer nicht aus Rechtsgründen unmittelbar nach Antritt des Arbeitsverhältnisses verhindert ist, die dem Arbeitgeber versprochene Arbeitsleistung zu erbringen. In diesem Sinne hatte das BAG in seiner früheren Rspr. eine Diskriminierung wegen des Geschlechts nicht angenommen, wenn wegen Beschäftigungsbeschränkungen nach dem Mutterschutzgesetz oder sonstigen Gesetzen die Tätigkeit auf Grund der Schwangerschaft nicht aufgenommen werden konnte oder durfte[41]. Folgt man dieser Auffassung, so würde der Umstand, dass Prol unmittelbar nach Beginn der vorgesehenen Weiterbeschäftigung seinen Wehrdienst antreten müsste, einen die Ablehnung rechtfertigenden Grund bilden.

Hierbei wird allerdings nicht berücksichtigt, dass aus dem Geschlecht folgende Beschäftigungshindernisse den Arbeitgeber grundsätzlich nicht berechtigen, das Arbeitsverhältnis aufzulösen. So darf z. B. eine Schwangere aus einem unbefristeten Beschäftigungsverhältnis nicht wegen eines Beschäftigungsverbots nach mutterschutzrechtlichen Vorschriften entlassen werden[42] oder ein gesetzliches Nachtarbeitsverbot für Schwangere als Grund für die Kündigung eines auf unbestimmte Zeit geschlossenen Arbeitsvertrags dienen[43]. Ein solches Verbot wirkt nämlich nur für eine gegenüber der Gesamtdauer des Vertrags beschränkte Zeit. Da die Gleichbehandlungsrichtlinie Diskriminierungen aber nicht nur bei der Beendigung, sondern auch bei der Begründung des Arbeitsverhältnisses versagt, darf für den Zugang zur Beschäftigung nichts anderes gelten. Dementsprechend ist es nach zutreffender Auffassung des EuGH dem Arbeitgeber nicht erlaubt, die Einstellung einer schwangeren Bewerberin in ein unbefristetes Arbeitsverhältnis deshalb abzulehnen, weil diese auf Grund eines aus der Schwangerschaft folgenden Beschäftigungsverbots auf dem auf unbestimmte Zeit zu besetzenden Arbeitsplatz

Gesetzliche Wertentscheidung

---

[41] Grundlegend BAG vom 01.07.1993, NZA 1993, 933 ff. – Siehe auch schon BAG vom 15.10.1992, NZA 1993, 257, 258 f. – Zustimmend Hromadka/Maschmann, ArbR 1, § 5 Rn. 53.
[42] EuGH vom 14.07.1994, NZA 1994, 783 f.
[43] EuGH vom 05.05.1994, NZA 1994, 609 f.

nicht von Anfang an und nicht für die Dauer ihrer Schwangerschaft beschäftigt werden darf[44].

Keine sachliche Rechtfertigung

Für Beschäftigungshindernisse, die allein Männer treffen, kann nichts anderes gelten. Auch das durch den Grundwehrdienst geschaffene Beschäftigungshindernis wirkt nur für eine begrenzte Zeit. Es stellt keine sachlichen Grund dar, das Arbeitsverhältnis zu kündigen (§ 2 Abs. 2 Satz 1 ArbPlSchG), und schafft dementsprechend spiegelbildlich auch keinen sachlichen Grund, die Übernahme in ein unbefristetes Arbeitsverhältnis abzulehnen. Die Übernahme in ein unbefristetes Arbeitsverhältnis durfte nicht deswegen abgelehnt werden, weil ProI zunächst noch seinen Grundwehrdienst leisten musste. Die Benachteiligung von ProI ist daher nicht nach § 8 Abs. 1 AGG zulässig.

4. Anspruchshindernde Umstände

Kein Vertretenmüssen

Der Schadenersatzanspruch des ProI wäre nach § 15 Abs. 1 Satz 2 AGG ausgeschlossen, wenn Baumann die diskriminierende Behandlung des ProI nicht zu vertreten, also weder vorsätzlich noch fahrlässig (§ 276 Abs. 1 BGB) gehandelt hätte. Hinsichtlich des Verschuldenserfordernisses des Ersatzanspruchs wird teilweise die Vereinbarkeit mit der umzusetzenden Richtlinie bezweifelt[45], im vorliegenden Fall kann diese Rechtsfrage aber dahinstehen. Der Sachverhalt gibt nämlich keine Anhaltspunkte dafür her, die ein Vertretenmüssen von Baumann ausschließen könnte[46].

5. Rechtzeitige Geltendmachung des Anspruchs (§§ 15 Abs. 4 AGG, 61b Abs. 1 ArbGG)

Gesetzliche Verfallfrist

Der entstandene Schadensersatzanspruch verfällt, geht also unter, wenn er nicht nach § 15 Abs. 4 AGG fristgerecht geltend gemacht und ggf. innerhalb der Frist gemäß § 61b Abs. 1 ArbGG eingeklagt wurde.

---

[44] EuGH vom 03.02.2000, NZA 2000, 255 f.
[45] Thüsing in Interview Bauer/Thüsing/Schunder, NZA 2006, 774, 775. – Vgl. dazu auch Boemke/Danko, AGG, § 9 Rn. 40 f.
[46] § 15 Abs. 1 Satz 2 AGG ist anspruchsausschließend, so dass nach allgemeinen Grundsätzen derjenige die Beweislast trägt, der sich auf den anspruchsausschließenden Tatbestand beruft. – Vgl. Boemke/Danko, AGG, § 9 Rn. 41.

a) Ausschlussfrist des § 15 Abs. 4 AGG

Nach § 15 Abs. 4 AGG muss der benachteiligte Arbeitnehmer den Entschädigungsanspruch innerhalb von zwei Monaten schriftlich geltend machen, soweit kein anderslautender Tarifvertrag vorliegt. Der Fristbeginn bestimmt sich nach dem Zugang der Ablehnung. Baumann teilte Prol am 01.03.2007 mit, dass er ihn nicht weiterbeschäftigen werde. Nach § 187 Abs. 1 BGB begann die Frist mit Beginn des 02.03.2007 zu laufen und endete nach § 188 Abs. 2 BGB an sich mit Ablauf des 01.05.2007. Da es sich hierbei um einen gesetzlichen Feiertag handelte, lief die Frist gemäß § 193 BGB erst mit Ablauf des 02.05.2007 ab.

Mit dem am 30.04.2007 zugegangenen Schreiben ist daher die Ausschlussfrist nach § 15 Abs. 4 AGG gewahrt.

Schriftliche Geltendmachung

b) Ausschlussfrist des § 61b Abs. 1 ArbGG

Ist der Anspruch fristgerecht erhoben worden, muss der Arbeitnehmer nach § 61b Abs. 1 ArbGG innerhalb von drei Monaten, nachdem er den Anspruch gegenüber dem Arbeitgeber schriftlich geltend gemacht hat, Klage auf Entschädigung erheben. Für die Fristberechnung gilt das oben Gesagte entsprechend[47]. Die Klage ist also spätestens mit Ablauf des 30.07.2007 bei Gericht einzureichen.

Klageerhebung

6. Rechtsfolge

Nach § 249 Abs. 1 BGB, der auch auf den Schadensersatzanspruch nach § 15 Abs. 1 BGB Anwendung findet, ist Prol so zu stellen, wie er ohne die diskriminierende Behandlung stünde. Teilweise wird vertreten, der Ersatzanspruch beschränke sich bei einer Nichteinstellung unter Verstoß gegen § 7 Abs. 1 AGG auf den Vertrauensschaden[48], weil andernfalls der Bewerber entgegen § 15 Abs. 6 AGG doch so stünde als ob er eingestellt worden wäre. Danach könnte ein diskriminierungsbedingt abgelehnter Bewerber allenfalls seine Bewerbungskosten ersetzt verlangen, nicht dagegen das zu erwartende Arbeitsentgelt. Hiergegen spricht, dass § 15 Abs. 1 AGG Ersatz des entstandenen Schadens vorsieht. Der Benachteiligte ist so zu stellen, wie er ohne die Benachteiligung gestanden hätte. § 15 Abs. 6 AGG schließt insoweit lediglich die Naturalrestitution aus, nicht aber den Ersatz des positiven Interesses.

Schadensersatzanspruch

---

[47] Siehe oben IV 5 a, S. 129.
[48] Bauer/Evers, NZA 2006, 893, 894.

Entgangener Lohn

Danach wäre ProI so zu stellen, wie er ohne die Benachteiligung gestanden hätte. Bei konsequenter Anwendung der Differenzhypothese müsste der entgangene Lohn solange fortgezahlt werden, bis der Arbeitgeber nachweisen kann, dass ihm zu einem bestimmten Termin hypothetisch eine Kündigung in diskriminierungsfreier Weise möglich gewesen wäre[49]. Bedenklich ist an einer solchen Lösung jedoch, dass diese hypothetischen Betrachtungen wenig greifbar und nur schwer eines Beweises zugänglich sind[50].

Begrenzung des Schadensersatzanspruchs

Teilweise wird daher der Anspruch auf den Schaden begrenzt, der bei hypothetischer Betrachtung bis zum Erreichen des ersten Kündigungstermins entsteht[51]. Hiernach wäre der Schadensersatzanspruch bei einer als üblich anzuerkennenden Probezeit auf zwei Wochen begrenzt. Mit einer solchen Betrachtung würde allerdings der Diskriminierungsakt in milderer Art und Weise fortgeschrieben, so dass eine entsprechende Begrenzung des Schadensersatzanspruchs abzulehnen ist[52]. Schließlich wird auch vorgeschlagen, zur Begrenzung des Schadensersatzanspruchs den Rechtsgedanken aus § 10 KSchG heranzuziehen[53]. Hiernach wäre regelmäßig eine Höchstdauer des Schadensersatzanspruchs von einem Jahr anzunehmen. Für diese Lösung spricht, dass einerseits dem Beschäftigten Schadensersatz für einen Zeitraum gewährt wird, der regelmäßig genügt, um die durch die Benachteiligung entstandenen Nachteile auszugleichen, also beispielsweise ein neues Beschäftigungsverhältnis zu finden oder beim beruflichen Aufstieg nachzurücken. Andererseits wird auch den europarechtlichen Vorgaben genügt, eine wirksame, verhältnismäßige und abschreckende Sanktion zu schaffen.

7. Ergebnis

ProI steht damit gegen Baumann ein Schadenersatzanspruch aus § 15 Abs. 1 AGG zu, wenn er diesen bis zum

---

[49] Vgl. dazu allgemein v. Hoyningen-Huene/Boemke, NJW 1994, 1757, 1762 f.
[50] Boemke/Danko, AGG, § 9 Rn. 56.
[51] Annuß, BB 2006, S. 1629, 1634; HWK/Thüsing, § 611a BGB Rn. 67; Oetker, ZIP 1997, S. 802, 803; Wisskirchen, DB 2006, S.1491, 1499.
[52] Boemke/Danko, AGG, § 9 Rn. 57; Pfarr, RdA 1995, S. 204, 209; Treber, NZA 1998, S. 856, 858.
[53] Bauer/Krieger, BB Beilage 2004 Nr. 6, S. 20, 23; Boemke/Danko, AGG, § 9 Rn. 58.

30.07.2007 einklagt. Dieser beinhaltet nach der hier vertretenen Auffassung maximal zwölf Monatsgehälter.

V. Entschädigungsanspruch des Prol nach § 15 Abs. 2 AGG

Da ein Verstoß gegen das Benachteiligungsverbot gegeben ist, steht Prol auch ein Anspruch auf eine angemessene Entschädigung in Geld gemäß § 15 Abs. 2 Satz 1 AGG für diejenigen Schäden zu, die nicht Vermögensschäden sind. Dieser Entschädigungsanspruch wird durch den Schadensersatzanspruch nach § 15 Abs. 1 AGG nicht ausgeschlossen, sondern tritt neben diesen Anspruch, weil er nicht auf Ersatz materieller, sondern immaterieller Schäden gerichtet ist. Der Umfang des Entschädigungsanspruchs steht im Ermessen der Gerichte, wobei jedoch europarechtliche Vorgaben zu beachten sind, wonach die Sanktionen für Verstöße gegen das Benachteiligungsverbot wirksam, verhältnismäßig und abschreckend sein müssen.

Entschädigung in Geld

Der Entschädigungsanspruch wäre im vorliegenden Fall gemäß § 15 Abs. 2 Satz 2 AGG auf maximal drei Monatsgehälter beschränkt, wenn Prol auch bei benachteiligungsfreier Auswahl nicht eingestellt worden wäre. Da § 15 Abs. 2 Satz 2 AGG anspruchsbegrenzend wirkt, trägt Baumann als Arbeitgeber die Darlegungs- und Beweislast dafür, dass Prol ohne die Diskriminierung nicht eingestellt worden wäre[54].

Darlegungs- und Beweislast

---

[54] Vgl. EuGH vom 22.04.1997, NJW 1997, S. 1839, 1840; Boemke/Danko, AGG, § 9 Rn. 79.

C. Erfolg der Kündigungsschutzklage

Die Kündigungsschutzklage von Greifer hat Erfolg, wenn der Rechtsweg zu den Arbeitsgerichten gegeben und die Klage zulässig sowie begründet wäre.

I. Zulässigkeit

Klage zulässig

Nach § 2 Abs. 1 Nr. 3 b ArbGG ist der Rechtsweg zu den Arbeitsgerichten eröffnet. Die Kündigungsschutzklage (§ 4 KSchG) wurde laut Sachverhalt fristgerecht erhoben, auch im Übrigen bestehen an der Zulässigkeit keine Zweifel.

II. Begründetheit

Voraussetzungen der Begründetheit

Die Kündigungsschutzklage ist begründet, wenn das wirksam begründete Arbeitsverhältnis durch die Kündigung nicht aufgelöst wurde. Dies ist dann der Fall, wenn die Kündigung unwirksam ist.

1. Kündigungserklärung

Kündigung ausgesprochen

Nach § 620 Abs. 2 BGB kann ein Arbeitsverhältnis von jedem Vertragsteil grundsätzlich jederzeit gekündigt werden. Die hierzu erforderliche Kündigungserklärung hat Baumann laut Sachverhalt rechtzeitig abgegeben. Die Schriftform des § 623 BGB wurde gewahrt.

2. Wirksamkeit der Kündigung

a) Allgemeiner Kündigungsschutz

Soziale Rechtfertigung

Allgemeine Unwirksamkeitsgründe sind nicht ersichtlich. Allerdings wäre die Kündigung unwirksam, wenn sie nach § 1 Abs. 1 KSchG der sozialen Rechtfertigung bedürfte und sozialwidrig wäre. Da Greifer seit mehr als 6 Monaten (§ 1 Abs. 1 KSchG) im Betrieb von Baumann mit zwölf weiteren, insgesamt also mehr als zehn Arbeitnehmern (§ 23 Abs. 1 S. 3 KSchG), beschäftigt ist, genießt sie allgemeinen Kündigungsschutz. Die Kündigung bedarf deswegen für ihre Wirksamkeit der sozialen Rechtfertigung. Nach § 1 Abs. 2 KSchG müsste die Kündigung durch Gründe, die in der Person oder im Verhalten des Arbeitnehmers liegen oder durch dringende betriebliche Erfordernisse gerechtfertigt sein. Vorliegend kommt eine verhaltensbedingte Kündigung in Betracht, weil Greifer mehrfach zu spät zur Arbeit erschienen ist.

Sozial gerechtfertigt ist eine Kündigung, wenn sie durch Gründe in dem Verhalten des Arbeitnehmers bedingt ist. Bedingt in diesem Sinne ist eine Kündigung, wenn das in der Vergangenheit liegende Verhalten des Arbeitnehmers Anhaltspunkte dafür liefert, dass dem Arbeitgeber zukünftig die Fortsetzung des Arbeitsverhältnisses nicht mehr zumutbar ist[55]. Es ist danach zu fragen, ob ein Umstand vorliegt, der die ordnungsgemäße Vertragsabwicklung stört oder unmöglich macht (Kündigungsgrund), ob diese Störung auch in Zukunft anhalten wird (Prognose) und ob sie nur durch die Kündigung beseitigt werden kann (ultima ratio); schließlich müssen bei der Abwägung der Arbeitnehmer- und Arbeitgeberinteressen die Interessen des Arbeitgebers an der Kündigung überwiegen (Interessenabwägung)[56].

Verhaltensbedingte Kündigung

b) Kündigungsgrund

Eine verhaltensbedingte Kündigung setzt in aller Regel eine schuldhafte Verletzung arbeitsvertraglicher Haupt- oder Nebenpflichten als Kündigungsgrund voraus, wodurch es zu konkreten Störungen im Leistungs- oder Vertrauensbereich des Arbeitsverhältnisses gekommen sein muss[57]. Hiernach beinhaltet die verspätete Aufnahme der Tätigkeit eine das Synallagma des Arbeitsverhältnisses beeinträchtigende Verletzung der Arbeitspflicht des Arbeitnehmers[58]. Wiederholte Verspätungen des Arbeitnehmers sind daher grundsätzlich geeignet, eine ordentliche Kündigung des Arbeitnehmers aus verhaltensbedingten Gründen sozial zu rechtfertigen[59].

Pflichtverletzung als Kündigungsanlass

---

[55] Boemke, ArbR, § 14 Rn. 29.
[56] Vgl. Boemke, ArbR, § 14 Rn. 27 ff.; Hromadka/Maschmann, ArbR 1, § 10 Rn. 155.
[57] BAG vom 16.08.1991, AP Nr. 27 zu § 1 KSchG 1969 Verhaltensbedingte Kündigung unter III 3 d aa = NZA 1993, 17; BAG vom 20.09.1984, 24.9.1987, EzA Nr. 14, 18 zu § 1 KSchG Verhaltensbedingte Kündigung; Hromadka/Maschmann, ArbR 1, § 10 Rn. 177 ff.; Schaub/Linck, ArbR-Hdb., § 130 Rn. 1 ff.
[58] BAG vom 13.03.1987, NZA 1987, 518, 519.
[59] BAG vom 13.03.1987, NZA 1987, 518, 519; BAG vom 27.02.1997, NZA 1997, 761 f.; BAG vom 15.11.2001, NZA 2002, 968, 969; Boemke, ArbR, § 14 Rn. 69; Franzen, JuS 1994, 674, 676; Schaub/Linck, ArbR-Hdb., § 130 Rn. 71.

c) Negative Zukunftsprognose

Zukünftige Beeinträchtigungen

Aus der Funktion der verhaltensbedingten Kündigung, auf Grund der Vorwerfbarkeit und Steuerbarkeit des Verhaltens weitere Störungen des Arbeitsverhältnisses zu vermeiden, ist die Kündigung nur gerechtfertigt, wenn die eingetretene Vertragsverletzung das Arbeitsverhältnis auch in Zukunft mit dem Risiko weiterer Vertragsstörungen belastet und demzufolge eine Fortsetzung des Arbeitsverhältnisses zum Vorteil beider Seiten ausschließt[60]. Auf die Wiederholungsgefahr kann aus den Vertragsverletzungen in der Vergangenheit geschlossen werden. Weil Greifer trotz Ermahnungen wiederholt zu spät kam und sich nicht einmal zur Pünktlichkeit befleißigte, ist davon auszugehen, dass sie auch zukünftig unpünktlich sein wird.

d) Verhältnismäßigkeit der Kündigung

Kündigung als ultima ratio

Das Kündigungsschutzgesetz wird vom Gedanke der Verhältnismäßigkeit beherrscht, wonach die verhaltensbedingte Kündigung nur in Betracht kommt, wenn sie das mildeste Mittel zur Vermeidung künftiger Vertragsverletzungen ist.

aa) Ausspruch der Abmahnung

Abmahnungerfordernis

Deshalb muss dem Arbeitnehmer vor einer Kündigung wegen Unpünktlichkeit i. d. R. durch eine Abmahnung deutlich vor Augen geführt worden sein, dass der Fortbestand des Arbeitsverhältnisses im Wiederholungsfall gefährdet ist[61]. Dieser Gedanke ist nun für alle Dauerschuldverhältnisse in § 314 Abs. 2 Satz 1 BGB niedergelegt. Vorliegend hat Abmann gegenüber Greifer eine Abmahnung ausgesprochen.

---

[60] Nicht ganz unumstritten, negative Zukunftsprognose nach h. M. aber erforderlich: BAG vom 10.11.1988, AP Nr. 3 zu § 1 KSchG 1969 Abmahnung unter II 2 d bb = NZA 1989, 633; BAG vom 17.01.1991, NZA 1991, 557; BAG vom 16.08.1991, NZA 1993, 17; Boemke, ArbR, § 14 Rn. 30; Schaub/Linck, ArbR-Hdb., § 61 Rn. 50.

[61] BAG vom 26.01.1995, AP Nr. 34 zu § 1 KSchG 1969 Verhaltensbedingte Kündigung = NZA 1995, 517; BAG vom 13.03.1987, NZA 1987, 518, 519; Falkenberg, NZA 1988, 489; Franzen, JuS 1994, 674, 676; v. Hoyningen-Huene, RdA 1990, 193, 198 f.; Hromadka/Maschmann, ArbR 1, § 10 Rn. 179; Schaub/Linck, ArbR-Hdb., § 61 Rn. 32; Schmid, NZA 1985, 409, 412.

bb) Abmahnungsbefugnis

Nach dem Sachverhalt war Abmann zwar zum Ausspruch von Abmahnungen, nicht aber von Kündigungen befugt. Die Abmahnung soll ihrer Funktion nach den Arbeitnehmer vor einer Kündigung bei Wiederholung der Pflichtverletzung warnen[62], so dass hier die Warnfunktion zweifelhaft sein kann. Dies hängt davon ab, ob eine nicht kündigungsberechtigte Person überhaupt abmahnen kann oder ob nicht eine bloße, als Voraussetzung für eine verhaltensbedingte Kündigung nicht ausreichende, Ermahnung vorliegt[63].

Berechtigung zur Abmahnung

Nach der herrschenden Meinung sollen nicht nur die zur Kündigung befugten Mitarbeiter berechtigt sein, Pflichtverletzungen des Arbeitnehmers zu missbilligen und diesen durch eine Abmahnung zur zukünftigen Einhaltung der Verpflichtungen anzuhalten. Die Befugnis stehe auch denen zu, die zur betrieblichen Kontrolle der Einhaltung der Arbeitspflicht oder zur verbindlichen Festlegung der Modalitäten der arbeitnehmerseits geschuldeten Arbeitsleistung mittels Weisung berechtigt sind[64]. Hiergegen wird eingewandt, dass die Abmahnung als Kündigungsvoraussetzung ihre alleinige Grundlage nicht in der beliebig auf Weisungspersonen delegierbaren Gläubigerstellung des Arbeitgebers habe. Sie solle nicht nur das Vertrauen des Arbeitnehmers zerstören, sich weiter pflichtverletzend verhalten zu können. Die Abmahnung enthalte neben der Rüge der Pflichtverletzung vielmehr zwingend noch die Kündigungswarnung[65]. Eine Kündigung könne aber nur dann glaubhaft und überzeugend angedroht werden, wenn die abmahnende Person ihren Kündigungswillen deswegen ernsthaft zum Ausdruck bringen könne, weil sie über die Rechtsmacht verfüge, diese Kündigung auch später auszusprechen zu können[66]. Die Warnfunktion soll durch eine

Gleichlauf von Kündigungs- und Abmahnungsbefugnis?

---

[62] Vgl. Überblick zu den Funktionen der Abmahnung: Hromadka/Maschmann, ArbR 1, § 6 Rn. 157 ff.
[63] Schaub, ArbR-Hdb., § 61 Rn. 35.
[64] BAG vom 18.01.1980, AP Nr. 3 zu § 1 KSchG 1969 Verhaltensbedingte Kündigung unter 2 a = DB 1980, 1351, Becker/Schaffner, DB 1985, 650, 651; KR/Fischermeier, § 626 BGB Rn. 277; Hunold, BB 1986, 2050, 2051; Schaub/Linck, ArbR-Hdb., § 61 Rn. 35; Tschöpe, NZA 1990, Beil. 2, S. 12.
[65] Schunck, NZA 1993, 828.
[66] Kammerer, BB 1980, 1587, 1588 f.; Pauly, NZA 1995, 449, 452; Schaub, NJW 1990, 872, 874.

nicht zur Kündigung berechtigte Person grundsätzlich nicht hinreichend erfüllt werden können[67].

Vertretung bei Abmahnung

Eine zutreffende Problemlösung erschließt sich, wenn man die Rechtsnatur der Abmahnung als geschäftsähnliche Handlung berücksichtigt[68]. Auf diese finden daher die Vorschriften über Willenserklärungen entsprechende Anwendung. Eine nicht kündigungsberechtigte Person kann daher gleichwohl als Vertreter des Arbeitgebers abmahnungsbefugt sein[69]. Hiergegen kann nicht eingewandt werden, eine Abmahnung durch eine nicht kündigungsberechtigte Person erfülle die Warnfunktion nicht, weil der Arbeitnehmer nur dann hinreichend gewarnt sei, wenn er wisse, dass sich der kündigungsberechtigte Arbeitgeber und nicht nur der nicht zur Kündigung berechtigte Vertreter über die Kündigung bei erneutem Pflichtverstoß Gedanken machen und einen entsprechenden Willen bilden werde. Diese Argumentation beachtet nicht hinreichend die Wertungen des Vertretungsrechts und verstößt damit gegen die Bindung an Recht und Gesetz (Art. 20 Abs. 3 GG). Nach § 164 Abs. 1 S. 1 BGB wirkt die vom Vertreter vorgenommene Handlung für und gegen den Vertretenen. Die Abmahnung eines nicht kündigungsberechtigten Mitarbeiters gilt daher als Abmahnung des Arbeitgebers, wenn der Mitarbeiter eine entsprechende Befugnis hatte. Vorliegend hat Abmann zwar keine Kündigungsbefugnis; er war aber von Baumann ermächtigt worden, bei Pflichtverletzungen entsprechend abzumahnen. Folglich ist die Abmahnung nicht schon mangels Berechtigung unwirksam.

Zurückweisungsrecht gemäß § 174 BGB

Dem Schutz des abgemahnten Arbeitnehmers trägt hinreichend § 174 BGB Rechnung. Dieser kann, wenn der abmahnende Vorgesetzte weder eine Vollmachtsurkunde vorlegt noch eine Stellung einnimmt, mit der eine solche Berechtigung offensichtlich verbunden ist, die Abmahnung zurückweisen. Von dieser Möglichkeit hat Greifer keinen Gebrauch gemacht, so dass die Abmahnung wirksam war.

---

[67] Schunck, NZA 1993, 828 ff.
[68] BAG vom 09.08.1984, AP Nr. 12 zu § 1 KSchG 1951 Verhaltensbedingte Kündigung unter III 1 c = NZA 1985, 124; BAG vom 21.05.1992, NZA 1992, 1028, 1030; KR/Fischermeier, § 626 BGB Rn. 269; Schaub/Linck, ArbR-Hdb., § 61 Rn. 31; Schaub, NZA 1997, 1185.
[69] Vgl. die Rechtsprechung des BAG, wonach Kündigungsbefugnis und Abmahnungsbefugnis deckungsgleich sind: BAG vom 10.01.1988, NZA 1989, 633, 634 f. – Richtig deswegen Pauly, NZA 1995, 449, 452.

e) Interessenabwägung

Schließlich sind noch die Interessen des Arbeitnehmers und des Arbeitgebers umfassend gegeneinander abzuwägen. Auf Grundlage dieser Abwägung müsste auch ein ruhiger und verständiger Arbeitgeber zu einer Kündigung motiviert sein[70]. Greifer trat den Dienst auch weiterhin sehr unpünktlich an und erschien teilweise bis zu sechzig Minuten zu spät zur Arbeit. Auch der ruhigste Arbeitgeber würde bei diesem wiederholten pflichtwidrigen Verhalten eine Kündigung aussprechen. Das Interesse von Baumann an der Kündigung überwiegt.

III. Ergebnis

Die Kündigung ist damit durch einen verhaltensbedingten Grund sozial gerechtfertigt gewesen und war somit wirksam. Die zulässige Kündigungsschutzklage ist unbegründet und wird daher keinen Erfolg haben.

Kündigung wirksam

---

[70] BAG vom 13.03.1987, NZA 1987, 518, 519; KR/Etzel, § 1 KSchG Rn. 210, 409.

Klausur Nr. 5

Eine vertrauenswürdige Kassiererin

Sachverhalt

Traude Treu war seit 2004 bei einer der zentral gelenkten Filialen der Geiz & Kragen Privatkunden-Bank, einem Unternehmen des Kreditgewerbes mit 40 Arbeitnehmern, in Leipzig als Kassiererin beschäftigt. In der Filiale Leipzig waren neben Frau Treu noch acht Vollzeitkräfte und zwei Halbtagskräfte (18,5 $^{Std}/_{Woche}$) sowie eine Auszubildende tätig. Im Januar 2007 kam es an mehreren Tagen hintereinander (10., 11., 12.01.2007) zu Defiziten im Kassenbestand von jeweils mehr als 200 €. Da die ausschließliche Verantwortlichkeit für die Kasse bei Frau Treu lag, bestand der dringende Verdacht, dass sie die mehr als 600 € veruntreut habe. Geiz & Kragen behielt daraufhin den Fehlbetrag in Höhe von 600 € von ihrem Januarlohn ein und stellte Frau Treu weiterhin mit sofortiger Wirkung von der Arbeit frei. Zugleich leitete Geiz & Kragen am 18.01.2007 ordnungsgemäß die Anhörung des Betriebsrats zu einer beabsichtigten fristlosen Kündigung des Arbeitsverhältnisses wegen des Verdachts einer strafbaren Handlung ein. Frau Treu wurde hingegen zu dem Sachverhalt nicht gehört, weil die Beweislage aus Sicht von Geiz & Kragen eindeutig war. Da der Betriebsrat sich nicht gleich äußerte, kündigte Geiz & Kragen das Arbeitsverhältnis mit Schreiben vom 22.01.2007, das Frau Treu am 24.01.2007 zuging, mit sofortiger Wirkung. Hiergegen erhob Frau Treu am 25.01.2007 Kündigungsschutzklage mit dem Antrag, festzustellen, dass das Arbeitsverhältnis durch die Kündigung vom 22.01.2007 nicht aufgelöst worden sei. Da Geiz & Kragen nunmehr Zweifel hinsichtlich der Wirksamkeit ihrer außerordentlichen Kündigung hatte, erklärte sie nach erneuter Anhörung des Betriebsrates am 05.02.2007 mit Schreiben vom 15.02.2007, das Frau Treu am 17.02.2007 zuging, hilfsweise die ordentliche Kündigung des Arbeitsverhältnisses zum 31.03.2007. In der mündlichen Verhandlung vom 12.03.2007 beantragte Frau Treu, auch diese Kündigung für unwirksam zu erklären. Inzwischen gebe es

Anhaltspunkte dafür, dass nicht sie, sondern ein Kollege das Geld veruntreut habe.

Um den Kundendienst weiterhin aufrechtzuerhalten, wies Geiz & Kragen die gelernte Bankkauffrau Dörte Danzmann, zu deren arbeitsvertraglichen Pflichten auch die Kassierertätigkeit gehört, am 25.01.2007 an, anstelle von Frau Treu Tätigkeiten an der Kasse der Bank auszuführen. Danzmann weigerte sich zunächst, dem nachzukommen, weil sie seit Jahren in der Privatkundenbetreuung eingesetzt worden sei und Schalterdienste daher nicht mehr geleistet werden müssten. Erst als Geiz & Kragen das Arbeitsverhältnis der Danzmann daraufhin am 01.02.2007 ohne vorherige Anhörung des Betriebsrats mit sofortiger Wirkung schriftlich aufkündigte und die Fortsetzung des Arbeitsverhältnisses als Kassiererin anbot, nahm Danzmann noch am gleichen Tag die Tätigkeit an der Kasse auf. Allerdings reichte sie auf Empfehlung ihres Freundes Fridolin am 09.02.2007 eine Änderungsschutzklage gegen die Kündigung beim Amtsgericht ein und erklärte am 14.02.2007 gegenüber Geiz & Kragen, dass sie sich gegen die Änderungskündigung wehren werde. Die Klage wurde vom Amtsgericht an das Arbeitsgericht verwiesen und im ordnungsgemäßen Geschäftsgang weitergeleitet. Dort ging die Klage am 23.02.2007 ein und wurde Geiz & Kragen am 02.03.2007 zugestellt.

1. Haben die Kündigungsschutzklagen von Treu Erfolg?
2. Das Arbeitsgericht hat der Kündigungsschutzklage gegen die außerordentliche Kündigung stattgegeben, die Kündigungsschutzklage gegen die ordentliche Kündigung aber rechtskräftig abgewiesen. Kann Treu Wiedereinstellung verlangen, falls sich Mitte April 2007 herausstellt, dass nicht sie, sondern der Kassenbereichsleiter Ludwig-Fridolin Lang-Finger das Geld veruntreut hat?
3. Kann Treu von Geiz & Kragen Restlohn für Januar 2007 in Höhe von 600 € verlangen?
4. Hat die Änderungsschutzklage von Danzmann Erfolg?

Vorüberlegungen

I. Im ersten Komplex stehen zwei Problemkreise im Vordergrund. Erstens geht es um die fristgerechte Anhörung des Betriebsrats zu einer Kündigung, die in der Praxis eine wichtige Rolle spielt. Hier gilt es zu bedenken, dass nach dem Sinn und Zweck des Anhörungserfordernisses für die Fristwahrung durch den Arbeitgeber - anders als bei § 130 Abs. 1 BGB - nicht maßgeblich sein kann, wann das Kündigungsschreiben dem Arbeitnehmer zugeht. Da dem Betriebsrat durch das Anhörungserfordernis die Möglichkeit gegeben werden soll, auf die Willensbildung des Arbeitgebers Einfluss zu nehmen, darf der Arbeitgeber vor Fristablauf das Kündigungsschreiben nicht aus seinem Machtbereich herausgeben. Zweitens geht es um die Problematik der Verdachtskündigung. Der Arbeitgeber kann nicht nur eine nachgewiesene Straftat oder Pflichtverletzung zum Anlass für eine Kündigung nehmen. Vielmehr kann schon der bloße Verdacht die Fortsetzung des Arbeitsverhältnisses unzumutbar machen und daher eine Kündigung sozial rechtfertigen, u. U. sogar zu einer fristlosen Kündigung berechtigen. Allerdings werden an eine Verdachtskündigung hohe Anforderungen gestellt, insbesondere muss der Arbeitgeber alles ihm Zumutbare unternehmen, um den bestehenden Verdacht aufzuklären Hierzu gehört insbesondere die vorherige Anhörung des Arbeitnehmers.

II. Der etwaige Wiedereinstellungsanspruch in Frage 2 ist zwingend von der Weiterbeschäftigungspflicht während des Streits über den Fortbestand des Arbeitsverhältnisses bis zur Beilegung zu unterscheiden. Hierbei geht es um die Frage, ob der Arbeitnehmer gegen den früheren Arbeitgeber trotz unstreitiger Beendigung des Arbeitsverhältnisses einen Anspruch auf Abschluss eines neuen Arbeitsvertrages hat. Ein Wiedereinstellungsanspruch kommt insbesondere bei einer Verdachtskündigung und einer betriebsbedingten Kündigung in Betracht, wenn sich noch innerhalb der Kündigungsfrist der Verdacht entkräftet oder sich die betrieblichen Verhältnisse ändern. Ob ein solcher Anspruch tatsächlich anzuerkennen ist, wird unterschiedlich beurteilt.

III. Die dritte Fragestellung betrifft die sog. Mankohaftung des Arbeitnehmers. Besteht keine selbstständige Mankoabrede, dann richtet sich die Haftung des Arbeitnehmers für Fehlbestände hinsichtlich ihm anvertrauter Geldmittel, Waren oder sonstiger Rechtsgüter des Arbeitgebers nach allgemeinen Grundsätzen der Arbeitnehmerhaftung. Möglich erscheint hierbei einerseits eine Schadensersatzhaftung im Falle des Ausschlusses der Leistungspflicht wegen Unmöglichkeit, wenn die Leistung des Arbeitnehmers darin bestand, die ihm anvertrauten Gegenstände herauszugeben. Andererseits ist aber auch eine Haftung wegen Verletzung einer Pflicht aus dem Arbeitsverhältnis in Betracht zu ziehen, weil der Arbeitnehmer unsorgfältig mit den ihm anvertrauten Rechtsgütern des Arbeitgebers umgegangen ist. Eine derartige Unterscheidung hat im Ergebnis nur im Hinblick auf die Beweisführung Bedeutung, weil der Nachweis einer Unmöglichkeit der Pflichterfüllung dem Arbeitgeber in der Regel größere Schwierigkeiten zu bereiten scheint als der einer Pflichtverletzung an sich. Keine Unterschiede ergeben sich hingegen im Hinblick auf die Beweislast. Abweichend von der allgemeinen Beweislastregel des § 280 Abs. 1 Satz 2 BGB hat gemäß § 619a BGB der Arbeitgeber dem Arbeitnehmer bei Pflichtverletzungen ein Verschulden nachzuweisen.

IV. Bei Frage 4 werden wichtige Probleme in Zusammenhang mit der Änderungskündigung abgehandelt. Zum Verständnis hierfür ist wichtig, dass die Änderungskündigung als echte Kündigung verbunden mit einem Angebot auf Abschluss eines Änderungsvertrags eine Doppelnatur besitzt. Abweichend von allgemeinen zivilrechtlichen Grundsätzen besteht die Möglichkeit der bedingten Annahme des Änderungsangebots unter dem Vorbehalt der sozialen Rechtfertigung der geänderten Arbeitsbedingungen (auflösend bedingter Änderungsvertrag). Für den vorliegenden Fall sind drei Punkte zu beachten: Erstens muss die Annahme selbst nicht ausdrücklich erklärt werden, sondern kann auch in einem schlüssigen Verhalten, z. B. der Weiterarbeit zu geänderten Arbeitsbedingungen, zu sehen sein. Zweitens muss der Vorbehalt innerhalb der Kündigungsfrist, spätestens aber nach drei Wochen, erklärt werden. Bei einer außerordentlichen Änderungskündigung, für die es gerade keine Kündigungsfrist gibt, wird dem Arbeitnehmer eine, zumindest kurze, Überlegungsfrist eingeräumt. Wird der Vorbehalt nicht innerhalb der dafür vorgesehenen Frist erklärt, kommt der Änderungsvertrag unbedingt zustande. Drittens stellt sich die Frage, ob ein Änderungsangebot auch dann vorbehaltlos angenommen werden kann, wenn die in der Änderungskündigung enthaltene echte Kündigung rechtsunwirksam ist. Auf Grund der Rechtsnatur der Änderungskündigung als zusammengesetztes Rechtsgeschäft beurteilt sich dies nach § 139 BGB.

Lösung

A. Erfolg der Kündigungsschutzklagen von Treu

I. Außerordentliche Kündigung

Die Kündigungsschutzklage gegen die außerordentliche Kündigung vom 22./24.01.2007 hat Erfolg, wenn der Rechtsweg zum Arbeitsgericht eröffnet ist sowie die Klage zulässig und begründet ist.

1. Zulässigkeit

a) Rechtsweg

Rechtsweg zum ArbG

Nach § 2 Abs. 1 Nr. 3 lit. b) ArbGG ist der Rechtsweg zu den Arbeitsgerichten eröffnet.

b) Kündigungsschutzklage

Feststellungsinteresse bei Kündigungsschutzklage

Weiterhin müsste ein zulässiges Feststellungsbegehren gegeben sein. Zwar ist nach der allgemeinen Regelung des § 256 Abs. 1 ZPO Gegenstand einer Feststellungsklage grundsätzlich nur das Bestehen oder Nichtbestehen eines Rechtsverhältnisses und nicht die Wirksamkeit einzelner rechtsgeschäftlicher Handlungen. Abweichend von diesem allgemeinen Grundsatz kann aber nach der spezielleren Regelung der §§ 4, 13 Abs. 1 Satz 2 KSchG bei der Kündigung des Arbeitsverhältnisses auch isoliert die Wirksamkeit einer einzelnen Kündigung überprüft werden. Daher wäre die Kündigungsschutzklage zulässig, wenn §§ 4, 13 Abs. 1 Satz 2 KSchG anwendbar wären.

Kündigungsschutzklage auch ohne allgemeinen Kündigungsschutz

Grundsätzlich gelten die Vorschriften des ersten Abschnitts über den allgemeinen Kündigungsschutz gemäß § 23 Abs. 1 Satz 2 und 3 KSchG nicht in so genannten Kleinbetrieben. Von dieser Bereichsausnahme ausgenommen sind jedoch seit dem 01.01.2004 die §§ 4 bis 7 und § 13 Abs. 1 Satz 1 und 2 KSchG. Dies bedeutet, dass auch Arbeitnehmer in Kleinbetrieben Kündigungsschutzklage erheben können und sogar müssen, wenn sie den Eintritt der Vermutungswirkung von § 7 KSchG verhindern wollen[1].

---

[1] Begründung zum RegE, BT-Drs. 15/1204, S. 13; APS/Ascheid, § 4 KSchG Rn. 14; ErfK/Ascheid, § 4 KSchG Rn. 1; Bader, NZA 2004, 65, 68.

T hat hier einen Tag nach Zugang der Kündigung am 25.01.2007 Kündigungsschutzklage erhoben. Daher ist die Klagefrist gemäß § 4 i. V. m. § 13 Abs. 1 Satz 2 KSchG gewahrt, so dass dahinstehen kann, ob es sich bei der Einhaltung der Klagefrist um eine Zulässigkeitsvoraussetzung handelt oder die Nichteinhaltung der Klagefrist lediglich zur Abweisung der Klage als unbegründet führt[2].

Wahrung der Klagefrist

c) Feststellungsinteresse

Das rechtliche Interesse an der alsbaldigen Feststellung ergibt sich daraus, dass der Arbeitnehmer eine Kündigungsschutzklage erheben muss, um den Eintritt der unwiderleglichen Vermutung der Rechtswirksamkeit der Kündigung nach § 7 i. V. m. § 13 Abs. 1 S. 2 KSchG zu verhindern.

Vermutungswirkung des § 7 KSchG

d) Zwischenergebnis

Die Kündigungsschutzklage gegen die außerordentliche Kündigung ist somit zulässig.

Kündigungsschutzklage zulässig

2. Begründetheit

Die Kündigungsschutzklage ist begründet, wenn das Arbeitsverhältnis durch die außerordentliche Kündigung nicht aufgelöst wurde. Dies ist dann der Fall, wenn die Kündigung unwirksam ist.

a) Kündigungserklärung

Voraussetzung für die Wirksamkeit der Kündigung ist zunächst eine wirksame Kündigungserklärung. Geiz & Kragen hat das Arbeitsverhältnis unter Beachtung der Schriftform des § 623 BGB und innerhalb der Erklärungsfrist des § 626 Abs. 2 Satz 1 BGB wegen des Verdachts einer strafbaren Handlung gekündigt.

Formgerechte Kündigungserklärung

b) Anhörung des Betriebsrats

Diese Kündigungserklärung wäre gleichwohl nach § 102 Abs. 1 Satz 3 BetrVG unwirksam, wenn der im Betrieb der Geiz & Kragen bestehende Betriebsrat nicht ordnungsgemäß angehört worden wäre. Geiz & Kragen hat den Betriebsrat laut Sachverhalt ordnungsgemäß über die beabsichtigte außerordentliche Kündigung informiert. Es bestehen aber Bedenken, ob Geiz & Kragen dem Betriebsrat hin-

Frist für Betriebsratsanhörung

---

[2] Ausführlich zum Streitstand Boemke, RdA 1995, 211 ff.

reichend Zeit zu einer Stellungnahme gegeben hat. Zwar ist in § 102 BetrVG eine Frist für die Anhörung des Betriebsrats nicht ausdrücklich bestimmt; aus § 102 Abs. 2 Satz 3 BetrVG ergibt sich aber, dass der Betriebsrat mindestens drei Tage Gelegenheit haben soll, sich zu der beabsichtigten außerordentlichen Kündigung zu äußern. Eine vor Ablauf der Anhörungsfrist ausgesprochene außerordentliche Kündigung ist unheilbar nichtig[3].

Fristbeginn

Der Lauf der Frist wird durch die Anhörung des Betriebsrats, also die Mitteilung der Kündigungsabsicht und der Kündigungsgründe, ausgelöst. Es handelt sich hierbei um eine Ereignisfrist, so dass Fristbeginn hier nach § 187 Abs. 1 BGB der Beginn des auf die Anhörung folgenden Tags, also der 19.01.2007 war. Die Frist endete gemäß § 188 Abs. 1 BGB mit Ablauf des letzten Tags der Frist, also mit Ablauf des 21.01.2007[4]. Da es sich bei diesem Tag um einen Sonntag handelte, endete die Frist in entsprechender Anwendung von § 193 BGB mit Ablauf des darauf folgenden Werktags, also mit Ablauf des 22.01.2007. Geiz & Kragen hatte das Kündigungsschreiben schon im Laufe des 22.01.2007, also vor Ablauf der Frist zur Anhörung, abgesendet, dieses war aber erst am 24.01.2007 bei T eingetroffen. Danach wäre die Anhörungsfrist nur eingehalten, wenn es für die Fristwahrung auf den Zugang der Kündigung beim Empfänger ankäme. Hierfür könnte sprechen, dass nach § 130 Abs. 1 BGB für das Wirksamwerden von Willenserklärungen auf den Zugang beim Empfänger abzustellen ist. Eine solche Betrachtung würde aber dem Sinn und Zweck des Erfordernisses einer Anhörung des Betriebsrats vor jeder Kündigung nicht gerecht. Dem Betriebsrat soll nämlich durch die Anhörung Gelegenheit gegeben werden, Bedenken gegen die Kündigung zu formulieren und den Arbeitgeber dazu zu bewegen, seinen Kündigungsent-

---

[3] BAG vom 28.02.1974, AP Nr. 2 zu § 102 BetrVG 1972 unter I 4 = NJW 1974, 1526; BAG vom 13.11.1975, AP Nr. 7 zu § 102 BetrVG 1972 unter 3 a = NJW 1976, 694; BAG vom 16.09.1993, AP Nr. 62 zu § 102 BetrVG 1972 unter B II 2 = NZA 1994, 311; APS/Koch, § 102 BetrVG Rn. 133; Boemke, ArbR, § 13 Rn. 132; KR/Etzel, § 102 BetrVG Rn. 118 f.; Schaub/Linck, ArbR-Hdb., § 123 Rn. 105 f.

[4] Der Lauf der Anhörungsfrist wird auch bei der außerordentlichen Kündigung nicht durch ein in den Fristlauf fallendes Wochenende gehemmt oder verlängert, vgl. nur Boemke, ArbR, § 13 Rn. 118; KR/Etzel, § 102 BetrVG Rn. 90.

schluss zu überdenken[5]. Diese Einwirkungsmöglichkeit wird ihm genommen, wenn der Arbeitgeber vor Ablauf der Anhörungsfrist die Kündigung bereits aus der Hand gegeben und das Kündigungsschreiben den Machtbereich des Arbeitgebers schon verlassen hat[6].

Im konkreten Fall hat Geiz & Kragen das Kündigungsschreiben bereits während des 22.01.2007 und damit vor Ablauf der Anhörungsfrist des § 102 Abs. 2 Satz 3 BetrVG zur Post aufgegeben. Der Betriebsrat ist damit nicht ordnungsgemäß i. S. d. § 102 Abs. 1 BetrVG zur außerordentlichen Kündigung angehört worden, so dass die Rechtswirkung des § 102 Abs. 1 Satz 3 BetrVG eintritt.

Keine ordnungsgemäße Betriebsratsanhörung

3. Zwischenergebnis

Die außerordentliche Kündigung vom 22./24.01.2007 ist wegen nicht ordnungsgemäßer Anhörung des Betriebsrats nach § 102 Abs. 1 Satz 3 BetrVG unwirksam. Die Kündigungsschutzklage gegen diese Kündigung ist daher zulässig und begründet.

Außerordentliche Kündigung unwirksam

II. Ordentliche Kündigung

Die Kündigungsschutzklage gegen die ordentliche Kündigung vom 15./17.02.2007 hat Erfolg, wenn der Rechtsweg zum Arbeitsgericht eröffnet sowie die Klage zulässig und begründet ist.

1. Zulässigkeit

Nach § 2 Abs. 1 Nr. 3 lit. b) ArbGG ist der Rechtsweg zu den Arbeitsgerichten eröffnet. Auch ist die Kündigungsschutzklage als besondere Feststellungsklage nach § 23 Abs. 1 Satz 3 KSchG gegeben, weil selbst wenn der betriebliche Geltungsbereich des allgemeinen Kündigungs-

Rechtsweg zum ArbG

---

[5] BAG vom 16.09.1993, AP Nr. 62 zu § 102 BetrVG 1972 unter B II 2 b cc (1) = NZA 1994, 311; BAG vom 08.04.2003, NZA 2003, 961, 962; BAG vom 27.11.2003 – 2 AZR 653/02 – unter B I, (n. v.); Boemke, ArbR, § 13 Rn. 112; KR/Etzel, § 102 BetrVG Rn. 8.

[6] BAG vom 28.02.1974, AP Nr. 2 zu § 102 BetrVG 1972 unter I 4 mit Anm. Richardi = NJW 1974, 1526; BAG vom 13.11.1975, AP Nr. 7 zu § 102 BetrVG 1972 unter 3 a = NJW 1976, 697; BAG vom 11.07.1991, NZA 1992, 38, 40; BAG vom 08.04.2003, NZA 2003, 961 f.; Boemke, ArbR, § 13 Rn. 119; KR/Etzel, § 102 BetrVG Rn. 176a; Schaub/Linck, ArbR-Hdb., § 123 Rn. 97 b, 105.

Wahrung der Klagefrist

schutzes nicht eröffnet wäre, der Arbeitnehmer gleichwohl nur mit der Kündigungsschutzklage den Eintritt der Vermutungswirkung nach § 7 KSchG verhindern kann[7].

Die Klage wäre daher zulässig, wenn T die Klagefrist gewahrt hätte[8]. Vorliegend hat T die Kündigungsschutzklage gegen die ordentliche Kündigung in der mündlichen Verhandlung vom 12.03.2007 erhoben. Die Frist zur Klageerhebung begann nach § 187 Abs. 1 BGB i. V. m. § 222 Abs. 1 ZPO, § 46 Abs. 2 ArbGG an dem auf den Tag des Zugangs der Kündigung (17.02.2007) folgenden Tag, also am Sonntag, dem 18.02.2007, zu laufen. Sie endete gemäß § 188 Abs. 2 Alt. 1 BGB i. V. m. § 222 Abs. 1 ZPO, § 46 Abs. 2 ArbGG drei Wochen später mit Ablauf des 10.03.2007. Da dieser Tag ein Sonnabend war, trat an dessen Stelle gemäß § 222 Abs. 2 ZPO i. V. m. § 46 Abs. 2 ArbGG der Ablauf des nächsten Werktags, also der Ablauf des 12.03.2007. Die Klagefrist ist somit gewahrt und die Kündigungsschutzklage auch zulässig.

2. Begründetheit

Die Kündigungsschutzklage ist begründet, wenn das Arbeitsverhältnis durch die ordentliche Kündigung nicht aufgelöst wurde. Dies ist dann der Fall, wenn die Kündigung unwirksam ist.

a) Kündigungserklärung

Ordnungsgemäße Kündigungserklärung

Geiz & Kragen hat die Kündigung schriftlich erklärt (§ 623 BGB). Vor der Kündigung wurde der Betriebsrat am 05.02.2007 ordnungsgemäß über die beabsichtigte Kündigung informiert, so dass die Anhörungsfrist mit dem Ablauf des 12.02.2007 endete (§ 102 Abs. 2 Satz 1 BetrVG). Da die Kündigung erst am 15.02.2007 ausgesprochen wurde, hatte der Betriebsrat Gelegenheit, innerhalb der gesetzlichen Frist seine Bedenken gegen die ordentliche Kündigung anzumelden, so dass die allgemeinen Wirksamkeitsvoraussetzungen für die Kündigung gegeben sind.

---

[7] Siehe oben unter A I 1 b, S. 144 f.
[8] Zur Frage, ob die Wahrung der Klagefrist Zulässigkeitsvoraussetzung ist oder lediglich im Rahmen der Begründetheit berücksichtigt wird, siehe Klausur 3, unter B II 1 b aa, S. 88 f.

b) Soziale Rechtfertigung der Kündigung

Grundsätzlich bedarf die ordentliche Kündigung eines unbefristeten Arbeitsverhältnisses keines rechtfertigenden Grundes, weil die Kündigungsfreiheit als Ausfluss der Privatautonomie besteht (§ 620 Abs. 2 BGB)[9]. Eine Ausnahme gilt allerdings nach § 1 Abs. 1 KSchG dann, wenn der Arbeitnehmer allgemeinen Kündigungsschutz genießt. In diesem Falle ist die Kündigung nur wirksam, wenn sie sozial gerechtfertigt ist.

Grundsatz der Kündigungsfreiheit

aa) Betrieblicher Geltungsbereich des allgemeinen Kündigungsschutzes

Da das Arbeitsverhältnis von T erst nach dem 31.12.2003 begonnen hat, ist der betriebliche Anwendungsbereich des ersten Abschnitts des KSchG nach § 23 Abs. 1 Satz 3 KSchG nur eröffnet, wenn in der Regel mehr als zehn Arbeitnehmer im Betrieb beschäftigt werden. In der Leipziger Filiale von Geiz & Kragen werden insgesamt zwölf Personen beschäftigt. Allerdings bleiben bei der Bestimmung der für die Anwendbarkeit der Vorschriften über den allgemeinen Kündigungsschutz maßgeblichen Arbeitnehmerzahl nach § 23 Abs. 1 Satz 3 KSchG Auszubildende unberücksichtigt. Darüber hinaus zählen Arbeitnehmer mit einer regelmäßigen wöchentlichen Arbeitszeit von nicht mehr als 20 Stunden nur zur Hälfte mit. Demnach wären in der Filiale der Geiz & Kragen in Leipzig im kündigungsschutzrechtlichen Sinne nur neun Vollzeitkräfte = neun Arbeitnehmer sowie zwei Teilzeitkräfte mit 18,5 Wochenstunden = 2 x 0,5 Arbeitnehmer, insgesamt also nur zehn Arbeitnehmer beschäftigt. Somit erfüllt die Leipziger Filiale der G & K als solche nicht die Voraussetzungen des § 23 Abs. 1 Satz 3 KSchG.

Größe der Leipziger Filiale

Demnach wäre der betriebliche Geltungsbereich des allgemeinen Kündigungsschutzes nicht eröffnet, wenn es sich bei der Leipziger Filiale der Geiz & Kragen um einen eigenständigen Betrieb handeln würde. Unter Betrieb im Sinne des Kündigungsschutzgesetzes ist die organisatorische Einheit zu verstehen, innerhalb derer ein Unternehmer allein oder in Gemeinschaft mit seinen Mitarbeitern mit Hilfe von sachlichen und immateriellen Mitteln bestimmte arbeitstechnische Zwecke fortgesetzt verfolgt[10]. Maßgeblich

Betriebsbegriff

---

[9] Grundlegend Boemke, WiB 1997, 617.
[10] BAG vom 26.08.1971, AP Nr. 1 zu § 23 KSchG 1969 unter II 1; BAG vom 23.03.1984, AP Nr. 4 zu § 23 KSchG 1969 unter

kommt es dabei nicht auf die räumliche Einheit, sondern auf die einheitliche und eigenständige Leitung des Betriebs an[11]. Werden mehrere Filialen nicht eigenständig organisiert, sondern durch einen einheitlichen Verwaltungsapparat gelenkt, der die Einzelheiten der arbeitstechnischen Zwecksetzung festlegt, handelt es sich bei den einzelnen Filialen nicht um eigenständige Betriebe[12]. Vielmehr bilden sämtliche Filialen auf Grund der einheitlichen Leitung trotz ihrer räumlichen Trennung nur einen Betrieb. Da hier die Filialbetriebe der G & K einheitlich gelenkt werden, bilden diese Filialen dementsprechend nur einen Betrieb mit zusammen mehr als 40 Beschäftigten, so dass nach § 23 Abs. 1 Satz 3 KSchG der betriebliche Geltungsbereich des ersten Abschnitts des KSchG eröffnet ist.

Wartezeit

Da T bereits seit 2004 und damit zum Zeitpunkt des Zugangs der Kündigung länger als sechs Monate im Betrieb von Geiz & Kragen beschäftigt war, genießt sie allgemeinen Kündigungsschutz, so dass auch der persönliche Geltungsbereich des KSchG nach § 1 Abs. 1 KSchG gegeben ist, weshalb die Kündigung der sozialen Rechtfertigung bedarf.

bb) Wahrung der Klagefrist, § 4 Satz 1 KSchG

Klagefrist gewahrt

Die soziale Rechtfertigung würde nach §§ 7, 4 Satz 1 KSchG unwiderleglich vermutet, wenn T die dreiwöchige Klagefrist nicht gewahrt hätte. Wie oben im Einzelnen dargelegt[13], hat T die Kündigungsschutzklage gegen die ordentliche Kündigung vom 15./17.02.2007 fristgerecht erhoben.

I 2 a aa = NZA 1984, 88; BAG vom 14.09.1988, AP Nr. 9 zu § 1 BetrVG 1972 unter B 2 = NZA 1989, 190; BAG vom 03.06.2004, NZA 2004, 1380, 1381; APS/Moll, § 23 KSchG Rn. 7 ff.; v. Hoyningen-Huene/Linck, KSchG, § 23 Rn. 5.

[11] BAG vom 25.11.1993, AP Nr. 3 zu § 14 KSchG 1969 unter I 4 b = NZA 1994, 837; BAG vom 03.06.2004, NZA 2004, 1380, 1382; APS/Moll, § 23 KSchG Rn. 9; v. Hoyningen-Huene/Linck, KSchG, § 23 Rn. 5.

[12] BAG vom 26.08.1971, AP Nr. 1 zu § 23 KSchG 1969 unter II 1 = DB 1971, 2319; BAG vom 24.02.1976, AP Nr. 2 zu § 4 BetrVG 1972 unter II 3 = DB 1976, 1579; BAG vom 25.11.1993, AP Nr. 3 zu § 14 KSchG 1969 unter I 4 b = NZA 1994, 837; APS/Moll, § 23 KSchG Rn. 13; Birk, JuS 1985, 782, 785; v. Hoyningen-Huene/Linck, KSchG, § 23 Rn. 6.

[13] Siehe oben unter A II 1, S. 147 f.

cc) Kündigungsgrund

Daher wäre die Kündigung mangels sozialer Rechtfertigung nach § 1 Abs. 2 Satz 1 KSchG unwirksam, wenn sie nicht durch Gründe in dem Verhalten bzw. der Person des Arbeitnehmers oder des Betriebs bedingt ist.

(1) Verhaltensbedingter Grund

Eine verhaltensbedingte Kündigung setzt grundsätzlich vom Arbeitnehmer zu vertretende Pflichtverletzungen voraus, die so schwer wiegen, dass dem Arbeitgeber bei Würdigung aller Umstände des Einzelfalls die Fortsetzung des Arbeitsverhältnisses unzumutbar wird[14]. Dies kommt z. B. in Betracht, wenn der Arbeitnehmer im Rahmen der Ausübung der geschuldeten Tätigkeit Straftaten gegen den Arbeitgeber begeht, insbesondere sich Rechtsgüter des Arbeitgebers rechtswidrig zueignet[15].

Pflichtverletzung

Der gegenüber T erhobene Vorwurf, Kassengelder veruntreut zu haben, rechtfertigt grds. eine verhaltensbedingte ordentliche Kündigung[16], u. U. besteht sogar ein wichtiger Grund zur außerordentlichen Kündigung[17]. Allerdings setzt eine verhaltensbedingte Kündigung voraus, dass der Arbeitnehmer die behauptete Pflichtverletzung, die zum Anlass für die Kündigung genommen wird, auch tatsächlich begangen hat[18]. Im konkreten Fall bestand zum Zeitpunkt des Ausspruchs der Kündigung zwar der dringende Verdacht, dass T Geld der G & K veruntreut hat; dieser Ver-

Darlegungs- und Beweislast

---

[14] BAG vom 18.01.1980, AP Nr. 1 zu § 626 BGB Nachschieben von Kündigungsgründen mit Anm. Birk unter 2 b = NJW 1980, 2486; BAG vom 20.09.1984, AP Nr. 80 zu § 626 BGB unter I 2 = NZA 1985, 286; Boemke, ArbR, § 14 Rn. 64 ff.; KR/Fischermeier, § 626 BGB Rn. 105; Hromadka/Maschmann, ArbR 1, § 10 Rn. 178; Löwisch/Spinner, KSchG, § 1 Rn. 121.

[15] BAG vom 20.09.1984, AP Nr. 80 zu § 626 BGB unter I 4 = NZA 1985, 286; Boemke, ArbR, § 14 Rn. 94; Schaub/Linck, ArbR-Hdb., § 125 Rn. 117.

[16] BAG vom 26.11.1964, AP Nr. 53 zu § 626 BGB unter II = DB 1965, 519; Boemke, ArbR, § 14 Rn. 94; Stahlhacke/Preis/Vossen, Kündigung und Kündigungsschutz, Rn. 657.

[17] BAG vom 10.02.2005, NZA 2005, 1056, 1058; KR/Fischermeier, § 626 BGB Rn. 114; Schaub/Linck, ArbR-Hdb., § 125 Rn. 117.

[18] Zur Unterscheidung zwischen Kündigung wegen der Tat und wegen des bloßen Tatverdachts: BAG vom 03.04.1986, NZA 1986, 677; BAG vom 26.03.1992; NZA 1992, 1121; BAG vom 14.09.1994, NZA 1995, 270; Hromadka/Maschmann, ArbR 1, § 10 Rn. 120.

dacht lässt sich aber nicht beweisen. Da nach § 1 Abs. 2 Satz 4 KSchG der Arbeitgeber die Beweislast für die Kündigungsgründe trägt, geht dieses non liquet zu Lasten von G & K. Die Veruntreuung von Geldern und damit die Verletzung arbeitsvertraglicher Pflichten kann T nicht nachgewiesen werden. Ein Grund für eine verhaltensbedingte Kündigung besteht damit nicht.

(2) Personenbedingter Grund

(2.1) Verdachtskündigung als personenbedingte Kündigung

Tatverdacht als Kündigungsgrund

Die Kündigung könnte aber gleichwohl aus personenbedingten Gründen gerechtfertigt sein. Dies ist dann der Fall, wenn der Arbeitnehmer auf Grund seiner persönlichen Fähigkeiten oder Eigenschaften nicht mehr in der Lage ist, künftig seine arbeitsvertraglichen Verpflichtungen zu erfüllen[19]. Der bloße Verdacht einer Straftat kann dann einen solchen personenbedingten Kündigungsgrund bilden, wenn schon dieser bloße Verdacht dem Arbeitgeber eine weitere Zusammenarbeit mit dem Arbeitnehmer unzumutbar macht[20]. Allerdings sind an eine Verdachtskündigung sehr strenge Voraussetzungen zu knüpfen, weil der Arbeitnehmer u. U. seinen Arbeitsplatz verliert, obwohl er den Pflichtverstoß tatsächlich nicht begangen hat.

---

[19] BAG vom 20.05.1988, AP Nr. 9 zu § 1 KSchG 1969 Personenbedingte Kündigung unter C III 2 b aa = NZA 1989, 464; Boemke, ArbR, § 14 Rn. 42 ff.; KR/Etzel, § 1 KSchG Rn. 271; v. Hoyningen-Huene/Linck, KSchG, § 1 Rn. 261.

[20] Zur Einordnung der Verdachtskündigung als personenbedingte Kündigung: Appel/Gerken, AuR 1995, 205, 210; Belling RdA 1996, 223, 225; Berkowsky, Die personen- und verhaltensbedingte Kündigung, § 12 Rn. 9; v. Hoyningen-Huene/Linck, KSchG, § 1 Rn. 261; Hromadka/Maschmann, ArbR 1, § 10 Rn. 120; Löwisch/Spinner, KSchG, § 1 Rn. 232; Stahlhacke/Preis/Vossen, Kündigung und Kündigungsschutz, Rn. 755. – A. A. Einordnung als verhaltensbedingte Kündigung: KR/Etzel, § 1 KSchG Rn. 505. – Das BAG hat die Verdachtskündigung generell unter § 1 Abs. 2 KSchG und eine genaue Zuordnung zu den verhaltens- oder personenbedingten Gründen bisher vermieden; vgl. BAG vom 10.02.2005, NZA 2005, 1056, 1058; BAG vom 12.01.2006, NZA 2006, 917, 922.

(2.2) Dringender Tatverdacht

Zunächst muss ein dringender, auf objektive Tatsachen gründender Verdacht, also eine große Wahrscheinlichkeit dafür bestehen, dass der Arbeitnehmer eine schwerwiegende Pflichtverletzung begangen hat[21]. Ein solcher Verdacht war laut Sachverhalt zum Zeitpunkt der Kündigung gegeben. Inzwischen hat sich zwar nicht die Unschuld von T herausgestellt, der Verdacht besteht aber nunmehr vor allem ggü. einem Kollegen von T, so dass ein dringender Tatverdacht gegen T nicht mehr gegeben ist. Nach verbreiteter Auffassung sollen im Verfahren auftretende Entlastungsumstände berücksichtigt werden. Die Wirksamkeit der Verdachtskündigung sei davon abhängig, dass der Tatverdacht noch zum Zeitpunkt der letzten mündlichen Verhandlung vor dem Arbeitsgericht besteht[22]. Danach wären nunmehr die Voraussetzungen einer Verdachtskündigung nicht mehr gegeben, weil inzwischen Anhaltspunkte dafür bestehen, dass die Tat auch von einer dritten Person begangen worden sein kann. Diese Auffassung berücksichtigt aber nicht hinreichend, dass die Kündigung als empfangsbedürftige Willenserklärung mit ihrem Zugang wirksam wird (§ 130 Abs. 1 Satz 1 BGB), also die Rechtmäßigkeit der Kündigung zu diesem Zeitpunkt feststehen muss[23]. Spätere Entwicklungen, gleich ob zugunsten oder zuungunsten des Arbeitnehmers, können für die Beurteilung der Wirksam-

Tatverdacht im Zeitpunkt der Kündigung

---

[21] BAG vom 04.06.1964, AP Nr. 13 zu § 626 BGB Verdacht strafbarer Handlung unter I 3 d = NJW 1964, 1918; BAG vom 14.09.1994, NZA 1995, 269, 270; BAG vom 13.09.1995, AP Nr. 25 zu § 626 BGB Verdacht strafbarer Handlung unter II 3 = NZA 1996, 81; BAG vom 20.08.1997, AP Nr. 27 zu § 626 BGB Verdacht strafbarer Handlung unter II 1 a = NZA 1997, 1340, 1341; BAG vom 10.02.2005, NZA 2005, 1056, 1058; Boemke, ArbR, § 13 Rn. 86; Hromadka/Maschmann, ArbR 1, § 10 Rn. 121; Stahlhacke/Preis/Vossen, Kündigung und Kündigungsschutz, Rn. 760.

[22] BAG vom 20.02.1986, NZA 1988, 94 f.; BAG vom 14.09.1994, NZA 1995, 269, 271; Löwisch/Denck, JuS 1975, 800, 801; Schaub/Linck, ArbR-Hdb., § 125 Rn. 131. – Im Ergebnis auch KR/Etzel, § 1 KSchG Rn. 509, demzufolge später bekannt gewordene Umstände entscheidungserheblich sein sollen, wenn sie objektiv im Zeitpunkt des Zugangs der Kündigung vorgelegen haben.

[23] APS/Dörner, § 626 BGB Rn. 356; Boemke, ArbR, § 13 Rn. 91; Dörner NZA 1992, 865, 870f.; v. Hoyningen-Huene/Linck, KSchG, § 1 Rn. 266; Oetker, Individualarbeitsrecht, Fall 30, S. 160.

keit der Kündigung keine Berücksichtigung finden[24]. Das Auftreten von Entlastungsumständen nach Zugang der Kündigungserklärung führt daher nicht zur Unwirksamkeit der Verdachtskündigung, es kommt allenfalls ein Wiedereinstellungsanspruch in Betracht[25].

(2.3) Verdacht einer schwerwiegenden Pflichtverletzung

Art der Pflichtverletzung

Weiter muss die Pflichtverletzung, derer der Arbeitnehmer verdächtigt wird, als solche geeignet sein, eine Kündigung zu rechtfertigen, wenn diese tatsächlich begangen worden wäre[26]. Dies ist vorliegend der Fall, weil die Unterschlagung anvertrauten Geldes eine erhebliche Verletzung arbeitsvertraglicher Pflichten darstellt, die das Vertrauen in den Arbeitnehmer zerstört und deshalb eine weitere Zusammenarbeit unzumutbar macht.

(2.4) Anhörung des Arbeitnehmers

Anhörung als Wirksamkeitsvoraussetzung

Schließlich muss der Arbeitgeber alles Zumutbare getan haben, um den Sachverhalt aufzuklären, insbesondere muss er den Arbeitnehmer zum Tatverdacht anhören und ihm die Möglichkeit einräumen, diesen zu beseitigen[27]. Von einer Unzumutbarkeit der Fortsetzung des Arbeitsverhältnisses kann nämlich nur dann ausgegangen werden, wenn der Arbeitgeber alles zur Klärung des Sachverhalts Mögliche und Zumutbare getan hat. Hierzu ist es insbesondere erforderlich, dem Arbeitnehmer Gelegenheit zu geben, den Vorfall aus seiner Sicht zu schildern und entlastende Umstände vorzutragen. Laut Sachverhalt hat Geiz & Kragen weder vor Ausspruch der außerordentlichen noch vor Ausspruch der ordentlichen Kündigung T angehört, so dass die ordentliche Kündigung mangels Anhörung von T als Verdachtskündigung unwirksam sein könnte. Allerdings hatte T vor

---

[24] Grunsky, ZfA 1977, 167, 171; v. Hoyningen-Huene/Linck, KSchG, § 1 Rn. 266; Löwisch/Spinner, KSchG, § 1 Rn. 231; Oetker, Individualarbeitsrecht, Fall 30, S. 160.

[25] Vgl. BAG vom 20.08.1997, NZA 1997, 1340, 1343; Berkowsky, Die personen- und verhaltensbedingte Kündigung, § 12 Rn. 20; Boemke, ArbR, § 13 Rn. 91; v. Hoyningen-Huene/Linck, KSchG, § 1 Rn. 266.

[26] Boemke, ArbR, § 13 Rn. 89; Oetker, JuS 1990, 739, 742.

[27] BAG vom 13.09.1995, NZA 1996, 81, 83; BAG vom 10.02.2005, NZA 2005, 1056, 1058; APS/Dörner, § 626 BGB Rn. 348 ff.; Berkowsky, Die personen- und verhaltensbedingte Kündigung, § 12 Rn. 6; Boemke, ArbR, § 13 Rn. 88; Geck/Seifert, JA 1995, 285, 287; v. Hoyningen-Huene/Linck, KSchG, § 1 KSchG Rn. 265.

Ausspruch der ordentlichen Kündigung die außerordentliche Kündigung mit der Kündigungsschutzklage angegriffen und damit Gelegenheit, den Sachverhalt aus ihrer Sicht zu schildern und entlastende Umstände vorzutragen. Dies könnte eine ausdrückliche Anhörung entbehrlich machen.

Sinn und Zweck der Anhörungsobliegenheit ist es, dem Arbeitnehmer die Möglichkeit einzuräumen, gegen ihn bestehende Verdachtsgründe und Verdachtsmomente zu entkräften, zu beseitigen und in diesem Zusammenhang entlastende Umstände vorzubringen. Die Anhörung muss insoweit zwar nicht den strengen Anforderungen entsprechen, welche an eine Betriebsratsanhörung nach § 102 Abs. 1 BetrVG gestellt werden; der dem Arbeitnehmer zur Last gelegte Sachverhalt muss aber durch den Arbeitgeber im Rahmen der Anhörung so konkret und transparent dargelegt werden, dass die Einräumung der Gelegenheit zur Stellungnahme nicht nur als formelle Möglichkeit erscheint[28]. Die Schutzfunktion der geforderten Anhörung würde entwertet, wenn der Arbeitnehmer tatsächliche Grundlagen und Umstände des Vorwurfs nicht kennt und deswegen keine effektive Möglichkeit bekommt, entlastende Gegebenheiten zu ermitteln und bei einer Stellungnahme vorzutragen, weil ihm hierfür die Anhaltspunkte fehlen[29].

Sinn und Zweck der Anhörung

Zwar konnte T im Rahmen der Erhebung der Kündigungsschutzklage zu den Vorgängen Stellung nehmen, Geiz & Kragen hat T aber Erkenntnisse und Tatsachen über den ihr zur Last gelegten Vorwurf weder mitgeteilt noch konkretisiert. Daher hatte T keine Möglichkeit, zu den Vorwürfen substantiiert Stellung zu beziehen, um den Verdacht zu widerlegen und damit zu verhindern, dass ihr gekündigt wird. Somit wurde T zu den Vorwürfen nicht ordnungsgemäß angehört. Weil es sich bei der Anhörung um eine echte Wirksamkeitsvoraussetzung handelt[30], ist damit die Kündigung unwirksam.

Keine Anhörung von T

---

[28] BAG vom 13.09.1995, NZA 1996, 81, 83; APS/Dörner, § 626 BGB Rn. 350 f.

[29] BAG vom 23.03.1972, AP Nr. 63 zu § 626 BGB = DB 1972, 1028. - Ausführlich zum Sinn und Zweck der Anhörung: Boemke, WiB 1996, 219; KR/Fischermeier, § 626 BGB Rn. 230; Reuter, JuS 1996, 561f.

[30] BAG vom 11. 04.1985, AP Nr. 39 zu § 102 BetrVG 1972 = NZA 1986, 674; BAG vom 13.09.1995, NZA 1996, 81, 83; Berkowsky, Die personen- und verhaltensbedingte Kündigung, § 12 Rn. 6; Dörner, NZA 1992, 865, 869; KR/Fischermeier, § 626 BGB Rn. 231. - A. A. Preis DB 1988, 1444, 1448; Lücke, BB 1997, 1842, 1847.

3. Zwischenergebnis

Kündigung unwirksam

Die Kündigungsschutzklage von T gegen die ordentliche Kündigung vom 15./17.02.2007 ist mangels ordnungsgemäßer Anhörung der T zum bestehenden Tatverdacht unwirksam. Damit ist die Kündigungsschutzklage gegen diese Kündigung sowohl zulässig als auch begründet.

B. Anspruch von Treu auf Wiedereinstellung

Steht die Beendigung des Arbeitsverhältnisses der T durch die ordentliche Kündigung vom 15./17.02.2007 rechtskräftig fest, so könnte T gegen Geiz & Kragen einen Anspruch auf Wiederbegründung eines Arbeitsverhältnisses nach den Grundsätzen über das Bestehen eines Wiedereinstellungsanspruchs haben.

I. Anspruch aus vertraglicher Vereinbarung

In der Sache begründet der Wiedereinstellungsanspruch einen Kontrahierungszwang für den Arbeitgeber, so dass er einer entsprechenden Rechtsgrundlage bedarf.

Kein vertraglicher Anspruch

Für einen vertraglichen Anspruch, z. B. auf Grund eines Tarifvertrags, einer Betriebsvereinbarung oder einer individualvertraglichen Abrede bestehen keine Anhaltspunkte.

II. Anspruch aus Treu und Glauben (§ 242 BGB)

Nach verbreiteter Auffassung soll unter dem Gesichtspunkt des venire contra factum proprium gemäß § 242 BGB eine Wiedereinstellungspflicht des Arbeitgebers bestehen, wenn er ein besonderes Kündigungsrecht für sich beansprucht hat, dessen Voraussetzungen im nachhinein, also nach Wirksamwerden der Kündigungserklärung durch Zugang, aber vor Ablauf der Kündigungsfrist wieder entfallen sind[31]. Hierdurch würde dem Umstand Rechnung getragen, dass die Kündigung auf einer Prognose beruhe, die sich auch als falsch erweisen kann[32]. Danach verhielte sich der Arbeitgeber rechtsmissbräuchlich, wenn er bei Wegfall des Kündigungsgrunds während der Kündigungsfrist den veränderten Umständen nicht Rechnung trägt und dem Arbeitnehmer nicht die Fortsetzung des Arbeitsverhältnisses anbietet. Insbesondere in Fällen der Verdachtskündigung soll ein solcher Wiedereinstellungsanspruch bestehen, wenn nachträg-

Wiedereinstellungsanspruch beim Wegfall des Kündigungsgrunds

---

[31] BAG vom 10.11.1977, AP Nr. 1 zu § 611 BGB Einstellungsanspruch unter 2. mit Anm. Natzel; BAG vom 15.03.1984, NZA 1984, 226, 227; BAG vom 27.02.1997, NZA 1997, 757; BAG vom 28.06.2000, NZA 2000, 1097, 1099 f.; Belling, RdA 1996, 223, 238ff.; KR/Etzel, § 1 KSchG Rn. 729 ff.; v. Hoyningen-Huene/Linck, KSchG, § 1 Rn. 156b. – Ausführlich Raab, RdA 2000, 147 ff.

[32] v. Hoyningen-Huene/Linck, KSchG, § 1 Rn. 156b; Hromadka/Maschmann, ArbR 1, § 10 Rn. 358.

lich der Verdacht entkräftet wird und sich die Unschuld des Arbeitnehmers herausstellt[33].

Kein Wiedereinstellungsanspruch

Nach abweichender Auffassung soll ein solcher Wiedereinstellungsanspruch hingegen nicht bestehen[34]. Dies wird damit begründet, dass die Wirksamkeit eines Gestaltungsrechts, somit auch einer Kündigung, im Zeitpunkt des Zugangs zu beurteilen ist. Umstände und Entwicklungen, die zwar vor Ablauf der Kündigungsfrist, aber nach dem Zugang der Kündigung eintreten, haben außer Betracht zu bleiben. Der Arbeitgeber verhält sich daher weder widersprüchlich noch verstößt er gegen den Grundsatz von Treu und Glauben, wenn er sich trotz Veränderung der tatsächlichen Umstände auf die Wirksamkeit der Kündigung beruft und sich deswegen weigert, den Arbeitnehmer über den Kündigungstermin hinaus zu beschäftigen[35].

Veränderungen nach Beendigung des Arbeitsverhältnisses

Ein Streitentscheid kann letztlich dahinstehen, weil auch nach der ersten Auffassung, die einen Wiedereinstellungsanspruch grundsätzlich bejaht, Voraussetzung ist, dass sich die Sachlage noch während des Laufs der Kündigungsfrist vor Erreichen des Kündigungstermins geändert hat. Veränderte Umstände nach diesem Zeitpunkt können keinen Wiedereinstellungsanspruch begründen[36]. Im konkreten Fall haben sich entlastende Umstände erst Mitte April 2007 ergeben, als ermittelt werden konnte, dass nicht T, sondern der Kassenbereichsleiter Ludwig-Fridolin Lang-Finger das Geld veruntreut hat. Zu diesem Zeitpunkt war aber bereits das Arbeitsverhältnis durch die Kündigung rechtswirksam beendet worden.

---

[33] BAG vom 10.11.1977, AP Nr. 1 zu § 611 BGB Einstellungsanspruch unter 2 mit Anm. Natzel; BAG vom 15.03.1984, AP Nr. 2 zu § 1 KSchG 1969 Soziale Auswahl unter 2 b mit Anm. Wank; BAG vom 20.08.1997, BB 1997, 2484, 2485 f.; BGH vom 13.07.1956, AP Nr. 2 zu § 611 BGB Fürsorgepflicht unter VII mit Anm. A. Hueck; LAG Baden-Württemberg vom 29.03.2006, AuA 2006, 678 f.; Berkowsky, Die personen- und verhaltensbedingte Kündigung, § 12 Rn. 20; v. Hoyningen-Huene/Linck, KSchG, § 1 Rn. 156k; Langenbucher, ZfA 1999, 299, 303f; ErfK/Müller-Glöge, § 626 BGB Rn. 219. – Ebenso jetzt bei der betriebsbedingten Kündigung BAG vom 27.02.1997, NZA 1997, 757.

[34] Boemke, ArbR, § 15 Rn. 29; Stein, RdA 1991, 85, 91 f.

[35] Boemke, AR-Blattei SD 220.10 Rn. 170 ff.

[36] BAG vom 28.06.2000, NZA 2000, 1097, 1100; BAG vom 07.11.2002, AP Nr. 40 zu § 1 KSchG 1969 Krankheit unter IV 2; KR/Etzel, § 1 KSchG Rn. 733. – A. A. v. Hoyningen-Huene/Linck, KSchG, § 1 Rn. 156m; Raab, RdA 2000, 143, 157.

Somit besteht für T nach beiden vertretenen Ansichten kein Wiedereinstellungsanspruch.

III. Ergebnis

Ein Wiedereinstellungsanspruch der T gegen die Geiz & Kragen besteht danach nicht.

Kein Wiedereinstellungsanspruch

C. Anspruch von Treu auf Restlohn für Januar 2007

Anspruchsgrundlage

T könnte gegen Geiz & Kragen einen Anspruch auf Zahlung von 600 € aus § 611 BGB i. V. m. dem Arbeitsvertrag haben.

I. Anspruch entstanden

Bestehendes Arbeitsverhältnis

Der Anspruch auf das Arbeitsentgelt ist durch Begründung eines Arbeitsverhältnisses zunächst entstanden. Für Januar 2007 hat Geiz & Kragen einen Betrag von 600 € unstreitig nicht gezahlt, so dass die Lohnforderung für diesen Monat in dieser Höhe mangels Erfüllung nach § 362 Abs. 1 BGB weiterhin besteht, wenn sie nicht anderweitig erloschen ist.

II. Anspruch erloschen

1. Aufrechnung (§§ 387, 389 BGB)

Aufrechnungsvoraussetzungen

Der Anspruch auf Restlohn für Januar 2007 könnte aber durch Aufrechnung (§§ 387, 389 BGB) seitens Geiz & Kragen erloschen sein. Dies setzt neben der Aufrechnungserklärung (§ 388 BGB), die zumindest konkludent in der Verrechnung mit dem Lohn zu sehen ist, eine Aufrechnungslage voraus (§ 387 BGB). Geiz & Kragen müsste also gegen T eine Gegenforderung zustehen, mit der aufgerechnet werden konnte. Eine Gegenforderung hätte bestanden, wenn T zum Ersatz des Fehlbetrags von 600 € verpflichtet gewesen wäre, der in der von ihr verwalteten Kasse entstanden ist.

2. Gegenforderung

a) Aus Mankoabrede[37]

Keine Mankoabrede

Eine unmittelbare vertragliche Rückzahlungsverpflichtung scheidet aus. Zwischen den Parteien wurde keine Vereinbarung getroffen, dass T für einen von ihr verwalteten Kassenbestand verschuldensunabhängig haften soll (so genannte Mankoabrede).

---

[37] Zur AGB-Kontrolle von Mankoabreden nach §§ 305 ff. BGB vgl. Gotthardt, Arbeitsrecht nach der Schuldrechtsreform, Rn. 280 ff.

b) Herausgabeanspruch nach § 667 BGB analog

Der Ersatzanspruch des Arbeitgebers könnte sich aber aus § 667 BGB analog ergeben. Danach hat der Beauftragte dem Auftraggeber alles, was er zur Ausführung des Auftrags erhält und was er aus der Geschäftsbesorgung erlangt, herauszugeben. Die entsprechende Anwendung dieser Bestimmung auf Arbeitnehmer kann allerdings dahinstehen, wenn die Herausgabe tatsächlich nicht möglich ist. Der Kassenbestand war auf die Geldstücke und –scheine konkretisiert, die als Einnahmen in die Kasse gelangten bzw. von Geiz & Kragen ursprünglich als Arbeitsmittel zur Verfügung gestellt wurden[38]. Diese können von der T nicht mehr herausgegeben werden, so dass die Rechtsfolge des § 667 BGB analog nicht herbeigeführt werden kann.

Kein Herausgabeanspruch

c) Schadensersatz aus §§ 280 Abs. 1, 3, 283 i. V. m. § 667 BGB analog

Der Ersatzanspruch und damit die Gegenforderung könnte sich aber aus § 280 Abs. 1, 3, 283 i. V. m. § 667 BGB analog ergeben. Eine direkte Anwendung der Vorschrift kommt nicht in Betracht, weil diese nur bei einem unentgeltlichen Auftragsverhältnis greift. Bei einem Arbeitsverhältnis wird die Gegenleistung hingegen nur gegen Entgelt erbracht. Allerdings kann die Bestimmung auf Arbeitsverhältnisse entsprechende Anwendung finden, wenn ein vergleichbarer Sachverhalt gegeben wäre. Dieser ist nur gegeben, wenn der Arbeitgeber eine Tatsachenlage geschaffen hat, nach der er nicht mehr Besitzer der Sache ist[39]. Nur dann kann nämlich wegen des fehlenden Besitzes des Arbeitgebers ein Herausgabeanspruch in Betracht kommen. Mit der Überlassung von Gegenständen zur Erfüllung der Arbeitsleistung verliert der Arbeitgeber jedoch grundsätzlich nicht seinen unmittelbaren Besitz. Der Arbeitnehmer ist nämlich im Allgemeinen bloßer Besitzdiener (§ 855 BGB)[40]. Nach der Rechtsprechung des BAG soll der Ar-

Schadensersatz wegen Verletzung einer Herausgabepflicht

---

[38] Vgl. BAG vom 29.01.1985, NZA 1986, 23, 24.
[39] BAG vom 29.01.1985, NZA 1986, 23, 24; BAG vom 12.05.1997, NZA 1997, 1279, 1280; BAG vom 22.05.1997, SAE 1998, 132; BAG vom 17.09.1998, BB 264, 265; ErfK/Preis, § 619a BGB Rn. 30; Stoffels, AR-Blattei SD 870.2 Rn. 45 ff.
[40] Erman/A. Lorenz, BGB, § 855 Rn. 12; MünchKomm/Joost, BGB, § 855 Rn. 9; ErfK/Preis, § 619a BGB, Rn. 30; Schaub, ArbR-Hdb., § 114 Rn. 1.

beitnehmer erst dann unmittelbarer Besitzer werden und eine entsprechende Anwendung von § 667 BGB in Betracht kommen, wenn der Arbeitnehmer alleinigen Zugang zur Sache hat und diese selbstständig verwalten kann. Voraussetzung hierfür sei, dass der Arbeitnehmer wirtschaftliche Überlegungen anstellen und über die Verwendung der Sache entscheiden kann[41]. Hiervon soll z. B. bei Arbeitnehmern mit kaufmännischer Tätigkeit, wie angestellten Handlungsreisenden, ausgegangen werden können, nicht aber bei einer bloßen Geldwechsel- und Kassiertätigkeit. Per Definition verwaltet der Arbeitnehmer in der Regel unselbstständig[42].

Im Ergebnis ist § 667 BGB analog auf den vorliegenden Fall nicht anzuwenden, so dass auch kein Schadensersatzanspruch wegen Unmöglichkeit eines entsprechenden Herausgabeanspruchs in Betracht kommt.

d) Schadensersatzanspruch aus § 280 Abs. 1 i. V. m. 241 Abs. 2 BGB

Schadensersatz wegen Nebenpflichtverletzung

T könnte aber gegenüber Geiz & Kragen nach § 280 Abs. 1 i. V. m. § 241 Abs. 2 BGB wegen Verletzung einer Nebenpflicht aus dem Arbeitsverhältnis auf Schadensersatz in Höhe von 600 € haften. Voraussetzung hierfür ist, dass sie eine ihr obliegende Verhaltenspflicht in schuldhafter Weise verletzt und hierdurch das Kassenmanko verursacht hat.

aa) Schuldverhältnis

Arbeitsverhältnis

Zwischen der T und Geiz & Kragen bestand zum Zeitpunkt der Feststellung der Fehlbeträge ein Arbeitsverhältnis, mithin ein Schuldverhältnis.

bb) Pflichtverletzung

Pflicht zur Rücksichtsnahme auf Rechtsgüter des Arbeitgebers

T müsste eine ihr obliegende Pflicht aus dem Schuldverhältnis verletzt haben. Nach § 241 Abs. 2 BGB gehört es zu den allgemeinen Pflichten des Schuldners und damit auch des Arbeitnehmers, auf die Rechte, Interessen und Rechtsgüter des anderen Teil Rücksicht zu nehmen. Dazu gehört auch die Pflicht zur Herausgabe von im Rahmen des Ar-

---

[41] Vgl. BAG vom 29.01.1985, AP Nr. 87 zu § 611 BGB Haftung des Arbeitnehmers = NZA 1986, 23; BAG vom 22.05.1997, AP Nr. 1 zu § 611 BGB Mankohaftung = NZA 1997, 1279. - A. A. Jung, Die Mankohaftung aus dem Arbeitsvertrag (1985), S. 53 ff.
[42] Deinert, RdA 2000, 22, 23ff.

beitsverhältnisses erlangter Gegenstände[43]. Gegen diese Verhaltenspflicht hat T verstoßen, indem es in der von ihr verwalteten Kasse zu einem Fehlbestand gekommen ist. Damit wurde zumindest das Vermögen ihres Arbeitgebers, Geiz & Kragen, beschädigt.

cc) Vertretenmüssen

Der Sachverhalt selbst enthält keine Anhaltspunkte dafür, wie es zu dem Fehlbestand gekommen ist, insbesondere ob hierfür ein fahrlässiges oder vorsätzliches Verhalten von T (mit-)ursächlich war. Daher wären nach der Grundnorm des § 280 Abs. 1 Satz 1 BGB die Voraussetzungen des Schadensersatzanspruch hinreichend dargelegt, weil seit Inkrafttreten der Schuldrechtsmodernisierung zum 01.01.2002 das Vertretenmüssen nicht mehr anspruchsbegründend, sondern gemäß § 280 Abs. 1 Satz 2 BGB das Nichtvertretenmüssen anspruchshindernd ist. Dies bedeutet: Lässt sich dem Sachverhalt nicht entnehmen, ob der Schuldner die Pflichtverletzung zu vertreten hat oder nicht, dann ist der Schadensersatzanspruch gegeben. Dementsprechend wäre T hier zum Schadensersatz verpflichtet.

Nichtvertretenmüssen grds. anspruchshindernd

Allerdings bestimmt § 619a BGB hierzu eine Ausnahme. Abweichend von der Grundregel des § 280 Abs. 1 Satz 2 BGB hat der Arbeitnehmer dem Arbeitgeber nur dann Schadensersatz zu leisten, wenn er die Pflichtverletzung zu vertreten hat.

Vertretenmüssen des Arbeitnehmers anspruchsbegründend

Das Vertretenmüssen des Arbeitnehmers ist also bei Pflichtverletzungen im Arbeitsverhältnis anspruchsbegründende Tatbestandsvoraussetzung für Schadensersatzansprüche. Dies bedeutet: Lässt sich dem Sachverhalt nicht entnehmen, ob der Arbeitnehmer die Pflichtverletzung zu vertreten hat oder nicht, dann ist der Schadensersatzanspruch des Arbeitgebers nicht gegeben[44]. Der Arbeitgeber trägt demnach nach § 619a BGB die Darlegungs- und Beweislast hinsichtlich eines Vertretenmüssens der T. Er muss also nachweisen, dass sie vorsätzlich bzw. fahrlässig gehandelt hat. Nach dem Sachverhalt lässt sich aber nicht mehr aufklären, wie es zu den Fehlbeträgen gekommen ist, ob die T diese also vorsätzlich oder fahrlässig verursacht hat. Es steht nicht einmal fest, ob sie tatsächlich durch ein Verhal-

Darlegungs- und Beweislast beim Arbeitgeber

---

[43] BAG vom 02.12.1999, NZA 2000, 715, 717; Hromadka/Maschmann, ArbR 1, § 6 Rn. 111.
[44] Boemke, ArbR, § 10 Rn. 110; MünchKomm/Henssler, BGB, § 619a Rn. 1; Schaub/Linck, ArbR-Hdb, § 52 Rn. 41.

ten von T entstanden sind. Der Nachweis des Vertretenmüssens von T wird Geiz & Kragen danach nicht gelingen, so dass ein Schadensersatzanspruch nicht besteht. Die Aufrechnung greift mangels Gegenforderung nicht durch.

e) Schadensersatz aus § 823 Abs. 1 BGB bzw. §§ 823 Abs. 2 BGB i. V. m. 246 StGB

Deliktischer Schadensersatzanspruch

Letztlich käme noch ein Schadensersatzanspruch aus Delikt in Betracht. Jedoch scheitert auch ein solcher daran, dass ein Verschulden von T nicht festgestellt werden kann.

III. Ergebnis

Forderung besteht

Da weitere Erlöschenstatbestände oder Einreden gegen die Durchsetzbarkeit nicht gegeben sind, besteht der Anspruch von T auf Zahlung des Restlohns für Januar 2007 in Höhe von 600 € fort.

D. Erfolg der Änderungsschutzklage von Danzmann

Die Änderungsschutzklage von D hätte Erfolg, wenn der Rechtsweg zu den Arbeitsgerichten eröffnet und die Klage zulässig sowie begründet wäre.

I. Zulässigkeit

1. Rechtsweg

Nach § 2 Abs. 1 Nr. 3 lit. b) ArbGG ist der Rechtsweg zu den Arbeitsgerichten eröffnet.

Rechtsweg zum ArbG

2. Drei-Wochen-Frist (§ 4 KSchG)

Die Änderungsschutzklage von D könnte aber unzulässig sein, wenn die Drei-Wochen-Frist nach § 4 Satz 1 und 2 KSchG nicht gewahrt wäre.

Klagefrist

a) Fristwahrung als Zulässigkeitsvoraussetzung

Für die Beendigungskündigung ist umstritten, ob das Überschreiten der Klagefrist zu einer Abweisung der Klage als unbegründet oder unzulässig führt[45]. Für die Änderungskündigung ist diese Problematik bisher noch nicht diskutiert worden. Richtigerweise muss aber das Versäumen der Klagefrist stets zur Abweisung der Klage als unzulässig führen. Wird die Klage nicht fristgerecht erhoben, dann erlischt gemäß § 7 Hs. 2 KSchG der Vorbehalt. Ab diesem Zeitpunkt besteht daher kein Interesse des Arbeitnehmers mehr, die Sozialwidrigkeit der Änderung der Arbeitsbedingungen feststellen zu lassen.

Kein besonderes Feststellungsinteresse bei Nichtwahrung der Klagefrist

Die Änderungsschutzklage von D ist danach nur zulässig, wenn die Drei-Wochen-Frist des § 4 Satz 1 und 2 KSchG gewahrt ist.

b) Fristberechnung

Maßgeblicher Zeitpunkt für die Fristberechnung ist nach § 4 Satz 1 KSchG der Zugang der Kündigung, hier also der 01.02.2007. Nach § 187 Abs. 1 BGB i. V. m. § 222 Abs. 1 ZPO, § 46 Abs. 2 ArbGG begann die Frist damit am 02.02.2007 zu laufen und endete nach § 188 Abs. 2 Alt. 1 BGB i. V. m. § 222 Abs. 1 ZPO, § 46 Abs. 2 ArbGG mit

Fristwahrung trotz Klageeinreichung beim AG

---

[45] Ausführlich zur Problematik Boemke, RdA 1995, 211 ff.

Ablauf des 22.02.2007. D hat die Klage innerhalb der Frist beim Amtsgericht, also einem Gericht der ordentlichen Gerichtsbarkeit und damit einem unzuständigen Gericht eingereicht. Obwohl nach entsprechender Verweisung die Klage erst nach Fristablauf beim zuständigen Arbeitsgericht einging, ist die Frist dennoch gewahrt. Nach § 17b Abs. 1 Satz 2 GVG bleiben die Wirkungen der Rechtshängigkeit auch dann bestehen, wenn die Klage zunächst bei einem Gericht des unzulässigen Rechtswegs erhoben und sodann an das zuständige Gericht verwiesen wird[46].

3. Zwischenergebnis

Die Änderungsschutzklage ist damit zulässig.

II. Begründetheit

Voraussetzungen

Die Änderungsschutzklage wäre begründet, wenn die Änderung der Arbeitsbedingungen nicht wirksam erfolgt wäre. D hat hier das Angebot der Änderung der Arbeitsbedingungen angenommen. Daher wäre trotz ihres Einverständnisses nur dann keine wirksame Änderung erfolgt, wenn die Änderungskündigung unwirksam wäre und D einen entsprechenden Vorbehalt wirksam erklärt hätte.

1. Unwirksamkeit der Beendigungskündigung

Beendigungskündigung wäre unwirksam gewesen

Die außerordentliche Änderungskündigung ist zwar form- und fristgerecht erklärt; nach § 626 Abs. 1 BGB bedarf sie aber eines wichtigen Grunds, der hier nicht ersichtlich ist. Da D fristgerecht Änderungsschutzklage erhoben hat, wird das Vorliegen eines wichtigen Grunds nach §§ 7, 4 Satz 1 KSchG auch nicht unwiderleglich vermutet, so dass die Änderungskündigung unwirksam ist. Eine Klage von D gegen eine außerordentliche Beendigungskündigung wäre somit begründet gewesen.

2. Änderungsangebot der Geiz & Kragen

Rechtsnatur der Änderungskündigung

Allerdings hat Geiz & Kragen keine außerordentliche Beendigungs-, sondern eine außerordentliche Änderungskündigung ausgesprochen, also eine Beendigungskündi-

---

[46] BAG vom 24.05.2006 – 7 ABR 40/05 – unter B II 2 a bb, (n. v.); LAG Sachsen-Anhalt vom 23.02.1995, LAGE § 4 KSchG Nr. 26a; KR/Friedrich, § 4 KSchG Rn. 186; v. Hoyningen-Huene/Linck, KSchG, § 4 Rn. 57a; Kissel, NZA 1995, 345, 349.

gung verbunden mit dem Angebot an den Arbeitnehmer, das Arbeitsverhältnis zu geänderten Bedingungen fortzusetzen. Die Änderungskündigung ist eine aus zwei Willenserklärungen zusammengesetzte rechtsgeschäftliche Handlung des Arbeitgebers[47], nämlich einerseits eine echte Kündigung, weil sie die Beendigung des bisherigen Arbeitsverhältnisses zum Gegenstand hat, andererseits aber auch ein Antrag des Arbeitgebers nach §§ 145 ff. BGB auf Abschluss eines Änderungsvertrags[48]. Aus dieser Doppelnatur der Änderungskündigung folgt, dass die Kündigung als solche nur angegriffen werden kann, wenn der Arbeitnehmer das Änderungsangebot abgelehnt oder unter Vorbehalt angenommen hat. Nimmt der Arbeitnehmer hingegen das Änderungsangebot ohne Vorbehalt an, so wird einerseits das Arbeitsverhältnis durch einen unbedingten Änderungsvertrag umgestaltet, andererseits wird die Beendigungskündigung obsolet, weil die Beendigungswirkung der Kündigung nicht mehr eingreift[49]. Es gelten zum vorgesehenen Zeitpunkt die geänderten Arbeitsbedingungen, ohne dass der Arbeitnehmer hiergegen im Wege der Kündigungsschutzklage vorgehen kann[50]. Die Änderungsschutzklage wäre daher unbegründet, wenn D die Änderungskündigung ohne Vorbehalt angenommen hätte.

3. Annahme des Änderungsangebots

Die Annahme des Änderungsangebots erfolgt durch eine entsprechende Willenserklärung, die vom Arbeitnehmer nicht nur ausdrücklich, sondern auch durch schlüssiges Verhalten erfolgen kann. Eine solche konkludente Erklärung kommt insbesondere in Betracht, wenn der Arbeitnehmer das Arbeitsverhältnis zu geänderten Arbeitsbedin-

Konkludente Annahme des Änderungsangebots

---

[47] BAG vom 17.05.2001, EzA § 620 BGB Kündigung Nr. 3 unter II 1 a; Becker-Schaffner, BB 1991, 129; v. Hoyningen-Huene/Boemke, Versetzung, S. 76; Ratajczak, Änderungskündigung, S. 41; KR/Rost, § 2 KSchG Rn. 12; Schaub/Linck, ArbR-Hdb., § 137 Rn. 1.

[48] v. Hoyningen-Huene/Boemke, Versetzung, S. 76; Hromadka/Maschmann, ArbR 1, § 10 Rn. 376; Löwisch/Spinner, KSchG, § 2 Rn. 6, 12; KR/Rost, § 2 KSchG Rn. 9, 12; Schaub/Linck, ArbR-Hdb., § 137 Rn. 1.

[49] BAG vom 08.07.1960, AP Nr. 2 zu § 305 BGB unter II.; Löwisch/Spinner, KSchG, § 2 Rn. 23; Rolfs, StudKomm ArbR, § 2 KSchG Rn. 8.

[50] v. Hoyningen-Huene/Boemke, Versetzung, S. 77; Ratajczak, Änderungskündigung, S. 53.

gungen stillschweigend fortsetzt, also widerspruchslos weiterarbeitet[51]. Der Arbeitnehmer gibt hierdurch nämlich zu erkennen, dass er das Änderungsangebot nicht ablehnen, sondern zunächst einmal unter den neuen Arbeitsbedingungen arbeiten will. Vorliegend hat D am 01.02.2007 die Tätigkeit an der Kasse aufgenommen, so dass Geiz & Kragen nach Treu und Glauben davon ausgehen durfte, dass sie mit der Änderung der Arbeitsbedingungen einverstanden war.

4. Kein fristgerechter Vorbehalt

Rechtsnatur des Vorbehalts

Die Änderungsschutzklage könnte aber gleichwohl dann Erfolg haben, wenn D die Annahme des Änderungsangebots des Arbeitgebers nur unter dem Vorbehalt der sozialen Rechtfertigung der geänderten Arbeitsbedingungen nach § 2 Satz 1 KSchG angenommen hätte. Dabei ist die Erklärung des Vorbehalts als Willenserklärung an keine bestimmte Form gebunden und kann deshalb ebenfalls durch schlüssiges Verhalten erfolgen[52].

a) Protest durch Weiterarbeit

Nicht: Weiterarbeit

Ein Vorbehalt kann beispielsweise darin gesehen werden, dass der Arbeitnehmer gegen die Änderung der Arbeitsbedingungen protestiert[53]. Ein solcher Protest liegt aber nicht in der Weiterarbeit zu geänderten Arbeitsbedingungen. Mit der Weiterarbeit bringt der Arbeitnehmer zunächst bloß zum Ausdruck, dass er mit der Änderung der Arbeitsbedingungen einverstanden ist. Einem solchen Verhalten kann aber nicht entnommen werden, dass er die Änderung der Arbeitsbedingungen unter einen Vorbehalt stellt[54]. Die Arbeitsaufnahme im neuen Tätigkeitsbereich durch T am 01.02.2007 ist demnach nicht als eine Erklärung des Vorbehalts nach § 2 Satz 1 KSchG zu qualifizieren.

---

51 BAG vom 19.06.1986, AP Nr. 16 zu § 2 KSchG 1969 unter B IV; BAG vom 27.03.1987, AP Nr. 20 zu § 2 KSchG 1969 unter II = NZA 1988, 737; v. Hoyningen-Huene/Boemke, Versetzung, S. 77 f.; v. Hoyningen-Huene/Linck, KSchG, § 2 Rn. 99; Löwisch NZA 1988, 633, 635; Löwisch/Spinner, KSchG, § 2 Rn. 24; KR/Rost, § 2 KSchG Rn. 63.
52 v. Hoyningen-Huene/Linck, KSchG, § 2 Rn. 89; Hromadka/Maschmann, ArbR 1, § 10 Rn. 388; Löwisch/Spinner, KSchG, § 2 Rn. 29; KR/Rost, § 2 KSchG Rn. 61.
53 Löwisch/Spinner, KSchG, § 2 Rn. 29.
54 Hromadka, RdA 1992, 234, 246; Löwisch/Spinner, KSchG, § 2 Rn. 29; KR/Rost, § 2 KSchG Rn. 61.

b) Klageerhebung

Die Erklärung des Vorbehalts könnte aber in der Klageerhebung zu sehen sein[55], die hier am 09.02.2007 beim Amtsgericht erfolgt ist. Allerdings hat die Erklärung des Vorbehalts gegenüber dem Arbeitgeber und nicht gegenüber dem Gericht zu erfolgen. Maßgeblich ist insoweit der Zugang der Erklärung beim Arbeitgeber, der hier durch die Klagezustellung am 02.03.2007 und damit nach Ablauf der Höchstfrist von drei Wochen nach Zugang der Kündigung gemäß § 2 Satz 2 KSchG erfolgte. Es kann insoweit auch nicht gemäß § 167 ZPO analog i. V. m. § 46 Abs. 2 ArbGG, § 495 ZPO auf den Zeitpunkt des Eingangs des Klageantrags beim Gericht abgestellt werden[56]. Der Vorbehalt als solcher ist eine materiell-rechtliche Erklärung, die nur gegenüber dem Arbeitgeber abzugeben, nicht aber ggü. dem Arbeitsgericht zu erklären ist; § 167 ZPO ist aber in der Anwendung auf Prozesshandlungen beschränkt, weil einem Rechtsbeteiligten keine Nachteile daraus erwachsen sollen, dass er eine Erklärung bzw. Prozesshandlung ggü. einem Gericht abgeben bzw. vornehmen muss. In der Erhebung der Änderungsschutzklage ist somit keine fristgerechte Erklärung des Vorbehalts nach § 2 KSchG zu sehen.

Erklärung ggü. Arbeitgeber

c) Aussage vom 14.02.2007

Allerdings hat D gegenüber Geiz & Kragen am 14.02.2007 erklärt, sie werde sich gegen die Änderungskündigung wehren. Damit bringt sie zum Ausdruck, dass sie mit einer Änderung der Arbeitsbedingungen nicht in jedem Fall einverstanden ist. Sie hat daher zu diesem Zeitpunkt einen entsprechenden Vorbehalt erklärt. Dieser Vorbehalt ist allerdings nur dann beachtlich, wenn er fristgerecht erklärt worden ist. Hier hat D das Änderungsangebot zunächst am 01.02.2007 angenommen und erst später am 14.02.2007 den Vorbehalt erklärt. Nach den allgemeinen Regeln des BGB wäre damit das Änderungsangebot vorbehaltlos angenommen und der später erklärte Vorbehalt würde nach § 150 Abs. 1 BGB als Änderungsangebot der D zu werten sein. Allerdings sieht § 2 Satz 2 KSchG vor, dass der Vor-

Rechtswirkungen eines verspäteten Vorbehalts

---

[55] v. Hoyningen-Huene/Linck, KSchG, § 2 Rn. 89; Hromadka/Maschmann, ArbR 1, § 10 Rn. 388; Löwisch/Spinner, KSchG, § 2 Rn. 30; KR/Rost, § 2 KSchG Rn. 66.
[56] BAG vom 17.06.1998, NZA 1998, 1225, 1226; v. Hoyningen-Huene/Linck, KSchG, § 2 Rn. 89a; KR/Rost, § 2 KSchG Rn. 71.

behalt dem Arbeitgeber innerhalb der Kündigungsfrist, spätestens jedoch innerhalb von drei Wochen nach Zugang der Kündigung zu erklären ist.

Frist bei außerordentlicher Änderungskündigung

Obwohl § 13 Abs. 1 KSchG hinsichtlich der außerordentlichen Kündigung nur auf §§ 4 Satz 1, 5 - 7 KSchG verweist, findet nach h. M. § 2 Satz 2 KSchG auch auf die außerordentliche Änderungskündigung entsprechende Anwendung[57]. Nach § 2 Satz 2 KSchG muss der Vorbehalt innerhalb der Kündigungsfrist, spätestens innerhalb von drei Wochen nach Zugang der Kündigung erklärt werden. Hier hat D den Vorbehalt am 14.02.2007 und damit innerhalb von drei Wochen erklärt. Die Drei-Wochen-Frist gilt aber nur dann, wenn die Kündigungsfrist länger als drei Wochen ist. Bei einer kürzeren Kündigungsfrist muss der Vorbehalt innerhalb dieses Zeitraumes erklärt werden[58]. Bei einer außerordentlichen Änderungskündigung, die hier ausgesprochen wurde, besteht keine Kündigungsfrist. Nach dem Wortlaut des Gesetzes hätte der Vorbehalt daher sofort erklärt werden müssen. Dies würde jedoch die Interessen des Arbeitnehmers zu stark vernachlässigen, weil ihm eine gewisse Bedenkzeit verbleiben muss. Bei einer außerordentlichen Änderungskündigung ist daher der Vorbehalt vom Arbeitnehmer unverzüglich, d. h. ohne schuldhaftes Zögern (§ 121 BGB), zu erklären[59]. Dies bedeutet, dass dem Arbeitnehmer eine angemessene Überlegungsspanne einzuräumen und ihm auch Gelegenheit zu geben ist, Rechtsrat einzuholen. Zwar hat das BAG insoweit eine Erklärung nach fünf Tagen noch als unverzüglich angesehen[60]; ein Vorbehalt, der mehr als eine Woche nach Zugang der au-

---

[57] BAG vom 19.06.1986, AP Nr. 16 zu § 2 KSchG 1969 unter B II. 2.; BAG vom 27.03.1987, AP Nr. 20 zu § 2 KSchG 1969 unter II = NZA 1988, 737; v. Hoyningen-Huene/Linck, KSchG, § 2 Rn. 6; Moll, DB 1984, 1346; KR/Rost, § 2 KSchG Rn. 32.

[58] BAG vom 19.06.1986, AP Nr. 16 zu § 2 KSchG 1969 unter B III 2; v. Hoyningen-Huene/Linck, KSchG, § 2 Rn. 86; Löwisch NZA 1988, 633, 635; Löwisch/Spinner, KSchG, § 2 Rn. 28; KR/Rost, § 2 KSchG Rn. 68.

[59] BAG vom 19.06.1986, AP Nr. 16 zu § 2 KSchG 1969 unter B III 2; BAG vom 27.03.1987, AP Nr. 20 zu § 2 KSchG 1969 unter II = NZA 1988, 737; APS/Künzl, § 2 KSchG Rn. 222 f.; ErfK/Ascheid/Oetker, § 2 KSchG Rn. 44; Löwisch, NZA 1988, 633, 635; Richardi, ZfA 1971, 73, 96; Schaub, RdA 1970, 239, 234.

[60] BAG vom 27.03.1987, AP Nr. 20 zu § 2 KSchG 1969 = NZA 1988, 737.

ßerordentlichen Kündigung erklärt wird, ist jedoch verfristet[61]. Die Erklärung des Vorbehalts fast zwei Wochen nach Ausspruch der Änderungskündigung und Annahme des Änderungsangebots überschreitet daher den zulässigen Rahmen, so dass der Vorbehalt von D nicht mehr unverzüglich erklärt worden ist.

D hat das Änderungsangebot von Geiz & Kragen vorbehaltlos angenommen. Sie hat sich demnach mit einer unbedingten Änderung des Arbeitsverhältnisses einverstanden erklärt.

Vorbehaltlose Annahme

5. Auswirkung unterlassener Betriebsratsanhörung (§ 102 Abs. 1 BetrVG)

Obwohl D sich vorbehaltlos mit einer Änderung der Arbeitsbedingungen einverstanden erklärt hat, könnte die Änderung der Arbeitsbedingungen gleichwohl nicht wirksam erfolgt sein, wenn das entsprechende Änderungsangebot von Geiz & Kragen unwirksam wäre. Dies könnte deswegen der Fall sein, weil Geiz & Kragen vor Ausspruch der Änderungskündigung versäumt hat, den Betriebsrat anzuhören. Nach § 102 Abs. 1 BetrVG ist der Betriebsrat vor jeder Kündigung und damit auch vor Ausspruch einer Änderungskündigung zu hören[62]. Eine ohne Anhörung des Betriebsrats ausgesprochene Kündigung ist nach § 102 Abs. 1 Satz 3 BetrVG nichtig. Demzufolge ist der Teil der Änderungskündigung, mit dem die Beendigung des Arbeitsverhältnisses erklärt wird, nichtig.

Unterlassene Betriebratsanhörung

Problematisch ist, ob sich diese Unwirksamkeit auch auf das mit der Kündigungserklärung verbundene Änderungsangebot des Arbeitgebers erstreckt. Dies bestimmt sich nach § 139 BGB. Da dem Arbeitgeber bei der Änderungskündigung vorrangig an der Fortsetzung des Arbeitsverhältnisses zu veränderten Arbeitsbedingungen gelegen ist und die Kündigung nur für den Fall eingesetzt wird, dass es zu einer Ablehnung des Angebotes kommt, wird von ihm

Keine Auswirkung auf Änderungsangebot

---

[61] APS/Künzl, § 2 KSchG Rn. 223. – Noch enger KR/Rost, § 2 KSchG Rn. 33: höchstens zwei Tage.

[62] BAG vom 03.11.1977, AP Nr. 1 zu § 75 BPersVG mit Anm. Richardi unter II 1 = NJW 1978, 2168; BAG vom 10.03.1982, AP Nr. 2 zu 2 KSchG 1969 = NJW 1982, 2839; BAG vom 29.03.1990, NZA 1990, 894, 895; BAG vom 27.09.2001, NZA 2002, 750, 753; APS/Künzl, § 2 KSchG Rn. 126; KR/Etzel, § 102 BetrVG Rn. 30; v. Hoyningen-Huene/Boemke, Versetzung, S. 82; ErfK/Kania, § 102 BetrVG Rn. 2; KR/Rost, § 2 KSchG Rn. 113.

das Änderungsangebot regelmäßig trotz Unwirksamkeit der Kündigung gewollt sein[63]. Mit der vorbehaltlosen Annahme des Änderungsangebots durch den Arbeitnehmer kommt der Änderungsvertrag zustande. Dabei steht die Erklärung des Arbeitnehmers auch nicht unter der Bedingung, dass die Beendigungskündigung wirksam wäre, und es ist auch nicht hypothetisch zu erwägen, ob der Arbeitnehmer in Kenntnis einer etwaigen Unwirksamkeit der Kündigung die veränderten Arbeitsbedingungen akzeptiert hätte[64]. Dem Arbeitnehmer ist nämlich durch § 2 KSchG die rechtliche Möglichkeit eingeräumt, die Wirksamkeit seiner Annahmeerklärung mit der Wirksamkeit der Beendigungskündigung zu verkoppeln. Nimmt der Arbeitnehmer aber vorbehaltlos an, dann bringt er damit zum Ausdruck, dass er die veränderten Vertragsbedingungen unabhängig von der Wirksamkeit und der sozialen Rechtfertigung des Druckmittels der Kündigung akzeptiert[65].

III. Ergebnis

Änderung wirksam

Geiz & Kragen und D haben eine unbedingte Änderung der Arbeitsbedingungen vereinbart. Die Änderungsschutzklage ist somit zwar zulässig, aber unbegründet.

---

[63] v. Hoyningen-Huene/Boemke, Versetzung, S. 82 f.; v. Hoyningen-Huene/Linck, KSchG, § 2 Rn. 40; KR/Rost, § 2 KSchG Rn. 121; Schwerdtner, FS BAG, S. 555, 567.

[64] So Galperin/Löwisch, BetrVG, § 102 Rn. 10; Schwerdtner, FS BAG, S. 555, 567. – Generell für Unwirksamkeit DKK/Kittner, BetrVG, § 102 Rn. 14.

[65] APS/Künzl, § 2 KSchG Rn. 137; v. Hoyningen-Huene/Boemke, Versetzung, S. 77; v. Hoyningen-Huene/Linck, KSchG, § 2 Rn. 40a.

Klausur Nr. 6

Eine profitable Airline

Sachverhalt

Seit Anfang 1997 versucht die NCBA durch Dumpingpreise die führende Marktposition im Bereich der Mittelstreckenflüge einzunehmen. Um die hierfür erforderliche Flexibilität zu gewährleisten, vereinbart sie mit ihren Mitarbeitern keine Wochen-, sondern eine Jahresarbeitszeit. Auch Peter Pilot schließt 2000 einen Vertrag mit der NCBA ab. Danach verpflichtet sich Pilot, der NCBA mindestens drei Jahre als „freier Mitarbeiter" bei einem Jahreskontingent von 700 Blockstunden „uneingeschränkt zur Verfügung zu stehen" und nach „von der NCBA aufgestellten Dienstplänen" tätig zu werden. Als Honorar wurden zuletzt 55 € je Blockstunde vereinbart. Wegen der günstigen Geschäftsentwicklung zahlt die NCBA ab 2001 für jeden Piloten jeweils im Juli ein Urlaubsgeld in Höhe von 2.500 € sowie am Jahresende eine zusätzliche, der Höhe nach jährlich unterschiedliche Ergebnisbeteiligung. Diese dient in erster Linie dem Zweck, den Mitarbeiter für die Zukunft an das Unternehmen zu binden. Nach den von NCBA vorformulierten und mit sämtlichen Mitarbeitern im Jahr 2003 vereinbarten allgemeinen Auszahlungsbedingungen sollen Mitarbeiter daher zur Rückzahlung der Ergebnisbeteiligung verpflichtet sein, wenn sie vor dem 30.09. des jeweiligen Folgejahrs aus dem Dienstverhältnis ausscheiden.

Auch 2006 wird wieder eine Ergebnisbeteiligung ausgezahlt; Pilot erhält im Dezember 2006 daher zusätzlich 5.000 €. Anfang 2007 entschließt sich die renommierte Bürger-Air Pilot abzuwerben und unterbreitet ihm ein attraktives Angebot. Deswegen kündigt Pilot sein Dienstverhältnis bei der NCBA zum 31.03.2007 auf. Um die freigewordene Stelle von Pilot zu besetzen, stellt die NCBA zum 01.04.2007 Gerhard Gleichsam ein. Der schriftliche Arbeitsvertrag sieht eine Vergütung von 55 € pro Blockstunde bei 700 Blockstunden im Jahr vor. Im Juli 2007 erhält Gleichsam die vereinbarte Vergütung; Urlaubsgeld wird an ihn nicht ausgezahlt, obwohl alle anderen Piloten in den Genuss dieser Vergünstigung kommen.

1. NCBA klagt gegen Pilot vor dem Arbeitsgericht auf Rückzahlung der Ergebnisbeteiligung in Höhe von 5.000 €. Wie wird das Arbeitsgericht entscheiden?

2. Gleichsam verlangt von NCBA Urlaubsgeld in Höhe von 2.500 €. NCBA wendet ein, dass sie aus Kostengründen seit Beginn des Jahres 2007 neu eingestellten Piloten kein Urlaubsgeld mehr zahlt. Hat Gleichsam Anspruch auf das Urlaubsgeld?

Vorüberlegungen

I. Zur Beantwortung der ersten Frage ist auf zwei Problemschwerpunkte besonders einzugehen. Erstens geht es darum, ob zwischen P und NCBA ein Arbeitsverhältnis besteht. Aufbautechnisch ist diese Fragestellung im Rahmen der Zulässigkeit der Klage zu diskutieren, nämlich im Zusammenhang mit dem Rechtsweg zu den Arbeitsgerichten (§ 2 Abs. 1 Nr. 3 lit. a) ArbGG). Inhaltlich gilt es zu erkennen, dass die bloße Bezeichnung als „freier Mitarbeiter" für die Einordnung der Rechtsbeziehung unerheblich ist, sondern es allein auf den vereinbarten Geschäftsinhalt ankommt. In diesem Zusammenhang ist zu klären, nach welchem Merkmal das Arbeitsverhältnis vom freien Dienstverhältnis des Selbstständigen abzugrenzen ist. Hier fällt die Entscheidung zwischen drei Auffassungen, nämlich der Rechtsprechung des BAG von der persönlichen Abhängigkeit, der im Vordringen begriffenen Lehre vom Unternehmerrisiko sowie dem gesetzlichen Arbeitnehmerbegriff von der Weisungsabhängigkeit (§ 84 Abs. 1 Satz 2 HGB). Mit dem Herausarbeiten des Abgrenzungsmerkmals ist aber noch nicht über die Einordnung der Rechtsbeziehung als solcher entschieden. Vielmehr sind in einem weiteren Schritt die Beurteilungskriterien herauszuarbeiten, an Hand derer im Einzelfall darüber zu befinden ist, ob die Voraussetzungen eines Arbeitsverhältnisses erfüllt sind oder nicht. Für denjenigen, der sich an der gesetzlichen Bestimmung des § 84 Abs. 1 Satz 2 HGB orientiert, ist diese Entscheidung vorgegeben.

Zweitens geht es um die Zulässigkeit von Rückzahlungsklauseln hinsichtlich ausgezahlter Gratifikationen. Hier kann auf die feststehende Rechtsprechung des BAG zurückgegriffen werden, wonach die zulässige Bindungsdauer abhängig von der Höhe der Zuwendung ist; an dieser Rechtsprechung hat sich inhaltlich auch dadurch nichts geändert, dass seit dem 01.01.2002 arbeitsrechtliche Formularbestimmungen der Inhaltskontrolle nach den Vorschriften über Allgemeine Geschäftsbedingungen (§§ 305 ff. BGB) unterliegen. Im Kern gilt weiterhin: Je höher die Zuwendung, desto länger auch die zulässige Bindung. Wird die zulässige Bindungsdauer überschritten, dann sollte nach der früheren Rechtsprechung des BAG die Rückzahlungsklausel abweichend von der Rechtsprechung des BGH zu unangemessenen Allgemeinen Geschäftsbedingungen nicht insgesamt unwirksam sein, sondern die Bindung auf das zulässige Maß reduziert werden. Auf unangemessene Vereinbarungen, die nach dem 01.01.2002 geschlossen wurden, wendet das BAG nunmehr aber auch das Verbot der geltungserhaltenden Reduktion mit der Folge an, dass die Unangemessenheit einer Bestimmung zur Unwirksamkeit der Bestimmung führt. An deren Stelle treten die gesetzlichen Bestimmungen, die keine Rückzahlungsverpflichtung bzgl. Jahressonderzuwendungen vorsehen.

II. Die zweite Frage beschäftigt sich mit dem Problem, inwieweit neu eingestellte Arbeitnehmer Sonderleistungen verlangen können, die der Arbeitgeber bisher zwar üblicherweise in seinem Betrieb gewährt hat, auf die aber weder im Arbeitsvertrag noch im Tarifvertrag oder einer Betriebsvereinbarung ein ausdrücklicher Anspruch eingeräumt worden war. Während die langjährigen Mitarbeiter des Betriebs ihren Anspruch auf eine betriebliche Übung stützen können, greift diese Anspruchsgrundlage zugunsten Neueingestellter nicht ein; es handelt sich hierbei nämlich um einen individualrechtlichen Tatbestand, der eine regelmäßige Leistungsgewährung gegenüber dem Arbeitnehmer verlangt, der die Leistung einfordert. Auch ein Anspruch auf Gleichbehandlung besteht nicht, weil der Arbeitgeber nach dem Grundsatz der Privatautonomie berechtigt ist, bisher allgemein gewährte Leistungen an neu eingestellte Arbeitnehmer nicht mehr zu gewähren. Der Anspruch lässt sich letztlich nur auf den Arbeitsvertrag stützen. Entscheidend kommt es insoweit darauf an, ob der Arbeitnehmer mit dem Abschluss des Arbeitsvertrags – mangels abweichender Vereinbarung – redlicherweise erwarten darf, die gleichen Leistungen wie die sonstigen Arbeitnehmer des Betriebs zu erhalten.

Lösung

A. Rückzahlung der Ergebnisbeteiligung für 2006

Das Arbeitsgericht wird dem Verlangen der NCBA stattgeben, wenn der Antrag zulässig und begründet ist.

I. Zulässigkeit

1. Rechtsweg zu den Arbeitsgerichten

Die Zulässigkeit der Klage setzt voraus, dass der Rechtsweg zu den Arbeitsgerichten eröffnet ist. Dies wäre nach § 2 Abs. 1 Nr. 3 lit. a) ArbGG der Fall, wenn eine bürgerlich-rechtliche Streitigkeit zwischen Arbeitnehmer und Arbeitgeber aus dem Arbeitsverhältnis vorliegen würde. Dazu müsste P Arbeitnehmer der NCBA sein, also zwischen beiden ein Arbeitsverhältnis bestehen. Zweifel am Vorliegen eines Arbeitsverhältnisses könnten sich daraus ergeben, dass P im Vertrag als „freier Mitarbeiter" bezeichnet worden ist; ein echter freier Mitarbeiter ist nämlich kein Arbeitnehmer, sondern steht in einem freien, selbstständigen Dienstverhältnis zum Dienstgeber[1]. Allerdings ist nach allgemeinen Grundsätzen für die Einordnung einer Rechtsbeziehung nicht deren Bezeichnung durch die Parteien, sondern der vereinbarte Geschäftsinhalt maßgeblich; eine vom Inhalt der Vereinbarung abweichende Bezeichnung der Parteien ist unbeachtlich (falsa demonstratio non nocet)[2]. Daher wäre trotz der Bezeichnung von P als „freier Mitarbeiter" der Rechtsweg zu den Arbeitsgerichten eröffnet, wenn nach der vertraglichen Vereinbarung zwischen NCBA und P ein Arbeitsverhältnis bestanden hat.

Bestehendes Arbeitsverhältnis

---

[1] Boemke, ArbR, § 2 Rn. 35 ff.; MünchArbR/Richardi, § 24 Rn. 119; Rosenfelder, Der arbeitsrechtliche Status des freien Mitarbeiters, S. 26 f.

[2] BAG vom 24.06.1992, AP Nr. 61 zu § 611 BGB Abhängigkeit unter II 1 = NZA 1993, 174, 175 ff.; Boemke, SAE 1995, 127, 128 f.; Boemke, DStR 2000, 1694 ff.; MünchArbR/Richardi, § 24 Rn. 59.

2. Abgrenzungsmerkmal

a) Meinungsstand

aa) Persönliche Abhängigkeit

Arbeitnehmerbegriff des BAG

Nach ständiger Rechtsprechung des BAG[3] liegt ein Arbeitsverhältnis in Abgrenzung zum Dienstverhältnis des Selbstständigen dann vor, wenn der Dienstverpflichtete vom Dienstgeber persönlich abhängig ist. Ob dies der Fall ist, soll anhand des typischen Abgrenzungsmerkmals des § 84 Abs. 1 S. 2 HGB entschieden werden. Selbstständig ist danach nur derjenige, der im Wesentlichen frei seine Tätigkeit gestalten und seine Arbeitszeit bestimmen kann. Wer hingegen hinsichtlich Zeit, Dauer und Ort der Ausführung der versprochenen Dienste einem umfassenden Weisungsrecht des Dienstgebers unterliegt, ist abhängig beschäftigt und damit Arbeitnehmer; hiervon soll insbesondere bei einer Eingliederung in die fremde Arbeitsorganisation auszugehen sein[4].

bb) Lehre vom Unternehmerrisiko

Vordringende Literaturmeinung: Unternehmerrisiko

Abweichend von der Rechtsprechung des BAG will eine im Vordringen befindliche, neuere Auffassung in der Literatur, die sich an die Rechtsprechung des BSG zum Begriff des Beschäftigten im Sozialversicherungsrecht anlehnt, demgegenüber auf die Verteilung von Unternehmerrisiken und Unternehmerchancen als entscheidendes Abgrenzungs-

---

[3] BAG vom 28.02.1962, AP Nr. 1 zu § 611 BGB Abhängigkeit; BAG vom 16.12.1965, AP Nr. 9 zu § 611 BGB Fleischbeschauer-Dienstverhältnis; BAG vom 09.02.1967, AP Nr. 4 zu § 61 KO = NJW 1967, 1486; BAG vom 27.03.1991, AP Nr. 53 zu § 611 BGB Abhängigkeit = NZA 1991, 933 ff.; BAG vom 24.06.1992, AP Nr. 61 zu § 611 BGB Abhängigkeit unter II 1 = NZA 1993, 174 ff.; BAG vom 26.07.1995, AP Nr. 79 zu § 611 BGB Abhängigkeit unter II 1 = NZA 1996, 477 ff.; BAG vom 20.08.2003, NZA 2004, 39; BAG vom 09.03.2005, AP Nr. 167 zu § 611 BGB Lehrer, Dozenten unter II 1 a; BAG vom 25.05.2005, AP Nr. 117 zu § 611 BGB Abhängigkeit unter I.

[4] BAG vom 09.11.1994, AP Nr. 18 zu § 1 AÜG unter II 2 = NZA 1995, 572 ff.; BAG vom 26.07.1995, AP Nr. 79 zu § 611 BGB Abhängigkeit unter II 1 = NZA 1996, 477 ff.; BAG vom 20.08.2003, NZA 2004, 39; BAG vom 09.03.2005, AP Nr. 167 zu § 611 BGB Lehrer, Dozenten unter II 1 a; BAG vom 25.05.2005, AP Nr. 117 zu § 611 BGB Abhängigkeit unter I; Berger-Delhey/Alfmeier, NZA 1991, 257, 258; Hromadka, NZA 1997, 569, 576 f.

merkmal abheben[5]. Hiernach soll derjenige selbstständig sein, der Risiken des Marktes übernimmt, andererseits aber in den Genuss der Unternehmerchancen gelangt; Arbeitnehmer sei hingegen, wer seine Arbeitskraft den Zwecken des Unternehmens zur Verfügung stellt, sich deswegen nicht in diesem Sinne unternehmerisch betätigen kann und damit auf die Unternehmerchancen verzichte[6].

cc) Soziale Schutzbedürftigkeit

Nach noch anderer Auffassung soll über die Abgrenzung des Arbeitnehmers vom Selbstständigen die soziale Schutzbedürftigkeit ausschlaggebend entscheiden[7], weil die Rechtsfolgen des Arbeitsrechts vor allem an die soziale Schutzbedürftigkeit der erfassten Personen anknüpften.

Theorie von der sozialen Schutzbedürftigkeit

b) Gesetzlicher Arbeitnehmerbegriff (§ 84 Abs. 1 Satz 2 HGB)

Insbesondere dieser zuletzt genannten Auffassung ist entgegenzuhalten, dass sie Voraussetzungen und Rechtsfolgen, Ursache und Wirkung verwechselt. Der besondere soziale Schutz ist Rechtsfolge der Einordnung einer Rechtsbeziehung als Arbeitsverhältnis, nicht etwa dessen Voraussetzung[8]. Aber auch der Theorie vom Unternehmerrisiko ist vorzuwerfen, dass ihr jedweder Gesetzesbezug fehlt. Wegen der Bindung an Gesetz und Recht (Art. 20 Abs. 3 GG) muss die Abgrenzung des Arbeitsverhältnisses von sonstigen Rechtsbeziehungen auf Grundlage der gesetzgeberi-

Weisungsabhängigkeit gemäß § 84 I 2 HGB

---

[5] BSG vom 01.12.1977, AP Nr. 27 zu § 611 BGB Abhängigkeit; BSG vom 13.07.1978, AP Nr. 29 zu § 611 BGB Abhängigkeit; Lieb, RdA 1977, 210, 215 f.; Wank, Arbeitnehmer und Selbständige, S. 122 ff.

[6] Aus der BSG-Rechtsprechung: vgl. BSG vom 24.06.1981, AP Nr. 16 zu § 611 BGB; BSG vom 21.04.1993; AP Nr. 67 zu § 611 BGB Abhängigkeit = NJW 1994, 341 ff.; LAG Köln vom 30.06.1995, AP Nr. 80 zu § 611 BGB Abhängigkeit unter II B 8; LAG Nürnberg vom 25.02.1998, ZIP 1998, 617, 623; Kreuder, AuR 1996, 386, 391; Matthießen, ZIP 1988, 1089, 1092; Wank, DB 1992, 90, 91.

[7] Vgl. LAG Köln vom 30.06.1995, AP Nr. 80 zu § 611 BGB Abhängigkeit unter II B 3; Beuthien, RdA 1978, 2, 4; von Einem, BB 1994, 60, 64.

[8] Boemke, Anm. zu BAG vom 16.03.1994, SAE 1995, 127, 128; Boemke, ZfA 1998, 285, 299; Rommé, ZfA 1997, 251, 253.

schen Wertentscheidungen getroffen werden[9]. Insoweit enthält § 84 Abs. 1 S. 2 HGB ein über den unmittelbaren Anwendungsbereich hinausgehendes, typisches, allgemeines Abgrenzungsmerkmal für die Unterscheidung des Arbeitnehmers vom Selbstständigen[10]. Nach § 84 Abs. 1 S. 2 HGB ist derjenige selbstständig, der im Wesentlichen frei seine Tätigkeit gestalten und seine Arbeitszeit bestimmen kann; Arbeitnehmer ist derjenige, der insoweit weisungsabhängig, also dem Weisungsrecht seines Dienstgebers unterworfen ist[11]. Mit diesem gesetzlichen Arbeitnehmerbegriff wird zwar terminologisch, nicht aber der Sache nach von der ständigen Rechtsprechung des BAG abgewichen[12]. Wesentlich ist nämlich jeweils, ob Art, Ort und Zeit der Tätigkeit der freien Gestaltung des Dienstverpflichteten oder aber der weitgehenden Weisungsbefugnis des Dienstberechtigten unterliegen[13].

---

[9] Boemke, ZfA 1998, 285, 300 f.; Boemke, DStR 2000, 1694, 1695.

[10] BAG vom 24.06.1992, AP Nr. 61 zu § 611 BGB Abhängigkeit unter II 1 = NZA 1993, 174 ff.; BAG vom 16.03.1994, AP Nr. 68 zu § 611 BGB Abhängigkeit unter B III 1 = SAE 1995 122 ff.; BAG vom 22.06.1994, AP Nr. 16 zu § 1 AÜG unter II 1 = NZA 1995, 462 f.; BAG vom 20.08.2003, NZA 2004, 39; BAG vom 09.03.2005, AP Nr. 167 zu § 611 BGB Lehrer, Dozenten unter II 1 a. - Aus der Literatur: Ballerstedt, RdA 1976, 5, 8; MünchKomm/v. Hoyningen–Huene, HGB, § 84 Rn. 26; MünchKomm/Müller-Glöge, BGB, § 611 Rn. 174.

[11] Vgl. auch BAG vom 30.11.1994, AP Nr. 74 zu § 611 BGB Abhängigkeit unter B I 1 = NZA 1995, 622 ff.; BAG vom 26.07.1995, AP Nr. 79 zu § 611 BGB Abhängigkeit unter II 1 = NZA 1996, 477 ff.

[12] Boemke, ArbR, § 2 Rn. 44.

[13] BAG vom 19.05.1960, AP Nr. 7 zu § 5 ArbGG 1953 = RdA 1961, 44; BAG vom 27.07.1961, AP Nr. 24 zu § 611 BGB Ärzte, Gehaltsansprüche = NJW 1961, 2085; BAG vom 28.02.1962, AP Nr. 1 zu § 611 BGB Abhängigkeit; BAG vom 13.12.1962, AP Nr. 3 zu § 611 BGB Abhängigkeit; BAG vom 16.03.1972, AP Nr. 10 zu § 611 BGB Lehrer, Dozenten; BAG vom 21.09.1977, Nr. 24 zu § 611 BGB Abhängigkeit; BAG vom 15.03.1978, AP Nr. 26 zu § 611 BGB Abhängigkeit; BAG vom 24.06.1992, AP Nr. 61 zu § 611 BGB Abhängigkeit unter II 1 = NZA 1993, 174 ff.; Boemke, DStR 2000, 1694, 1698; MünchKomm/v. Hoyningen-Huene, HGB, § 84 Rn. 31; MünchArbR/Richardi, § 24 Rn. 26 ff.

3. Abgrenzungskriterien

Ob die für ein Arbeitsverhältnis erforderliche Weisungsgebundenheit besteht, ist stets an Hand der konkreten Umstände des Einzelfalles zu ermitteln[14]. Maßgeblich sind dabei diejenigen Umstände, die für oder gegen die nach § 84 Abs. 1 Satz 2 HGB erforderliche Weisungsabhängigkeit in zeitlicher oder fachlicher Hinsicht sprechen.

Maßgebliche Umstände

Besondere Bedeutung kommt dabei der zeitlichen Weisungsabhängigkeit, also dem Recht, Dauer und zeitliche Lage der zu erbringenden Leistungen im Rahmen der vorgegebenen Regelungen verbindlich festlegen zu können, zu[15]. Die zeitliche Einbindung im Interesse des Dienstberechtigten nimmt nämlich dem Dienstverpflichteten die Möglichkeit, selbstständig beruflich zu operieren. Im vorliegenden Fall ist ein bestimmtes Jahresarbeitszeitkontingent vereinbart worden; dabei sollte P zur ständigen Verfügbarkeit der NCBA stehen und die zeitliche Lage der Arbeitszeit durch Dienstpläne der NCBA konkretisiert werden. Die ständige Verfügbarkeit von P sowie das Recht der NCBA, verbindliche Dienstpläne aufzustellen, bringen zum Ausdruck, dass auf Grundlage der vertraglichen Vereinbarung der Zeitpunkt des jeweiligen Arbeitseinsatzes nicht durch die Parteien abgestimmt, sondern einseitig durch NCBA festgelegt werden sollte[16]. Damit war P hinsichtlich der Bestimmung seiner Arbeitszeit nicht frei, sondern den Weisungen der NCBA unterworfen. Dies spricht ganz maßgeblich dafür, dass zwischen den Parteien ein Arbeitsver-

Zeitliche Weisungsabhängigkeit

---

[14] BAG vom 15.03.1978, AP Nr. 26 zu § 611 BGB Abhängigkeit unter II 2; BSG vom 01.12.1977, AP Nr. 27 zu § 611 BGB Abhängigkeit; BAG vom 13.01.1983, AP Nr. 42 zu § 611 BGB Abhängigkeit unter B II 2 = NJW 1984, 1985 ff.; BAG vom 24.06.1992, AP Nr. 61 zu § 611 BGB Abhängigkeit unter II 1 = NZA 1993, 174 ff.; BAG vom 20.08.2003, NZA 2004, 39; BAG vom 09.03.2005, AP Nr. 167 zu § 611 BGB Lehrer, Dozenten unter II 1 a.

[15] BAG vom 13.11.1991, AP Nr. 60 zu § 611 BGB Abhängigkeit unter III 5 e = NZA 1992, 1125 ff.; BAG vom 20.08.2003, NZA 2004, 39; Boemke, ZfA 1998, 285, 308 f.; Boemke, DStR 2000, 1694, 1698 f.

[16] Vgl. BAG vom 09.06.1993, AP Nr. 66 zu § 611 BGB Abhängigkeit unter III 1 = NZA 1994, 169 ff.; BAG vom 16.03.1994, AP Nr. 68 zu § 611 BGB Abhängigkeit = SAE 1995, 122, 126 mit Anm. Boemke; BAG vom 19.11.1997, AP Nr. 90 zu § 611 BGB Abhängigkeit = NZA 1998, 364, 366; BAG vom 11.03.1998, AP Nr. 23 zu § 611 BGB Rundfunk = NZA 1998, 705, 706.

hältnis und keine freie Mitarbeit im Rahmen eines selbstständigen Dienstverhältnisses vereinbart worden ist.

Örtliche Weisungsgebundenheit

Das Recht der NCBA, die Dienstpläne einseitig festzulegen, beinhaltet zugleich auch die Befugnis, neben der Arbeitszeit auch den Tätigkeitsort von P, insbesondere die Flugstrecke, zu bestimmen. Das Recht, den Arbeitsort festzulegen, ist aber Ausfluss eines fachlichen Weisungsrechts[17], das nach der vertraglichen Vereinbarung der NCBA zustand. Demnach war P bei seiner Tätigkeit für die NCBA hinsichtlich der Bestimmung von Tätigkeit und Arbeitszeit nicht im Wesentlichen frei, sondern unterstand insoweit dem Direktionsrecht der NCBA. Danach bestand trotz der abweichenden Bezeichnung als „freier Mitarbeiter" zwischen beiden ein Arbeitsverhältnis.

4. Zulässigkeit der Klage

Klage zulässig

Der Streitgegenstand betrifft einen Anspruch der NCBA gegen P aus dem Arbeitsverhältnis, so dass nach § 2 Abs. 1 Nr. 3 lit. a) ArbGG der Rechtsweg zu den Arbeitsgerichten eröffnet ist. Die Klage ist somit zulässig.

II. Begründetheit

Begründetheitsvoraussetzungen

Die Klage ist begründet, wenn NCBA gegen P ein Anspruch auf Rückzahlung der Ergebnisbeteiligung in Höhe von 5.000 € zustünde, der sich hier aus einer entsprechenden vertraglichen Vereinbarung ergeben (§§ 311, 241 BGB) kann.

1. Rückzahlungsvereinbarung

a) Vereinbarung

Vertragliche Regelung

Die NCBA hat mit P eine Vereinbarung geschlossen, wonach P für das Jahr 2006 eine Ergebnisbeteiligung von 5.000 € erhalten sollte; diesen Betrag hat die NCBA an P auch ausgezahlt. Allerdings sollte P nach der vertraglichen Abrede verpflichtet sein, die 5.000 € wieder zurückzuzahlen, wenn er vor dem 30.09. des Folgejahres ausscheidet. Diese Bedingung, an der die Rückzahlung geknüpft war, ist durch die Kündigung des Arbeitsverhältnisses zum 31.03.2006 eingetreten.

---

[17] Vgl. BAG vom 16.03.1972, AP Nr. 10 zu § 611 BGB Lehrer, Dozenten; Boemke, DStR 2000, 1694, 1699.

b) Einbeziehung der Regelung

Trotz der ausdrücklichen vertraglichen Regelung könnte die Rückzahlungsvereinbarung gleichwohl nicht zum Inhalt des Arbeitsverhältnisses geworden sein, wenn es sich um eine überraschende Klausel in Allgemeinen Geschäftsbedingungen handelt (§ 305c Abs. 1 BGB). Allgemeine Geschäftsbedingungen sind nach § 305 Abs. 1 BGB vorformulierte Vertragsbedingungen, die vom Verwender gestellt wurden und für eine Vielzahl von Verträgen bestimmt sind. Laut Sachverhalt wurde die Rückzahlungsklausel von NCBA als Arbeitgeber entworfen und in sämtliche Arbeitsverträge mit den Mitarbeitern einbezogen, so dass es sich um Allgemeine Geschäftsbedingungen handelt. Allerdings sind bei der Gewährung von Sonderleistungen Rückzahlungsvereinbarungen weit verbreitet, so dass es sich nicht um eine inhaltlich überraschende Klausel handelt[18]. Der Sachverhalt gibt auch keine Anhaltspunkte dafür her, dass nach dem äußeren Erscheinungsbild nicht mit der Rückzahlungsklausel gerechnet werden musste.

Einbeziehung als AGB

2. Rechtsunwirksamkeit der Vereinbarung

Da somit die Klausel in das Arbeitsverhältnis einbezogen wurde, besteht die Rückzahlungsverpflichtung von P, soweit die entsprechende Vereinbarung nicht rechtsunwirksam ist. In Betracht kommt hier nur eine unangemessene Benachteiligung gemäß §§ 307 ff. BGB, die unter Aufrechterhaltung der vertraglichen Vereinbarung im Übrigen (§ 306 Abs. 1 BGB) zur Unwirksamkeit der unangemessenen Regelung führt.

AGB-Kontrolle

a) Inhaltskontrolle gemäß §§ 305 ff. BGB

Die Rückzahlungsklausel ist als Allgemeine Geschäftsbedingung i. S. v. § 305 BGB unwirksam, wenn sie P als Arbeitnehmer unangemessen i. S. v. §§ 307 ff. BGB benachteiligen würde[19]. Die §§ 308, 309 BGB enthalten keine vorrangigen Sonderregelungen betreffend Rückzahlungsklau-

Voraussetzungen der Unangemessenheit

---

[18] LAG Düsseldorf vom 04.03.2005, BB 2005, 1576.
[19] Zur Rechtsgrundlage für die Inhaltskontrolle von vor dem 01.01.2002 vereinbarten Rückzahlungsvereinbarungen vgl. den Überblick bei Preis, Grundfragen der Vertragsgestaltung, S. 290, 498 ff. – Siehe auch Boemke, Fallsammlung, 1. Aufl., S. 160 ff.

seln und auch die Voraussetzungen von § 307 Abs. 2 BGB liegen nicht vor.

Daher ist die Rückzahlungsklausel nur dann unwirksam, wenn sie P gemäß § 307 Abs. 1 Satz 1 BGB entgegen den Geboten von Treu und Glauben unangemessen benachteiligen würde. Unangemessen ist nach ständiger Rechtsprechung des BAG jede Beeinträchtigung eines rechtlich anerkannten Interesses des Arbeitnehmers, die nicht durch begründete und billigenswerte Interessen des Arbeitgebers gerechtfertigt ist oder durch gleichwertige Vorteile ausgeglichen wird[20].

b) Zulässigkeit einer Bindung an sich

Angemessenheit einer Bindung

Die Gratifikation dient dem berechtigten Interesse des Arbeitgebers, bewährte und eingearbeitete Mitarbeiter an das Unternehmen zu binden[21]. Das gegenläufige Interesse des Arbeitnehmers, nicht durch solche Rückzahlungsklauseln übermäßig in der tatsächlichen Ausübung seiner grundrechtlich durch Art. 12 Abs. 1 GG geschützten Berufsfreiheit beeinträchtigt zu werden[22], steht der Zulässigkeit einer Bindung an sich nicht entgegen. Die Grundrechtsbeschränkung wird durch die Zahlung der Gratifikation als geldwerter Vorteil kompensiert. Das Interesse des Arbeitnehmers, von seiner Berufsausübungsfreiheit auch tatsächlich Gebrauch machen zu können, ist allerdings bei der Frage nach der zulässigen Bindungsdauer zu berücksichtigen. Die Zahlung einer Gratifikation für zukünftige Betriebstreue rechtfertigt nur eine angemessene, aber keine überzogene Bindungsdauer[23].

c) Zulässige Bindungsdauer

Angemessene Bindungsdauer

Welche Bindungsdauer für den Arbeitnehmer in diesem Sinne zumutbar ist, hängt in erster Linie davon ab, wie hoch die Gratifikation ist. Einem Arbeitnehmer, der eine

---

[20] BAG vom 04.03.2004, NZA 2004, 727, 732; BAG vom 21.04.2005, NZA 2005, 1053, 1055; BAG vom 27.07.2005, NZA 2006, 40, 46; BAG vom 18.08.2005, NZA 2006, 34, 36.
[21] BAG vom 10.05.1962, NJW 1962, 1537, 1538 f.; BAG vom 21.05.2003, NZA 2003, 1032, 1033.
[22] Vgl. BAG vom 28.04.2004, NZA 2004, 924; Preis, ArbR 1, § 29 IV, S. 344.
[23] BAG vom 21.05.2003, NZA 2003, 1032, 1033; BAG vom 28.04.2004, NZA 2004, 924 f.; Schaub/Linck, ArbR-Hdb, § 78 Rn. 43; Söllner, ZfA 2003, 145, 157.

eindrucksvolle Gratifikation erhält, ist durchaus zuzumuten, die ihm zustehenden Kündigungsmöglichkeiten innerhalb der in der Rückzahlungsklausel vorgesehenen Zeit nicht auszuüben, falls er die Gratifikation behalten will. Ein Arbeitnehmer dagegen, der nur eine geringe Gratifikation erhält, wird unter Umständen mit einer einen längeren Zeitraum umfassenden Rückzahlungsklausel regelmäßig überfordert[24]. Dies bedeutet: Je höher die Zuwendung, desto länger die zulässige Bindung; je geringer die Zuwendung, desto kürzer die zulässige Bindungsdauer. Das BAG hat in ständiger Rechtsprechung die Zulässigkeit von Rückzahlungsklauseln anhand folgender, allgemeiner Grundsätze präzisiert[25], auf die auch im Rahmen der Inhaltskontrolle nach § 307 Abs. 1 BGB weiterhin zurückgegriffen werden kann[26]:

- Beträgt die Höhe der Gratifikation weniger als 100 € (vor dem 01. 01. 2002: 200 DM) ist keine Bindung des Arbeitnehmers an den Arbeitgeber zulässig.
- Bei einer Gratifikation, die mindestens 100 € (vor dem 01.01.2002: 200 DM), aber weniger als ein Monatsbruttogehalt beträgt, ist eine Bindung bis zum 31.03. des Folgejahres zulässig, d. h. der Arbeitnehmer ist nicht zur Rückzahlung verpflichtet, wenn er mit Ablauf dieses Tages ausscheidet; er darf also frühestens zum 31.03. kündigen.
- Beträgt die Gratifikation ein Monatsbruttogehalt, dann muss der Arbeitnehmer über den 31.03. des Folgejahres hinaus verbleiben, er kann also erst zu dem frühesten Termin nach dem 31.03. ausscheiden[27].
- Beträgt die Gratifikation mehr als ein, aber weniger als zwei Monatsbruttogehälter, dann ist eine Bindung bis zum 30.06. des Folgejahres zulässig, d. h. der Arbeitnehmer darf frühestens zu diesem Termin kündigen.
- Bei einer Gratifikation von zwei Monatsbruttogehältern und mehr ist eine Staffelung zulässig, die bei einem Ausscheiden zum 31.03. die Zahlung von 1,5 Monats-

Bindungsdauer abhängig von Höhe der Zuwendung

---

[24] BAG vom 10.05.1962, NJW 1962, 1537, 1539.
[25] BAG vom 10.05.1962, NJW 1962, 1537, 1539; BAG vom 09.06.1993, AP Nr. 150 zu § 611 BGB Gratifikation unter II 2 = NZA 1993, 935 f.; MünchArbR/Hanau, § 69 Rn. 46 ff.; Richardi/Annuß, ArbR, Fall 3, S. 26, 32 f.; Schaub/Linck, ArbR-Hdb., § 78 Rn. 46.
[26] Vgl. ErfK/Preis, § 611 BGB Rn. 687 f; Schaub/Linck, ArbR-Hdb, § 78 Rn. 46.
[27] BAG vom 28.04.2004, NZA 2004, 924 f.

bruttogehältern, bei einem Ausscheiden zum 30.06. die Zahlung von 1 Monatsbruttogehalt, bei einem Ausscheiden zum 30.09. die Zahlung von 0,5 Monatsbruttogehältern und danach keine Zahlungspflicht mehr vorsieht[28].

d) Folgerungen

<small>Unangemessenheit der Bindungsdauer</small>

Im konkreten Fall hat P bei NCBA einen Jahresverdienst von 700 Std. x 55 €/Std. und damit einen durchschnittlichen Monatsverdienst von ca. 3.210 € erzielt. Danach beträgt die Gratifikation mehr als ein Monatsgehalt, aber weniger als zwei Monatsgehälter, so dass eine Bindung bis zum 30.06.2007, nicht aber darüber hinaus zulässig gewesen wäre. Da hier die Rückzahlungsklausel eine Bindung bis zum 30.09.2007 vorsah, liegt eine P unangemessen benachteiligende Bindung vor, die nach § 307 BGB zur Unwirksamkeit dieser Bindungsklausel führt.

3. Rechtsfolgen der Unangemessenheit

<small>Geltungserhaltende Reduktion</small>

Damit steht jedoch noch nicht fest, dass P die Gratifikation behalten darf. NCBA hätte ihn nämlich wirksam bis zum 30.06.2007 binden können. Da P vor diesem Zeitpunkt ausgeschieden ist, wäre er gleichwohl zur Rückzahlung verpflichtet, wenn die Bindungsklausel nicht ersatzlos entfallen würde, sondern in ihrem zulässigen Teil aufrecht erhalten werden könnte. Von einer solchen geltungserhaltenden Reduktion unangemessener Klauseln ist das BAG in seiner früheren ständigen Rechtsprechung ausgegangen. Unangemessene Bindungsklauseln sollten nicht vollständig, sondern nur in dem die zulässige Bindungsdauer überschießenden Umfang unwirksam sein[29].

<small>Unwirksamkeit der gesamten Regelung</small>

Nach den seit dem 01.01.2002 maßgeblichen Bestimmungen führt jedoch eine Unangemessenheit von Klauselbestimmungen zur Unwirksamkeit der Klausel mit der Folge, dass an deren Stelle die gesetzlichen Bestimmungen treten. Gegen §§ 307 ff. BGB verstoßende Bestimmungen sind insgesamt unwirksam und können gerade nicht in ihrem

---

[28] BAG vom 13.11.1969, AP Nr. 69 zu § 611 BGB Gratifikation mit Anm. Mayer-Maly = NJW 1970, 582.

[29] BAG vom 12.12.1962, AP Nr. 25 zu § 611 BGB Gratifikation; BAG vom 03.10.1963, AP Nr. 1 zu § 611 BGB Urlaub und Gratifikation = NJW 1964, 171.

angemessenen Teil aufrechterhalten werden[30]. Da nach § 307 Abs. 1 BGB Bestimmungen in Allgemeinen Geschäftsbedingungen schon unwirksam sind, wenn sie unangemessen benachteiligen und nicht nur soweit sie unangemessen benachteiligen, führt eine unzulässige Bindungsdauer zu einer Unwirksamkeit der Klausel mit der Folge, dass nach § 306 Abs. 1 und 2 BGB unter Aufrechterhaltung des Vertrags im Übrigen an die Stelle der unwirksamen Bestimmung die gesetzliche Regelung tritt; eine geltungserhaltende Reduktion ist danach gerade ausgeschlossen[31].

Für unangemessene Bindungsvereinbarungen bei Gratifikationen bedeutet dies: Eine unzulässige Bindungsdauer führt zur Gesamtnichtigkeit der Bindungsvereinbarung unter Aufrechterhaltung des Vertrags, und damit des Gratifikationsanspruchs im Übrigen. An die Stelle der unzulässigen Bindungsklausel treten nach § 306 Abs. 2 BGB die gesetzlichen Bestimmungen, die für diesen Fall keine Rückzahlung der mit Rechtsgrund erhaltenen Gratifikation vorsehen[32].

Rückzahlungsvereinbarung unwirksam

III. Ergebnis

P hat eine Zuwendung von mehr als einem Monatsgehalt erhalten. Danach wäre eine Bindung bis zum 30.06.2007 zulässig gewesen. Da NCBA eine Bindung bis zum 30.09.2007 vorgesehen hatte, ist die Bindungsklausel nach § 307 Abs. 1 BGB unwirksam. Daher muss P, obwohl er vor dem zulässigen Bindungszeitpunkt schon zum 31.03.2007 ausgeschieden ist, die Ergebnisbeteiligung nicht zurückzahlen.

Die Klage von NCBA ist zulässig, aber unbegründet.

keine Rückzahlungsverpflichtung

---

[30] So in st. Rspr. BGH vom 17.05.1982; BGHZ 84, 109, 115 = NJW 1982, 2309 f.; BGH vom 24.09.1985, ZIP 1986, 32, 34 = NJW 1986, 1610 ff.

[31] BAG vom 04.03.2004, NZA 2004, 727, 733; BAG vom 25.05.2005, NZA 2005, 1111, 1114 f.; BAG vom 11.04.2006, NZA 2006, 1042, 1045; Annuß, BB 2006, 1333, 1337 f.; Lakies, BB 2004, 1903, 1908 f.; ErfK/Preis, § 310 BGB Rn. 100; Preis, ArbR 1, § 25 IV 4 d, S. 273.

[32] Preis, ArbR 1, § 29 IV, S. 344. – Für geltungserhaltende Reduktion: Söllner, ZfA 2003, 145, 158 f.

B. Anspruch von G auf Urlaubsgeld

Der Anspruch von G auf Zahlung eines Urlaubsgelds für 2007 in Höhe von 2.500 € setzt eine entsprechende Anspruchsgrundlage voraus.

I. Betriebliche Übung i. V. m. Arbeitsvertrag

Dreimalige vorbehaltslose Leistungsgewährung

Der Anspruch könnte sich zunächst aus betrieblicher Übung i. V. m. dem Arbeitsvertrag ergeben. Unter betrieblicher Übung versteht man die regelmäßige Wiederholung bestimmter Verhaltensweisen des Arbeitgebers, aus denen der Arbeitnehmer schließen kann, dass eine Leistung oder Vergünstigung auf Dauer gewährt werden soll. Die dogmatische Begründung der betrieblichen Übung ist zwar strittig[33], Einigkeit besteht aber gleichwohl über die Voraussetzungen ihrer Entstehung. Durch eine mehrfache, ununterbrochene und vorbehaltlose Leistungsgewährung muss bei dem Arbeitnehmer das Vertrauen oder die Erwartung entstehen, der Arbeitgeber werde die betreffende Leistung oder Vergünstigung auch zukünftig gewähren[34]. Im Grundsatz kann man mit der h. M. davon ausgehen, dass zumindest bei jähr-

---

[33] BAG vom 06.09.1994, AP Nr. 45 zu § 242 BGB Betriebliche Übung unter I 2 b aa = NZA 1995, 418 f.; BAG vom 16.04.1997, AP Nr. 53 zu § 242 BGB Betriebliche Übung unter II 1 a = NZA 1998, 423 f. (Vertragstheorie); Boemke, ArbR, § 5 Rn. 97 f. (Vertragstheorie); Bötticher, RdA 1953, 161, 162 f. (Bindung des Arbeitgebers an eine selbstgesetzte Rechtsnorm); Gamillscheg, FS Hilger/Stumpf,1983, 227, 243 (betriebliches Gewohnheitsrecht); Hromadka, NZA 1984, 241, 243 ff. (Erwirkung); Preis, ArbR 1, § 18 V 1, S. 168 (Vertragstheorie); Singer, ZfA 1993, 487, 494 (Vertrauenshaftungstheorie). – Siehe neuerdings auch Bepler, RdA 2004, 226 ff.

[34] BAG vom 28.02.1956, AP Nr. 1 zu § 242 BGB Betriebliche Übung; BAG vom 08.11.1957, AP Nr. 2 zu § 242 BGB Betriebliche Übung = AR-Blattei ES 1010.1.2 Nr. 1; BAG vom 05.02.1971, AP Nr. 10 zu § 242 BGB Betriebliche Übung = NJW 1971, 1422; BAG vom 03.08.1982, AP Nr. 12 zu § 242 BGB Betriebliche Übung = BAGE 39, 271 ff.; BAG vom10.04.1985, AP Nr. 19 zu § 242 BGB Betriebliche Übung = NZA 1986, 604 f.; BAG vom 04.09.1985, AP Nr. 22 zu § 242 BGB = NZA 1986, 521 f.; BAG vom 03.11.1986, AP Nr. 27 zu § 242 BGB Betriebliche Übung unter II 3; BAG vom 12.01.1994, AP Nr. 43 zu § 242 BGB Betriebliche Übung unter I 1 = NZA 1994, 694 ff.; BAG vom 16.04.1997, AP Nr. 53 zu § 242 BGB Betriebliche Übung unter II 1 = NZA 1998, 423 f.; Hromadka/Maschmann, ArbR 1, § 5 Rn. 180; Zöllner/Loritz, ArbR, § 6 I 7, S. 71.

lich gezahlten Sonderzuwendungen durch eine dreimalige, ununterbrochene und vorbehaltlose Leistungsgewährung ein Anspruch aus betrieblicher Übung erwächst[35].

Im konkreten Fall hat NCBA einerseits seit 2001 und damit insgesamt fünf Jahre hintereinander Urlaubsgeld an Piloten ausgezahlt. Andererseits ist G neu eingestellt worden und hat von NCBA noch kein Urlaubsgeld erhalten, so dass bezüglich seiner Person noch keine dreimalige Leistungsgewährung vorliegt. Da es sich bei der betrieblichen Übung um eine individualrechtliche Anspruchsgrundlage handelt, müssen deren Voraussetzungen in Bezug auf den Arbeitnehmer, der den Anspruch geltend macht, vorliegen[36]. Da G noch kein Weihnachtsgeld erhalten hat, ist ihm gegenüber keine betriebliche Übung entstanden, so dass für ihn ein Anspruch aus betrieblicher Übung ausscheidet.

Keine Betriebsübung ggü. neu Eingestellten

II. Arbeitsrechtlicher Gleichbehandlungsgrundsatz

1. Anspruchsgrundlage und -inhalt

In Betracht kommt allerdings ein Anspruch aus Gleichbehandlung nach dem allgemeinen arbeitsrechtlichen Gleichbehandlungsgrundsatz i. V. m. der gegenüber den übrigen Arbeitnehmern bestehenden betrieblichen Übung. Der inzwischen gewohnheitsrechtlich anerkannte allgemeine arbeitsrechtliche Gleichbehandlungsgrundsatz verbietet dem Arbeitgeber, einzelne Arbeitnehmer oder Gruppen von Arbeitnehmern ohne sachlichen Grund von allgemeinen begünstigenden Regelungen auszunehmen oder sie schlechter zu stellen[37].

Gewohnheitsrechtliche Anerkennung

---

[35] BAG vom 03.08.1982, AP Nr. 12 zu § 242 BGB Betriebliche Übung = BAGE 39, 271 ff.; BAG vom 30.10.1984, AP Nr. 1 zu § 1 BetrAVG Betriebliche Übung unter I 1 = NZA 1985, 531 ff.; BAG vom 28.02.1996, AP Nr. 192 zu § 611 BGB Gratifikation unter II 1 = NJW 1996, 3166; BAG vom 28.06.2006, NZA 2006, 1174 ff.; Boemke, ArbR, § 5 Rn. 95, 98; Hromadka, NZA 1984, 241, 244; Seiter, Die Betriebsübung, S. 109; Singer, ZfA 1993, 487, 488.

[36] Vgl. Boemke, ArbR, § 5 Rn. 97; Hromadka, NZA 1984, 241, 246; Wank, Übungen im ArbR, Fall 3, S. 38 f.

[37] BAG vom 11.09.1974, AP Nr. 39 zu § 242 BGB Gleichbehandlung; BAG vom 26.10. 1994, AP Nr. 167 zu § 611 BGB Gratifikation unter II 3 = NZA 1995, 307, 308; BAG vom 19.03.2003, NZA 2003, 724, 725; BAG vom 12.10.2005, NZA 2005, 1418, 1419; Boemke, ArbR, § 5 Rn. 113; Dütz, ArbR, Rn. 49; Hromadka/Maschmann, ArbR 1, § 7 Rn. 107.

2. Tatbestandsvoraussetzungen

Voraussetzungen der Gleichbehandlung

Für den Anspruch auf Gleichbehandlung müssen danach drei Voraussetzungen vorliegen[38]:

Erstens muss der Arbeitgeber eine gruppenbezogene, allgemeingültige Regel aufstellen. Diese Voraussetzung ist erfüllt, weil NCBA generell ihren Piloten ein Urlaubsgeld von 2.500 € mit dem Juligehalt ausbezahlt.

Zweitens müssen einzelne Arbeitnehmer oder Gruppen von Arbeitnehmern von dieser generellen Regelung ausgenommen werden. Auch diese Voraussetzung ist erfüllt, weil G als einziger Pilot das Urlaubsgeld nicht erhält.

Drittens müsste eine Ungleichbehandlung vorliegen, d. h. trotz Vergleichbarkeit darf kein sachlicher Grund für die unterschiedliche Behandlung bestehen.

Zulässigkeit sachlich begründeter Differenzierungen

In diesem Zusammenhang ist zunächst einmal festzuhalten, dass G wie die Empfänger des Urlaubsgelds auch Pilot ist, also eine Vergleichbarkeit zu bestehen scheint. Allerdings bedeutet Gleichbehandlung nicht, dass jeder Arbeitnehmer vom Arbeitgeber die gleichen Leistungen erhalten muss. Vielmehr verbietet der Gleichbehandlungsgrundsatz nur sachwidrige Differenzierungen, d. h. der Arbeitgeber darf nicht nach Gründen differenzieren, die nicht im Sachzusammenhang mit dem Arbeitsverhältnis stehen, die also willkürlich sind[39].

3. Leistungsausschluss gegenüber neu eingestellten Arbeitnehmern

Neuregelung für die Zukunft als Sachgrund

Grundsätzlich darf der Arbeitgeber zwar nicht einzelne bei ihm schon beschäftigte Arbeitnehmer von einer allgemein gewährten Leistung ausnehmen; nach dem Grundsatz der Privatautonomie darf er sich aber frei entscheiden, neu eingetretenen Arbeitnehmern andere, insbesondere auch geringere Leistungen zu gewähren als den schon im Betrieb tätigen Arbeitnehmern. Eine Verpflichtung des Arbeitgebers,

---

[38] Boemke, ArbR, § 5 Rn. 123 ff.; Preis, ArbR 1, § 33 II, S. 365 ff.

[39] BAG vom 03.04.1957, AP Nr. 4 zu § 242 BGB Gleichbehandlung; BAG vom 12.07.1957, AP Nr. 5 zu § 242 BGB Gleichbehandlung; BAG vom 25.01.1984, AP Nr. 67 zu § 242 BGB Gleichbehandlung = NZA 1984, 326 f. = NJW 1985, 168 ff.; BAG vom 19.08.1992, AP Nr. 102 zu § 242 Gleichbehandlung unter II 3 a = NZA 1993, 171 ff. = NJW 1993, 679 f.; BAG vom 19.04.1995, AP Nr. 124 zu § 242 BGB Gleichbehandlung unter II 3 = NZA 1995, 985 ff. = NJW 1995, 3406; Hromadka/Maschmann, ArbR 1, § 7 Rn. 119.

neu eingestellten Mitarbeitern die gleichen Leistungen anzubieten wie bewährten Mitarbeitern, lässt sich mit dem Grundrecht der Berufsfreiheit aus Art. 12 Abs. 1 GG nicht vereinbaren[40]. Die Einstellung einer Leistung gegenüber neu eintretenden Arbeitnehmern ist damit nicht sachwidrig[41]. Vielmehr darf der Arbeitgeber eine im Betrieb bestehende Übung mit Wirkung für die Zukunft dergestalt beenden, dass bei Neueinstellungen die bisher üblichen Leistungen generell nicht mehr gewährt werden[42].

Nach ihrem unbestrittenen Sachvortrag gewährt die NCBA bei Neueinstellungen ab 2007 allgemein kein Urlaubsgeld mehr. Die Gruppe der Neueingestellten wird daher gleichbehandelt, die Ungleichbehandlung gegenüber den früher eingestellten Arbeitnehmern ist nach dem Grundsatz der Privatautonomie gerechtfertigt[43], so dass ein Anspruch von G auf das Urlaubsgeld nicht auf Gleichbehandlung gestützt werden kann.

Kein Anspruch auf Gleichbehandlung

III. Anspruch aus Arbeitsvertrag

Der Anspruch auf das Urlaubsgeld könnte sich allerdings unmittelbar aus dem Arbeitsvertrag ergeben. Zwar ist dem Sachverhalt eine ausdrückliche, dahingehende Abrede nicht zu entnehmen; nach der Rspr. des BAG soll ein neu eingestellter Arbeitnehmer aber redlicherweise erwarten können, ebenso wie vergleichbare Arbeitnehmer entlohnt zu werden[44]. Danach würde die bisherige betriebliche Übung unter Gleichbehandlungsaspekten zur Vertragsauslegung herangezogen werden. Dagegen wird eingewandt, dass es für ein solch weitgehendes Verständnis keine Basis im Rahmen der

Vertragsauslegung

---

[40] Vgl. Boemke, NZA 1993, 532, 534 ff.; Hromadka/Maschmann, ArbR 1, § 5 Rn. 196.
[41] Hromadka, NZA 1984, 241, 246; Hromadka/Maschmann, ArbR 1, § 5 Rn. 196.
[42] BAG vom 13.10.1960, AP Nr. 30 zu § 242 BGB Gleichbehandlung = DB 1960, 1425.; Schaub/Koch, ArbR-Hdb., § 111 Rn. 17. – A. A. Wank, Übungen im ArbR, Fall 3, S. 38.
[43] A. A. Backhaus, AuR 1983, 65, 70 f., der hierfür eine ausdrückliche Vereinbarung fordert.
[44] BAG vom 05.07.1968, AP Nr. 6 zu § 242 BGB Betriebliche Übung unter I 1 mit Anm. Richardi; BAG vom 05.02.1971, AP Nr. 10 zu § 242 BGB Betriebliche Übung unter I 3 mit Anm. Buchner = NJW 1971, 1422. – Zustimmend Hromadka, NZA 1984, 241, 246.

Vertragsbeziehung gibt[45]; mangels vertraglicher Vereinbarung bestünde kein Anspruch von G auf das Urlaubsgeld.

Welcher Auffassung zu folgen ist, hängt letztlich davon ab, ob eine Vereinbarung über das Arbeitsentgelt abschließend ist und weitere Sondervergütungen ausschließt oder ob mit einer solchen Vereinbarung nur die Grundvergütung geregelt ist und daneben im Betrieb üblicherweise gewährte Sondervergütungen zu zahlen sind. Der Verweis auf § 612 Abs. 2 BGB, wonach die übliche Vergütung nur dann zu zahlen ist, wenn keine Vereinbarung über die Vergütungshöhe getroffen wurde, verfängt nicht. Es geht nämlich gerade um die Beantwortung der Frage, ob die Vergütung abschließend geregelt wurde oder ob nur eine Vereinbarung über die Grundvergütung getroffen wurde, die Frage der Sonderzahlungen hingegen ungeregelt geblieben ist, womit insoweit § 612 Abs. 2 BGB zum Tragen käme.

Abschließende Regelung im Arbeitsvertrag

Im konkreten Fall sprechen zwei Gründe dafür, die Entgeltvereinbarung als abschließend anzusehen. Erstens sind einem Arbeitnehmer beim Einstellungsgespräch und dem anschließenden Abschluss des Arbeitsvertrags die üblicherweise im Betrieb gewährten Leistungen häufig nicht bekannt. Es kann daher im Allgemeinen nicht davon ausgegangen werden, dass er redlicherweise erwarten darf, in den Genuss von Leistungen zu kommen, die er zum für die Auslegung maßgeblichen Zeitpunkt nicht kennt. Sind ihm aber die betriebsüblichen Leistungen bekannt und erzielt er mit dem Arbeitgeber hierüber keine Vereinbarung, dann sprechen die besseren Gründe dafür, dass mangels Einbeziehung in den Arbeitsvertrag auf diese Leistungen kein Rechtsanspruch bestehen, sondern der Arbeitgeber insoweit hinsichtlich der Leistungsgewährung frei sein soll.

Zweitens haben die Parteien hier einen schriftlichen Arbeitsvertrag geschlossen. Die über ein Rechtsgeschäft aufgenommene Urkunde hat aber die Vermutung der Richtigkeit und Vollständigkeit für sich[46]. Fordert der Arbeitnehmer also über die vertragliche Vereinbarung hinaus zusätzliche Geldleistungen, dann muss er hierfür tatsächliche An-

---

[45] Wank, Übungen im ArbR, Fall 3, S. 38 f; Richardi/Annuß, ArbR, Fall 2, S. 15, 23 f.

[46] BGH vom 19.03.1980, NJW 1980, 1680 f.; BGH vom 29.11.1989, BGHZ 109, 240, 244 f. = NJW 1990, 716 ff.; BGH vom 26.11.1997, NJW-RR 1998, 1065, 1066 = BB 1998, 393; Jauernig, BGB, § 126 Rn. 9; Palandt/Heinrichs, BGB, § 125 Rn. 15.

haltspunkte darlegen, die der konkrete Sachverhalt nicht hergibt.

Für das Arbeitsrecht wird dies noch durch die Erwägung gestützt, dass der Arbeitgeber durch den schriftlichen Arbeitsvertrag nicht nur Rechtssicherheit schaffen, sondern auch seinen Verpflichtungen aus § 2 Abs. 1 NachwG nachkommen will. Im Zweifel besteht kein Anlass dafür, dass der Arbeitgeber zusätzlich zu den im Arbeitsvertrag vereinbarten Leistungen weitere finanzielle Verpflichtungen übernimmt, die er dem Arbeitnehmer gesondert nachweisen müsste. *Bedeutung des NachwG*

Damit ist die schriftliche Vergütungsregelung abschließend. Von einer konkludenten Urlaubsgeldvereinbarung kann daher nicht ausgegangen werden, so dass G auch aus dem Arbeitsvertrag nicht die Zahlung weiterer 2.500 € verlangen kann *Kein vertraglicher Anspruch*

IV. Ergebnis zu Frage 2

Für einen Anspruch G auf Urlaubsgeld besteht keine Anspruchsgrundlage. Ihm steht daher kein Anspruch gegen die NCBA auf Zahlung von 2.500 € zu. *Kein Anspruch auf Urlaubsgeld*

Klausur Nr. 7

Keine Gnade vor dem Alter

Sachverhalt

Rudi Rostig (R) betreibt in Leipzig eine Kfz-Lackiererei und beschäftigt dort vier Vollzeitkräfte sowie zwei Halbtagskräfte zu je 20 Stunden pro Woche. Alle Arbeitsverhältnisse wurden vor dem 31.12.2003 geschlossen. Die vier Vollzeitkräfte arbeiten als Kfz-Lackierer, die beiden Halbtagskräfte in der Verwaltung, der Kundenberatung und dem Verkauf. Als die Nachfrage nach Lackiererarbeiten über einen längeren Zeitraum betrachtet, insbesondere aber im zurückliegenden Jahr, stark absinkt, sieht sich R mit zwingenden Rationalisierungsmaßnahmen konfrontiert. Ohne eine Reduzierung der Personalstärke ist seiner Auffassung nach die Aufrechterhaltung des Betriebs ernsthaft gefährdet. Da der Bedarf nur noch Arbeit für zwei Kfz-Lackierer hergibt, entschließt er sich dazu, zwei Vollzeitkräften betriebsbedingt zu kündigen. Es trifft Achim Alt (A, 56 Jahre alt, ledig und ohne Unterhaltspflichten, arbeitet seit 01.01.2000 bei R) und Helmut Hager (H, 55 Jahre alt, verheiratet und drei Kindern zum Unterhalt verpflichtet, arbeitet seit 1990 im Betrieb von R). Bei beiden Kündigungen bedient sich R des Rechtsanwalts Ludger Leichtfuß (L). Da R mit sämtlichen Arbeitnehmern rechtswirksam gemäß § 622 Abs. 5 Satz 1 Nr. 2 BGB eine Kündigungsfrist von einem Monat zum Monatsende vereinbart hatte, kündigte L im Namen von R gegenüber A und H schriftlich und fristgerecht zum 30.04.2007, ohne allerdings seine Vollmacht nachzuweisen. Bei den ungekündigten Lackierern handelt es sich um Jasper Jung (J, 25 Jahre alt, ledig und nicht unterhaltsverpflichtet, arbeitet seit 01.01.2003 bei R und hat vorher bei diesem seine dreijährige Berufsausbildung absolviert) sowie um Felix, Sohn von R und 35 Jahre alt, der den Kfz-Betrieb seines Vaters später einmal übernehmen soll. Sowohl A als auch H haben innerhalb von drei Wochen nach Zugang der Kündigungen Kündigungsschutzklage beim zuständigen Arbeitsgericht erhoben. Diese Klagen wurden R am 15.05.2007 zugestellt; ein erstinstanzliches Urteil liegt noch nicht vor.

1. A hat zwischenzeitlich Rechtsanwalt Otto Ohnesorg (O) mit der Wahrnehmung seiner Interessen beauftragt. Dieser hat bereits drei Tage nach Zugang der Kündigung gegenüber L erklärt, dass er namens seines Mandanten die Kündigung wegen fehlender Vollmachtsvorlage zurückweise. Eine Vollmachtsurkunde legte allerdings auch er nicht vor. Auch materiell sei die Kündigung nicht gerechtfertigt. Die Auswahlentscheidung sei auf A nur wegen dessen hohen Alters gefallen. Hätte R das nach Treu und Glauben erforderliche Mindestmaß an sozialer Rücksichtnahme gewahrt, hätte er den deutlich jüngeren Arbeitnehmern kündigen müssen. Leichfuß, völlig aufgebracht vom Schreiben des O, antwortet umgehend, dass er die Einwände schon mangels Vollmachtsvorlage durch O für unbeachtlich hält. Diesmal allerdings legt L seinem Schreiben eine Vollmachtsurkunde bei. Im Juni 2007 kommen A Zweifel am Vorgehen von O. Er möchte nun endgültig wissen, ob seine Kündigung wirksam ist.

2. H verunglückte Mitte April 2007 ohne sein Verschulden auf einer Dienstfahrt und wurde bis auf weiteres arbeitsunfähig krankgeschrieben. Allerdings war er bereits am 1. Mai 2007, also pünktlich zum Tag der Arbeit, wieder genesen. Er bittet schließlich im Juni 2007 um Rechtsrat und möchte wissen, ob
   a) seine Kündigung unwirksam ist,
   b) er von R Entgelt auch für Mai 2007 verlangen kann, obwohl er seine Wiedergenesung nicht angezeigt hatte.

Vorüberlegungen

I. Die erste Frage betrifft die Wirksamkeit einer betriebsbedingten Kündigung. Ein erstes Problem in diesem Zusammenhang ist zunächst die Zurückweisung einer solchen Kündigung wegen fehlender Vollmachtsvorlage nach § 174 BGB. Dabei muss beachtet werden, dass die Zurückweisung ihrerseits ein einseitiges Rechtsgeschäft darstellt, das ebenso nach § 174 BGB zurückgewiesen werden kann.

Im Vordergrund steht jedoch die Frage nach dem Kündigungsschutz in den Fällen, in denen der Arbeitnehmer keinen allgemeinen Kündigungsschutz genießt. Hier werden dem privatautonomen Grundsatz der Kündigungsfreiheit (vgl. § 620 Abs. 2 BGB) zwar nicht durch § 1 KSchG, aber durch allgemeine Vorschriften, namentlich § 134, § 138 Abs. 1 und § 242 BGB, Grenzen gezogen. Problematisch ist in diesem Zusammenhang insbesondere, ob über den Grundsatz von Treu und Glauben materielle Mindestanforderungen an den Kündigungsgrund normiert werden können. Während die Rechtsprechung dies früher abgelehnt hatte, gehen neuere Entscheidungen davon aus, dass der grundrechtliche Schutz der Berufsfreiheit die Unwirksamkeit solcher Kündigungen erfordert, deren Gründe in keinem Bezug zum Arbeitsverhältnis stehen. Darüber hinaus ist in den Fällen, in denen die Kündigung des Arbeitnehmers in einem Kleinbetrieb auf einer Auswahlentscheidung beruht, ein durch Art. 12 GG gebotenes Mindestmaß an sozialer Rücksichtnahme zu beachten.

Stehen sich im Rahmen dieser Auswahlentscheidung zwei Arbeitnehmer gegenüber, die abgesehen von ihrem Lebensalter völlig vergleichbare Sozialdaten aufweisen, so stellt sich die Frage, ob der Arbeitgeber durch § 242 BGB verpflichtet wird, den älteren Arbeitnehmer bevorzugt zu berücksichtigen. Einer solchen Annahme könnten europarechtliche Vorgaben, insbesondere die Richtlinie 2000/78/EG, entgegenstehen.

II. Auch im zweiten Fragenkomplex steht im Mittelpunkt das Problem, inwieweit der Arbeitgeber auch in Kleinbetrieben außerhalb des Anwendungsbereichs des allgemeinen Kündigungsschutzes bei kündigungsbedingten Auswahlentscheidungen ein Mindestmaß an sozialer Rücksichtnahme einzuhalten hat und wann ein evidenter Auswahlfehler vorliegt, der zur Unwirksamkeit der

Kündigung nach § 242 BGB führt. Dies ist nach der Rechtsprechung dann der Fall, wenn der Arbeitgeber keine spezifischen eigenen Interessen hat, einem bestimmten Arbeitnehmer zu kündigen bzw. anderen vergleichbaren Arbeitnehmern nicht zu kündigen, und er gleichwohl den Arbeitnehmer mit der bei weitem längsten Betriebszugehörigkeit, dem höchsten Alter und den meisten Unterhaltspflichten und damit letztlich den Arbeitnehmer mit der erheblich höheren sozialen Schutzbedürftigkeit entlässt.

III. Die letzte Frage beschäftigt sich mit dem Fortbestehen von Entgeltansprüchen des Arbeitnehmers und dem Annahmeverzug des Arbeitgebers. Dabei ist erstens das Verhältnis von § 615 BGB zu den Unmöglichkeitsregeln (§ 326 BGB) zu klären. Annahmeverzug setzt nämlich grundsätzlich voraus, dass die geschuldete Leistung noch erbracht werden kann. Im Arbeitsverhältnis tritt aber wegen des Fixschuldcharakters der Arbeitsleistung mit Nichtleistung im Allgemeinen Leistungsunmöglichkeit ein. Insoweit ist der Frage nachzugehen, ob die Fälle, in denen die Unmöglichkeit auf der Nichtannahme der Arbeitsleistung durch den Arbeitgeber beruht, über Unmöglichkeitsrecht gelöst werden oder ob § 615 BGB diese Konstellation mit umfasst und als dienstrechtsspezifische Sonderregelung insoweit § 326 Abs. 2 BGB verdrängt.

Zweitens setzt Annahmeverzug regelmäßig ein tatsächliches bzw. unter den Voraussetzungen von § 295 BGB ein wörtliches Leistungsangebot voraus. Nach einer Arbeitgeberkündigung kann das wörtliche Angebot auch in der Erhebung einer Kündigungsschutzklage zu sehen sein. Wird die Kündigungsschutzklage erst nach Ablauf der Kündigungsfrist zugestellt, dann kann für den vor Zustellung der Kündigungsschutzklage liegenden Zeitraum Annahmeverzugslohn nur begehrt werden, wenn nach § 296 BGB ausnahmsweise das Angebot der Arbeitsleistung durch den Arbeitnehmer überflüssig war. Dies kommt deswegen in Betracht, weil der Arbeitgeber für die Erbringung der Arbeitsleistung dem Arbeitnehmer einen Arbeitsplatz zur Verfügung stellen, also eine Mitwirkungshandlung vornehmen muss, die kalendermäßig bestimmt ist. Problematisch ist in diesem Zusammenhang allerdings die zeitliche Reihenfolge von Mitwirkungshandlung und Leistungsangebot: Muss erst der Arbeitgeber den Arbeitsplatz zur Verfügung stellen und dann der Arbeitnehmer seine Arbeitsleistung anbieten oder muss umgekehrt der Arbeitnehmer zunächst seine Leistung anbieten und der Arbeitgeber daraufhin den Arbeitsplatz einrichten? Selbst wenn man von einer Vorleistungspflicht des Arbeitgebers ausgeht: Setzt die Vornahme der Mitwirkungshandlung im Einzelfall voraus, dass der Arbeitgeber Kenntnis von der Leistungsfähigkeit und -bereitschaft des Arbeitnehmers hat?

Lösung

A. Wirksamkeit der Kündigung gegenüber A

Wirksamkeitsvoraussetzungen

Die gegenüber A ausgesprochene Kündigung wäre wirksam, wenn eine entsprechende Erklärung abgegeben worden wäre, ein Kündigungsrecht bestünde und keine Unwirksamkeitsgründe vorlägen.

I. Kündigungserklärung

Kündigung formwirksam erklärt

Rechtsanwalt L hat auf Grund einer entsprechenden Bevollmächtigung (§ 167 Abs. 1 Alt. 1 BGB) gegenüber A im Namen von R (§ 164 Abs. 1 BGB) und unter Wahrung des Schriftformerfordernisses (§§ 623, 126 BGB) eine Kündigung zum 30.04.2007 ausgesprochen. Eine Kündigungserklärung liegt damit vor.

II. Kündigungsrecht

Recht zur ordentlichen Kündigung

Nach § 620 Abs. 2 BGB kann ein auf unbestimmte Zeit begründetes Dienstverhältnis nach Maßgabe der §§ 621, 622 BGB gekündigt werden. Die ordentliche Kündigung eines Arbeitsverhältnisses ist danach nur an die Einhaltung bestimmter Fristen gebunden, ein besonderer Grund für die Kündigung ist nicht erforderlich. Soweit also nicht abweichende gesetzliche Regelungen eingreifen, sind auch Arbeitsverhältnisse nach dem Grundsatz der Kündigungsfreiheit ordentlich kündbar. R war daher grundsätzlich zur ordentlichen Kündigung von A berechtigt.

III. Wirksamkeit der Kündigungserklärung

Die Kündigung hätte gleichwohl das Arbeitsverhältnis nicht aufgelöst, wenn Unwirksamkeitsgründe vorlägen.

1. Unwiderlegliche Vermutung der Rechtswirksamkeit (§ 7 KSchG)

Wahrung der Klagefrist gemäß § 4 KSchG

Dabei wird nach § 7 KSchG die Rechtswirksamkeit einer Kündigung unwiderleglich vermutet, wenn der Arbeitnehmer nicht innerhalb von drei Wochen nach Zugang der schriftlichen Kündigung Kündigungsschutzklage erhebt

(§ 4 KSchG)[1]. Die Klagefrist ist auch von Arbeitnehmern einzuhalten, deren Arbeitsverhältnis nicht in den betrieblichen Geltungsbereich des allgemeinen Kündigungsschutzes fällt (vgl. § 23 Abs. 1 Satz 2 KSchG)[2]. Laut Sachverhalt hat A fristgerecht Kündigungsschutzklage eingereicht. Die Zustellung der Klage an R erfolgte jedoch erst nach Ablauf der Drei-Wochen-Frist und war damit an sich verspätet, weil erst mit Zustellung der Klage an den Beklagten von einer Klageerhebung auszugehen ist (§ 46 Abs. 2 Satz 1 ArbGG i. V. m. §§ 495, 253 Abs. 1 ZPO). Nach §§ 167 ZPO, 46 Abs. 2 ArbGG ist die verspätete Klageerhebung aber unschädlich, wenn der Arbeitnehmer die Kündigungsschutzklage fristgemäß beim Arbeitsgericht eingereicht hat und die Zustellung demnächst, d. h. in nicht allzu erheblichem zeitlichen Abstand vom Fristablauf[3], erfolgt. Vorliegend handelt es sich um eine nur geringfügige Zustellungsverzögerung, die A als Zustellungsbetreiber auch nicht zu vertreten hat. Die Voraussetzungen des § 167 ZPO sind erfüllt, so dass die verspätete Zustellung nicht schadet und damit die Rechtswirksamkeit der Kündigung gegenüber A nicht unwiderleglich vermutet wird.

2. Unverzügliche Zurückweisung nach § 174 BGB

Die Unwirksamkeit der Kündigungserklärung könnte sich aus § 174 BGB ergeben. Danach ist ein einseitiges Rechtsgeschäft, das ein Bevollmächtigter einem anderen gegenüber vornimmt, dann unwirksam, wenn der Bevollmächtigte eine Vollmachtsurkunde nicht vorlegt und der andere das Rechtsgeschäft aus diesem Grunde unverzüglich zurückweist. Vorliegend hat L im Namen von R gegenüber A eine ordentliche Kündigung ausgesprochen, also ein einseitiges

Zurückweisung wegen Nichtnachweises der Vertretungsmacht

---

[1] v. Hoyningen-Huene/Linck, KSchG § 7 Rn. 1; KR/Rost, § 7 KSchG Rn. 3a; Stahlhacke/Preis/Vossen, Kündigung und Kündigungsschutz, Rn. 1716.
[2] Bis zum 31.12.2003, also vor Inkrafttreten des Gesetzes zu Reformen am Arbeitsmarkt, bestand für die Geltendmachung der Unwirksamkeit einer Kündigung keine besondere zeitliche Schranke; allgemeine Grenze war die Verwirkung. Lediglich die Sozialwidrigkeit einer Kündigung musste innerhalb von drei Wochen nach Zugang der Kündigung mit der Kündigungsschutzklage angegriffen werden; vgl. Boemke, ArbR, § 13 Rn. 146 ff.
[3] Zöller/Greger, ZPO, § 167 Rn. 10.

<table>
<tr><td>Unverzügliche Zurückweisung</td><td></td></tr>
</table>

Rechtsgeschäft vorgenommen[4]. Er hat damit R zwar wirksam vertreten, ohne allerdings hierbei seine Bevollmächtigung nachzuweisen. Deswegen wäre die Kündigungserklärung trotz bestehender Vertretungsmacht unwirksam, wenn A diese unverzüglich zurückgewiesen hätte.

A selbst hat den fehlenden Vollmachtsnachweis nicht beanstandet. In seinem Namen hat jedoch der von ihm beauftragte Rechtsanwalt O gegenüber L die Kündigung wegen fehlender Vollmachtsvorlage zurückgewiesen. Diese Erklärung erfolgte bereits drei Tage nach Zugang der Kündigung und damit unverzüglich, d. h. ohne schuldhaftes Zögern (vgl. § 121 Abs. 1 Satz 1 BGB)[5]. Sie ging L als Empfangsvertreter von R (vgl. § 164 Abs. 3 BGB) auch ordnungsgemäß zu. Daher wäre die Kündigung wegen der Zurückweisung mangels Vollmachtsvorlage nach § 174 Satz 1 BGB unwirksam, wenn die Zurückweisungserklärung selbst nicht ihrerseits wegen der Zurückweisung durch L rechtsunwirksam wäre.

Zurückweisung der Zurückweisung gemäß § 174 BGB

Die Zurückweisung selbst ist eine einseitige, empfangsbedürftige Willenserklärung[6]. Diese Erklärung hat O im Namen von A ohne Beifügung einer Vollmachtsurkunde abgegeben. R war daher berechtigt, diese Erklärung wegen fehlenden Vollmachtsnachweises nach § 174 Satz 1 BGB wiederum zurückzuweisen. Die Zurückweisung hat zwar R nicht selbst ausgesprochen, unter Berufung auf die fehlende Vollmachtsvorlage hat aber L die durch O im Namen von A abgegebene Zurückweisungserklärung seinerseits zurückgewiesen[7]. Dies geschah auch unverzüglich und unter Nachweis der Bevollmächtigung durch R, so dass damit die Wirksamkeit der ersten Zurückweisung durch O in Vertretung von A selbst an § 174 Satz 1 BGB scheitert.

---

[4] Zur Einordnung der Kündigung als einseitiges Rechtsgeschäft vgl. Dütz, ArbR, Rn. 279; MünchKomm/Hesse, BGB, Vor § 620 Rn. 1; Hromadka/Maschmann, ArbR 1, § 10 Rn. 36; Palandt/Weidenkaff, Vorb v § 620 Rn. 28.

[5] Ein sofortiges Handeln wird in diesem Zusammenhang nicht gefordert. Vielmehr steht dem Arbeitnehmer eine angemessene, wenn auch knappe Zeit zur Überlegung und zur Einholung rechtlichen Rats zur Verfügung; vgl. BAG vom 30.05.1978, AP Nr. 2 zu § 174 BGB; MünchKomm/Hesse, BGB, Vor § 620 Rn. 85; Stahlhacke/Preis/Vossen, Kündigung und Kündigungsschutz, Rn. 190.

[6] Palandt/Heinrichs, BGB, § 174 Rn. 6, § 111 Rn. 5; MünchKomm/Schramm, BGB, § 174 Rn. 5.

[7] Vgl. ähnliche Fallkonstellation in Säcker/Bayreuther, Fall 5, S. 92 f.

Die durch L im Namen von R gegenüber A ausgesprochene Kündigung ist daher nicht nach § 174 Satz 1 BGB unwirksam.

3. Sozialwidrigkeit der Kündigung (§ 1 KSchG)

a) Voraussetzungen

Als weiterer Unwirksamkeitsgrund kommt die Sozialwidrigkeit der Kündigung in Betracht. Genießt der Arbeitnehmer nämlich allgemeinen Kündigungsschutz, dann bedarf die Kündigung nach § 1 Abs. 1 KSchG der sozialen Rechtfertigung. Die Gründe, die eine Kündigung sozial rechtfertigen können, sind in § 1 Abs. 2 KSchG abschließend aufgezählt. Es muss sich um personen-, verhaltens- oder betriebsbedingte Gründe handeln, die einer Weiterbeschäftigung des Arbeitnehmers entgegenstehen. Dies setzt allerdings voraus, dass der erste Abschnitt des KSchG über den allgemeinen Kündigungsschutz im konkreten Fall überhaupt anwendbar ist.

Soziale Rechtfertigung

b) Wartezeit (§ 1 Abs. 1 KSchG)

Zunächst müsste in persönlicher Hinsicht die sechsmonatige Wartezeit des § 1 Abs. 1 KSchG abgelaufen sein, d. h. im Zeitpunkt des Zugangs der Kündigung[8] muss das Arbeitsverhältnis bereits sechs Monate bestanden haben. A ist seit 01.01.2000 bei R und damit mehr als sechs Monate beschäftigt, so dass die Wartezeit abgelaufen ist.

Ablauf der Wartezeit

c) Betrieblicher Geltungsbereich (§ 23 Abs. 1 Satz 2 und 3 KSchG)

Nach § 23 Abs. 1 Satz 2 KSchG gelten die Vorschriften über den allgemeinen Kündigungsschutz grds. nicht in Betrieben, in denen zehn oder weniger Arbeitnehmer beschäftigt werden (§ 23 Abs. 1 Satz 3 KSchG). Diese Arbeitnehmerzahl wird im Betrieb von R offensichtlich nicht erreicht.

Maßgebliche Betriebsgröße

---

[8] Da die Kündigung Ausübung eines Gestaltungsrechts ist, kommt es auf den Zeitpunkt des Wirksamwerdens der Gestaltungserklärung, also den Zugang (§ 130 Abs. 1 BGB) an. – Siehe BAG vom 20.9.1957, AP Nr. 34 zu § 1 KSchG; BAG vom 16.6.1976, AP Nr. 8 zu § 611 BGB Treuepflicht = NJW 1977, 646 f.; Boemke, ArbR, § 14 Rn. 22, 40; v. Hoyningen-Huene/Linck, KSchG,§ 1 Rn. 98, § 4 Rn. 51; Hromadka/Maschmann, ArbR 1, § 10 Rn. 52, 141; Stahlhacke/Preis/Vossen, Kündigung und Kündigungsschutz, Rn. 209.

Allerdings besteht allgemeiner Kündigungsschutz für Arbeitnehmer, deren Arbeitsverhältnis vor dem 01.01.2004 begonnen hat, schon dann, wenn im Betrieb regelmäßig mehr als fünf Arbeitnehmer beschäftigt werden (§ 23 Abs. 1 Satz 2 KSchG).

Nur anteilige Berücksichtigung von Teilzeitbeschäftigten

Tatsächlich werden in der Kfz-Lackiererei von R sechs Arbeitnehmer und damit mehr als fünf Personen beschäftigt. Gleichwohl ist damit noch nicht der betriebliche Anwendungsbereich des allgemeinen Kündigungsschutzes eröffnet, weil Teilzeitbeschäftigte nach § 23 Abs. 1 Satz 4 KSchG im kündigungsschutzrechtlichen Sinne nicht stets voll, sondern in Abhängigkeit von ihrer Wochenarbeitszeit unter Umständen nur anteilig mitzählen[9]. Danach werden Arbeitnehmer mit einer regelmäßigen wöchentlichen Arbeitszeit von nicht mehr als 20 Stunden nur mit dem Faktor 0,5 berücksichtigt. Nach dem Sachverhalt arbeiten im Betrieb von R vier Vollzeitkräfte sowie zwei Halbtagskräfte mit einer Wochenarbeitszeit von jeweils zwanzig Stunden. Letztere werden jeweils nur mit dem Faktor 0,5 berücksichtigt. Für den Betrieb des R bedeutet dies, dass dort nicht sechs, sondern nur fünf (4 + 2 x 0,5) Arbeitnehmer i. S. v. von § 23 Abs. 1 Satz 2 KSchG beschäftigt werden. Da der allgemeine Kündigungsschutz aber die Beschäftigung von mehr als fünf Arbeitnehmern erfordert, ist dessen betrieblicher Geltungsbereich vorliegend nicht eröffnet.

Soziale Rechtfertigung nicht erforderlich

Demnach bedurfte die dem A gegenüber ausgesprochene Kündigung keiner sozialen Rechtfertigung.

4. Allgemeine Unwirksamkeitsgründe

Die Kündigung wäre allerdings unwirksam, wenn allgemeine Unwirksamkeits- bzw. Nichtigkeitsgründe eingreifen würden.

a) Verstoß gegen ein gesetzliches Verbot (§ 134 BGB)

Gesetzesverstoß

Die Kündigung wäre gemäß § 134 BGB unwirksam, wenn sie gegen ein gesetzliches Verbot verstoßen würde.

aa) Verstoß gegen § 7 Abs. 1 AGG

Kontrolle von Kündigungen nach dem AGG?

Hier könnte ein Verstoß gegen das Benachteiligungsverbot des § 7 Abs. 1 AGG vorliegen, wenn die Kündigung wegen des Alters und damit auf Grund eines durch § 1 AGG ge-

---

[9] Ausführlicher mit Rechenbeispiel Boemke, ArbR, § 14 Rn. 12 f.

schützten Merkmals ausgesprochen worden wäre. Ein etwaiger Verstoß kann jedoch nur dann zur Unwirksamkeit gemäß § 134 BGB i. V. m. § 7 Abs. 1 AGG führen, wenn das Benachteiligungsverbot des AGG überhaupt auf Kündigungen anwendbar ist. Dies wird von der überwiegenden Auffassung deswegen abgelehnt, weil nach § 2 Abs. 4 AGG für Kündigungen nicht die Bestimmungen des AGG, sondern ausschließlich die Vorschriften über den allgemeinen und besonderen Kündigungsschutz gelten[10]. Nach abweichender Auffassung soll jedoch unter europarechtlichen Aspekten das AGG zumindest dann auf Kündigungen anwendbar sein, wenn der Arbeitnehmer keinen Kündigungsschutz genießt. Dies wird damit begründet, dass nach Art. 3 Abs. 1 lit. a) RL 2000/78/EG der Diskriminierungsschutz wegen Alters auch die Entlassung, also die Beendigung des Arbeitsverhältnisses, umfasst und deswegen § 2 Abs. 4 AGG teleologisch reduziert werden müsse[11].

Ob dieser, den Anwendungsbereich des AGG entgegen dem Gesetzeswortlaut erweiternden Auffassung zu folgen ist, kann letztlich dahinstehen. Voraussetzung für die Anwendung von § 7 Abs. 1 AGG ist nämlich der Nachweis einer Benachteiligung von A. Er muss darlegen und ggf. beweisen, dass er eine weniger günstigere Behandlung erfahren hat, als sie Kollegen in einer vergleichbaren Situation erfahren, erfahren haben oder erfahren würden. Allein aus der Tatsache, dass ihm, aber zwei anderen Kollegen nicht gekündigt wurde, kann noch nicht auf eine Benachteiligung geschlossen werden, weil jede Kündigung auf einer Einzelfallentscheidung beruht[12]. Es fehlt daher schon an einer Benachteiligung, die Grundlage einer Anwendung von § 134 BGB i. V. m. § 7 Abs. 1 AGG sein könnte.

Altersbedingte Benachteiligung nicht nachgewiesen

bb) Sonstige gesetzliche Verbote

Die Kündigung verstößt auch nicht gegen sonstige gesetzliche Verbote. Insbesondere liegt kein Verstoß gegen die allgemeinen gemeinschaftsrechtlichen Grundsatz des Verbots der Altersdiskriminierung[13] vor, weil A nicht dargelegt hat,

Keine Altersdiskriminierung

---

[10] BAG AP Nr. 41 zu Art. 9 GG Arbeitskampf; Böhm, DB 1977, 2448.
[11] Löwisch, BB 2006, 2189; Willemsen/Schweibert, NJW 2006, 2583, 2584 f.; Wisskirchen, DB 2006, 1491, 1495.
[12] Heckelmann/Franzen, Fall 22, S. 310; KDZ/Kittner, KSchR, § 1 KSchG Rn. 45; MünchArbR/Wank, § 119 Rn. 74.
[13] Zu diesem Grundsatz siehe EuGH vom 22.11.2005, NZA 2005, 1345, 1348.

dass er gegenüber anderen Arbeitnehmern auf Grund seines Alters benachteiligt worden ist[14].

Nur mittelbare Drittwirkung der Grundrechte

Ob A in seinen Grundrechten möglicherweise dadurch beeinträchtigt wird, dass sein hohes Lebensalter bei der Auswahlentscheidung unter Umständen nicht angemessen berücksichtigt wurde, kann an dieser Stelle dahinstehen, weil die Grundrechte nach Art. 1 Abs. 3 GG unmittelbar nur Träger hoheitlicher Gewalt binden. Zwischen Privatrechtssubjekten beanspruchen die Grundrechte keine unmittelbare Geltung[15], stellen also keine gesetzlichen Verbote i. S. v. § 134 BGB dar[16]. Sie können allenfalls über wertausfüllungsbedürftige Generalklauseln in Privatrechtsverhältnissen eine mittelbare Drittwirkung entfalten[17].

b) Verstoß gegen die guten Sitten (§ 138 BGB)

aa) Rechtskontrolle gemäß § 138 BGB

Begriff und Konkretisierung der guten Sitten

Die Kündigung könnte aber nach § 138 Abs. 1 BGB nichtig sein, wenn sie gegen die guten Sitten verstößt[18]. Voraussetzung hierfür ist nach der schon klassischen Formel des Reichsgerichts, dass die Kündigung auf Grund besonderer Umstände gegen das Anstandsgefühl aller billig und gerecht Denkenden verstößt[19]. Die Konkretisierung der guten Sitten erfolgt dabei nicht anhand moralischer, sondern

---

[14] Siehe oben A III 4 a aa, S. 204 f.
[15] Ausführlich Boemke/Gründel, ZfA 2001, 245 ff. – Vgl. weiter BVerfG vom 15.01.1958, BVerfGE 7, 198, 205 = NJW 1958, 257 ff.; BVerfG vom 01.03.1979; BVerfGE 50, 290, 337 = AP Nr. 1 zu § 1 MitbestG; BVerfG vom 23.04.1986, BVerfGE 73, 261, 269 = AP Nr. 28 zu Art. 2 GG; BVerfG vom 07.02.1990, BVerfGE 81, 242, 254 = AP Nr. 65 zu Art. 12 GG; BAG (GS) vom 27.02.1985, AP Nr. 14 zu § 611 BGB Beschäftigungspflicht unter C I 2 b = NZA 1985, 702 ff.; Hromadka/Maschmann, ArbR 1, § 2 Rn. 37, § 10 Rn. 69. – Anders noch: BAG vom 15.01.1955, AP Nr. 4 zu Art. 3 GG = NJW 1955, 684.
[16] BVerfG vom 15.01.1958, BVerfGE 7, 198, 205 = NJW 1958, 257 ff.; BGH vom 06.05.1965, BGHZ 43, 384, 387 = NJW 1965, 1958; Boemke, ArbR, § 13 Rn. 33; Palandt/Heinrichs, BGB, § 134 Rn. 4.
[17] Boemke in: FS 50 Jahre BAG (2004), S. 615 f.; ders., NZA 1993, 532, 533; Boemke/Gründel, ZfA 2001, 245, 250 f.; MünchKomm/Hesse, BGB, Vor § 620 Rn. 184.
[18] Dass auch Kündigungen nach § 138 Abs. 1 BGB nichtig sein können, stellt § 13 Abs. 2 KSchG ausdrücklich klar.
[19] RG vom 15.10.1912, RGZ 80, 221; BGH vom 09.07.1953, BGHZ 10, 228, 232; v. Hoyningen-Huene/Linck, § 13 Rn. 61 f.; Hueck/Nipperdey, Arbeitsrecht I, § 56 IX 1, S. 558.

rechtlicher Wertmaßstäbe[20]. Maßgeblich ist also weder das subjektive Empfinden des jeweiligen Rechtsanwenders[21], noch das Durchschnittsempfinden der Bevölkerung, die Anschauungen „des Mannes von der Straße", durch repräsentative Umfragen ermittelte Mehrheiten oder die jeweils herrschende Sozialmoral[22]. Es ist vielmehr auf die in der Rechtsgemeinschaft anerkannten objektiven Werte, namentlich auf die Wertentscheidungen und Prinzipien der gesamten Rechtsordnung abzustellen. Hierbei kommt neben den in den Normen des einfachen Rechts positiv-rechtlich fixierten Wertentscheidungen der grundrechtlich normierten Werteordnung besondere Bedeutung zu (sog. Ausstrahlungswirkung oder mittelbare Drittwirkung der Grundrechte)[23].

bb) Einfluss der Grundrechte

Demnach gestalten namentlich die Grundrechte als verfassungsrechtliche Grundentscheidung den Inhalt des Sittenverdikts des § 138 Abs. 1 BGB mit. So wäre die Kündigung eines Arbeitnehmers allein wegen seiner religiösen Anschauungen[24], wegen einer Eheschließung oder der Geburt

Grundgesetzliche Wertentscheidungen

---

[20] Boemke, WiB, 1997, 617, 620 f. - Vgl. auch BVerfG vom 15.01.1958, BVerfGE 7, 198, 205 = NJW 1958, 257 ff. (Lüth-Urteil), das die guten Sitten zwar einerseits als außerrechtlichen Maßstab bezeichnet, hierzu aber ausführt: „Mit der Entscheidung darüber, was diese sozialen Gebote jeweils im Einzelfall fordern, muss in erster Linie von der Gesamtheit der Wertvorstellungen ausgegangen werden, die das Volk in einem bestimmten Zeitpunkt seiner geistig kulturellen Entwicklung erreicht und in seiner Verfassung fixiert hat"; BGH vom 09.02.1978, BGHZ 70, 313, 324; Palandt/Heinrichs, BGB, § 242 BGB Rn. 7.
[21] Vgl. BGH vom 09.07.1953, BGHZ 10, 228, 232; Boemke WiB 1997, 617, 620; Hromadka/Maschmann, ArbR 1, § 10 Rn. 70 f.; Sack, BB 1970, 1511, 1514. – Ähnlich auch Palandt/Heinrichs, BGB, § 138 Rn. 2, 3.
[22] BGH vom 26.01.1989, BGHZ 106, 336, 338 = NJW 1989, 1477 f.; Palandt/Heinrichs, BGB, § 138 Rn. 3; Sack, NJW 1985, 761 ff. – Vgl. insbes. auch Heldrich, AcP 186 (1986), S. 74 ff. - A. A. aber Rheinfels, WuW 1956, 785, 787.
[23] Vgl. BVerfG vom 11.05.1976, BVerfGE 42, 143, 148 = NJW 1976, 589; MünchKomm/Armbrüster, BGB, § 138 Rn. 20; Boemke, NZA 1993, 532, 533; Boemke/Gründel, ZfA 2001, 245, 251; Canaris, JuS 1989, 161, 164 ff.
[24] Boemke, WiB, 1997, 617, 620; ders., ArbR, § 13 Rn. 36; v. Hoyningen-Huene, Anm. zu BAG vom 23.06.1994, EzA Nr. 39 zu § 242 BGB unter V.

eines (unehelichen[25]) Kindes[26] sittenwidrig und nach § 138 Abs. 1 BGB nichtig. Ein solcher Kündigungsgrund stünde in eklatantem Widerspruch zu Art. 3 Abs. 3, 4 Abs. 1 und 6 Abs. 1 GG und damit in offensichtlichem Gegensatz zu den für die Gesamtrechtsordnung verbindlich normierten Wertentscheidungen.

Kein spezifischer Altersschutz

Einen Eingriff in besonders geschützte Grundrechtpositionen, der einen Sittenverstoß begründen könnte, kann A nicht geltend machen. Soweit A sich darauf beruft, sein hohes Alters sei für die Auswahlentscheidung maßgeblich gewesen, wären allenfalls die Grundrechte aus Art. 2 Abs. 1 und Art. 3 Abs. 1 GG berührt. Bei der im Rahmen des § 138 BGB erforderlichen Abwägung führt die Beeinträchtigung der Grundrechte aus Art. 2 Abs. 1 und 3 Abs. 1 GG durch Rechtsgeschäfte einer Privatperson regelmäßig nicht zur Sittenwidrigkeit, weil diese sich für ihr Handeln selbst auch auf gleichwertige grundrechtliche Wertentscheidungen stützen kann. So wird die Kündigung des Arbeitgebers von der in Art. 12 Abs. 1 GG grundrechtlich geschützten Berufsfreiheit gedeckt[27], die im Rahmen der Rechtsordnung auch die Freiheit mit umfasst, nach selbst bestimmten Maßstäben darüber zu entscheiden, von welchen Arbeitnehmern sich getrennt werden soll.

cc) Bloße Sozialwidrigkeit nicht ausreichend

Mängel der Auswahlentscheidung führen noch nicht zur Sittenwidrigkeit

Überdies ist im Rahmen der Beurteilung der Sittenwidrigkeit zu berücksichtigen, dass angesichts der in § 1 KSchG getroffenen gesetzgeberischen Entscheidung die Sittenwidrigkeit einer Kündigung im Allgemeinen nicht auf Gründe gestützt werden kann, die dem Schutzbereich des KSchG unterfallen[28]. Vorliegend handelt es sich um eine Auswahlentscheidung von R im Rahmen betriebsbedingter Kündigungen, bei der nach Auffassung von A dessen Lebensalter nicht hinreichend zu seinen Gunsten berücksichtigt wurde. Gestritten wird damit letztlich um eine Maßnahme, die im

---

[25] Hinsichtlich der Terminologie siehe Art. 6 Abs. 5 GG.
[26] Boemke/Gründel, ZfA 2001, 245, 252; KR/Friedrich, § 13 KSchG Rn. 190.
[27] Boemke WiB 1997, 617, 619.
[28] BAG vom 12.11.1998, AP Nr. 20 zu § 23 KSchG 1969; BAG vom 21.02.2001, AP Nr. 12 zu § 242 BGB Kündigung unter B II 3 mit Anm. Richardi/Kortstock = NZA 2001, 833, 835; KR/Friedrich, § 13 KSchG Rn. 118; MünchKomm/Hesse, BGB, Vor § 620 Rn. 187; Stahlhacke/Preis/Vossen, Kündigung und Kündigungsschutz, Rn. 295.

Fall der Anwendbarkeit des KSchG dem Erfordernis einer zutreffenden Sozialauswahl nach § 1 Abs. 3 KSchG hätte gerecht werden müssen. Die bloße Sozialwidrigkeit einer Kündigung allein reicht allerdings für einen Sittenverstoß nicht aus[29]. Die Vorschrift des § 138 BGB verlangt die Einhaltung eines rechtsethischen Minimums, das auch eine auf dem Prinzip der Vertragsfreiheit fußende Privatrechtsordnung gewährleisten muss[30]. Damit sind an die Sittenwidrigkeit einer Kündigung strenge Maßstäbe anzulegen, um die Nichtigkeitsfolge des § 138 BGB auf besonders krasse Fälle zu beschränken[31]. Die von A behaupteten etwaigen Mängel in der Auswahlentscheidung von R sind daher im Ergebnis nicht geeignet, den schweren Vorwurf der Sittenwidrigkeit zu rechtfertigen. Ein Verstoß gegen die guten Sitten scheidet demnach aus.

c) Verstoß gegen Treu und Glauben (§ 242 BGB)

Schließlich kommt noch die Unwirksamkeit der Kündigung nach § 242 BGB wegen Verstoßes gegen den Grundsatz von Treu und Glauben in Betracht.

aa) Anwendbarkeit von § 242 BGB

Dies setzt voraus, dass § 242 BGB im vorliegenden Fall überhaupt anwendbar ist. Insoweit ist anerkannt, dass die Bestimmung entgegen ihrem Wortlaut nicht auf die Art und Weise der Leistung beschränkt ist, sondern der Grundsatz von Treu und Glauben eine allen Rechten, Rechtslagen und Rechtsnormen immanente Inhaltsbegrenzung bildet, die auch das Recht zur Kündigung inhaltlich einschränken

Treu und Glauben als allgemeiner Rechtsgrundsatz

---

[29] Boemke, ArbR, § 13 Rn. 37; KR/Friedrich, § 13 KSchG Rn. 118; Gragert, NZA 2000, 961, 965 f.; MünchKomm/Hesse, BGB, Vor § 620 Rn. 187.

[30] BAG vom 21.02.2001, AP Nr. 12 zu § 242 BGB Kündigung unter B II 3 mit Anm. Richardi/Kortstock = NZA 2001, 833, 835; Dütz, ArbR, Rn. 291; v. Hoyningen-Huene/Linck, KSchG, § 13 Rn. 61 a; Lettl, NZA-RR 2004, 57, 59 f.; Preis, NZA 1997, 1256, 1265; Stahlhacke/Preis/Vossen, Kündigung und Kündigungsschutz, Rn. 298.

[31] BAG vom 24.01.1963, AP Nr. 29 zu Art. 12 GG unter I mit Anm. Bötticher; BAG vom 16.02.1989, AP Nr. 46 zu § 138 BGB unter II 2 a = NZA 1989, 962; BAG vom 21.02.2001, AP Nr. 12 zu § 242 BGB Kündigung unter B II 3 mit Anm. Richardi/Kortstock = NZA 2001, 833, 835; Boemke, ArbR, § 13 Rn. 34; KR/Friedrich, § 13 KSchG Rn. 120 f.; v. Hoyningen-Huene/Linck, KSchG, § 13 Rn. 61.

kann³². Allerdings wurde in der früheren Rechtsprechung des BAG und von der h. L. eine Kontrolle des Kündigungsgrunds oder -motivs über § 242 BGB abgelehnt, weil das KSchG die Voraussetzungen und Wirkungen des Grundsatzes von Treu und Glauben konkretisiert und abschließend geregelt habe, soweit es um den Bestandsschutz und das Interesse des Arbeitnehmers an der Erhaltung seines Arbeitsplatzes geht. Über § 242 BGB dürften nur noch solche Umstände berücksichtigt werden, die im Rahmen der Prüfung der Sozialwidrigkeit nicht zu berücksichtigen seien, also insbesondere die äußere Form oder die Umstände der Kündigung beträfen³³. Dementsprechend hat das BAG in der Vergangenheit die Wirksamkeit einer Kündigung nicht deswegen in Zweifel gezogen, weil diese auf den außerbetrieblichen Haschischkonsum des Arbeitnehmers³⁴ oder dessen HIV-Infektion gestützt war³⁵. Danach fanden über § 242 BGB nur sonstige, außerhalb des Kündigungsgrunds liegende Umstände Berücksichtigung. Da hier keine Anhaltspunkte dafür vorliegen, dass die Art und Weise der Kündigung treuwidrig war, wäre die Kündigung nicht nach § 242 BGB unwirksam.

Sachlicher Bezug des Kündigungsgrunds zum Arbeitsverhältnis

Gleichwohl soll nach Auffassung des BAG diese Einschränkung, dass im Rahmen von § 242 BGB nur noch die von § 1 KSchG nicht erfassten Umstände berücksichtigt werden dürfen, dann nicht gelten, wenn Arbeitnehmern in Kleinbetrieben gekündigt wird, die nicht in den betrieblichen Geltungsbereich des allgemeinen Kündigungsschutzes fallen³⁶. Gefordert wird erstens im Einklang mit der Recht-

---

[32] BAG vom 23.06.1994, AP Nr. 9 zu § 242 BGB Kündigung = NZA 1994, 1080, 1081; Boemke, ArbR, § 13 Rn. 39; ders., WiB 1997, 617, 621.

[33] BAG vom 30.11.1960, AP Nr. 2 zu § 242 BGB unter II 1 mit Anm. A. Hueck = NJW 1961, 1085; BAG vom 16.02.1989, AP Nr. 46 zu § 138 BGB = NZA 1989, 962 ff.; BAG vom 23.06.1994, EzA Nr. 39 zu § 242 BGB unter II 2 a mit Anmerkung v. Hoyningen-Huene = NZA 1994, 1080 ff.; Boemke, WiB 1994, 912; ders., WiB 1997, 617, 621; Hromadka/Maschmann, ArbR 1, § 10 Rn. 73.

[34] BAG vom 02.11.1983, AP Nr. 29 zu § 102 BetrVG 1972.

[35] BAG vom 16.02.1989, AP Nr. 46 zu § 138 BGB mit Anm. Kramer = NZA 1989, 962 ff.

[36] BAG vom 21.02.2001, AP Nr. 12 zu § 242 BGB Kündigung unter B II 4 b mit Anm. Richardi/Kortstock = NZA 2001, 833, 835; Boemke, JuS 2001, 1133, 1134.

sprechung des BVerfG[37] ein sachlicher Bezug des Kündigungsgrunds zum Arbeitsverhältnis, um den aus Art. 12 Abs. 1 GG abgeleiteten verfassungsrechtlich verbürgten Mindestschutz des Arbeitnehmers vor willkürlichen oder auf sachfremden Motiven beruhenden Kündigungen zu gewährleisten[38]. Gestützt wird diese Auffassung also auf eine verfassungskonforme Auslegung des § 242 BGB. Danach wird vom Grundrechtsschutz des Art. 12 Abs. 1 GG auch das Recht des Arbeitnehmers erfasst, den einmal gewählten Arbeitsplatz beizubehalten[39], so dass die grundrechtliche Schutzpflicht gleichsam dazu zwinge, durch gesetzliche Regelungen sicherzustellen, dass dem Arbeitnehmer sein Arbeitsplatz nicht aus unsachlichen Gründen genommen werde[40]. Ist bei einer betriebsbedingten Kündigung in Kleinbetrieben eine Auswahlentscheidung zu treffen, so soll zweitens dieser verfassungsrechtliche Schutzauftrag in Verbindung mit dem Sozialstaatsprinzip ein Mindestmaß an sozialer Rücksichtnahme gebieten[41]. Es dürfen also bei der Auswahlentscheidung soziale Kriterien nicht völlig außer Acht gelassen werden, insbesondere dürfe ein durch lang-

---

[37] BVerfG vom 27.01.1998, AP Nr. 17 zu § 23 KSchG 1969 = NZA 1998, 470 ff. = NJW 1998, 1475 ff.
[38] Boemke, ArbR, § 13 Rn. 39; MünchKomm/Hesse, BGB, Vor § 620 Rn. 189; v. Hoyningen-Huene/Linck, KSchG, § 13 Rn. 91.
[39] v. Mangoldt/Klein/Starck/Manssen, GG, Art. 12 Abs. 1 Rn. 57.
[40] BVerfG vom 27.01.1998, AP Nr. 17 zu § 23 KSchG 1969 = NZA 1998, 470, 472 = NJW 1998, 1475, 1476; Oetker, AuR 1997, 41, 50. – Diese Auffassung erscheint insbesondere im Hinblick darauf problematisch, dass der Gesetzgeber im KSchG abschließend normiert hat, unter welchen Voraussetzungen der in § 620 Abs. 2 BGB positiv-rechtlich fixierte Grundsatz der Kündigungsfreiheit Einschränkungen erfahren und ein Kündigungsgrund gefordert werden soll. In dem Maße, in dem der durch Art. 12 Abs.1 GG vermittelte Schutz des Arbeitsplatzes des Arbeitnehmers ausgeweitet wird, wird die durch Art. 12 Abs. 1 GG geschützte Kündigungsfreiheit des Arbeitgebers beschränkt mit der Gefahr, sie letzten Endes gänzlich aufzuheben (vgl. Boemke, ArbR, § 13 Rn. 40). – In den Fällen allerdings, in denen die europäischen Antidiskriminierungsrichtlinien greifen, stößt freilich ein Schutz der Arbeitnehmer vor sachwidrigen Diskriminierungen im Wege einer richtlinienkonformen Auslegung über die zivilrechtlichen Generalklauseln auf keine Bedenken.
[41] BAG vom 21.02.2001, AP Nr. 12 zu § 242 BGB Kündigung unter B II 4 b mit Anm. Richardi/Kortstock = NZA 2001, 833, 835; BAG vom 06.02.2003, AP Nr. 30 zu § 23 KSchG 1969 unter II 2 a mit Anm. Urban-Crell = NZA 2003, 717, 718; Boemke, JuS 2001, 1133, 1134; Lettl, NZA-RR 2004, 57, 63.

jährige Mitarbeit erdientes Vertrauen in den Fortbestand des Arbeitsverhältnisses nicht unberücksichtigt bleiben[42].

Legt man diese Erfordernisse zugrunde, ist die Kündigung gegenüber A nur rechtwirksam, wenn R einen sachlichen Grund gehabt und bei der damit verbundenen Auswahlentscheidung das geforderte Mindestmaß an sozialer Rücksichtnahme beachtet hat.

bb) Sachlicher Kündigungsgrund

Arbeitsplatzabbau als sachlicher Grund

Der Willkürvorwurf scheidet aus, wenn der Arbeitgeber einen irgendwie einleuchtenden Grund für die Kündigungen vorbringen kann[43]. R sieht sich angesichts der stark rückläufigen Nachfrage, die nur noch Arbeit für zwei Kfz-Lackierer hergibt, mit zwingenden Rationalisierungsmaßnahmen konfrontiert. Um einer Schließung seines Betriebes zuvorzukommen, bleibt nach seiner Überzeugung nur die unternehmerische Entscheidung, die Lackiererei den veränderten Umständen anzupassen und zwei von vier Lackierern zu kündigen. Damit ist ein einleuchtender Grund für die Maßnahme zu bejahen. Der Ausspruch der betriebsbedingten Kündigungen als solcher ist damit willkürfrei.

cc) Sachliche Auswahlentscheidung

Weiter müsste aber auch die Auswahlentscheidung den Maßstäben von Treu und Glauben standhalten.

(1) Voraussetzungen

Weiterbeschäftigung evident schutzwürdigerer Arbeitnehmer

Der Arbeitgeber muss bei einer betriebsbedingten Kündigung im Kleinbetrieb zwar keine Sozialauswahl entsprechend § 1 Abs. 3 KSchG durchführen; er hat aber ein Mindestmaß an sozialer Rücksichtnahme zu beachten[44]. Führt ein Vergleich der Sozialdaten dazu, dass der gekündigte Arbeitnehmer evident schutzwürdiger ist als ein vergleichbarer weiterbeschäftigter Arbeitnehmer, und kann dies nicht mit spezifischen eigenen Arbeitgeberinteressen gerechtfertigt werden, so ist das gebotene Mindestmaß an sozialer

---

[42] BAG vom 21.02.2001, AP Nr. 12 zu § 242 BGB Kündigung unter B II 4 b mit Anm. Richardi/Kortstock = NZA 2001, 833, 835; ArbG Freiburg vom 04.02.2005, AuR 2006, 70 mit Anm. Schubert.
[43] BAG vom 25.04.2001, NZA 2002, 87, 89.
[44] Boemke, JuS 2001, 1133, 1134; MünchKomm/Hesse, BGB, Vor § 620 Rn. 190.

Rücksichtnahme außer Acht gelassen[45]. Die Missbrauchskontrolle vollzieht sich also im Wesentlichen in drei Schritten[46]. Zunächst ist die Gruppe der vergleichbaren Arbeitnehmer zu ermitteln. Anschließend ist die erheblich höhere soziale Schutzbedürftigkeit des gekündigten Arbeitnehmers innerhalb dieser Gruppe zu prüfen. Zuletzt sind die dem Schutz des gekündigten Arbeitnehmers entgegenstehenden schutzwürdigen Arbeitgeberbelange im Wege einer Interessenabwägung zu berücksichtigen.

(2) Vergleichsgruppe

Als vergleichbare weiterbeschäftigte Arbeitnehmer kommen vorliegend die Lackierer J und Felix Rostig in Betracht. Im Hinblick auf die vertraglich geschuldete Art der Tätigkeit und den Umfang der Arbeitsleistung sind sie mit A vergleichbar. Allerdings kann Felix Rostig, Sohn des R, aus dem Kreis der vergleichbaren weiterbeschäftigten Arbeitnehmer herausgenommen werden, wenn dessen Weiterbeschäftigung im berechtigten betrieblichen Interesse i. S. v. § 1 Abs. 3 Satz 2 KSchG liegt. Sollte nämlich die Einbeziehung des Sohnes sogar im Rahmen der Sozialauswahl nach § 1 Abs. 3 KSchG zu verneinen sein, so muss dies erst recht im Rahmen von § 242 BGB gelten und den Missbrauchsvorwurf ausschließen[47]. Im betrieblichen Interesse liegt eine Weiterbeschäftigung u. a. dann, wenn sie wegen bestehender Spezialkenntnisse oder zur Sicherung einer ausgewogenen Personalstruktur oder wegen besonderer Leistungen für die Fortführung des Betriebs erforderlich ist. An der Weiterbeschäftigung eines Arbeitnehmers, der künftige Führungsaufgaben wahrnehmen soll, besteht in der Regel ein solches berechtigtes betriebliches Interesse[48]. Bei der Kfz-Lackiererei handelt es sich um einen Familienbetrieb, den Felix Rostig nach dem altersbedingten Ausschei-

[Marginalie: Bildung der Vergleichsgruppe]

---

[45] BAG vom 21.02.2001, AP Nr. 12 zu § 242 BGB Kündigung unter B II 4 d bb mit Anm. Richardi/Kortstock = NZA 2001, 833, 836; BAG vom 06.02.2003, AP Nr. 30 zu § 23 KSchG 1969 unter II 2 b mit Anm. Urban-Crell = NZA 2003, 717, 718; MünchKomm/Hesse, BGB, Vor § 620 Rn. 190.
[46] Vgl. Lettl, NZA-RR 2004, 57, 63, der allerdings zusätzlich zwischen der Feststellung schutzwürdiger Arbeitgeberinteressen und der eigentlichen Interessenabwägung trennt und insofern vierstufig prüft.
[47] Dieser Erst-Recht-Schluss auch bei Junker, GK-ArbR, Rn. 345.
[48] v. Hoyningen-Huene/Linck, KSchG, § 1 Rn. 480; Stahlhacke/Preis/Vossen, Kündigung und Kündigungsschutz, Rn. 1129.

den von R weiterführen soll. Im Hinblick auf diese anstehende Übergabe wäre R die Kündigung des zukünftigen Unternehmensinhabers unzumutbar[49]. Damit fällt sein Sohn Felix aus der Vergleichsgruppe heraus und als vergleichbarer weiterbeschäftigter Arbeitnehmer bleibt nur der J.

(3) Schutzwürdigkeit

Maßgebliche Sozialdaten

Weiter setzt ein Verstoß gegen § 242 BGB voraus, dass A im Vergleich zu dem im Betrieb verbleibenden J der sozial erheblich schutzbedürftigere Arbeitnehmer ist. Für die insoweit maßgeblichen Kriterien kann auf § 1 Abs. 3 Satz 1 KSchG zurückgegriffen werden, der als maßgebliche Sozialdaten die Dauer der Betriebszugehörigkeit, das Lebensalter, bestehende Unterhaltspflichten sowie eine bestehende Schwerbehinderung nennt[50]. A ist bei R seit 01.01.2000 beschäftigt. J hingegen arbeitet erst seit 01.01.2003 dort, hat allerdings zuvor in der Kfz-Lackiererei seine dreijährige Berufsausbildung absolviert. Zeiten der Berufsausbildung sind zu berücksichtigen und erhöhen somit die Dauer der Betriebszugehörigkeit[51], so dass sich im Ergebnis bei beiden Arbeitnehmern keine Differenzen hinsichtlich der Betriebszugehörigkeit ergeben. Auch bezüglich der Unterhaltspflichten bestehen keine Unterschiede; A und J sind jeweils nicht unterhaltsverpflichtet. Keiner von beiden ist schwerbehindert. Deutliche Abweichungen ergeben sich allein beim Lebensalter: A ist 56 Jahre und J 25 Jahre alt.

Berücksichtigung des Lebensalters?

Die Kündigung wäre danach treuwidrig, wenn sich allein auf Grund des Altersunterschieds von 31 Jahren ergeben würde, dass A im Verhältnis zu J evident schutzwürdiger ist. Obwohl § 1 Abs. 3 Satz 1 KSchG das Lebensalter als eines von vier Kriterien der Sozialauswahl nennt, bestehen gewichtige Bedenken, dieses im Rahmen der Missbrauchskontrolle nach § 242 BGB zu berücksichtigen. Nach §§ 1, 7 AGG darf nämlich kein Arbeitnehmer wegen seines Alters benachteiligt werden. Danach ist nicht nur eine Be-

---

[49] So im Ergebnis auch BAG vom 21.02.2001, AP Nr. 12 zu § 242 BGB Kündigung unter B II 4 g mit Anm. Richardi/Kortstock = NZA 2001, 833, 837; Junker, GK-ArbR, Rn. 345.

[50] BAG vom 21.02.2001, AP Nr. 12 zu § 242 BGB Kündigung unter B II 4 d bb mit Anm. Richardi/Kortstock = NZA 2001, 833, 836; BAG vom 06.02.2003, AP Nr. 30 zu § 23 KSchG 1969 unter II 2 b mit Anm. Urban-Crell = NZA 2003, 717, 718.

[51] BAG vom 20.08.2003, NZA 2004, 205, 207; APS/Kiel, § 1 KSchG Rn. 707.

vorzugung jüngerer gegenüber älteren Mitarbeitern verboten, vielmehr wird auch eine Schlechterstellung von jüngeren gegenüber älteren Arbeitnehmern untersagt[52]. Zwar ist dieses Gesetz nach § 2 Abs. 4 AGG auf Kündigungen nicht anwendbar, dies schließt es aber nicht aus, bei der Konkretisierung des Gebots von Treu und Glauben im Einzelfall auf die im AGG normierten allgemeinen Wertmaßstäbe zurückzugreifen.

Das folgt zusätzlich auch aus dem Gebot einer richtlinienkonformen Auslegung von § 242 BGB[53]. Das Gebot der richtlinienkonformen Auslegung folgt sowohl aus dem Geltungsanspruch der Richtlinie als auch aus Art. 10 EG[54]. So verbietet Art. 2 Abs. 1 und 2 der RL 2000/78/EG jede unmittelbare oder mittelbare Diskriminierung wegen des Alters in Beschäftigung und Beruf. Allerdings ist eine richtlinienkonforme Auslegung grundsätzlich nur unter bestimmten Voraussetzungen möglich. Einerseits bedarf es eines auslegungsfähigen nationalen Regelungsrahmens, denn die Pflicht zur richtlinienkonformen Auslegung findet ihre Grenzen in der Auslegungsfähigkeit des nationalen Rechts[55]. Andererseits gilt diese Pflicht uneingeschränkt nur nach Ablauf der Umsetzungsfrist und das sogar selbst dann noch, wenn die Richtlinie bereits ordnungsgemäß umgesetzt wurde[56]. Im vorliegenden Fall wurde die RL 2000/78/EG zwar mit dem AGG umgesetzt, dies aber nur unvollständig, weil das AGG Kündigungen gerade nicht erfasst[57]. Die Umsetzungsfrist ist am 02.12.2006 abgelaufen[58].

Europarechtliches Verbot der Altersdiskriminierung

---

[52] Boemke/Danko, AGG, § 2 Rn. 43.
[53] Vgl. Annuß, BB 2006, 1629, 1630; Diller/Krieger/Arnold, NZA 2006, 887, 888.
[54] Lecheler, EuropaR, S. 130; Oppermann, EuropaR, § 6 Rn. 93.
[55] Streinz, EuropaR, Rn. 456.
[56] EuGH vom 05.05.1994, Rs. C-421/92 (Habermann-Beltermann/Arbeiterwohlfahrt), Slg. 1994, I-1657, Rn. 10; Streinz, EuropaR, Rn. 457. – Unter Umständen kommt eine auf Richtlinienkonformität abzielende Auslegung nationalen Rechts auch schon vor Ablauf der Umsetzungsfrist in Betracht. Darüber hinaus müssen Mitgliedstaaten während der Umsetzungsfrist den Erlass von Vorschriften unterlassen, die geeignet sind, die Erreichung des in der Richtlinie vorgeschriebenen Ziels ernstlich in Frage zu stellen; vgl. EuGH vom 22.11.2005, NZA 2005, 1345, 1348 (Mangold) = NJW 2005, 3695, 3698, der in dem Verbot der Altersdiskriminierung (Art. 2 Abs. 1 und 2 der RL 2000/78/EG) einen allgemeinen Grundsatz des Gemeinschaftsrechts sieht und damit sogar eine unmittelbare horizontale Wirkung bejaht.
[57] Annuß, BB 2006, 1629, 1629 f.

Auch handelt es sich bei § 242 BGB um eine wertausfüllungsbedürftige Generalklausel, die einer richtlinienkonformen Auslegung in besonderem Maße zugänglich ist.

Wollte man den Grundsatz von Treu und Glauben nun dahingehend verstehen, dass er die Verpflichtung des Arbeitgebers begründet, bei Auswahlentscheidungen ältere Arbeitnehmer zu Lasten jüngerer Arbeitnehmer bevorzugt zu behandeln, so wäre dies eine gemeinschaftsrechtswidrige Diskriminierung wegen des Alters. Zwar erlaubt Art. 6 Abs. 1 lit. a) RL 2000/78/EG dem nationalen Gesetzgeber Regelungen zu treffen, die eine Ungleichbehandlung wegen des Alters bei Kündigungen vorsehen. Diese müssen allerdings durch ein legitimes Ziel u. a. aus den Bereichen Beschäftigungspolitik und Arbeitsmarkt gerechtfertigt und auch im Übrigen verhältnismäßig sein. Eine solche Regelung hat der deutsche Gesetzgeber in § 1 Abs. 3 KSchG getroffen[59]. Sog. Senioritätsregelungen sollen helfen, grundsätzlich bestehende Vermittlungsdefizite älterer Arbeitnehmer auf dem Arbeitsmarkt auszugleichen und damit letztlich deren Beschäftigungssituation zu verbessern[60].

Nichtberücksichtigung des Lebensalters zumindest zulässig

Soweit der nationale Gesetzgeber aber keine ausdrückliche Regelung zur Berücksichtigung des Lebensalters bei Kündigungen getroffen hat, trifft angesichts des europarechtlichen Verbots der Altersdiskriminierung den Arbeitgeber keine Obliegenheit, das Lebensalter bei seiner Auswahlentscheidung außerhalb des Anwendungsbereichs des § 1 Abs. 3 KSchG zu berücksichtigen. Ein Auswahlfehler scheidet damit aus.

5. Zwischenergebnis

Kein Unwirksamkeitsgrund

Mithin greift im Ergebnis kein Unwirksamkeitsgrund ein.

IV. Ergebnis zu Frage 1

Kündigung wirksam

Die betriebsbedingte Kündigung von A ist somit wirksam.

---

[58] Die BRD hat damit auch die dreijährige Zusatzfrist nach Art. 18 Abs. 2 RL 2000/78/EG in Anspruch genommen; vgl. EuGH vom 22.11.2005, NZA 2005, 1345, 1348 (Mangold) = NJW 2005, 3695, 3698.
[59] Vgl. hierzu Säcker/Bayreuther, Fall 5, S. 100 f.
[60] Brors, AuR 2005, 41, 43; KR/Etzel, § 1 KSchG Rn. 673.

B. Rechtsverhältnis von Helmut H

I. Wirksamkeit der Kündigung gegenüber H

Die gegenüber H ausgesprochene Kündigung wäre wirksam, wenn eine entsprechende Erklärung abgegeben worden wäre, ein Kündigungsrecht bestünde und keine Unwirksamkeitsgründe vorlägen.

Wirksamkeitsvoraussetzungen

1. Kündigungserklärung

Rechtsanwalt L hat auf Grund einer entsprechenden Bevollmächtigung (§ 167 Abs. 1 Alt. 1 BGB) gegenüber H im Namen von R (§ 164 Abs. 1 BGB) und unter Wahrung des Schriftformerfordernisses (§§ 623, 126 BGB) eine Kündigung zum 30.04.2007 ausgesprochen. Eine Kündigungserklärung liegt damit vor[61].

Kündigung formwirksam erklärt

2. Unwiderlegliche Vermutung der Rechtswirksamkeit (§ 7 KSchG)

Zwar wird nach § 7 KSchG die Rechtswirksamkeit einer Kündigung unwiderleglich vermutet, wenn der Arbeitnehmer nicht innerhalb von drei Wochen nach Zugang der schriftlichen Kündigung Kündigungsschutzklage erhebt (§ 4 KSchG), wobei die Klagefrist auch von Arbeitnehmern einzuhalten ist, deren Arbeitsverhältnis nicht in den betrieblichen Geltungsbereich des KSchG fällt (vgl. § 23 Abs. 1 Satz 2 KSchG)[62]. Laut Sachverhalt hat H aber fristgerecht Kündigungsschutzklage erhoben. Die verspätete Zustellung ist vorliegend nach § 46 Abs. 2 ArbGG i. V. m. § 167 ZPO unschädlich[63], so dass die Rechtswirksamkeit der ihm gegenüber erklärten Kündigung nicht unwiderleglich vermutet wird.

Fristgerechte Kündigungsschutzklage

3. Wirksamkeit der Kündigungserklärung

Ausgehend vom Grundsatz der Kündigungsfreiheit[64] wäre die Kündigung daher nur unwirksam, wenn entsprechende Unwirksamkeits- oder Nichtigkeitsgründe vorliegen würden.

---

[61] Siehe oben A I, S. 200.
[62] Siehe oben A III, S. 200 f.
[63] Siehe oben A III 1, S. 200 f.
[64] Siehe oben A II, S. 200.

a) Unverzügliche Zurückweisung nach § 174 BGB

Keine Zurückweisung gemäß § 174 BGB

Wiederum könnte sich die Unwirksamkeit gemäß § 174 Satz 1 BGB daraus ergeben, dass Rechtsanwalt L es bei Ausspruch der Kündigung unterließ, seine Vollmacht nachzuweisen. Voraussetzung für die Nichtigkeitsfolge ist aber, dass der Erklärungsempfänger das Rechtsgeschäft aus diesem Grunde unverzüglich zurückweist. Eine solche Zurückweisung der Kündigung durch H ist jedoch bislang nicht erfolgt. Eine jetzt im Juni 2007 erklärte Zurückweisung wäre nicht mehr unverzüglich, selbst wenn man dem Erklärungsempfänger eine angemessene Frist belassen würde, sich zu informieren und die Entscheidung zu erwägen[65]. Demnach steht § 174 BGB der Wirksamkeit der Kündigung nicht entgegen.

b) Sozialwidrigkeit der Kündigung (§ 1 KSchG)

Soziale Rechtfertigung nicht erforderlich

Zwar hat H, der seit 1990 bei R arbeitet, in persönlicher Hinsicht die sechsmonatige Wartezeit des § 1 Abs. 1 KSchG zurückgelegt, gleichwohl bedarf die Kündigung keiner sozialen Rechtfertigung, weil der betriebliche Geltungsbereich nicht eröffnet ist. Im Betrieb des R werden nur fünf Arbeitnehmer i. S. v. § 23 Abs. 1 Satz 2 und 4 KSchG und damit nicht wie gefordert mehr als fünf Arbeitnehmer beschäftigt[66]. Die Kündigung bedurfte keiner sozialen Rechtfertigung, insbesondere war keine Sozialauswahl nach § 1 Abs. 3 KSchG durchzuführen.

c) Allgemeine Unwirksamkeitsgründe

aa) Verstoß gegen ein gesetzliches Verbot oder die guten Sitten

Kein Sittenverstoß

Die Unwirksamkeit der Kündigung könnte sich jedoch aus allgemeinen Vorschriften ergeben. Entsprechend den obigen Ausführungen[67] scheitert die Kündigung mangels einschlägiger Verbotsgesetze nicht an § 134 BGB. Auch vermag eine etwaige Fehlgewichtung sozialer Belange im

---

[65] Siehe BAG vom 11.03.1999, NZA 1999, 818, 819 (nach Ablauf von drei Wochen auf jeden Fall verfristet); Erman/Palm, BGB, § 174 Rn. 4.
[66] Siehe oben A III 3, S 203 f.
[67] Siehe oben A III 4 a, S. 204 ff.

Rahmen der Auswahlentscheidung durch R eine Sittenwidrigkeit nach § 138 Abs. 1 BGB nicht zu begründen[68].

bb) Verstoß gegen Treu und Glauben (§ 242 BGB)

Die Kündigung könnte aber treuwidrig sein, wenn R bei seiner Auswahlentscheidung ein Mindestmaß an sozialer Rücksichtnahme nicht gewahrt hätte[69].

Mindestmaß an sozialer Rücksichtnahme erforderlich

Vergleichbare weiterbeschäftigte Arbeitnehmer sind vorliegend J und Felix Rostig, wobei Letzterer als Sohn von R von vornherein nicht in den Vergleich der Sozialdaten mit einzubeziehen ist[70]. In einem zweiten Schritt ist anhand eines Vergleichs der Sozialdaten von H und J festzustellen, ob H tatsächlich eine erheblich höhere soziale Schutzbedürftigkeit aufweist. H ist 55 Jahre alt, verheiratet und drei Kindern zum Unterhalt verpflichtet. Er arbeitet seit 1990 im Betrieb von R. J dagegen ist 25 Jahre alt, ledig und nicht unterhaltsverpflichtet. Da Zeiten der Berufsausbildung mitgerechnet werden[71], gehört er dem Betrieb seit 2000 an. Danach ergibt sich hinsichtlich der Dauer der Betriebszugehörigkeit eine Differenz von 10 Jahren, die H länger in der Kfz-Lackiererei arbeitet. Auch dessen Unterhaltspflichten überwiegen im Vergleich mit dem nicht unterhaltsverpflichteten J deutlich. Zudem ist H 30 Jahre älter als J. Auch wenn man angesichts des europarechtlichen Verbots der Altersdiskriminierung[72] das höhere Lebensalter von H bei der Auswahlentscheidung außer Betracht lässt und beide nicht schwerbehindert sind, klaffen die Sozialdaten hinsichtlich der Unterhaltspflichten und der Dauer der Betriebszugehörigkeit von H und J erheblich auseinander. Dass J aus sonstigen Gründen sozial schützbedürftiger als H ist, kann dem Sachverhalt nicht entnommen werden, so dass es sich bei H um den erheblich sozial schutzbedürftigeren von beiden Arbeitnehmern handelt[73].

H sozial erheblicher schutzwürdiger

---

[68] Siehe oben A III 4 b cc, S. 208 f.
[69] Vgl. BVerfG vom 27.01.1998, AP Nr. 17 zu § 23 KSchG 1969 = NZA 1998, 470, 472.
[70] Siehe oben A III 4 c cc (2), S. 213 f.
[71] BAG vom 20.08.2003, NZA 2004, 205, 207; APS/Kiel, § 1 KSchG Rn. 707; vgl. schon oben unter A III 4 c cc (3), S. 214 ff.
[72] Siehe oben A III 4 c cc (3), S. 214 ff.
[73] Nach BAG vom 21.02.2001, AP Nr. 12 zu § 242 BGB Kündigung unter B II 4 e mit Anm. Richardi/Kortstock = NZA 2001, 833, 836, ist eine evident höhere soziale Schutzbedürftigkeit bereits dann gegeben, wenn zwei von drei Eckdaten ein

Keine entgegenstehenden betrieblichen Interessen

Ein evidenter Auswahlfehler des R wäre daher nur dann zu verneinen, wenn seiner Entscheidung spezifische eigene Interessen zugrunde lägen. Bestehen betriebliche, persönliche oder sonstige schutzwürdige Arbeitgeberinteressen, so ist der durch § 242 BGB vermittelte Grundrechtsschutz des Arbeitnehmers umso schwächer, je stärker die mit der Kleinbetriebsklausel geschützten Grundrechtspositionen des Arbeitgebers im Einzelfall betroffen sind[74]. In sachlicher Hinsicht geht es nämlich bei § 242 BGB darum, den Arbeitnehmer vor willkürlichen oder auf sachfremden Motiven beruhenden Kündigungen zu schützen[75]. Derartige schutzwürdige Arbeitgeberbelange sind vorliegend nicht ersichtlich. Demnach stellt sich die Auswahlentscheidung des R als evident fehlerhaft dar. Er hat somit das Mindestmaß an sozialer Rücksichtnahme außer Acht gelassen.

cc) Zwischenergebnis

Kündigung treuwidrig

Damit handelt es sich vorliegend um eine treuwidrige Kündigung.

4. Ergebnis zu Frage 2

Kündigung unwirksam

Die Kündigung des H ist mithin wegen Verstoßes gegen § 242 BGB unwirksam.

II. Arbeitslohn für Mai 2007

Anspruchsgrundlage

H könnte gegen R einen Anspruch auf Zahlung des vereinbarten Lohnes für Mai 2007 aus § 611 Abs. 1 BGB i. V. m. dem Arbeitsvertrag haben[76].

---

deutliches Übergewicht zeigen. - Vgl. auch MünchKomm/Hesse, BGB, Vor § 620 Rn. 190.

[74] BAG vom 06.02.2003, AP Nr. 30 zu § 23 KSchG 1969 unter II 2 b mit Anm. Urban-Crell = NZA 2003, 717, 718.

[75] MünchKomm/Hesse, BGB, Vor § 620 Rn. 190; Oetker, AuR 1997, 41, 52.

[76] Die Vorschrift des § 615 BGB ist nicht unmittelbar einschlägig, weil sie keinen selbstständigen Anspruch gibt, sondern lediglich bewirkt, dass abweichend vom aus § 326 Abs. 1 Satz 1 BGB folgenden Grundsatz „ohne Arbeit kein Lohn" der Vergütungsanspruch trotz Nichtleistung der Arbeit aufrecht erhalten bleibt; vgl. Palandt/Weidenkaff, BGB, § 615 Rn. 3; Schaub/Linck, ArbR-Hdb., § 95 Rn. 1.

1. Anspruch entstanden

a) Begründung des Arbeitsverhältnisses

Mit Abschluss des Arbeitsvertrags ist der Anspruch auf den Arbeitslohn zunächst einmal entstanden.

Bestehendes Arbeitsverhältnis

b) Keine Beendigung durch Kündigung

Die dem H gegenüber ausgesprochene betriebsbedingte Kündigung zum 30.04.2007 ist unwirksam. Das Arbeitsverhältnis besteht damit über diesen Termin hinaus fort und ist auch Grundlage von Lohnansprüchen für nach diesem Termin liegende Zeiträume.

2. Anspruch untergegangen

a) Ohne Arbeit kein Lohn (§ 326 Abs. 1 Satz 1 BGB)

Der Anspruch könnte aber nach dem allgemeinen, in § 326 Abs. 1 Satz 1 BGB normierten Grundsatz „ohne Leistung keine Gegenleistung" bzw. konkreter für das Arbeitsverhältnis „ohne Arbeit kein Lohn"[77] wieder untergegangen sein, wenn H die Erbringung der geschuldeten Arbeitsleistung unmöglich geworden ist. H hat im Mai 2007 nicht gearbeitet; die Arbeitsleistung ist wegen ihres Fixschuldcharakters im Allgemeinen auch nicht nachholbar[78]. Mit Nichtleistung der Arbeit zum vereinbarten Zeitpunkt tritt danach gemäß § 275 Abs. 1 BGB Unmöglichkeit ein, so dass der Vergütungsanspruch nach § 326 Abs. 1 Satz 1 BGB grundsätzlich wieder erloschen wäre.

Ohne Leistung keine Gegenleistung

---

[77] Teilweise wird dieser Grundsatz aus § 614 BGB abgeleitet, was dogmatisch unzutreffend ist, weil es sich bei dieser Bestimmung um eine bloße Fälligkeitsregel handelt (vgl. ErfK/Preis, § 614 BGB Rn. 4).

[78] Hromadka/Maschmann, ArbR 1, § 6 Rn. 128, § 8 Rn. 2 f.; Zöllner/Loritz, ArbR, § 18 I 1, S. 227 f.; dazu auch Beuthien, RdA 1972, 20 ff. – Etwas anderes gilt freilich in den Fällen, in denen flexible Arbeitszeitmodelle wie Gleitarbeitszeit oder Arbeitszeitkonten eingeführt wurden. Hier wird man von einer grundsätzlichen Nachholbarkeit innerhalb des zugestandenen Ausgleichszeitraums ausgehen müssen; vgl. HWK/Thüsing, § 611 BGB Rn. 390; ErfK/Preis, § 611 BGB Rn. 839; Schaub/Linck, ArbR-Hdb., § 49 Rn. 5.

b) Entgeltfortzahlung bei Annahmeverzug (§ 615 Satz 1 BGB)

Lohn ohne Arbeit bei Annahmeverzug

Der Anspruch könnte aber im konkreten Fall trotz Nichtleistung der Arbeit ausnahmsweise nach § 615 Satz 1 BGB aufrechterhalten worden sein. Danach behält der Dienstverpflichtete seinen Anspruch auf die Vergütung, ohne zur Nachleistung verpflichtet zu sein, wenn der Dienstberechtigte mit der Annahme der Dienste in Verzug kommt.

aa) Annahmeverzug und Unmöglichkeit

Verhältnis zur Unmöglichkeit

Fraglich ist allerdings, ob § 615 Satz 1 BGB vorliegend überhaupt anwendbar ist. Die Bestimmung setzt nämlich voraus, dass der Dienstberechtigte sich im Annahmeverzug befindet, also die Leistung des Dienstverpflichteten an sich noch möglich ist. Da die Verpflichtung zur Arbeitsleistung vielfach zeitgebunden ist und damit Fixschuldcharakter hat, wird mit der Nichterbringung der Arbeitsleistung diese zugleich unmöglich, so dass ein Annahmeverzug ausscheiden würde. Daher soll nach verbreiteter Auffassung in den Fällen, in denen der Arbeitgeber die Arbeitsleistung des Arbeitnehmers nicht annimmt und damit zugleich die Leistungserbringung unmöglich wird, nicht § 615 BGB, sondern § 326 BGB anwendbar sein. Danach würde durch die Nichtleistung der Arbeit ab Mai 2007 insoweit Unmöglichkeit eintreten und § 615 BGB keine Anwendung finden können. Ob H den Anspruch auf den Lohn trotz Nichtleistung der Arbeit behält, würde sich allein nach § 326 Abs. 1 und Abs. 2 BGB bestimmen[79].

§ 615 BGB lex specialis zu § 326 Abs. 2 BGB

Demgegenüber vertritt die im Vordringen befindliche Auffassung eine unmittelbare Anwendung des § 615 BGB auf die Fälle, in denen der Arbeitgeber den Arbeitnehmer nicht beschäftigt, obwohl er es könnte[80]. Gemeint ist damit die sog. Annahmeunwilligkeit, also die Konstellation, in der der Arbeitgeber seinen Arbeitnehmer, z. B. nach vorheriger Kündigung, nicht beschäftigen will und die angebotene Arbeitsleistung aufgrund der verweigerten Annahme unter-

---

[79] Dütz, ArbR, Rn. 248, 187; Jauernig/Mansel, BGB, § 615 Rn. 6.
[80] BAG vom 09.08.1984, AP Nr. 34 zu § 615 BGB = NZA 1985, 119 f.; BAG vom 14.11.1985, AP Nr. 39 zu § 615 BGB = NZA 1986, 637 ff.; BAG vom 21.01.1993, AP Nr. 53 zu § 615 BGB = NZA 1993, 550 ff.; Hanau/Adomeit, ArbR, Rn. 813; Junker, GK-ArbR, Rn. 272; Reiter, Jura 2006, 71, 73.

bleibt⁸¹. § 615 BGB wird insoweit als dienstrechtsspezifische Sonderregelung zu § 326 BGB gesehen, indem § 615 BGB die Nachholbarkeit der Arbeit unterstellt, aber gleichwohl den Arbeitnehmer unter Aufrechterhaltung seines Lohnanspruchs von einer Nachleistung freistellt; der Annahmeverzug wird damit durch § 615 BGB zur Annahmeunmöglichkeit.

Probleme ergeben sich danach jedoch dann, wenn bei Annahmebereitschaft des Arbeitgebers die Arbeitsleistung gleichwohl nicht erbracht werden kann, z. B. weil die Produktionsstätte abgebrannt ist (sog. Annahmeunmöglichkeit oder -unfähigkeit). Während das BAG vormals bei Betriebsstörungen eine Lösung über die Grundsätze der Betriebsrisikolehre gesucht hat⁸², ist nach nunmehr verbreiteter Auffassung § 615 BGB auch auf diese Fälle anwendbar. Gestützt wird dies auf den zutreffenden Gedanken, dass § 615 BGB dem Arbeitnehmer den Lohnanspruch ohne Nachleistungsverpflichtung immer dann erhalten will, wenn er arbeitswillig und -fähig ist und daher der Arbeitgeber das Beschäftigungsrisiko trägt⁸³. Dies entspricht dem allgemeinen Grundsatz, wonach das Verwendungsrisiko grundsätzlich vom Gläubiger der Leistung zu tragen ist. Kann der Arbeitgeber als Betriebsinhaber mit einer gekauften Maschine nichts anfangen, weil die Produktionsstätte abgebrannt ist, dann bleibt er gleichwohl zur Kaufpreiszahlung verpflichtet. Insoweit darf der Arbeitnehmer als Schuldner nicht deswegen schlechter stehen, weil zur Erbringung seiner Leistung eine Mitwirkungshandlung des Arbeitgebers erforderlich ist⁸⁴. Der mit der Schuldrechtsreform eingeführte Satz 3 des § 615 BGB stellt mittlerweile klar, dass die von der Rechtsprechung entwickelten Fallgruppen des Betriebsrisikos den Regelungen über den Annahmeverzug unterstellt werden sollen, ohne allerdings zu regeln, in wel-

Beschäftigungsrisiko des Arbeitgebers

---

⁸¹ Heckelmann/Franzen, Fall 6, S. 81 f.; Reiter, Jura 2006, 71, 73.
⁸² BAG vom 28.09.1972, AP Nr. 28 zu § 615 BGB Betriebsrisiko = NJW 1973, 342; BAG vom 09.03.1983, AP Nr. 31 zu § 615 BGB Betriebsrisiko = NJW 1983, 2159.
⁸³ MünchArbR/Blomeyer, § 57 Rn. 19 f.; MünchArbR/Boewer, § 79 Rn. 13 ff.; Boemke, ArbR, § 5 Rn. 168; Heckelmann/Franzen, Fall 6, S. 81 f.; Rückert, ZfA 1983, 1, 15 ff.; Zöllner/Loritz, ArbR, § 18 V 1, S. 239 f.
⁸⁴ Vgl. Boemke, ArbR, § 5 Rn. 168.

chen Fällen den Arbeitgeber das Risiko des Arbeitsausfalls trifft[85].

Die Vorschrift des § 615 BGB greift demnach als dienstrechtsspezifische Sonderregelung zu § 326 Abs. 2 BGB grundsätzlich immer dann ein, wenn der Arbeitgeber den Arbeitnehmer nicht beschäftigt, obwohl dieser arbeitsbereit und -willig ist. Dies gilt unabhängig davon, ob der Arbeitgeber nicht willens oder nicht fähig ist, die Leistung anzunehmen[86]. Der Lohnanspruch des H für Mai 2007 könnte somit nach § 615 Satz 1 BGB aufrechterhalten worden sein, wenn sich R im Annahmeverzug befunden hat.

bb) Annahmeverzug

Die Voraussetzungen des Annahmeverzugs bestimmen sich nach §§ 294 ff. BGB.

(1) Leistungsbereitschaft und -willigkeit des Schuldners (§ 297 BGB)

Aus § 297 BGB ergibt sich, dass der Gläubiger nur dann in Annahmeverzug geraten kann, wenn der Schuldner willens und in der Lage ist, die geschuldete Leistung zu erbringen. Für eine fehlende Leistungsbereitschaft oder -willigkeit von H gibt der Sachverhalt keine Anhaltspunkte. H war am 01.05.2007 wieder genesen und hätte ab diesem Zeitpunkt die nach dem Arbeitsvertrag geschuldete Leistung erbringen können.

(2) Ordnungsgemäßes Leistungsangebot (§§ 294 ff. BGB)

Weiterhin ist erforderlich, dass der Schuldner die geschuldete Leistung ordnungsgemäß angeboten hat.

(2.1) Tatsächliches Angebot (§ 294 BGB)

Nach § 294 BGB ist grundsätzlich ein tatsächliches Angebot der Leistung durch den Schuldner erforderlich, das hier nicht erfolgte.

(2.2) Wörtliches Angebot (§ 295 BGB)

Nach § 295 BGB genügt ausnahmsweise ein wörtliches Angebot, wenn entweder der Gläubiger erklärt hat, er werde die Leistung nicht annehmen, oder wenn zur Bewirkung

---

[85] Boemke, ArbR, § 5 Rn. 167; Däubler, NZA 2001, 1329, 1332; MünchKomm/Henssler, BGB, § 615 Rn. 89; Luke, NZA 2004, 244 ff.
[86] Feuerborn, JR 2003, 177, 181; Richardi, NZA 2002, 1004, 1008.

der Leistung eine Mitwirkungshandlung des Gläubigers erforderlich ist. Beide Tatbestandsvoraussetzungen sind hier erfüllt: In dem Ausspruch der betriebsbedingten Kündigung durch R liegt zugleich dessen Erklärung, ab dem Kündigungstermin (30.04.2007) die Dienstleistung des Arbeitnehmers H nicht mehr annehmen zu wollen. Darüber hinaus kann der Arbeitnehmer die Arbeitsleistung nur erbringen, wenn der Arbeitgeber ihm einen Arbeitsplatz zuweist. Somit genügte vorliegend ein wörtliches Angebot.

Dieses muss nicht ausdrücklich, sondern kann auch konkludent erfolgen. So ist im Fall einer unwirksamen Arbeitgeberkündigung die Erhebung der Kündigungsschutzklage[87] oder sogar ein Protest gegen die Kündigung[88] ausreichend. H hat vor Ablauf des Aprils Kündigungsschutzklage eingereicht, die R am 15.05.2007 zugestellt wurde, so dass spätestens am 15.05.2007 ein wörtliches, annahmeverzugbegründendes Angebot vorlag. Für die Begründung des Annahmeverzugs kann nicht gemäß § 167 ZPO i. V. m. § 46 Abs. 2 ArbGG auf den Zeitpunkt des Eingangs der Klage beim Arbeitsgericht abgestellt werden, weil im Hinblick auf den Annahmeverzug durch die Kündigungsschutzklage keine Frist gewahrt werden musste. Auch eine entsprechende Anwendung dieser Bestimmung scheidet aus, weil § 167 ZPO in der Anwendung auf Prozesshandlungen beschränkt ist. Einem Rechtsbeteiligten sollen keine Nachteile daraus erwachsen, dass er eine Erklärung bzw. Prozesshandlung gegenüber einem Gericht abgeben bzw. vornehmen muss. Das annahmeverzugbegründende Angebot muss aber gegenüber dem Arbeitgeber, nicht aber dem Gericht abgegeben werden.

Kein wörtliches Angebot

Durch das wörtliche Angebot ist daher R erst ab dem 16.05.2007 in Annahmeverzug gesetzt worden.

Annahmeverzug ab dem 16.05.2007

(2.3) Überflüssiges Angebot (§ 296 BGB)

Für die Zeit vor dem 16.05.2007 könnte ein Angebot von H allerdings nach § 296 Satz 1 BGB entbehrlich gewesen sein. Dies wäre der Fall, wenn für die von R vorzunehmende Handlung – Zurverfügungstellung eines vertragsgemäßen Arbeitsplatzes – eine Zeit nach dem Kalender bestimmt gewesen wäre und R diese Mitwirkungshandlung nicht fristgerecht vorgenommen hätte.

Entbehrlichkeit des Angebots

---

[87] Fallbeispiel: Löwisch/Denck, JuS 1975, 800, 801.
[88] BAG vom 26.08.1971, AP Nr. 26 zu § 615 BGB = BB 1971, 1508.

Grundsatz:
Wörtliches Angebot

Das BAG hat zunächst in Fällen einer unwirksamen Kündigung durch den Arbeitgeber eine Anwendung des § 296 BGB abgelehnt und ein wörtliches Angebot des Arbeitnehmers verlangt, um den Arbeitgeber in Annahmeverzug zu setzen[89]. Nach der gesetzlichen Grundregel sei es in erster Linie Sache des Schuldners, die Leistung anzubieten, um Annahmeverzug herbeizuführen.

Mitwirkungshandlung des Arbeitgebers

Mit Urteilen vom 09.08.1984[90] und 21.03.1985[91] hat das BAG jedoch einen Rechtsprechungswandel vollzogen und die Nichtbeschäftigung des Arbeitnehmers nach Erreichen des Kündigungstermins als Anwendungsfall von § 296 BGB betrachtet[92]. Der Arbeitgeber müsse dem Arbeitnehmer zur Erbringung der Arbeitsleistung einen funktionsfähigen Arbeitsplatz zur Verfügung stellen und Arbeit zuweisen. Mit Erreichen des Kündigungstermins gerate der Arbeitgeber automatisch in Annahmeverzug, weil im Ausspruch der Kündigung die konkludente Erklärung zu sehen sei, dem Arbeitnehmer ab diesem Zeitpunkt keinen Arbeitsplatz mehr zur Verfügung zu stellen. Der einmal eingetretene Annahmeverzug könne nur dadurch wieder beseitigt werden, dass der Arbeitgeber den Arbeitnehmer zur Weiterarbeit auffordere. Ausnahmsweise hatte das BAG zunächst eine Aufforderung des Arbeitnehmers an den Arbeitgeber, ihm Arbeit zuzuweisen, für erforderlich gehalten, wenn der Arbeitnehmer bei Ablauf der Kündigungsfrist arbeitsunfähig krank war, weil die Verpflichtung zur Zurverfügungstellung des Arbeitsplatzes Kenntnis von der Arbeitswilligkeit und -bereitschaft des Arbeitnehmers voraussetze[93]. Diese Rechtsprechung hat das BAG später korrigiert und auf eine Anzeige der Arbeitsfähigkeit für den Eintritt des Annahmeverzugs verzichtet, weil nach der gesetzlichen Regelung in § 296 BGB der Gläubiger von sich aus ohne Anhaltspunkt

---

[89] BAG vom 27.04.1960, AP Nr. 10 zu § 615 BGB; BAG vom 24.11.1960, AP Nr. 18 zu § 615 BGB = NJW 1961, 381; BAG vom 10.04.1963, AP Nr. 23 zu § 615 BGB = NJW 1963, 1517; BAG vom 26.08.1971, AP Nr. 26 zu § 615 BGB.

[90] BAG vom 09.08.1984, AP Nr. 34 zu § 615 BGB = NZA 1985, 119 f.

[91] BAG vom 21.03.1985, AP Nr. 35 zu § 615 BGB = NZA 1985, 778 f.

[92] Bestätigt durch BAG vom 19.01.1999, AP Nr. 79 zu § 615 BGB = NZA 1999, 925 f. = BB 1999, 2034 f. = DB 1999, 1864.

[93] BAG vom 09.08.1984, AP Nr. 34 zu § 615 BGB = NZA 1985, 119 f.; BAG vom 21.03.1985, AP Nr. 35 zu § 615 BGB = NZA 1985, 778 f.

betreffend die Leistungsfähigkeit des Schuldners die Mitwirkungshandlung vornehmen müsse. Dies sei deswegen gerechtfertigt, weil der Arbeitgeber durch den Ausspruch der – unwirksamen – Kündigung den entscheidenden und auslösenden Anteil an der unterbrochenen Leistung des Arbeitnehmers habe[94]. Danach wäre R automatisch mit Erreichen der Kündigungsfrist in Annahmeverzug geraten, weil er H trotz Unwirksamkeit der Kündigung nicht wieder zur Aufnahme der Arbeit aufgefordert hatte.

Diese neuere Rechtsprechung vermag allerdings schon in ihrem Ausgangspunkt, der Anwendung des § 296 BGB, nicht zu überzeugen, weil sie von einer unzutreffenden Reihenfolge der Leistungs- und Mitwirkungshandlungen im Arbeitsverhältnis bei Erbringung der Arbeitsleistung ausgeht. Nach Auffassung des BAG müsste der Arbeitnehmer sich erst zur Dienstleistung einfinden, wenn ihm der Arbeitgeber vorab die zu verrichtenden Dienste mitgeteilt hat. Das geht aber an der Rechtsnatur der Arbeitsleistung als Bringschuld vorbei. Der Arbeitnehmer muss seine Arbeitsleistung am Arbeitsort, i. d. R. dem Betrieb des Arbeitgebers, erbringen. Erst wenn der Arbeitnehmer am Arbeitsplatz erscheint, ist es Sache des Arbeitgebers, diesem einen Arbeitsplatz anzubieten und eine Tätigkeit zuzuweisen. Anders als in dem von § 296 BGB geregelten Fall hat die Initiative zur Erbringung der geschuldeten Leistung vom Arbeitnehmer als Schuldner auszugehen, ehe der Arbeitgeber seine Mitwirkungshandlung vornehmen muss. Daher gerät der Arbeitgeber bei einer unwirksamen Kündigung nach zutreffender Auffassung nicht schon mit Erreichen des Kündigungstermins per se in Annahmeverzug, sondern erst dann, wenn er auf ein wörtliches Angebot des Arbeitnehmers diesem keine Tätigkeit zuweist[95]. Das wörtliche Angebot von H erfolgte jedoch im vorliegenden Fall erst mit Zustellung der Kündigungsschutzklage am 15.05.2007.

Erst Leistungsangebot, dann Mitwirkungshandlung

---

[94] BAG vom 19.04.1990, AP Nr. 45 zu § 615 BGB = NZA 1991, 228 ff.; BAG vom 21.01.1993, AP Nr. 53 zu § 615 BGB = NZA 1993, 550 ff.; BAG vom 24.11.1994, AP Nr. 60 zu § 615 BGB = NZA 1995, 263 ff. — Im Ergebnis zustimmend MünchArbR/Boewer, § 78 Rn. 23; Lieb/Jacobs, ArbR, Rn. 173 ff.; Schaub/Linck, ArbR-Hdb., § 95 Rn. 10 f.

[95] Boemke, ArbR, § 5 Rn. 162; Löwisch, ArbR, Rn. 1005; Zöllner/Loritz, ArbR, § 18 IV 1 b, S. 237.

c) Zwischenergebnis

Annahmeverzug erst ab 16.05.2007

Damit greift die anspruchserhaltende Norm des § 615 Satz 1 BGB erst ab dem 16.05.2007 ein. H behält ab diesem Zeitpunkt abweichend vom Grundsatz des § 326 Abs. 1 Satz 1 BGB seinen Lohnanspruch, ohne zur Nachleistung verpflichtet zu sein. Im Übrigen ist der Lohnanspruch jedoch untergegangen.

3. Ergebnis zu Frage 3

H kann daher von R Zahlung des Lohns für die Zeit vom 16. bis 31. Mai 2007 verlangen.

Klausur Nr. 8

Problematische Befristungen

Sachverhalt

Die Gustav & Söhne GmbH (G) ist ein Einzelhandelkaufhaus mit 25 Niederlassungen und mehr als 5.000 Beschäftigten in Deutschland. Der Geschäftsführer der GmbH, Gustav Gründner, hat zur Zeit erhebliche Probleme mit einigen Beschäftigten in befristeten Arbeitsverhältnissen im Kaufhaus Leipzig.

Zum Ersten ist dort Walter Wicht, der mit einem am 28.12.2006 abgeschlossenen, schriftlichen Arbeitsvertrag vom 01.01. bis zum 31.05.2007 befristet in der Personalabteilung eingestellt wurde. Noch während des laufenden Arbeitsverhältnisses hatte Wicht Entfristungsklage nach § 17 TzBfG erhoben. Mit dieser am 02.05.2007 beim örtlich zuständigen Arbeitsgericht Leipzig eingegangenen Klage macht Wicht die Unwirksamkeit der Befristung geltend, weil die Voraussetzungen für eine sachgrundlose Befristung nach § 14 Abs. 2 TzBfG nicht vorlägen. Er sei nach seinem Schulabschluss im Jahre 1996 für vier Wochen als Aushilfe in der Niederlassung von G in München beschäftigt gewesen. Überdies hätte er, was Gründner bekannt sei, vom 01.08. bis zum 31.10.2003 im Kaufhaus Kurz, Inhaber Kurz KG, gearbeitet; dieses Kaufhaus habe G von der Kurz KG zum 01.01.2004 übernommen und zur heutigen Filiale Leipzig ausgebaut. Gründner hält das Vorbringen für unerheblich, weil dies alles lange her sei.

Zum Zweiten bereitet Sieglinde Sorglos, die Freundin von Wicht, Probleme. Sieglinde Sorglos ist mit einem schriftlichen Arbeitsvertrag vom September 2006 befristet vom 01.10.2006 bis zum 31.03.2007 eingestellt worden. Dieses Arbeitsverhältnis wurde am 30.03.2007 schriftlich bis zum 31.07.2007 verlängert. Anlässlich dieser Verlängerung wurde die Vergütung um 200 € angehoben, weil Gründner mit den Leistungen von Sorglos sehr zufrieden war. Nun behauptet Sorglos, sie stünde in einem unbefristeten Arbeitsverhältnis.

Zum Dritten geht es um Freddy Frech, einen alten Schulfreund von Wicht. Frech wurde auf Grund eines Personalgesprächs vom 22.09.2006 als Verkäufer befristet vom 01.10.2006 bis zum 31.03.2007 als Vertretung für Gerlinde Graviditas eingestellt, die sich seit Juli 2006 für zwei Jahre in Elternzeit befindet. Der Arbeitsvertrag wurde von Frech erst bei seinem Dienstantritt am 02.10.2006 unterzeichnet. Auch Frech hat eine Klage nach § 17 TzBfG erhoben, die am 23.04.2007 beim örtlich zuständigen Arbeitsgericht Leipzig eingegangen ist.

Schließlich bereitet Gründer auch seine Marketingassistentin Anneliese Adler Probleme. Adler nimmt dienstlich häufig auswärtige Termine, auch im Ausland, wahr. Im Rahmen des Vielfliegerprogramms „Kilometer-und-mehr" der „Star-Aliens"-Gruppe (SAG) hat sich Adler für dienstliche Flüge auf einem Konto bei der SAG „Kilometer" gutschreiben lassen, mit denen Freiflüge oder auch Sachwerte erworben werden können. Das Guthaben beträgt zur Zeit etwa 600.000 km, was einem Gegenwert von ca. 9.700 € entspricht.

Gründner ersucht am 30. April 2007 Ihren Rechtsrat nach und möchte wissen, ob

1. a) das Arbeitsverhältnis von Wicht auf Grund der Befristung wirksam zum 31.05.2007 beendet worden ist oder

   b) er ein etwa bestehendes Arbeitsverhältnis mit W kündigen könnte,

2. das Arbeitsverhältnis von Sorglos auf Grund wirksamer Befristung zum 31.07.2007 beendet wird,

3. das Arbeitsverhältnis von Frech auf Grund wirksamer Befristung zum 31.03.2007 beendet worden ist,

4. er von Adler Übertragung der gutgeschriebenen Kilometer auf G verlangen kann.

Vorüberlegungen

Der Fall behandelt in den ersten drei Fallgestaltungen Fragen des Befristungsrechts, während die letzte Fragestellung Herausgabeansprüche des Arbeitgebers gegen den Arbeitnehmer zum Gegenstand hat.

I. Die erste Frage betrifft die Zulässigkeit einer sachgrundlosen Befristung, wenn der Arbeitnehmer bereits zuvor bei demselben Arbeitgeber beschäftigt war. Im Zusammenhang mit der Neuregelung des Befristungsrechts im TzBfG hat der Gesetzgeber entschieden, dass eine Vorbeschäftigung die Zulässigkeit einer sachgrundlosen Befristung ausschließt (§ 14 Abs. 2 Satz 2 TzBfG). Maßgeblich insoweit ist der rechtliche Arbeitgeberbegriff, so dass eine Vorbeschäftigung in einem Betrieb, der später von dem Arbeitgeber, mit dem die Befristungsvereinbarung geschlossen wurde, übernommen wird, unschädlich ist. Da das Gesetz allerdings selbst keine zeitlichen Schranken aufstellt, steht jede noch so kurze oder noch so lang zurückliegende vorherige Beschäftigung bei demselben Arbeitgeber, auch in anderen Betrieben, einer sachgrundlosen Befristung entgegen. Die Unzulässigkeit der Befristung hat nach § 16 Satz 1 Hs. 1 TzBfG nur die Unwirksamkeit der Befristungsvereinbarung zur Folge, so dass ein Arbeitsverhältnis auf unbestimmte Zeit zustande kommt.

Dieses unbefristete Arbeitsverhältnis kann für die Zukunft durch eine ordentliche Kündigung beendet werden. Die Unwirksamkeit der Befristung sperrt ein ordentliches Kündigungsrecht nicht, wobei im Einzelfall die entsprechenden Wirksamkeitsvoraussetzungen gegeben sein müssen. Soweit die Wartezeit nach § 1 Abs. 1 KSchG noch nicht abgelaufen ist, bedarf die Kündigung insbesondere keiner sachlichen Rechtfertigung.

II. Hinsichtlich der Befristung des Arbeitsverhältnisses im zweiten Fragenkomplex ist zu beachten, dass bis zur Gesamtdauer von zwei Jahren höchstens die dreimalige Verlängerung eines befristeten Arbeitsverhältnisses zulässig ist. Die zeitliche Schranke ist in diesem konkreten Fall eingehalten. Nach der Rechtsprechung des BAG setzt die Wirksamkeit einer solchen Verlängerung jedoch voraus, dass sie schriftlich, vor Ablauf der letzten Befristung und ohne Inhaltsänderung vereinbart wird. Andernfalls kommt ein Arbeitsverhältnis auf unbestimmte Zeit zustande. Fraglich ist, ob diese strenge

Rechtsfolge auch dann gilt, wenn im Zusammenhang mit der Verlängerung Arbeitsbedingungen lediglich zugunsten des Arbeitnehmers geändert werden, z. B. der Lohn angehoben wird.

III. Im dritten Befristungskomplex geht es zunächst um die Problematik, dass eine vor Antritt des Arbeitsverhältnisses vereinbarte, formlose Befristungsvereinbarung nach Arbeitsantritt schriftlich „bestätigt" wird. Nach der Rechtsprechung des BAG führt dies dazu, dass nach §§ 16 Satz 1 Hs. 1, 14 Abs. 4 TzBfG spätestens mit Arbeitsantritt ein Arbeitsverhältnis auf unbestimmte Zeit zustande kommt, so dass die nachträglich vereinbarte Befristungsabrede nicht als sachgrundlose Befristung gemäß § 14 Abs. 2 Satz 1 TzBfG wirksam sein kann. Dem steht das so genannte Anschlussverbot entgegen. Nach § 14 Abs. 2 Satz 2 TzBfG ist eine sachgrundlose Befristung nämlich unzulässig, wenn bei demselben Arbeitgeber eine Vorbeschäftigung bestand. Allerdings führt die nachträgliche schriftliche Befristungsvereinbarung gemäß § 14 Abs. 1 TzBfG zu einer wirksamen Befristung, wenn hierfür ein Sachgrund gegeben war. Auch ein unbefristetes Arbeitsverhältnis kann mit Sachgrund nachträglich befristet werden.

IV. Die Frage 4 behandelt das Problem, wem Bonusmeilen zustehen, die ein Arbeitnehmer im Zusammenhang mit Dienstflügen erworben hat. Soweit keine vertragliche Regelung besteht, lässt sich ein Anspruch des Arbeitgebers gegen den Arbeitnehmer nur auf die entsprechende Anwendung des Auftragsrechts stützen (§ 667 Alt. 2 BGB analog). Entscheidend kommt es darauf an, ob der Arbeitnehmer diese Bonusmeilen im inneren Zusammenhang mit der Erbringung der Arbeitsleistung oder nur bei Gelegenheit der Durchführung des Dienstgeschäfts erworben hat.

Lösung

A. Arbeitsverhältnis Wicht

I. Wirksame Beendigung auf Grund Befristung

Das Arbeitsverhältnis von Walter Wicht wurde zum 31.05.2007 beendet, wenn zunächst ein wirksames Arbeitsverhältnis begründet und die Befristung zu diesem Termin wirksam vereinbart wurde.

1. Wirksame Begründung

W und G, vertreten durch ihren Geschäftsführer Gründner (§ 35 Abs. 1 GmbHG), haben am 28.12.2006 einen Arbeitsvertrag geschlossen. Damit wurde ein Arbeitsverhältnis wirksam begründet. Eine etwaige Unwirksamkeit der Befristung berührt gemäß § 16 Satz 1 Hs. 1 TzBfG nicht die wirksame Begründung des Arbeitsverhältnisses.

Arbeitsverhältnis begründet

2. Wirksame Beendigung durch Befristung

a) Voraussetzungen

Das Arbeitsverhältnis könnte durch die Befristung zum 31.05.2007 beendet worden sein. Grundsätzlich endet ein kalendermäßig befristetes Arbeitsverhältnis nach § 15 Abs. 1 TzBfG mit Ablauf der vereinbarten Zeit. Ist die Befristungsvereinbarung unwirksam, gilt das Arbeitsverhältnis als auf unbestimmte Zeit geschlossen (§ 16 Satz 1 TzBfG). Das Arbeitsverhältnis wäre daher nur dann wirksam zum 31.05.02007 beendet worden, wenn die Befristung wirksam war. Dabei wird die Wirksamkeit der Befristung unwiderleglich vermutet, wenn der Arbeitnehmer nicht rechtzeitig Entfristungsklage erhoben hat (§ 7 KSchG analog i. V. m. § 17 TzBfG). Bei rechtzeitiger Klageerhebung wäre die Befristung nur wirksam, wenn die Schriftform gewahrt wurde (§ 14 Abs. 4 TzBfG) und entweder ein Sachgrund nach § 14 Abs. 1 TzBfG oder die Voraussetzungen einer sachgrundlosen Befristung nach § 14 Abs. 2 TzBfG vorgelegen hätten.

Wirksamkeitsvoraussetzungen für Befristung

b) Vermutete Wirksamkeit (§ 7 KSchG i. V. m. § 17 TzBfG)

Fristgerechte Entfristungskage

Die Wirksamkeit der Befristung würde unwiderleglich vermutet, wenn W nicht rechtzeitig Entfristungsklage erhoben hätte (§ 7 KSchG analog i. V. m. § 17 TzBfG). Der Arbeitnehmer muss dabei nicht das Ende des befristeten Arbeitsverhältnisses abwarten. Er kann auch schon während des laufenden Arbeitsverhältnisses fristwahrend Klage erheben[1]. Hier hat W noch während des Laufs des Arbeitsverhältnisses am 02.05.2007 Klage nach § 17 TzBfG erhoben. Die Klagefrist ist also gewahrt, so dass die Wirksamkeit der Befristung nicht unwiderleglich vermutet wird.

c) Wirksamkeit der Befristung

Die Befristung ist daher nur wirksam, wenn die formellen und materiellen Wirksamkeitsvoraussetzungen eingehalten worden sind.

aa) Formelle Wirksamkeitsvoraussetzung

Schriftform gewahrt

Die nach § 14 Abs. 4 TzBfG für die Wirksamkeit einer Befristung erforderliche Schriftform wurde laut Sachverhalt eingehalten.

bb) Materielle Wirksamkeitsvoraussetzung

Grds. bedarf die Wirksamkeit einer Befristung zum Zeitpunkt des Vertragsschlusses eines Sachgrunds nach § 14 Abs. 1 TzBfG bzw. es müssen die Voraussetzungen für eine sachgrundlose Befristung nach § 14 Abs. 2 vorliegen.

(1) Anwendbarkeit des TzBfG

Befristungskontrolle nach TzBfG auch bei kurzzeitigen Befristungen

Allerdings könnten diese Voraussetzungen dann entbehrlich sein, wenn das befristete Arbeitsverhältnis zu keinem Zeitpunkt in den Anwendungsbereich des allgemeinen Kündigungsschutzes fallen würde. Vor Inkrafttreten des TzBfG wurde die Befristung als Umgehung des Kündigungsschutzes eingeordnet und dementsprechend auf einen besonderen Sachgrund verzichtet, wenn das befristete Arbeitsverhältnis

---

[1] APS/Backhaus, § 17 TzBfG Rn. 53; ErfK/Müller-Glöge, § 17 TzBfG Rn. 4 – So schon zu § 1 Abs. 5 BeschFG: BAG vom 28.05.2000, NZA 2000, 1110.

für nicht mehr als sechs Monate eingegangen wurde[2]. Nach Inkrafttreten des TzBfG kann diese Einschränkung nicht mehr gemacht werden, weil nach § 620 Abs. 3 BGB jedes befristete Arbeitsverhältnis unabhängig von seiner Dauer von der Geltung der §§ 14 ff. TzBfG erfasst wird[3].

(2) Sachgrundbefristung (§ 14 Abs. 1 TzBfG)

Dem Sachverhalt ist ein Sachgrund für die Befristung nicht zu entnehmen. Nach dem eindeutigen Wortlaut des § 14 Abs. 1 TzBfG ist das Vorliegen eines Sachgrunds Wirksamkeitsvoraussetzung für eine Befristung, so dass derjenige die Darlegungs- und Beweislast trägt, der sich auf die Wirksamkeit der Befristung beruft[4]. Ist dem Sachverhalt ein Sachgrund nicht zu entnehmen, liegt eine wirksame Befristung des Arbeitsverhältnisses nach § 14 Abs. 1 TzBfG nicht vor.

Kein Sachgrund gegeben

(3) Sachgrundlose Befristung (§ 14 Abs. 4 Satz 1 TzBfG)

(3.1) Höchstdauer (§ 14 Abs. 2 Satz 1 Hs. 2 TzBfG)

Im vorliegenden Fall kann dementsprechend die Befristung nur als sachgrundlose Befristung gemäß § 14 Abs. 2 TzBfG wirksam sein. Ohne Vorliegen eines Sachgrunds sind kalendermäßige Befristungen bis zur Dauer von zwei Jahren zulässig (§ 14 Abs. 2 Satz 1 TzBfG). Dieser zeitliche Rahmen wird im vorliegenden Fall mit einer Befristung vom 01.01. bis zum 31.05.2007 und somit einer Befristungsdauer von fünf Monaten eingehalten.

Höchstdauer gewahrt

(3.2) Anschlussverbot (§ 14 Abs. 2 Satz 2 TzBfG)

Allerdings ist nach § 14 Abs. 2 Satz 2 TzBfG eine sachgrundlose Befristung ausnahmsweise unzulässig, wenn mit demselben Arbeitgeber bereits zuvor ein Arbeitsverhältnis bestand.

Verstoß gegen Verbot der Vorbeschäftigung?

---

[2] Vgl. zur alten Rechtslage BAG vom 11.11.1982, NJW 1983, 1443, 1444; BAG vom 12.09.1996, NZA 1997, 313, 314. – Siehe auch APS/Backhaus, § 14 TzBfG Rn. 5 f.

[3] BAG vom 06.11.2003, NZA 2005, 218, 219; BAG vom 13.05.2004 – 2 AZR 426/03; APS/Backhaus, § 14 TzBfG Rn. 18.

[4] BAG vom 12.10.1994, NJW 1995, 2941, 2942; APS/Backhaus, § 14 Rn. 76; KR/Lipke, § 620 BGB Rn. 147; ErfK/Müller-Glöge, § 17 TzBfG Rn. 15 ff.

(3.2.1) Tätigkeit bei der Kurz AG

Vorbeschäftigung bei anderer juristischer oder natürlicher Person unbeachtlich

Eine solche Vorbeschäftigung, die zur Unzulässigkeit der sachgrundlosen Befristung führt, könnte vorliegend darin zu sehen sein, dass W vom 01.08. bis zum 31.10.2003 auf Grundlage eines Arbeitsverhältnisses mit der Kurz KG im Kaufhaus Kurz gearbeitet hatte, welches von G übernommen und zur heutigen Filiale Leipzig ausgebaut wurde. Voraussetzung wäre nach § 14 Abs. 2 Satz 2 TzBfG, dass die Beschäftigung bei „demselben Arbeitgeber" erfolgt wäre. Um denselben Arbeitgeber i. d. S. handelt es sich, wenn der vormalige Vertragspartner des Arbeitnehmers dieselbe natürliche oder juristische Person wie der jetzige Arbeitgeber war und damit beide Arbeitgeber personenidentisch sind[5]. Ausschlaggebend ist danach nicht die Beschäftigung in demselben Betrieb, sondern bei demselben Arbeitgeber im juristischen Sinne[6]. Maßgeblich ist also der vertragsrechtliche Arbeitgeberbegriff. Daher liegt keine Vorbeschäftigung i. S. v. § 14 Abs. 2 Satz 2 TzBfG vor, wenn ein Arbeitnehmer früher in demselben Betrieb oder Betriebsteil, aber bei einem anderen Arbeitgeber beschäftigt gewesen ist. Die Voraussetzungen von § 14 Abs. 2 Satz 2 TzBfG liegen auch dann nicht vor, wenn der jetzige Arbeitgeber diesen Betrieb bzw. Betriebsteil erst übernommen hat, nachdem das Arbeitsverhältnis mit dem Arbeitnehmer beendet wurde[7].

W wurde im Jahr 2003 im gleichen Kaufhaus beschäftigt, allerdings von K. G hat dieses Kaufhaus von K erst im Jahr 2004 übernommen, also als das Arbeitsverhältnis mit W bereits beendet war. Die Vorbeschäftigung in diesem Kaufhaus zu einem Zeitpunkt, zu dem G noch nicht Inhaber dieses Kaufhauses war, steht demnach einer sachgrundlosen Befristung nicht entgegen.

---

[5] BAG vom 10.11.2004, NZA 2005, 514, 515; BAG vom 22.06.2005, EzBAT SR 2y BAT Teilzeit- und Befristungsgesetz Nr 17; APS/Backhaus, § 14 TzBfG Rn. 395; ErfK/ Müller-Glöge, § 14 TzBfG Rn. 120.

[6] BAG vom 10.11.2004, NZA 2005, 514, 515 f.; ErfK/Müller-Glöge, § 14 TzBfG Rn. 120.

[7] BAG vom 10.11.2004, NZA 2005, 514, 515 f.; BAG vom 18.08.2005, NZA 2006, 145, 147; BAG vom 18.01.2006, NZA 2006, 605, 606; APS/Backhaus, § 14 TzBfG Rn. 398; MünchKomm/Hesse, BGB, § 14 TzBfG Rn. 81; ErfK/Müller-Glöge, § 14 TzBfG Rn. 120.

(3.2.2) Aushilfstätigkeit im Jahre 1996

Allerdings war W im Jahre 1996, also vor mehr als zehn Jahren, für vier Wochen im Rahmen eines Arbeitsverhältnisses mit G im Kaufhaus in München beschäftigt. Da nicht die Beschäftigung in demselben Betrieb, sondern bei demselben Arbeitgeber maßgeblich ist, stünde dies einer sachgrundlosen Befristung entgegen, soweit nicht nach dem Sinn und Zweck des Anschlussverbots kurzfristige oder länger zurückliegende Beschäftigungen für den Ausschlusstatbestand des § 14 Abs. 2 Satz 2 TzBfG außer Betracht zu bleiben haben.

Berücksichtigung auch lang zurückliegender Vorbschäftigungen

Nach einer in der Literatur vertretenen Auffassung sollen mehrere Jahre zurück liegende Arbeitsverhältnisse nicht zählen bzw. von der Anwendung des § 14 Abs. 2 TzBfG ausgenommen sein, wenn zu dem vorherigen Beschäftigungsverhältnis kein zeitlicher oder sachlicher Zusammenhang besteht[8]. Das Anschlussverbot solle nämlich nur unterbinden, dass trotz eines sachlichen Zusammenhangs zwischen verschiedenen Arbeitsverhältnissen eine Befristung vereinbart wird, obwohl hierfür kein Sachgrund besteht.

Gegen diese Auffassung spricht allerdings schon der Wortlaut von § 14 Abs. 2 Satz 2 TzBfG, der bezüglich der Vorbeschäftigung anders als die Vorgängerregelung in § 1 Abs. 3 BeschFG 1996 keine Einschränkung in zeitlicher Hinsicht vornimmt. Auf den zeitlichen Abstand zwischen dem früheren Arbeitsverhältnis und dem nunmehr ohne Sachgrund befristeten Arbeitsverhältnis kommt es nach dem Wortlaut dieser Bestimmung nicht an. Überdies kann für die Berücksichtigung jedweder Vorbeschäftigung auch die Entstehungsgeschichte des Gesetzes angeführt werden. Bereits während des Gesetzgebungsverfahrens wurde Kritik an einem umfassenden Anschlussverbot, wonach jede Vorbeschäftigung einer sachgrundlosen Befristung entgegensteht, geübt. Der Gesetzgeber hat aber gleichwohl hieran festgehalten und den Arbeitgeber auf ein Fragerecht hinsichtlich der Vorbeschäftigung verwiesen. Entsprechend dem Sinn und Zweck der Regelung, im Interesse der Rechtssicherheit eine sachgrundlose Befristung bei jedweder Vorbeschäftigung auszuschließen, stehen daher nach § 14 Abs. 2 Satz 2 TzBfG auch lange zurückliegende oder

Fragerecht bzgl. Vorbeschäftigung

---

[8] Löwisch, BB 2001, 254 f.; ErfK/Müller-Glöge, § 14 TzBfG Rn. 124 ff.

Anschlussverbot greift ein

nur für kurze Zeit begründete Arbeitsverhältnisse einer sachgrundlosen Befristung entgegen[9].

Auf Grund der Vorbeschäftigung bei G im Kaufhaus München im Jahr 1996 greift der Ausschlusstatbestand des § 14 Abs. 2 Satz 2 TzBfG ein.

d) Ergebnis

Befristung unwirksam

Eine sachgrundlose Befristung war nicht zulässig. Da auch kein Sachgrund für die Befristung besteht, ist diese unwirksam. Das Arbeitsverhältnis gilt daher nach § 16 Satz 1 TzBfG als auf unbestimmte Zeit begründet.

II. Ordentliche Kündigung

Wirksamkeits-voraussetzungen

G könnte das Arbeitsverhältnis gemäß § 620 Abs. 2 BGB unter Beachtung der Frist des § 622 Abs. 1 BGB ordentlich kündigen. Die Kündigung ist möglich, wenn ein Kündigungsrecht besteht und etwa erforderliche Wirksamkeitsvoraussetzungen gegeben sind.

1. Kündigungsrecht (§ 620 Abs. 2 BGB)

Grundsatz der Kündigungsfreiheit

Nach § 620 Abs. 2 BGB besteht für ein auf unbestimmte Zeit geschlossenes Arbeitsverhältnis ein Kündigungsrecht nach Maßgabe der §§ 621 bis 623 BGB. Das Kündigungsrecht könnte allerdings als unzulässige Gesetzesumgehung dann ausgeschlossen sein, wenn der Arbeitgeber damit nur die Wirkungen einer nach § 14 Abs. 2 Satz 2 TzBfG unzulässigen Anschlussbefristung herbeiführen will[10]. Voraussetzung hierfür wäre, dass mit der Kündigung der vom Gesetz angestrebte Zweck vereitelt werden soll[11].

Anschlussverbot sperrt Kündigungsrecht nicht

Zweck von § 14 TzBfG ist es, Befristungen des Arbeitsverhältnisses abweichend von der Grundregel des § 620 Abs. 1 BGB grds. nur an bestimmte Sachgründe zu knüpfen und damit vom unbefristeten Arbeitsverhältnis als Regelarbeitsverhältnis auszugehen. Dementsprechend sollen auf Grund einer unwirksamen Befristung eingestellte

---

[9] BAG vom 06.11.2003, NZA 2005, 218, 220; BAG vom 13.05.2004, EzBAT SR 2y BAT Teilzeit- und Befristungsgesetz Nr. 10; APS/Backhaus, § 14 TzBfG Rn. 381; MünchKomm/Hesse, BGB, § 14 TzBfG Rn. 79.

[10] In diesem Sinne z. B. LAG Baden-Württemberg vom 25.10.2002 – 5 Sa 8/02, (n. v.).

[11] BAG vom 10.12.1960 (GS), NJW 1960, 798 f.; BGH vom 06.12.1990, NJW 1991, 1060, 1061; MünchKomm/Armbrüster, BGB, § 134 Rn. 17.

Arbeitnehmer in den Genuss der gleichen Rechte kommen wie Arbeitnehmer, die in einem unbefristeten Arbeitsverhältnis stehen. Sie sollen insoweit gleich, aber nicht besser gestellt werden[12]. Wie § 16 Satz 1 Hs. 2 und Satz 2 TzBfG zeigen, führt die Unwirksamkeit einer Befristung gerade nicht zu einer Sperrung des Kündigungsrechts des Arbeitgebers. Vielmehr kann dieser spätestens zum Ablauf der Befristung kündigen.

Trotz unwirksamer Befristung besteht also zumindest nach dem Erreichen des Endtermins der Befristung ein ordentliches Kündigungsrecht[13].

<small>Ordentliches Kündigungsrecht gegeben</small>

2. Besondere Wirksamkeitsvoraussetzungen für die Kündigung

Nach § 620 Abs. 2 BGB i. V. m. § 622 BGB ist die ordentliche Kündigung nur an die Wahrung bestimmter Fristen, nicht aber an das Vorliegen eines besonderen Kündigungsgrunds geknüpft. Nur ausnahmsweise bedarf die Kündigung einer besonderen sozialen Rechtfertigung nach § 1 Abs. 1 KSchG, wenn das Arbeitsverhältnis ohne Unterbrechung länger als sechs Monate bestanden hat. Dementsprechend könnte G das Arbeitsverhältnis mit W ohne Vorliegen eines Kündigungsgrundes kündigen, wenn die Wartezeit des § 1 Abs. 1 KSchG noch nicht abgelaufen wäre.

<small>Soziale Rechtfertigung der Kündigung?</small>

Die Wartezeit nach § 1 Abs. 1 KSchG beginnt mit dem Beginn des Arbeitsverhältnisses zu laufen. Es entspricht der ganz herrschenden Auffassung in Rechtsprechung und Literatur, dass mangels abweichender Vereinbarung bei der Fristberechnung der erste Arbeitstag des Arbeitsverhältnisses, d. h. der Tag des vereinbarten Beginns des Arbeitsverhältnisses, nach § 187 Abs. 2 BGB grds. voll mit einzurechnen ist[14]. Nur wenn der Arbeitnehmer erst während eines Tages ein Arbeitsverhältnis eingeht und am gleichen Tage seine Arbeit aufnimmt, hat die Fristberechnung grund-

<small>Beginn der Wartezeit</small>

---

[12] BAG vom 06.11.2003, NZA 2005, 218, 221; BAG vom 13.05.2004, EzBAT SR 2y BAT Teilzeit- und Befristungsgesetz Nr. 10.

[13] BAG vom 06.11.2003, NZA 2005, 218, 221; BAG vom 13.05.2004, EzBAT SR 2y BAT Teilzeit- und Befristungsgesetz Nr. 10; APS/Backhaus, § 14 TzBfG Rn. 18.

[14] BAG vom 02.11.1978, NJW 1980, 1015 f.; BAG vom 27.06.2002, NZA 2003, 377, 378; LAG Berlin vom 24.04.2001 – 11 Sa 2835/00, (n. v.), 11 Sa 609/01, unter 1 b bb (2) (b) (aa), (n. v.); ErfK/Ascheid, § 1 KSchG Rn. 91; MünchKomm/Grothe, BGB, § 187 Rn. 5.

Ende der Wartezeit

sätzlich nach § 187 Abs. 1 BGB zu erfolgen, weil nur in diesem Fall der Beginn des Arbeitsverhältnisses in den Lauf des Tages fällt[15].

Da hier der Arbeitsvertrag vor Beginn des maßgeblichen Tags des Arbeitsantritts geschlossen wurde, begann die Frist gemäß § 187 Abs. 2 Satz 1 BGB mit Beginn des 01.01.2007 zu laufen und endet gemäß § 188 Abs. 2 Hs. 2 BGB mit Ablauf des 30.06.2007. Obwohl es sich hierbei um einen Sonnabend handelt, tritt nicht gemäß § 193 BGB an dessen Stelle der nächste Werktag, also der 02.07.2007, weil dies dem durch die Beschränkung der Wartezeit auf sechs Monate bezweckten Arbeitnehmerschutz zuwiderlaufen würde. Wenn W die Kündigung von G vor Ablauf des 30.06.2007 zugeht, bedarf sie keiner sozialen Rechtfertigung nach § 1 KSchG. Andernfalls ist eine soziale Rechtfertigung erforderlich, für die der Sachverhalt keine Anhaltspunkte hergibt.

3. Ergebnis

Ordentliche Kündigung zulässig

G kann das Arbeitsverhältnis mit W durch eine ordentliche Kündigung mit einer Frist von vier Wochen zum 15. oder zum Ende eines Kalendermonats beenden, wenn die schriftliche (§ 623 BGB) Kündigungserklärung W vor dem 02.07.2007 zugeht.

---

[15] BAG vom 27.06.2002, NZA 2003, 377, 378; LAG Berlin vom 24.04.2001 – 11 Sa 2835/00, (n. v.), 11 Sa 609/01, unter 1 b bb (2) (b) (aa), (n. v.).

B. Arbeitsverhältnis Sorglos

Das Arbeitsverhältnis von S wird zum 31.07.2007 auf Grund der Befristung beendet, wenn es wirksam begründet und die Befristung zu diesem Termin wirksam vereinbart wurde.

I. Wirksame Begründung des Arbeitsverhältnisses

S und G, gemäß § 35 Abs. 1 GmbHG vertreten durch ihren Geschäftsführer Gründner, haben im September 2006 einen Arbeitsvertrag geschlossen. Damit wurde wirksam ein Arbeitsverhältnis begründet. Eine etwaige Unwirksamkeit der Befristung berührt gemäß § 16 Satz 1 Hs. 1 TzBfG nicht die wirksame Begründung des Arbeitsverhältnisses.

Arbeitsverhältnis begründet

II. Wirksame Beendigung durch Befristung

Nach § 15 Abs. 1 TzBfG endet ein kalendermäßig befristetes Arbeitsverhältnis mit Ablauf der vereinbarten Zeit, wenn die Befristung rechtswirksam ist.

1. Vermutete Wirksamkeit (§ 4 KSchG i. V. m. § 17 TzBfG)

Um die Unwirksamkeit der Befristung geltend zu machen, müsste S rechtzeitig Entfristungsklage erheben. Entsprechend § 7 KSchG i. V. m. § 17 TzBfG wird nämlich die Wirksamkeit der Befristung unwiderleglich vermutet, wenn S nicht innerhalb von drei Wochen nach dem vereinbarten Ende Klage erhoben hat.

Rechtzeitige Entfristungsklage

Vorliegend ist das Arbeitsverhältnis zwischen G und S noch nicht beendet, weil die letzte Befristung bis zum 31.07.2007 vereinbart wurde. Somit kann S den Eintritt der unwiderleglichen Vermutung dadurch verhindern, dass sie innerhalb der Drei-Wochen-Frist Entfristungsklage erhebt. Entsprechend den obigen Ausführungen[16] beginnt die Frist am 01.08.2007 (Verlaufsfrist) und endet mit Ablauf des 21.08.2007. S kann also den Eintritt der Vermutungswirkung dadurch verhindern, dass sie bis zum 21.08.2007 beim örtlich zuständigen Arbeitsgericht Leipzig Entfristungsklage erhebt.

---

[16] Siehe oben unter A II 2, S. 239 f.

2. Wirksamkeit der Befristung

a) Voraussetzungen

Voraussetzungen für Wirksamkeit

Die Frist ist noch nicht abgelaufen, so dass weiter zu prüfen ist, ob durch den Vertrag vom 30.03.2007 das Arbeitsverhältnis wirksam bis zum 31.07.2007 befristet wurde. Voraussetzung für eine wirksame Befristung ist zum einen die Wahrung der Schriftform (§ 14 Abs. 4 TzBfG) und zum anderen das Vorliegen eines Sachgrunds (§ 14 Abs. 1 TzBfG) oder der Voraussetzungen einer sachgrundlosen Befristung (§ 14 Abs. 2 TzBfG). Hierbei unterliegt nach ständiger Rechtsprechung. des BAG nur der zuletzt abgeschlossene Arbeitsvertrag der Befristungskontrolle[17].

a) Formelle Wirksamkeitsvoraussetzung

Schriftform gewahrt

Laut Sachverhalt wurde die nach § 14 Abs. 4 TzBfG für die Befristungsvereinbarung erforderliche Schriftform gewahrt.

b) Materielle Wirksamkeitsvoraussetzung

Außerdem müsste für die Wirksamkeit der Befristung entweder ein Sachgrund vorliegen oder es müssten die Voraussetzungen von § 14 Abs. 2 Satz 1 Hs. 2 TzBfG gegeben sein.

aa) Sachgrundbefristung (§ 14 Abs. 1 TzBfG)

Kein Sachgrund

Die Befristung wäre gemäß § 14 Abs. 1 TzBfG zulässig, wenn ein Sachgrund vorliegt. Für die tatbestandlichen Voraussetzungen eines Sachgrunds ist derjenige darlegungs- und beweispflichtig, der sich auf das Vorliegen eines Sachgrunds beruft[18]. Hier gibt der Sachverhalt keine Anhaltspunkte für einen Sachgrund, so dass die Voraussetzungen einer Sachgrundbefristung nach § 14 Abs. 1 TzBfG nicht vorliegen.

bb) Sachgrundlose Befristung (§ 14 Abs. 2 TzBfG)

Die Befristungsvereinbarung könnte allerdings nach § 14 Abs. 2 TzBfG als sachgrundlose Befristung wirksam sein.

---

[17] BAG vom 05.06.2002, AP Nr. 236 zu § 620 BGB Befristeter Arbeitsvertrag (Ls. 1); BAG vom 02.07.2003, AP Nr. 39 zu § 611 BGB Musiker unter II 2 b; BAG vom 13.10.2004, NZA 2005, 401, 403; MünchKomm/Hesse, BGB, § 14 TzBfG Rn. 14; ErfK/Müller-Glöge, § 14 TzBfG Rn. 13.

[18] Siehe oben unter A I 2 c bb (2), S. 235.

(1) Vorbeschäftigung (§ 14 Abs. 2 Satz 1 Hs. 1 TzBfG)
Eine sachgrundlose kalendermäßige Befristung ist gemäß § 14 Abs. 2 Satz 1 TzBfG bis zur Dauer von zwei Jahren, die hier nicht überschritten wurde, zulässig. Dabei ist die Befristung nach Satz 2 allerdings unzulässig, wenn bereits zuvor eine Vorbeschäftigung bei demselben Arbeitgeber bestand. Zum Zeitpunkt der hier zu prüfenden Befristungsvereinbarung bestand zwar ein befristetes Arbeitsverhältnis, so dass § 14 Abs. 2 Satz 1 Hs. 1 TzBfG nicht unmittelbar eingreift; nach § 14 Abs. 2 Satz 1 Hs. 2 TzBfG ist aber die Verlängerung eines solchen Rechtsverhältnisses in bestimmten Grenzen zulässig.

<small>Verlängerung befristeter Arbeitsverhältnisse zulässig</small>

(2) Höchstdauer (§ 14 Abs. 2 Satz 1 Hs. 2 TzBfG)
Nach § 14 Abs. 2 Satz 1 Hs. 2 TzBfG ist bis zur Gesamtdauer von zwei Jahren die höchstens dreimalige Verlängerung „eines kalendermäßig befristeten Arbeitsvertrages zulässig". Danach wäre die Befristung zum 31.07.2007 wirksam, wenn diese sich auf ein bestehendes kalendermäßig befristetes Arbeitsverhältnis bezogen hätte und dieses höchstens zum dritten Mal nicht über eine Gesamtdauer von zwei Jahren hinaus verlängert worden wäre.

<small>Höchstens drei Verlängerungen</small>

Das ursprünglich vom 01.10.2006 bis zum 31.03.2007 bestehende Arbeitsverhältnis war gemäß § 14 Abs. 2 Satz 1 Hs. 1 TzBfG wirksam befristet worden. Die Parteien haben den Arbeitsvertrag vor Arbeitsantritt schriftlich geschlossen. Für eine Vorbeschäftigung von S, welche nach § 14 Abs. 2 Satz 2 TzBfG eine sachgrundlose Befristung ausschließen würde, gibt der Sachverhalt nichts her.

<small>Schriftformerfordernis</small>

Dieses befristete Arbeitsverhältnis wurde mit der Vereinbarung vom 30.03.2007 zum ersten Mal bis zum 31.07.2007 und damit auf eine Gesamtdauer von 11 Monaten „verlängert", so dass die Grenzen des § 14 Abs. 2 Satz 1 Hs. 2 TzBfG gewahrt sind.

<small>Nicht über zwei Jahre hinaus</small>

(3) Verlängerung i. S. v. § 14 Abs. 2 TzBfG
Die Befristung wäre damit wirksam, wenn sie auf einer „Verlängerung" i. S. v. § 14 Abs. 2 Satz 1 Hs. 2 TzBfG beruhen würde. Eine Verlängerung i. S. dieser Bestimmung liegt nach der Rechtsprechung des BAG nur vor, wenn die Vereinbarung formwirksam vor Ablauf des zu verlängernden befristeten Arbeitsverhältnisses getroffen wird, sich die Verlängerung unmittelbar an das zuvor vereinbarte Fristen-

<small>Begriff der Verlängerung</small>

de anschließt und die bisherigen Bedingungen uneingeschränkt beibehalten werden[19].

Veränderung der Arbeitsbedingungen zugunsten des Arbeitnehmers steht Verlängerung entgegen

Vorliegend wurde die Verlängerungsvereinbarung formwirksam vor Ablauf der ursprünglichen Befristung geschlossen, wobei das Arbeitsverhältnis ohne zeitliche Unterbrechung fortgeführt wurde. Allerdings könnte die Wirksamkeit der Befristung daran scheitern, dass anlässlich der Verlängerung mit S eine höhere Vergütung vereinbart wurde. Damit wurden die bisherigen Arbeitsbedingungen verändert, was gegen eine Verlängerung spricht. Gleichwohl könnte dies nach Sinn und Zweck des Inhaltsänderungsschutzes unschädlich und damit die Befristung rechtswirksam sein, weil die einschränkenden Bestimmungen zur Zulässigkeit von Befristungen eines Arbeitsverhältnisses in Abweichung von § 620 Abs. 1 BGB dem Arbeitnehmerschutz dienen und hier die Änderung der Arbeitsbedingungen zugunsten des Arbeitnehmers erfolgten[20]. Hiergegen spricht aber eindeutig der Wortlaut von § 14 Abs. 2 Satz 1 Hs. 1 TzBfG. Der Begriff der Verlängerung bezieht sich auf die Laufzeit des Vertragsverhältnisses. Eine bloße Verlängerung lässt die übrigen Vertragsbestandteile unberührt. Werden diese von den Parteien aus Anlass der Beendigung des bisherigen Vertragsverhältnisses geändert, handelt es sich um den Neuabschluss eines Vertrags und nicht mehr um die Verlängerung der Laufzeit des bisherigen Vertragsverhältnisses[21]. Auch eine Veränderung der Arbeitsbedingungen zugunsten des Arbeitnehmers aus Anlass der „Verlängerung" der Befristung führt dazu, dass keine Verlängerung im Rechtssinne vorliegt, sondern ein neues befristetes Arbeitsverhältnis begründet wird.

3. Zwischenergebnis

Unbefristetes Arbeitsverhältnis

Vorliegend wurde das befristete Arbeitsverhältnis nicht wirksam verlängert. Somit ist die weitergehende Befristung nicht wirksam und es besteht nach § 16 Satz 1 BGB ein unbefristetes Arbeitsverhältnis.

---

[19] BAG vom 26.07.2000, NJW 2001, 532; BAG vom 25.10.2000, NZA 2001, 659; BAG vom 23.08.2006 – 7 AZR 12/06, (n. v.); KR/Lipke, § 14 TzBfG Rn. 287 f.; ErfK/Müller-Glöge, § 14 TzBfG Rn. 114 – A. A. APS/Backhaus, § 14 TzBfG Rn. 372 ff.

[20] LAG Hamm vom 30.11.2005 – 14 Sa 1717/05 m. w. Nachw., (n. v.); KR/Lipke, § 14 TzBfG Rn. 290.

[21] BAG vom 23.08.2006, BB 2007, 383 ff.

III. Ergebnis

Das Arbeitsverhältnis der Sieglinde Sorglos besteht mangels Voraussetzungen des § 14 Abs. 2 Satz 1 Hs. 2 TzBfG über den 31.07.2007 hinaus fort, wenn S fristgerecht bis zum 21.08.2007 Entfristungsklage beim örtlich zuständigen Arbeitsgericht Leipzig erhebt.

C. Arbeitsverhältnis Frech

Das Arbeitsverhältnis von Freddy Frech wurde zum 31.03.2007 auf Grund der Befristung beendet, wenn es wirksam begründet und die Befristung zu diesem Termin wirksam vereinbart wurde.

I. Wirksame Begründung

Arbeitsverhältnis begründet

F wurde von G, gemäß § 35 Abs. 1 GmbHG vertreten durch ihren Geschäftsführer Gründner, am 22.09.2006 gemäß eines Personalgesprächs als Verkäufer eingestellt, d. h. die Parteien haben einen Arbeitsvertrag geschlossen. Damit wurde das Arbeitsverhältnis wirksam begründet. Eine etwaige Unwirksamkeit der Befristung berührt gemäß § 16 Satz 1 Hs. 1 TzBfG nicht die wirksame Begründung des Arbeitsverhältnisses.

II. Wirksame Beendigung durch Befristung

Nach § 15 Abs. 1 TzBfG endet ein kalendermäßig befristetes Arbeitsverhältnis mit Ablauf der vereinbarten Zeit, wenn die Befristung rechtswirksam ist.

1. Vermutete Wirksamkeit (§ 4 KSchG i. V. m. § 17 TzBfG)

a) Fristwahrung

Entfristungsklage

Um die Unwirksamkeit der Befristung geltend zu machen, müsste F rechtzeitig Entfristungsklage erhoben haben. Entsprechend § 7 KSchG i. V. m. § 17 TzBfG wird nämlich die Wirksamkeit der Befristung unwiderleglich vermutet, wenn F nicht innerhalb von drei Wochen nach dem vereinbarten Ende Klage erhoben hat.

Wahrung der Klagefrist

Vorliegend endete das Arbeitsverhältnis gemäß der Befristungsvereinbarung zwischen G und F am 31.03.2007. Entsprechend den obigen Ausführungen[22] beginnt die Frist am 01.04.2007 (Verlaufsfrist) und endet gemäß § 188 Abs. 2 Alt. 2 BGB i. V. m. § 222 Abs. 1 ZPO, § 46 Abs. 2 ArbGG mit Ablauf desjenigen Tages der letzten Woche, welcher dem Tage vorhergeht, der durch seine Benennung dem Anfangstag der Frist entspricht. Das wäre hier der 21.04.2007. Da es sich hierbei um einen Sonnabend handelt, tritt nach § 222 Abs. 2 ZPO i. V. m. § 46 Abs. 2

---

[22] Siehe oben unter A II 2, S. 239 f.

ArbGG an dessen Stelle der nächste Werktag, also der 23.04.2007. Mit der am 23.04.2007 beim örtlich und sachlich zuständigen Arbeitsgericht Leipzig eingegangenen Klage ist die Frist gewahrt.

b) Rechtsfolge

Da F fristgerecht Entfristungsklage erhoben hat, wird die Wirksamkeit der Befristung nicht unwiderleglich vermutet.

2. Wirksamkeit der Befristung

Da nach ständiger Rechtsprechung. des BAG nur der zuletzt abgeschlossene Arbeitsvertrag der Befristungskontrolle[23] unterliegt, ist zu prüfen, ob durch den schriftlichen Vertrag vom 02.10.2006 eine wirksame Befristung vereinbart wurde. Dies setzt zum einen die Wahrung der Schriftform (§ 14 Abs. 4 TzBfG) und zum anderen das Vorliegen eines Sachgrunds (§ 14 Abs. 1 TzBfG) oder der Voraussetzungen einer sachgrundlosen Befristung (§ 14 Abs. 2 TzBfG) voraus.

Wirksamkeitsvoraussetzungen

a) Formelle Wirksamkeitsvoraussetzung (§ 14 Abs. 4 TzBfG)

Gemäß § 14 Abs. 4 TzBfG bedarf die Befristungsabrede der Schriftform. Durch den schriftlichen Arbeitsvertrag vom 02.10.2006, der die Befristungsabrede enthielt, ist laut Sachverhalt die Schriftform gewahrt.

Schriftform gewahrt

b) Materielle Wirksamkeitsvoraussetzung

Außerdem müssten für die Wirksamkeit der Befristung entweder die Voraussetzungen von § 14 Abs. 2 Satz 1 Hs. 2 TzBfG gegeben sein oder es müsste ein Sachgrund vorliegen.

aa) Sachgrundlose Befristung (§ 14 Abs. 2 TzBfG)

(1)Höchstdauer (§ 14 Abs. 2 Satz 1 Hs. 2 TzBfG)

Die Befristungsvereinbarung könnte nach § 14 Abs. 2 TzBfG wirksam sein. Zulässig ohne Sachgrund sind kalendermäßige Befristungen bis zur Dauer von zwei Jahren

Zeitliche Grenze eingehalten

---

[23] BAG vom 05.06.2002, AP Nr 236 zu § 620 BGB Befristeter Arbeitsvertrag (Ls. 1); BAG vom 02.07.2003, AP Nr 39 zu § 611 BGB Musiker unter II 2 b; ErfK/Müller-Glöge, § 14 TzBfG Rn. 13.

(§ 14 Abs. 2 Satz 1 Hs. 1 TzBfG). Hier erfolgte die Befristung vom 01.10.2006 bis zum 31.03.2007, also für sechs Monate. Der zeitliche Rahmen ist also gewahrt.

(2) Vorbeschäftigung (§ 14 Abs. 2 Satz 1 Hs. 1 TzBfG

Vorheriges unbefristetes Arbeitsverhältnis durch formlose Befristungsvereinbarung

Eine Befristung ist nach Satz 2 unzulässig, wenn bereits zuvor eine Vorbeschäftigung bei demselben Arbeitgeber bestand. Eine Vorbeschäftigung könnte hier gegeben sein, weil die Parteien am 22.09.2006 eine befristete Beschäftigung vom 01.10.2006 bis zum 31.03.2007 vereinbart hatten. Hierdurch ist am 01.10.2006 ein Arbeitsverhältnis zustande gekommen, weil bei einer Rechtsunwirksamkeit einer Befristung, auch wenn sie lediglich auf der Nichtwahrung des Schriftformerfordernisses beruht, gemäß § 16 Satz 1 TzBfG nur die Befristungsabrede unwirksam ist, das Arbeitsverhältnis selbst aber als auf unbestimmte Zeit geschlossen gilt[24]. Demnach würde der Wirksamkeit der am 02.10.2006 schriftlich getroffenen Befristungsabrede vorliegend eine Vorbeschäftigung bei demselben Arbeitgeber entgegenstehen.

(3) Heilung durch Bestätigung (§ 141 BGB)

Bestätigung durch Neuvornahme

Die Befristung könnte allerdings durch den Abschluss des schriftlichen Arbeitsvertrags gemäß § 141 BGB bestätigt und damit wirksam geworden sein[25]. Nach § 141 Abs. 1 BGB erfolgt die Bestätigung durch Neuvornahme des Rechtsgeschäfts, so dass in diesem Zeitpunkt sämtliche Wirksamkeitsvoraussetzungen gegeben sein müssen[26]. Zum Zeitpunkt der Bestätigung war aber ein unbefristetes Arbeitsverhältnis gegeben, so dass eine sachgrundlose Befristung wegen des Anschlussverbots des § 14 Abs. 2 Satz 2 TzfG nicht mehr möglich war[27].

---

[24] Vgl. BAG vom 01.12.2004, NZA 2005, 575, 576; BAG vom 16.03.2005, NZA 2005, 923, 924; APS/Backhaus, § 14 TzBfG Rn. 477; KR/Spilger, Anhang zu § 623 BGB Rn. 94 f.
[25] Für diese Möglichkeit Bauer, BB 2001, 2526, 2528; Straub, NZA 2001, 919, 927.
[26] Vgl. nur APS/Backhaus, § 14 TzBfG Rn. 479; Palandt/Heinrichs, BGB; § 141 Rn. 5.
[27] Vgl. BAG vom 01.12.2004, NZA 2005, 575, 576; BAG vom 16.03.2005, NZA 2005, 923, 924; APS/Backhaus, § 14 TzBfG Rn. 479; KR/Spilger, Anhang zu § 623 BGB Rn. 94 f. und 101 ff.

Überdies setzt eine Bestätigung voraus, dass den Parteien die Rechtsunwirksamkeit der ursprünglichen Vereinbarung bekannt war bzw. zumindest Zweifel an der Rechtswirksamkeit vorhanden waren[28]. Fehlt das Bewusstsein der möglichen Fehlerhaftigkeit des Rechtsgeschäfts, kann nicht von einer Bestätigung i. S. v. § 141 BGB ausgegangen werden[29]. Vorliegend gibt es keine Anhaltspunkte dafür, dass die Parteien bei Abschluss des schriftlichen Arbeitsvertrags am 02.10.2006 Zweifel an der Wirksamkeit der bis dahin nur mündlich vereinbarten Befristung hatten und daher im Rechtssinne bestätigen wollten.

Keine subjektiven Zweifel an Rechtswirksamkeit der Befristung

Die Voraussetzungen für eine sachgrundlose Befristung liegen also nicht vor.

Sachgrundlose Befristung ausgeschlossen

b) Sachgrundbefristung (§ 14 Abs. 1 TzBfG)

Die Befristung könnte allerdings als Sachgrundbefristung wirksam sein (§ 14 Abs. 1 Satz 1 TzBfG) sein. Dabei kommt hier als gesetzlich ausdrücklich geregelter Sachgrund nach § 21 Abs. 1 BErzGG die Vertretung eines Arbeitnehmers für die Dauer einer Elternzeit in Betracht.

Elternzeitvertretung als Sachgrund

Laut Sachverhalt ist F vom 01.10.2006 bis zum 31.03.2007 als Vertretung für die ab Juli 2006 in Elternzeit befindliche Graviditas eingestellt wurden. Dabei ist es unschädlich, dass die Befristungsdauer nicht mit der Dauer der Elternzeit übereinstimmt, sondern später anfängt und früher endet. Nach der gesetzlichen Bestimmung reicht es nämlich aus, dass die Vertretung „für Teile davon eingestellt wird"[30].

Vertretung für einen Teil der Elternzeit

Dass der ursprünglich geschlossene befristete Arbeitsvertrag formnichtig war und damit ursprünglich ein unbefristetes Arbeitsverhältnis begründet wurde, steht der Wirksamkeit der Befristung nicht entgegen. § 14 Abs. 1 Satz 1 TzBfG gestattet nämlich eine Sachgrundbefristung unabhängig davon, ob diese bei der erstmaligen Begründung eines (befristeten) Arbeitsverhältnisses bzw. dessen Verlängerung oder aber bei der nachträglichen Befristung eines unbefristeten Arbeitsverhältnisses vorgenommen wird. Für die

Nachträgliche Befristung eines unbefristeten Arbeitsverhältnisses mit Sachgrund

---

[28] BAG vom 01.12.2004, NZA 2005, 575, 577; Palandt/Heinrichs, BGB, § 141 Rn. 6.
[29] BAG vom 13.11.1975, NJW 1976, 1766; BAG vom 01.12.2004, NZA 2005, 575, 577; BGH vom 10.05.1995, BGHZ 129, 371, 377; MünchKomm/Busche, BGB, § 141 Rn. 14.
[30] BAG vom 13.10.2004, NZA 2005, 469, 470 f.; KR/Lipke, § 4 TzBfG Rn. 105.

nachträgliche Befristung bestehen nach der gesetzlichen Regelung keine strengeren Anforderungen als bei einer anfänglichen Befristung[31].

III. Ergebnis

Befristung wirksam

Das Arbeitsverhältnis ist durch den schriftlichen Arbeitsvertrag vom 02.10.2006 wirksam zum 31.03.2007 befristet worden, weil nach §§ 14 Abs. 1 Satz 1 TzBfG, 21 BErzGG ein Sachgrund besteht.

---

[31] ErfK/Müller-Glöge, § 14 TzBfG Rn. 17. – Siehe auch BAG vom 24.01.1996, NZA 1996, 1089, 1090; BAG vom 06.12.2000, NZA 2001, 721, 722; BAG vom 16.03.2005, NZA 2005, 923 ff.

D. Ansprüche gegen Adler

I. Begehren von G und Anspruchsgrundlage

G verlangt „die Übertragung der Kilometer". Der Sache nach geht es G darum, die Rechte zu erwerben, die A durch die Dienstflüge mit der SAG erhalten hat. Da die „Kilometer" Forderungsrechte gegenüber der SAG ausdrücken, geht es G daher primär um die Übertragung der Forderungsrechte, welche A auf Grund der Dienstflüge gegenüber der SAG zustehen. Die Übertragung solcher Forderungsrechte erfolgt im Wege der Abtretung.

Forderungsabtretung

Grundlage für einen entsprechenden Abtretungsanspruch könnte § 667 Alt. 2 BGB analog sein. § 667 BGB findet auf Arbeitsverhältnisse keine unmittelbare Anwendung, weil Arbeitnehmer nicht i. S. v. § 662 BGB unentgeltlich tätig werden. § 667 BGB enthält aber den allgemeinen Rechtsgedanken, dass das aus einer Geschäftsbesorgung Erlangte dem gebührt und zusteht, in dessen Interesse das Geschäfts ausgeführt wurde. Daher findet § 667 BGB auf Arbeitsverhältnisse entsprechende Anwendung mit der Folge, dass der Arbeitnehmer alles an den Arbeitgeber herauszugeben hat, was er im Rahmen der Durchführung des Arbeitsverhältnisses von Dritten erlangt[32].

Anspruch entsprechend Auftragsrecht

II. Anspruchsvoraussetzungen (§ 667 Alt. 2 BGB analog)

1. Tatbestandsvoraussetzungen

Nach § 667 Alt. 2 BGB hat der Beauftragte dem Auftraggeber alles, was er aus der Geschäftsbesorgung erlangt, herauszugeben. Im Rahmen der entsprechenden Anwendung auf das Arbeitsverhältnis muss der Arbeitnehmer, hier also A, dem Arbeitgeber, hier also G, alles herausgeben, was er aus der Erbringung der Arbeitsleistung erlangt hat. Daher wären die „Kilometer" an G „herauszugeben", wenn A diese als Folge ihrer Arbeit für G erlangt hätte. Erlangt in diesem Sinne ist jeder Vorteil, den der Arbeitnehmer auf

Anspruchsvoraussetzungen

---

[32] BAG vom 11.04.2006, NZA 2006, 1089; LAG Hamm vom 29.06.2005, NZA 2005, 623 f.; LAG Köln vom 21.06.2002, ZTR 2003, 38; Boemke, AR-Blattei SD 220.10 Rn. 76; ders., ArbR, § 11 Rn. 11; Heinze, DB 1996, 2490, 2492. – Zur entsprechenden Anwendung des Auftragsrechts auf das Arbeitsverhältnis grundlegend BAG (GS) vom 10.11.1961, NJW 1962, 411 ff.

Grund eines inneren Zusammenhangs mit der Erbringung der Arbeitsleistung erhalten hat[33].

2. Vorteile

Forderungsrechte erworben

A hat hier Kilometer für Vielflieger bzw. genauer die sich aus diesen „Kilometern" ergebenden Forderungsrechte gegenüber der SAG durch ihre dienstlich veranlassten Flüge erlangt. Unerheblich ist dabei, dass diese Vorteile nicht unmittelbar aus der Arbeitsleistung, sondern aus den von A geschlossenen Beförderungsverträgen folgten. Erlangt und vom Herausgabeanspruch des § 667 BGB erfasst ist nämlich auch das, was der Beauftragte aus Hilfs- oder Nebengeschäften empfangen hat, die der Auftragserfüllung dienen sollen[34].

3. Innerer Zusammenhang mit Tätigkeit

Kausalität nicht ausreichend

Der Herausgabeanspruch erstreckt sich allerdings nicht auf das, was lediglich bei Gelegenheit der Geschäftsbesorgung erlangt wurde[35]. Daher sind die „Kilometer" nicht schon deswegen i. S. v. § 667 Alt. 2 BGB erlangt, weil zwischen der Geschäftsbesorgung und der Vorteilserlangung Kausalität i. S. d. conditio sine qua non Formel besteht. Umgekehrt steht dem Herausgabeanspruch nicht entgegen, dass die SAG die Kilometer der A nicht deswegen zukommen lassen will, weil diese für G tätig wird, sondern weil sie persönlich als „Vielflieger" mit einer Maschine der SAG fliegt[36]. Für den Herausgabeanspruch kommt es nämlich nicht auf den Willen des Zuwendenden[37] an, sondern allein darauf, dass ein innerer Zusammenhang zwischen Geschäftsbesorgung und Vorteilserlangung besteht. Deswegen erstreckt sich die Herausgabepflicht auch auf Vorteile, die dem Arbeitnehmer in Zusammenhang mit der Arbeitsleistung persönlich zugewandt werden[38].

---

[33] BAG vom 11.04.2006, NZA 2006, 1089; Heinze, DB 1996, 2490, 2492. – Siehe auch BGH vom 17.10.1991, NZA-RR 1992, 560; MünchKomm/Seiler, BGB, § 667 Rn. 9.

[34] BAG vom 11.04.2006, NZA 2006, 1089.

[35] BAG vom 11.04.2006, NZA 2006, 1089; Bauer/Krets, BB 2002, 2066, 2067; Heinze, DB 1996, 2490, 2492; MünchKomm/Seiler, BGB, § 667 Rn. 9.

[36] So aber Heinze, DB 1996, 2490, 2492.

[37] BGH vom 07.01.1963, BB 1963, 391; BGH vom 01.04.1987, NJW-RR 1987, 1380; Bauer/Krets, BB 2002, 2066.

[38] BAG vom 11.04.2006, NZA 2006, 1089; Bauer/Krets, BB 2002, 2066 f.

Ob ein entsprechender innerer Zusammenhang besteht, richtet sich nach dem Sinn und Zweck der gesetzlichen Regelungen im Auftragsrecht. Danach soll derjenige, für dessen Rechnung ein anderer Geschäfte führt, die hiermit in Zusammenhang stehenden Kosten und Gefahren tragen, aber auch die gesamten Vorteile dieses Geschäfts erhalten[39]. Deswegen gebührt dem Arbeitgeber alles, was der Arbeitnehmer bestimmungsgemäß in Erfüllung seiner Verpflichtungen aus dem Arbeitsverhältnis erlangt hat. Hiervon ist immer dann auszugehen, wenn dem Arbeitgeber die Vorteile zugewandt worden wären, hätte er an der Stelle seines Arbeitnehmers die Geschäftsbesorgung ausgeführt.

Vorteile gebühren dem Arbeitgeber

Da G als juristische Person selbst nicht handeln kann, ist insoweit auf ihren Geschäftsführer Gründner abzustellen. Wäre Gründner anstelle von A geflogen, hätte er sich in das Vielfliegerprogramm der SAG einschreiben und damit die Kilometer für sich verbuchen können. Die „Kilometer" werden in Zusammenhang mit der dienstlichen Flugreise erworben. Daher stehen sie demjenigen zu, in dessen Interesse die Flugreise durchgeführt wird und der daher im Ergebnis die Kosten der Flugreise zu tragen hat. Insoweit lässt sich eine Parallele zum Rabatt ziehen, der als besondere Vergünstigung im Zusammenhang mit der Tätigung des Geschäfts auch dem Geschäftsherrn zusteht[40]. Nichts anderes kann gelten, wenn im Zusammenhang mit der Geschäftsbesorgung geldwerte Zuwendungen gemacht werden, die über Handgeschenke hinausgehen, die der Üblichkeit entsprechen.

Herausgabe der „Kilometer"

Demnach stehen G die von A anlässlich der Dienstflüge erworbenen Kilometer zu.

III. Rechtsfolge

Die Art und Weise der Herausgabe richtet sich nach der Art des Erlangten. Sie erfolgt bei Forderungsrechten gemäß § 398 BGB durch Abtretung an den Geschäftsherrn[41], hier also an den Arbeitgeber.

Herausgabe durch Abtretung

---

[39] BAG vom 11.04.2006, NZA 2006, 1089; RG vom 27.04.1920, RGZ 99, 31.
[40] MünchKomm/Seiler, BGB, § 667 Rn. 17.
[41] MünchKomm/Seiler, BGB, § 667 Rn. 11; Palandt/Sprau, BGB, § 667 Rn. 7.

IV. Ergebnis

G kann von A Abtretung der „Kilometer", also ihrer Forderungsrechte gegenüber der SAG, gemäß § 667 Alt. 2 BGB analog verlangen.

Klausur Nr. 9

Der plötzliche Aufhebungsvertrag

Sachverhalt

Die Ekelda-GmbH, eine Einzelhandelskette für Nahrungsmittel, stellte Samantha Schuschelnigk zum 01.02.2006 als Verkäuferin ein; vereinbart war eine Tätigkeit von Montag bis Freitag im Umfang von acht Stunden am Tag. Die Tätigkeit in der Filiale Leipzig-Ost, in der insgesamt siebzehn Arbeitnehmer tätig sind und ein Betriebsrat gebildet wurde, nahm Schuschelnigk vereinbarungsgemäß erst am 06.02.2006 auf. Am 21.02. erkrankte Schuschelnigk und war bis einschließlich 13.04.2006 (Gründonnerstag) krankheitsbedingt arbeitsunfähig. Wegen des Osterwochenendes nahm Schuschelnigk erst am 18.04.2006 ihre Tätigkeit wieder auf. Klaus Kost, Geschäftsführer der Ekelda-Filiale in Leipzig-Ost, verweigerte für die Zeit vom 21.02. – 17.04.2006 die Lohnzahlung, weil Schuschelnigk nur unwesentlich gearbeitet und sich daher die Entgeltfortzahlung nicht verdient habe.

Im Juni nahm Schuschelnigk an einem vierwöchigen Lehrgang teil, durch den sie zur „ersten Verkäuferin" qualifiziert werden sollte und der Voraussetzung für eine Einstufung in eine höhere Lohngruppe des einschlägigen Tarifvertrags ist. Die Kosten für den Lehrgang in Höhe von 4.500 € trug Ekelda. Allerdings hatte sich Schuschelnigk auf einem ihr von Ekelda vorgelegten Formular damit einverstanden erklärt, dass sie bei einem Ausscheiden aus dem Arbeitsverhältnis im ersten Jahr nach Abschluss des Lehrgangs Ekelda die Kosten zurückerstatte.

Am Freitag, dem 17.11.2006, bat Kost Frau Schuschelnigk kurz vor Feierabend in das Personalbüro und erklärte ihr wahrheitsgemäß, dass die Stelle eines Verkäufers auf Grund einer infolge Umsatzrückgangs notwendig werdenden Umstrukturierung wegfalle. Da sie, was zutrifft, die sozial stärkste Mitarbeiterin sei, falle die Sozialauswahl auf sie. Um eine betriebsbedingte Kündigung zu vermeiden, regte er eine einvernehmliche Aufhebung des Arbeitsverhältnisses an. Er legte Schuschelnigk sogleich eine vorgefertigte Auflösungsvereinbarung vor, nach der das Arbeitsverhältnis zum 30.11.2006 beendet werden sollte. Da Schuschelnigk für sich keine Zukunft mehr bei Ekelda sah, unterschrieb sie den Aufhebungsvertrag.

Samantha Schuschelnigk kommt am 01.12.2006 zu Ihnen und sucht Ihren Rechtsrat zu folgenden Fragen nach:

1. Sie möchte wissen, ob sie an den Aufhebungsvertrag gebunden ist. Wie sie erst am 18.11.2006 erfahren habe, besteht seit Mitte Oktober 2006 eine Schwangerschaft.

2. Für den Fall, dass das Arbeitsverhältnis beendet ist, möchte sie wissen, ob sie zur Rückzahlung der Lehrgangskosten verpflichtet ist.

3. Schuschelnigk möchte für die Zeit vom 21.02.2006 bis zum 17.04.2006 Entgeltfortzahlung beanspruchen.

Erstatten Sie ein Rechtsgutachten zu den aufgeworfenen Rechtsfragen.

Vorüberlegungen

I. In der Praxis werden Aufhebungsverträge häufig als Ergebnis eines vom Arbeitgeber anberaumten Gesprächs geschlossen, in dem der Arbeitgeber eine Kündigung als unabwendbar in Aussicht stellt. In dieser psychologischen Drucksituation lässt sich der Arbeitnehmer nicht selten zu einem Aufhebungsvertrag bewegen, weil er einerseits selbst in der Weiterbeschäftigung keinen Sinn mehr sieht und andererseits sich keine Gedanken über die Folgen der Aufhebung des Arbeitsverhältnisses macht. In diesen Fällen ist zu prüfen, ob sich der Arbeitnehmer gegen die Wirksamkeit des Aufhebungsvertrags wenden kann. Zu erörtern sind hier insbesondere die Anfechtung wegen widerrechtlicher Drohung (mit einer Kündigung), wegen eines Irrtums über die sozialversicherungsrechtlichen Folgen der Beendigung sowie der Widerruf der Willenserklärung wegen fehlender Bedenkzeit. Letztlich wird man aber den Arbeitnehmer nach den Grundsätzen der Selbstbestimmung und Selbstverantwortung an seiner Erklärung festhalten müssen. Pacta sunt servanda – auch im Arbeitsrecht.

II. Fallfrage 2 betrifft die Zulässigkeit von Rückzahlungsklauseln. Solche Rückzahlungsklauseln sind grds. zulässig, müssen aber den berechtigten Interessen des Arbeitnehmers Rechnung tragen. Die Inhaltskontrolle solcher Vereinbarungen findet seit dem 01.01.2002 ihre Rechtsgrundlage in § 307 Abs. 1 BGB. Hinsichtlich der danach erforderlichen Angemessenheit besteht nach st. Rechtsprechung zwischen der Schulungsdauer und der Bindungsdauer ein Zusammenhang. Je länger die Schulungsdauer, desto länger kann auch der Arbeitnehmer gebunden werden. Problematisch ist allerdings, ob solche Rückzahlungsklauseln auch bei einer Beendigung des Arbeitsverhältnisses aus betriebsbedingten Gründen eingreifen. Mit der Rückzahlungsvereinbarung will der Arbeitgeber den Arbeitnehmer an den Betrieb binden, um die durch die Schulung gewonnenen zusätzlichen Qualifikationen für den Betrieb nutzbar zu machen. Dieser Bindungsgedanke greift nicht mehr ein, wenn der Arbeitgeber in seinem Betrieb für den Arbeitnehmer keine Verwendung mehr sieht. Dementsprechend ist eine Rückzahlungsklausel unangemessen, die auch dann eingreifen soll, wenn das Arbeitsverhältnis aus betriebsbedingten Gründen beendet wird.

III. Die letzte Frage betrifft den Anspruch auf Entgelt(fort)zahlung im Krankheitsfalle. Dieser entsteht erst nach einer vierwöchigen Wartezeit. Nicht ausdrücklich geregelt ist, ob und in welchem Umfang Entgeltfortzahlung verlangt werden kann, wenn die Erkrankung während der Wartezeit eintritt, aber über das Ende der Wartezeit hinaus fortbesteht. Letztlich lässt sich auch hier die Lösung durch saubere Subsumtion unter den Gesetzestext unschwer finden.

Lösung

A. Bindung an den Aufhebungsvertrag

S wäre an den Aufhebungsvertrag nicht gebunden, wenn dieser entweder nicht wirksam zustande gekommen wäre oder ihr ein einseitiges Lösungsrecht zustünde.

Voraussetzung: Wirksamer Aufhebungsvertrag

I. Wirksamer Vertragsschluss

1. Vertragsschluss

Nach dem Grundsatz der Privatautonomie können die Parteien des Arbeitsverhältnisses einvernehmlich dessen Aufhebung vereinbaren. Nach allgemeinen bürgerlich-rechtlichen Grundsätzen kommt der Aufhebungsvertrag durch zwei korrespondierende Willenserklärungen von Arbeitgeber und Arbeitnehmer zustande, die auf die Beendigung des bisherigen Arbeitsverhältnisses abzielen. S und E, vertreten durch K (§ 164 Abs. 1 BGB), haben entsprechende Willenserklärungen ausgetauscht, so dass ein Aufhebungsvertrag tatbestandlich vorliegt.

Aufhebungsvertrag geschlossen

2. Wirksamkeit

Der Abschluss des Aufhebungsvertrages führt aber nur dann zur Beendigung des Arbeitsverhältnisses, wenn dem Aufhebungsvertrag kein Wirksamkeitshindernis entgegensteht.

a) Schriftform (§ 623 BGB)

Der Aufhebungsvertrag ist nicht nach § 125 BGB unwirksam, weil E und S die nach § 623 BGB zu beachtende Schriftform gewahrt haben.

Schriftform gewahrt

b) Anhörung des Betriebsrats (§ 102 Abs. 1 BetrVG)

Auch eine Nichtigkeit des Aufhebungsvertrags wegen fehlender Anhörung des Betriebsrats scheidet aus. § 102 Abs. 1 Satz 3 BetrVG gilt unmittelbar nur für die Kündigung durch den Arbeitgeber. Eine entsprechende Anwendung dieser Bestimmung auf den Aufhebungsvertrag scheidet mangels Vergleichbarkeit der Sachverhalte aus[1]. Die Anhö-

Keine Anhörung des Betriebsrats erforderlich

---

[1] Vgl. BAG vom 11.11.1993, AP Nr. 38 zu § 123 BGB unter II 1 d = NZA 1994, 407 ff.; BAG vom 28.06.2005, NZA 2006,

rung des Betriebsrats soll dem Arbeitgeber Gelegenheit geben, die einseitige Beendigung wirksam begründeter Arbeitsverhältnisse ggf. nochmals zu überdenken; die Arbeitsvertragsparteien sollen aber nicht daran gehindert werden, privatautonom die einmal begründete Rechtsbeziehung einvernehmlich wieder aufzuheben. Dies wäre mit dem Grundrecht auf Berufsfreiheit aus Art. 12 Abs. 1 GG unvereinbar.

c) Kündigungsschutzbestimmungen

Kündigungsschutzbestimmungen nicht anwendbar

Aus den gleichen Erwägungen scheidet eine Nichtigkeit wegen Verstoßes gegen Vorschriften des allgemeinen oder besonderen Kündigungsschutzes aus. Die Kündigungsschutzvorschriften sollen das einseitige Kündigungsrecht des Arbeitgebers beschränken und nicht den Arbeitnehmer in Ausübung seiner grundrechtlichen Berufsfreiheit an der einvernehmlichen Beendigung des Arbeitsverhältnisses hindern[2]. Daher ist der Abschluss des Aufhebungsvertrags mit der schwangeren S nicht nach § 9 Abs. 1 MuSchG unwirksam, weil das Kündigungsverbot sich nicht auf Aufhebungsverträge bezieht[3]. Der Abschluss des Aufhebungsvertrags bedarf, auch wenn der Arbeitnehmer allgemeinen Kündigungsschutz genießt, keiner sachlichen Rechtfertigung i. S. v. § 1 Abs. 2 KSchG[4]. Als privatautonome, vom Willen beider Parteien getragene Vereinbarung trägt der Aufhebungsvertrag die sachliche Rechtfertigung bereits in sich selbst.

48, 49; APS/Koch, § 102 BetrVG Rn. 33; Boemke, ArbR, § 12 Rn. 16; Hromadka/Maschmann, ArbR 1, § 10 Rn. 283; ErfK/Kania, § 102 BetrVG Rn. 2.

[2] BAG vom 16.02.1983, NJW 1983, 2958; Boemke, NZA 1993, 532, 537.

[3] BAG vom 08.12.1955, AP Nr. 4 zu § 9 MuSchG; BAG vom 16.02.1983, NJW 1983, 2958; BAG vom 10.05.1984 – 2 AZR 112/83 – unter II 2 a, (n. v.); APS/Rolfs, § 9 MuSchG Rn. 52; KR/Bader, § 9 MuSchG Rn. 148; Boemke, ArbR, § 12 Rn. 16; ErfK/Schlachter, § 9 MuSchG Rn. 21.

[4] BAG vom 30.09.1993, AP Nr. 37 zu § 123 BGB = NZA 1994, 209 ff.; Bengelsdorf, BB 1995, 978 ff.; Boemke, ArbR, § 12 Rn. 16; Ehrich, NZA 1994, 438 ff.; v. Hoyningen-Huene/Linck, KSchG, § 1 Rn. 13; Wisskirchen/Worzalla, DB 1994, 577.

d) Sittenwidrigkeit (§ 138 Abs. 1 BGB)

Der Aufhebungsvertrag wäre allerdings nach § 138 Abs. 1 BGB unwirksam und daher nichtig, wenn er gegen die guten Sitten verstoßen würde. Ein solcher Sittenverstoß wird angenommen, wenn das Rechtsgeschäft das Anstandsgefühl aller billig und gerecht Denkenden verletzt[5]. Hier kommt als zur Sittenwidrigkeit führender Umstand in Betracht, dass S von K völlig unvorbereitet und überraschend unter Inaussichtstellen einer Kündigung in die Situation gedrängt wurde, die zum Abschluss des Aufhebungsvertrags führte, sie also gewissermaßen überrumpelt wurde. Ob dies zur Annahme einer Sittenwidrigkeit hinreicht, scheint zweifelhaft, kann aber letztlich dahinstehen. Die Rechtsfolgen unlauterer Willensbeeinflussung sind abschließend in § 123 BGB dahin geregelt, dass diese nicht zur Nichtigkeit wegen Sittenwidrigkeit führt, sondern der Erklärende das Wahlrecht hat, ob er an der Erklärung festhalten oder aber diese vernichten will. Wenn aber schon ein solch massiver Eingriff in die Willensentschließungsfreiheit wie die widerrechtliche Bedrohung nicht die automatische Nichtigkeit wegen Sittenwidrigkeit nach sich zieht, sondern lediglich zur Vernichtbarkeit der Willenserklärung führt, dann können an eine bloße Überrumpelung keine schärferen Rechtsfolgen knüpfen[6]. Eine Ausnahme gilt nur dann, wenn besondere Umstände hinzutreten, welche die Annahme rechtfertigen, dass das Geschäft nach seinem Gesamtcharakter als verwerflich einzustufen ist[7], etwa bei grobem Missverhältnis von Leistung und Gegenleistung[8]. Dafür ergeben

Etwaige Überrumpelung führt nicht zur Sittenwidrigkeit

---

[5] BAG vom 19.07.1973, AP Nr. 32 zu § 138 BGB; BAG vom 01.04.1976, AP Nr. 34 zu § 138 BGB = NJW 1976, 1958 ff.; BAG vom 16.02.1989, AP Nr. 46 zu § 138 BGB unter II 3 c = NZA 1989, 962 ff. = NJW 1990, 141 ff.; Hromadka/Maschmann, ArbR 1, § 5 Rn. 106; Palandt/Heinrichs, BGB, § 138 Rn. 2; Sack, NJW 1985, 761 ff.

[6] BAG vom 30.09.1993, AP Nr. 37 zu § 123 BGB = NZA 1994, 209, 210. — Anders hingegen: LAG Hamburg vom 03.07.1991, NZA 1992, 309, 311.

[7] BAG vom 22.12.1982, AP Nr. 23 zu § 123 BGB = NJW 1983, 2782 ff.; BAG vom 30.09.1993, AP Nr. 37 zu § 123 BGB unter II 6 = NZA 1994, 209, 210; BGH vom 07.06.1988, AP Nr. 33 zu § 123 BGB unter II 2 = NJW 1988, 2599 ff.; APS/Schmidt, AufhebVtr. Rn. 65 ff.; Weber/Ehrich, NZA 1997, 414, 419. – Sehr weitgehend Zwanziger, DB 1994, 982, 983 f.

[8] Vgl. Beispiele bei Weber/Ehrich, NZA 1997, 414, 419. – Siehe auch Zwanziger, DB 1994, 982, 983 f.

sich aber vorliegend keine Anhaltspunkte; eine Nichtigkeit nach § 138 BGB scheidet aus.

e) AGB-Kontrolle

Der Aufhebungsvertrag könnte nach § 307 Abs. 1 BGB unwirksam sein, wenn er der AGB-Kontrolle unterliegt (aa) und S entgegen Treu und Glauben unangemessen benachteiligt (bb).

aa) Eröffnung der AGB-Kontrolle

Der Kontrolle nach § 307 Abs. 1 BGB unterliegen Allgemeine Geschäftsbedingungen i. S. v. § 305 Abs. 1 BGB (1). Außerdem kann die Kontrolle anhand des § 307 BGB nach § 310 Abs. 3 Nr. 2 BGB eröffnet sein (2).

(1) Allgemeine Geschäftsbedingung

Kein vorformulierter Aufhebungsvertrag

Allgemeine Geschäftsbedingungen sind nach § 305 Abs. 1 BGB alle Vertragsbedingungen, die von einer Vertragspartei der anderen gestellt wurden und für eine Vielzahl von Verwendungen vorformuliert wurden. Wurde eine Vertragsbedingung zwischen den Parteien ausgehandelt, liegt keine Allgemeine Geschäftsbedingung vor (§ 305 Abs. 1 Satz 3 BGB). Der Aufhebungsvertrag war zwar vorgefertigt, d. h. vorformuliert und wurde von K im Namen der E gegenüber S vorgegeben, d. h. gestellt. Dem Sachverhalt ist jedoch nicht zu entnehmen, dass der Aufhebungsvertrag für eine Vielzahl von Verwendungen vorgesehen war. Da derjenige, der sich auf die Unwirksamkeit nach § 307 BGB beruft, für das Vorliegen einer Allgemeinen Geschäftsbedingung darlegungs- und beweisbelastet ist, gehen die daraus erwachsenden Zweifel zu lasten der S. Der Aufhebungsvertrag ist keine Allgemeine Geschäftsbedingung i. S. v. § 305 Abs. 1 BGB.

(2) Einmalbedingungen

AGB-Kontrolle sog. Einmalbedingungen

Die Kontrolle anhand von § 307 BGB ist nach § 310 Abs. 3 Nr. 2 BGB gleichwohl eröffnet, wenn der Aufhebungsvertrag zwischen E als Unternehmer (2.1) und S als Verbraucher[9] (2.2) geschlossen wurde und S auf Grund der Vor-

---

[9] Befürwortend BAG vom 25.05.2005, NZA 2005, 1111, 1115; Boemke, BB 2002, 96; Däubler, NZA 2001, 1329, 1333; Herbert/Oberrath, NJW 2005, 3745; Hümmerich/Holthausen, NZA 2002, 173 ff.; ErfK/Preis, § 611 BGB Rn. 208; Schleusner, NZA 2002, 949, 950 f. – A. A. Annuß, NJW 2002,

formulierung keinen Einfluss auf den Inhalt des Aufhebungsvertrages nehmen konnte (2.3).

(2.1) Unternehmer

Unternehmer ist nach § 14 BGB, wer ein Rechtsgeschäft in Ausübung seiner gewerblichen oder selbstständigen Tätigkeit abschließt. E schloss den Aufhebungsvertrag im Zusammenhang mit ihrem Einzelhandelsunternehmen, d. h. einer gewerblichen Tätigkeit ab. E ist Unternehmerin.

Arbeitgeber als Unternehmer

(2.2) Verbraucher

Nach § 13 BGB ist Verbraucher jede natürliche Person, die ein Rechtsgeschäft zu einem Zweck abschließt, der weder ihrer gewerblichen noch ihrer selbstständigen beruflichen Tätigkeit zugerechnet werden kann. Da der Arbeitnehmer per definitionem unselbstständig, also weder gewerblich noch selbstständig freiberuflich tätig ist, ist er nach der gesetzlichen Bestimmung beim Abschluss arbeitsrechtlicher Verträge Verbraucher. Hiergegen können weder phänomenologische Erwägungen[10] noch die Entstehungsgeschichte des § 13 BGB angeführt werden. Zwar ist nach Art. 2 b) RL 93/13/EWG Verbraucher „eine natürliche Person, die bei Verträgen, die unter die Richtlinie fallen, zu einem Zweck handelt, der nicht ihrer gewerblichen oder beruflichen Tätigkeit zugerechnet werden kann", so dass Arbeitnehmer von den Schutzbestimmungen dieser Richtlinie nicht unmittelbar erfasst werden; gleichwohl kommt aber eine „richtlinienkonforme Auslegung" des Verbraucherbegriffs nicht in Betracht[11]. Dem nationalen Gesetzgeber steht es nämlich frei, den vom europäischen Recht geforderten Schutz über den unmittelbaren Anwendungsbereich hinaus auf weitere Personen zu erstrecken. S ist daher Verbraucher.

Arbeitnehmer als Verbraucher

2844 ff.; Bauer, NZA 2002, 169, 171; Lingemann, NZA 2002, 181, 184; Löwisch, FS Wiedemann (2002), S. 311, 315 f.; Natzel, NZA 2002, 595 ff.; Tschöpe/Pirscher, RdA 2004, 358 ff.

[10] So aber Löwisch, FS Wiedemann (2002), S. 311, 316, der u. a. zur Begründung anführt, der Arbeitnehmer würde nur mit dem Kopf schütteln, wenn man ihm sagen würde, er sei Verbraucher seines Arbeitgebers. Konsequent müsste dann aber auch die Anwendung der §§ 474 ff. BGB beim Kauf eines PKW durch eine Privatperson bei einem Unternehmer abgelehnt werden; ein Kraftfahrzeug wird allgemein wohl nicht als Verbrauchsgut angesehen.

[11] So aber Lingemann, NZA 2002, 181, 184.

(2.3) Keine Einflussnahmemöglichkeit

Vertragsbedingungen nicht zur Disposition gestellt

Keinen Einfluss auf den Inhalt der Vertragsbedingung kann S nehmen, wenn E die von ihr vorformulierten Vertragsbedingungen nicht für S erkennbar ernsthaft zur Disposition stellt. Für den Fall, dass S den Aufhebungsvertrag nicht unterzeichnet, wird ihr die betriebsbedingte Kündigung in Aussicht gestellt. Der Kern des Aufhebungsvertrags (Beendigung des Arbeitsverhältnisses) wird von E nicht ernsthaft zur Disposition gestellt. S hatte keinen Einfluss auf den Inhalt des Aufhebungsvertrages. Nach § 310 Abs. 3 Nr. 2 BGB ist Kontrolle des Aufhebungsvertrages anhand von § 307 BGB eröffnet.

bb) Unangemessene Benachteiligung

Keine gesetzesändernde oder -ergänzende Regelung

Damit sich die Unangemessenheit des Aufhebungsvertrags nicht nur aus einer – hier nicht zu prüfenden – intransparenten Formulierung (§ 307 Abs. 1 Satz 2 BGB), sondern insbesondere auch aus dem Inhalt der Regelung ergeben kann, muss es sich bei der Aufhebung des Arbeitsvertrages um eine das Gesetz ergänzende oder dieses abändernde Regelung handeln (§ 307 Abs. 3 Satz 1 BGB). Da es keine gesetzliche Regelung gibt, die die einvernehmliche Aufhebung des Arbeitsvertrages inhaltlich regelt, weicht das Aufhebungsvertrag nicht vom Gesetz ab. Aus dem gleichen Grund kann der Aufhebungsvertrag auch nicht gesetzliche Regelungen zur einvernehmlichen Aufhebung des Arbeitsverhältnisses ergänzen. Vielmehr handelt es sich bei der Regelung über die Aufhebung des Arbeitsverhältnisses um die von der Angemessenheitskontrolle ausgenommene Abrede über die Hauptleistung des Aufhebungsvertrags[12]. Der Aufhebungsvertrag weicht weder von Rechtsvorschriften ab noch ergänzt er diese, so dass eine Angemessenheitskontrolle ausscheidet.

3. Zwischenergebnis

Aufhebungsvertrag zustande gekommen

Demnach ist der Aufhebungsvertrag zunächst einmal wirksam zustande gekommen. Er wäre daher bindend, wenn er nicht vernichtet werden könnte.

---

[12] BAG vom 22.04.2005, NZA 2005, 1295; LAG Hamm vom 01.04.2003, NZA-RR 2003, 401, 402; LAG Hamm vom 09.10.2003, NZA-RR 2004, 242, 244; LAG Köln vom 13.02.2006, PersR 2006, 271; HWK/Gotthardt, Anh. §§ 305-310 BGB Rn 4; ErfK/Müller-Glöge, § 620 BGB Rn 14.

II. Anfechtung durch S

In Betracht kommt zunächst eine Anfechtung durch S, die nach § 143 Abs. 1 BGB zur rückwirkenden Vernichtung ihrer Willenserklärung und damit des Aufhebungsvertrags führen würde. Die Anfechtung setzt neben einer Anfechtungserklärung einen Anfechtungsgrund voraus. Dabei ergeben sich auch für den arbeitsrechtlichen Aufhebungsvertrag als bürgerlich-rechtliches Rechtsgeschäft die relevanten Anfechtungstatbestände aus §§ 119, 123 BGB.

Voraussetzungen wirksamer Anfechtung

1. Inhaltsirrtum (§ 119 Abs. 1 Alt. 1 BGB)

In Betracht kommt zunächst ein Inhaltsirrtum nach § 119 Abs. 1 Alt. 1 BGB. Ein solcher Inhaltsirrtum könnte sich darauf stützen, dass S keine Kenntnis von ihrer Schwangerschaft hatte. Zwar bezieht sich die Kenntnis bzw. Nichtkenntnis von einer Schwangerschaft unmittelbar auf einen die Person betreffenden Umstand; zugleich sollte nach einer früher in der Literatur vertretenen Auffassung aber ein Inhaltsirrtum gegeben sein, weil sich die Schwangere nicht darüber im Klaren war, mit dem Aufhebungsvertrag zugleich auf den mutterschutzrechtlichen Kündigungsschutz zu verzichten[13]. Diese Auffassung wird heute zu Recht nicht mehr vertreten[14], und zwar aus zwei Gründen. Zunächst handelt es sich hierbei um einen bloßen Rechtsfolgeirrtum, der grds. unbeachtlich ist, soweit nicht im Einzelfall die Rechtsfolgen, auf die sich der Irrtum bezieht, unmittelbar zum Gegenstand der Erklärung gemacht worden sind[15]. Zum anderen sind aber auch keine Anhaltspunkte dafür ersichtlich, dass sich S über die Rechtsfolgen des Aufhebungsvertrags irrt; mangels abweichender Anhaltspunkte ist es dem Arbeitnehmer bewusst, dass er die Wirksamkeit eines Aufhebungsvertrags nicht nach kündigungsschutzrechtlichen Bestimmungen überprüfen lassen kann. Der Irrtum

Irrtum über Schwangerschaft kein Anfechtungsgrund

---

[13] So früher Bulla, Mutterschutzgesetz, 3. Auflage (1968), § 9 MuSchG Rn. 40.

[14] Boemke, ArbR, § 12 Rn. 22; Ehrich, DB 1992, 2239; Erman/ H. Palm, BGB, § 119 Rn. 37; MünchKomm/Kramer, BGB, § 119 Rn. 84. – Ebenso zur Eigenkündigung einer Schwangeren in Unkenntnis der Schwangerschaft: BAG vom 06.02.1992, NJW 1992, 2173 f.; APS/Rolfs, § 9 MuSchG Rn. 52; KR/ Bader, § 9 MuSchG Rn. 152 f.

[15] BAG vom 06.02.1992, AP Nr. 13 zu § 119 BGB unter B II 1 = NJW 1992, 2173 ff.; Larenz/Wolf, Allgemeiner Teil des bürgerlichen Rechts, § 36 Rn. 73 ff.; Medicus, BürgR, Rn. 133.

von S bezieht sich nicht darauf, dass für den Aufhebungsvertrag als Akt privatautonomer Selbstgestaltung kein Kündigungsschutz gilt, sondern darauf, dass sie in ihrer Person die Voraussetzungen des besonderen Kündigungsschutzes nach dem Mutterschutzgesetz erfüllt hätte. Dies ist aber kein Irrtum über den Inhalt der Erklärung, sondern es kommt allenfalls ein Irrtum über eine verkehrswesentliche Eigenschaft der Person i. S. v. § 119 Abs. 2 BGB in Betracht.

2. Irrtum über verkehrswesentliche Eigenschaft (§ 119 Abs. 2 BGB)

Schwangerschaft als verkehrswesentliche Eigenschaft?

Eigenschaften einer Person sind neben den auf ihrer natürlichen Beschaffenheit beruhenden Merkmalen auch ihre tatsächlichen und rechtlichen Verhältnisse und Beziehungen zur Umwelt, soweit sie in der Person selbst ihren Grund haben, von ihr ausgehen oder sie unmittelbar kennzeichnen[16] und in unmittelbarer Beziehung zum Geschäftsinhalt stehen[17]. Die herrschende Auffassung[18] und die Rechtsprechung des BAG[19] lehnt einen Irrtum über eine verkehrswesentliche Eigenschaft und damit ein Anfechtungsrecht in vergleichbaren Fällen ab, weil es sich bei der Schwangerschaft um einen bloß vorübergehenden Zustand und damit um keine Eigenschaft i. S. v. § 119 Abs. 2 BGB handeln soll. Dies überzeugt nur im Ergebnis, nicht aber in der Begründung, weil die Frage der Verkehrswesentlichkeit immer im Hinblick auf das konkrete Geschäft zu betrachten ist und daher auch bloß vorübergehende Zustände erheblich

---

[16] BGH vom 18.12.1954, BGHZ 16, 54, 57; BGH vom 14.12.1960, BGHZ 34, 32, 41 = NJW 1961, 772 ff.; BGH vom 18.11.1977, BGHZ 70, 47, 48 = NJW 1978, 370 f.; BGH vom 22.09.1983, BGHZ 88, 240, 245 = NJW 1984, 230 ff.; Hromadka/Maschmann, ArbR 1, § 5 Rn. 158.

[17] Erman/H. Palm, BGB, § 119 Rn. 42.

[18] APS/Rolfs, § 9 MuSchG Rn. 48; KR/Bader, § 9 MuSchG Rn. 153; Erman/H. Palm, BGB, § 119 Rn. 45; MünchKomm/Kramer, BGB, § 119 Rn. 130; ErfK/Müller-Glöge, § 620 BGB Rn. 10; Weber/Ehrich, NZA 1997, 414, 418 f. – Zu den Ausnahmen: Ehrich, DB 1992, 2239, 2240; Weber/Ehrich, NZA 1997, 414, 419.

[19] Vgl. hierzu insbesondere: BAG vom 16.02.1983, AP Nr. 22 zu § 123 BGB unter I 4 = NJW 1983, 2958 f.; BAG vom 06.02.1992, AP Nr. 13 zu § 119 BGB unter B II 2 = NZA 1992, 790 ff. = NJW 1992, 2173 ff. (zur Eigenkündigung der Arbeitnehmerin).

sein können, wenn ihnen für das beabsichtigte Rechtsgeschäft Relevanz zukommt.

Für Aufhebungsverträge sind aber nur solche Umstände von Bedeutung, die Einfluss auf die Durchführung bzw. Nichtdurchführung des Rechtsgeschäfts haben. Bei arbeitsrechtlichen Aufhebungsverträgen könnte dies z. B. angenommen werden, wenn ein Arbeitnehmer irrig davon ausgeht, er sei aus personenbedingten Gründen außer Stande, zukünftig die Arbeitsleistung zu erbringen; der Aufhebungsvertrag wird in diesem Fall in der unzutreffenden Annahme geschlossen, das Arbeitsverhältnis könne auch ohne den Aufhebungsvertrag nicht mehr fortgesetzt werden. Demgegenüber hindert die Annahme der S, sie sei nicht schwanger, die weitere Durchführung des Arbeitsverhältnisses nicht. Die Nichtschwangerschaft von S wäre kein personenbezogener Umstand, der sie außer Stande setzen würde, auch zukünftig die vereinbarte Leistung zu erbringen. Dass S in fehlender Kenntnis von der Schwangerschaft angenommen hatte, eine betriebsbedingte Kündigung durch E habe Bestand, stellt lediglich einen rechtlich unbeachtlichen Motivirrtum dar[20]. Soweit der Arbeitgeber dem Arbeitnehmer nicht widerrechtlich mit einer Kündigung gedroht hat, fällt es nämlich in die Risikosphäre des Arbeitnehmers, dass er sich durch den Abschluss des Aufhebungsvertrags der Möglichkeit begibt, die Beendigung des Arbeitsverhältnisses kündigungsschutzrechtlich überprüfen zu lassen.

Schwangerschaft ohne Bedeutung für Rechtsgeschäft

3. Widerrechtliche Drohung (§ 123 Abs. 1 BGB)

a) Drohung mit Kündigung

Durch das Inaussichtstellen einer betriebsbedingten Kündigung könnte E allerdings i. S. v. § 123 Abs. 1 BGB S widerrechtlich gedroht haben. Nach ganz überwiegender Auffassung ist die Ankündigung einer ordentlichen Kündigung durch den Arbeitgeber für den Fall, dass der Arbeitnehmer sich nicht mit einer einvernehmlichen Aufhebung einverstanden erklärt, eine Drohung i. S. v. § 123 Abs. 1 BGB. Die Kündigung stellt für den Arbeitnehmer wegen des drohenden Arbeitsplatzverlustes ein empfindliches Übel dar, das vom Willen des Arbeitgebers abhängt. Da weder der (angestrebte) Zweck - vertragliche Auflösung des Arbeitsverhältnisses – noch das (angedrohte) Mittel – Ausspruch

Abstellen auf verständigen Arbeitgeber

---
[20] APS/Schmidt, AufhebVtr. Rn. 72.

einer Kündigung²¹ – für sich genommen rechtswidrig sind, kann sich die Widerrechtlichkeit der Drohung allerdings nur aus der Zweck-Mittel-Relation ergeben. Nach Rspr. und h. L. ist die Drohung mit einer Kündigung nur dann widerrechtlich, wenn ein verständiger Arbeitgeber eine solche Kündigung nicht ernsthaft in Erwägung ziehen durfte²². Laut Sachverhalt wäre die betriebsbedingte Kündigung von S – ohne Ansehung eines etwaigen Sonderkündigungsschutzes – zulässig gewesen, weil ein Arbeitsplatz weggefallen war und nach den Sozialdaten die soziale Auswahl S getroffen hätte.

Bedeutung des besonderen Kündigungsschutzes

Allerdings bestand im konkreten Fall die Besonderheit, dass S zum Zeitpunkt der Androhung der Kündigung und des Abschlusses des Aufhebungsvertrags schwanger war, mithin nach § 9 Abs. 1 MuSchG ein Kündigungsverbot bestand. Objektiv hätte daher die Kündigung keinen Bestand gehabt. Allerdings geht es bei der Beurteilung der Widerrechtlichkeit einer Kündigung nicht um die hypothetische Rechtskontrolle einer nicht ausgesprochenen Kündigung, es kommt also gerade nicht drauf an, ob die angedrohte Kündigung einer Rechtskontrolle standgehalten hätte²³. Vielmehr geht es um eine unzulässige Willensbeeinflussung, also um die Verschaffung eines unzulässigen Vorteils. Insoweit ist aber allein der objektiv mögliche Wissensstand zum Zeitpunkt des Ausspruchs der Drohung bedeutsam²⁴. Für die Beurteilung der Widerrechtlichkeit ist es also ohne Bedeutung, dass K auf Grund der schon bestehenden Schwangerschaft S nicht kündigen durfte. Für die Wahrung der Zweck-Mittel-Relation ist allein entscheidend, ob der Ar-

---

21 A. A. BAG vom 14.07.1960, AP Nr. 13 zu § 123 BGB: Drohung mit einer unzulässigen Kündigung sei als solche widerrechtlich.
22 BAG vom 30.03.1960, AP Nr. 8 zu § 123 BGB; BAG vom 20.11.1969, AP Nr. 16 zu § 123 BGB = NJW 1970, 775; BAG vom 21.03.1996, AP Nr. 42 zu § 123 BGB unter B I 2 b = NZA 1996, 1030, 1031; BAG vom 27.11.2003, NZA 2004, 597, 599; BAG vom 15.12.2005, NZA 2006, 841, 843 f.; Boemke, ArbR, § 12 Rn. 24. – Fallbeispiel: Dörner, Fälle und Lösungen, Fall 10, S. 247 ff.
23 BAG vom 16.01.1992, NZA 1992, 1023, 1024; BAG vom 21.03.1996, AP Nr. 42 zu § 123 BGB unter B I 2 b = NZA 1996, 1030, 1031 = NJW 1997, 676 ff.; APS/Schmidt, AufhebVtr. Rn. 79; ErfK/Müller-Glöge, § 620 BGB Rn. 10; Schaub/Linck, ArbR-Hdb., § 122 Rn. 16 f.
24 BAG vom 30.01.1986, NZA 1987, 91, 92; APS/Schmidt, AufhebVtr. Rn. 79; ErfK/Müller-Glöge, § 620 BGB Rn. 10; Schaub/Linck, ArbR-Hdb., § 122 Rn. 17.

beitgeber zum Zeitpunkt der Drohung mit der Kündigung zumutbare Aufklärungsversuche angestellt und zumutbare Aufklärungsmöglichkeiten genutzt hat[25]. Da aber zum Zeitpunkt des Abschlusses des Aufhebungsvertrags S selbst ihre Schwangerschaft unbekannt war, konnte man von K keine bessere Erkenntnis erwarten. Er konnte daher trotz zumutbarer Anstrengungen keine Kenntnis von der Schwangerschaft erlangen, so dass dieser Umstand bei der Beurteilung der Widerrechtlichkeit außer Betracht bleiben muss[26].

Im konkreten Fall hätte somit ein verständiger Arbeitgeber zum maßgeblichen Zeitpunkt die Kündigung von S in Betracht gezogen. Die entsprechende Drohung von K war nicht widerrechtlich.

Keine widerrechtliche Drohung

b) Ablehnen einer Bedenkzeit als Drohung

Nach einer in Rechtsprechung und Literatur vereinzelt vertretenen Auffassung soll allerdings eine Anfechtung wegen widerrechtlicher Drohung unmittelbar nach oder zumindest in entsprechender Anwendung von § 123 Abs. 1 BGB in Betracht kommen, wenn der Arbeitgeber durch Zeitdruck und durch Ablehnen einer Bedenkzeit den Arbeitnehmer überrumpelt und damit zu einem überstürzten Abschluss eines Aufhebungsvertrages veranlasst[27]. Hierbei wird jedoch nicht hinreichend beachtet, dass die rechtsgeschäftliche Entscheidungsfreiheit nicht gegen jede Art von Beeinträchtigung durch eine Zwangslage geschützt wird, sondern nur gegen rechtswidrige Beeinflussung durch Täuschung oder Drohung. Der Arbeitgeber, der vom Arbeitnehmer eine sofortige Entscheidung verlangt und eine Überlegungsfrist ablehnt, beruft sich aber nur auf die geltende Rechtslage, wonach der unter Anwesenden gemachte Antrag erlischt, wenn er nicht sofort angenommen wird (§§ 146, 147 Abs. 1 Satz 1 BGB). Der Arbeitnehmer kann daher den Aufhebungsvertrag nicht deswegen nach § 123 Abs. 1 BGB anfechten, weil ihm keine Überlegungsfrist eingeräumt worden war[28].

Sofortige Annahme von Anträgen unter Anwesenden

---

[25] Insoweit unzutreffend: Weber/Ehrich, NZA 1997, 414, 415, die auch die erst im Prozess gewinnbaren Erkenntnisse weiterer Ermittlungen mit einbeziehen wollen.
[26] In diesem Sinne: BAG vom 16.02.1983, AP Nr. 22 zu § 123 BGB unter I 4 und 5 = NJW 1983, 2958 f.
[27] LAG Hamburg vom 03.07.1991, NZA 1992, 309, 310 f.
[28] BAG vom 16.02.1983, AP Nr. 22 zu § 123 BGB unter I 5 = NJW 1983, 2958 f.; BAG vom 30.01.1986, NZA 1987, 91, 93; BAG vom 30.09.1993, AP Nr. 37 zu § 123 BGB unter I 3 – 5

c) Arglistige Täuschung durch Unterlassen (§ 123 Abs. 1 BGB)

Aufklärungspflicht des Arbeitgebers

Allerdings könnte S nach § 123 Abs. 1 BGB den Aufhebungsvertrag anfechten, wenn sie arglistig getäuscht worden wäre. Eine arglistige Täuschung könnte hier allenfalls darin zu sehen sein, dass E vor dem Abschluss des Aufhebungsvertrags S nicht über die sozialversicherungsrechtlichen Konsequenzen informiert hat. So wird in der Rechtsprechung und Literatur vereinzelt die Auffassung vertreten, der Arbeitgeber sei, wenn die Initiative zum Aufhebungsvertrag von ihm ausgeht, verpflichtet, den Arbeitnehmer über die sozialversicherungsrechtlichen Folgen der Beendigung aufmerksam zu machen, insbesondere ihn auf eine mögliche Sperre beim Arbeitslosengeld hinzuweisen[29]. Voraussetzung für eine arglistige Täuschung durch Verschweigen, also ein Unterlassen, ist allerdings eine Rechtspflicht zur Aufklärung[30]. Insoweit ist zu beachten, dass es keine allgemeine Pflicht gibt, die Interessen anderer Personen durch Aufklärung zu fördern. Soweit Aufklärungspflichten nicht ausdrücklich gesetzlich normiert sind, ist es die Sache eines jeden Teilnehmers am Rechtsverkehr, seine Interessen zu wahren und zu verfolgen.

Keine Aufklärungspflicht hinsichtlich sozialversicherungsrechtlicher Folgen

Auf den Aufhebungsvertrag gemünzt bedeutet dies, dass der Arbeitnehmer sich also in erster Linie selbst über die Rechtsfolgen eines Aufhebungsvertrages informieren muss, wenn er einen solchen abschließt[31] - und zwar auch dann,

---

= NZA 1994, 209 ff.; BAG vom 27.11.2003, NZA 2004, 597, 603; APS/Schmidt, AufhebVtr. Rn. 77; Ehrich, DB 1992, 2239, 2244; Germelmann, NZA 1997, 236, 241.

[29] ArbG Wetzlar vom 07.08.1990, DB 1991, 976; ArbG Freiburg vom 20.06.1991, DB 1991, 2600; MünchArbR/Wank, § 115 Rn. 11 f.

[30] BGH vom 06.12.1988, NJW 1989, 763, 764 unter II 2 b; Hromadka/Maschmann, ArbR 1, § 5 Rn. 162, § 10 Rn. 12 f.; MünchKomm/Kramer, BGB, § 123 BGB Rn. 16; Weber/Ehrich, NZA 1997, 414, 418.

[31] BAG vom 10.03.1988, AP Nr. 99 zu § 611 BGB Fürsorgepflicht unter II 1 = NZA 1988, 837 f. = NJW 1989, 247 f. (keine Aufklärungspflicht hinsichtlich sozialversicherungsrechtlicher Konsequenzen); BAG vom 03.07.1990, AP Nr. 24 zu § 1 BetrAVG unter II 2 = NZA 1990, 971, 972 (keine Aufklärungspflicht bezüglich Verlust einer Versorgungsanwartschaft). – Ausführlich Boemke, AR-Blattei SD 320 Rn. 234 ff.; Becker/Schaffner, BB 1993, 1281, 1282; Germelmann, NZA 1997, 236, 241. — A. A. ArbG Freiburg vom 20.06.1991, DB 1991, 2600.

wenn die Initiative zum Abschluss des Aufhebungsvertrags vom Arbeitgeber ausgeht. Eine Aufklärungspflicht kommt erst dann in Betracht, wenn nach Treu und Glauben unter Berücksichtigung der Verkehrsanschauung besondere Umstände innerhalb einer Sonderverbindung nahelegen, dass mit Aufklärung redlicherweise zu rechnen ist[32]. Dies ist aber nur dann anzunehmen, wenn eine Informationsasymmetrie zwischen beiden Vertragsparteien in der Weise besteht, dass der eine Teil in entschuldbarer Weise über das Bestehen des Rechts im Ungewissen ist und sich die erforderlichen Informationen über Bestand und Umfang seiner Rechtsbeziehungen nicht selbst in zumutbarer Weise beschaffen kann[33] und der andere unschwer in der Lage ist, dieses Informationsdefizit auszugleichen. Daher kann dann keine Aufklärungspflicht des Arbeitgebers bestehen, wenn sich der Arbeitnehmer aus allgemein zugänglichen Quellen leicht erforderliche und brauchbare Informationen beschaffen kann[34]. Über die sozialversicherungsrechtlichen Rechtsfolgen von Aufhebungsverträgen kann sich der Arbeitnehmer aber aus den entsprechenden Gesetzestexten, Büchern, bei der Agentur für Arbeit oder bei anderen Behörden informieren. Es handelt sich hierbei nicht um Sonderwissen des Arbeitgebers, über das der Arbeitnehmer aufgeklärt werden müsste[35]. Folglich scheidet eine Aufklärungspflicht und damit eine Täuschung durch Unterlassen aus.

d) Zwischenergebnis

Es liegt für S hinsichtlich des Aufhebungsvertrags kein Anfechtungsgrund vor. Damit besteht für sie keine Möglichkeit, sich durch eine Anfechtung von dem Vertrag wieder zu lösen.

Kein Anfechtungsgrund

---

[32] BGH vom 18.01.1978, NJW 1978, 1002 f.; BGH vom 06.12.1988, NJW 1989, 763, 764.
[33] BAG vom 07.07.1960, AP Nr. 2 zu § 242 BGB Auskunftspflicht unter 3 a; BGH vom 06.12.1988, NJW 1989, 763, 764; BGH vom 17.05.1994, AP Nr. 4 zu § 12 ArbNErfG unter I 2 a = NJW 1995, 386, 387; Boemke, AR-Blattei SD 320 Rn. 20 f.; Dütz, ArbR, Rn. 267.
[34] BGH vom 26.02.1986, NJW 1986, 1755 ff.; BGH vom 28.11.1989, NJW 1990, 1358 f.
[35] BAG vom 13.11.1984, NZA 1985, 712; Germelmann, NZA 1997, 236, 241. – A. A. ArbG Freiburg vom 20.06.1991, DB 1991, 2600.

III. Widerruf der Willenserklärung

1. Widerrufsrecht nach § 130 Abs. 1 Satz 2 BGB

Widerruf nur bis zum Zugang

Allerdings könnte sich S von dem Aufhebungsvertrag lösen, wenn sie ihre Willenserklärung widerrufen könnte. Im Allgemeinen kann nach § 130 Abs. 1 Satz 2 BGB eine (unter Abwesenden abgegebene) Willenserklärung nur bis zu ihrem Zugang widerrufen werden. Mit dem Abschluss des Aufhebungsvertrags ist die Willenserklärung von S aber wirksam geworden, so dass ein Widerrufsrecht nach § 130 Abs. 1 Satz 2 BGB nicht besteht.

2. Widerrufsrecht gemäß §§ 312, 355 BGB

Widerrufsrecht bei Geschäften am Arbeitsplatz

Der Aufhebungsvertrag könnte aber durch einen Widerruf nach der Willenserklärung von S nach §§ 355 Abs. 1, 312 Abs. 1 Satz 1 Nr. 1 BGB beseitigt worden sein. Dies setzt voraus, dass die Tatbestandsvoraussetzungen des Widerrufsrechts bei Haustürgeschäften vorliegen. Das Widerrufsrecht nach § 312 Abs. 1 Satz 1 Nr. 1 BGB setzt voraus, dass ein Unternehmer (a) mit einem Verbraucher (b) ein entgeltliches Rechtsgeschäftgeschäft geschlossen hat (c), zu dessen Abschluss der Verbraucher an seinem Arbeitsplatz bestimmt worden ist (d).

a) Unternehmer

E ist Unternehmer[36].

b) Verbraucher

S ist Verbraucherin[37].

c) Abschluss eines entgeltlichen Rechtsgeschäfts

Anwendung auf Aufhebungsverträge

Der Aufhebungsvertrag müsst ein entgeltliches Rechtsgeschäft sein. Notwendig ist daher im Grundsatz ein gegenseitiger oder Austauschvertrag i. S. v. § 320 BGB[38]. Über die gegenseitigen Verträge hinaus ist die Anwendbarkeit des Widerrufsrechts nach § 312 BGB auch auf einseitig den Verbraucher verpflichtende Verträge geboten[39]. Das folgt entgegen dem zu eng geratenen, auf Verträge über „eine entgeltliche Leistung" abstellenden Wortlaut des § 312

---

[36] Siehe oben A I 2 e aa (2.1), S. 263.
[37] Siehe oben A I 2 e aa (2.2), S. 263.
[38] MünchKomm/Ulmer, BGB, § 312 Rdnr. 20.
[39] MünchKomm/Ulmer, BGB, § 312 Rdnr. 21.

Abs. 1 S. 1 aus der richtlinienkonformen Auslegung der Vorschrift. Die Richtlinie will ausweislich ihrer Präambel auch „einseitige Verpflichtungserklärungen" erfassen; dass Art. 1 Abs. 1 Haustürwiderrufs-RL nur von der Lieferung von Waren oder der Erbringung von Dienstleistungen spricht, steht angesichts der Bedeutung der Präambel für die Auslegung ihres Inhalts und angesichts der besonderen Gefährlichkeit einseitig verpflichtender Verträge für den Verbraucher nicht entgegen[40]. Ausgehend hiervon wird grundsätzlich auch der Abschluss eines Aufhebungsvertrags von § 312 BGB erfasst. Dem steht auch nicht entgegen, dass durch den Aufhebungsvertrag keine Pflichten für den Arbeitnehmer begründet, sondern aufgehoben werden[41]. Dies ergibt sich daraus, dass der Aufhebungsvertrag neben seinem verfügenden Charakter auch den Rechtsgrund der Verfügung in sich trägt und auf Grund seines verfügenden Charakters noch intensiver auf den Verbraucher einwirkt.

d) Am Arbeitsplatz bestimmt

S wurde auch an ihrem Arbeitsplatz zum Abschluss des Aufhebungsvertrages bestimmt, weil entscheidend ist, dass das mündliche Ansprechen sich in der beruflichen Sphäre des Verbrauchers abspielt und die Kontaktaufnahme sich nicht auf dessen in § 13 ausgenommene selbstständige Erwerbstätigkeit bezieht[42]. Allerdings sprechen teleologische Erwägungen gegen ein Widerrufsrecht des Arbeitnehmers. Durch das in § 312 BGB verankerte Widerrufsrecht soll der Verbraucher als oftmals unterlegener und unerfahrener Vertragspartner vor Überrumpelung in Situationen geschützt werden, in denen er völlig überraschend mit dem Vertragsgegenstand konfrontiert wird. § 312 Abs. 1 BGB stellt dazu einen Katalog von typischen Orten, wie Arbeitsplatz, Privatwohnung, öffentliche Verkehrsmittel, auf, an denen ein Verbraucher mit der Aufnahme von Vertragsverhandlungen gerade nicht rechnen muss.

Schutz vor Überrumpelung

Die genannten „typischen Orte" müssen jedoch in Abhängigkeit zu der zu verhandelnden Vertragsmaterie gesehen werden. Dies ist außerhalb des Arbeitsrechts für § 312 BGB anerkannt[43] und kommt zudem in der systematischen

Keine Überrumpelung bei Aufhebungsverträgen im Betrieb

---

[40] MünchKomm/Ulmer, BGB, § 312 Rdnr. 21.
[41] So aber LAG Brandenburg vom 30.10.2002, NZA 2003, 503, 504.
[42] MünchKomm/Ulmer, BGB, § 312 Rdnr. 37.
[43] MünchKomm/Ulmer, BGB, § 312 Rdnr. 38.

Stellung von § 312 BGB im Untertitel über „Besondere Vertriebsformen" zum Ausdruck[44]. Der Arbeitsplatz ist insoweit aber geradezu ein „typischer Ort", an dem der Arbeitnehmer damit rechnen muss, von seinem Arbeitgeber auf sein Arbeitsverhältnis angesprochen zu werden[45]. Ob im konkreten Einzelfall, z. B. wegen Verwehrung von Bedenkzeit, eine Überrumpelung gegeben war, ist nach der Konzeption des § 312 BGB unerheblich. Ebenso wenig wie bei fehlender konkreter Überrumpelung das Widerrufsrecht entfällt, kann allein eine tatsächliche Überrumpelung das Widerrufsrecht begründen.

e) Zwischenergebnis

Kein Widerrufsrecht

S kann sich nicht durch Ausübung eines Widerrufsrechts nach § 312 BGB vom Aufhebungsvertrag lösen[46].

---

[44] BAG vom 27.11.2003, AP Nr. 1 zu § 312 BGB = NZA 2004, 597, 601; BAG vom 22.04.2004, AP Nr. 27 zu § 620 BGB Aufhebungsvertrag; BAG vom 03.06.2004 – 2 AZR 427/03 (n. v.); BAG vom 18.08.2005, AP Nr. 31 zu § 620 BGB Aufhebungsvertrag = NZA 2006, 145; MünchKomm/Hesse, BGB, Vor §§ 620-630 Rn. 31; ErfK/Müller-Glöge, § 620 BGB Rn. 13; Stahlhacke/Preis/Vossen, Kündigung und Kündigungsschutz, Rn. 35.

[45] BAG vom 27.11.2003, AP Nr. 1 zu § 312 BGB = NZA 2004, 597, 602; BAG vom 22.04.2004, AP Nr. 27 zu § 620 BGB Aufhebungsvertrag; BAG vom 03.06.2004 – 2 AZR 427/03 (n. v.); Däubler, NZA 2001, 1329, 1334; Hümmerich, NZA 2004, 809, 815; Lembke, NJW 2004, 2941, 2943.

[46] BAG vom 30.09.1993, AP Nr. 37 zu § 123 BGB = NZA 1994, 209, 211 f. = NJW 1994, 1021 ff.; BAG vom 27.11.2003, AP Nr. 1 zu § 312 BGB = NZA 2004, 597, 601; BAG vom 22.04.2004, AP Nr. 27 zu § 620 BGB Aufhebungsvertrag; BAG vom 03.06.2004 – 2 AZR 427/03 (n. v.); BAG vom 18.08.2005, AP Nr. 31 zu § 620 BGB Aufhebungsvertrag = NZA 2006, 145; ArbG Köln vom 01.06.1993, BB 1994, 787 = DB 1993, 2135; Bauer, Arbeitsrechtliche Aufhebungsverträge, I. Rn. 167 ff.; Ehrich, DB 1992, 2239, 2242; Grunewald, AuR 1994, 260, 261; Haller, BB 1994, 787, 789; Nägele, BB 1992, 1274, 1276; Weber/Ehrich/Hoß, Handbuch der arbeitsrechtlichen Aufhebungsverträge, Teil 1, Rn. 689 f.; Wisskirchen/Worzolla, DB 1994, 577, 580 f. – A. A. Lorenz, JZ 1997, 277, 279.

IV. Unverbindlichkeit des Aufhebungsvertrags (§ 242 BGB)

Auch wenn der Aufhebungsvertrag wirksam geschlossen worden ist, wäre S gleichwohl nicht an die einvernehmliche Beendigung des Arbeitsverhältnisses gebunden, wenn es E nach Treu und Glauben untersagt wäre, sie an dem Aufhebungsvertrag festzuhalten. So hat das LAG Hamburg die Auffassung vertreten, ein Arbeitgeber handele treuwidrig, wenn der Arbeitgeber dem Arbeitnehmer weder vor Abschluss eines Aufhebungsvertrags hinreichende Bedenkzeit lasse, noch ihm ein Rücktritts- oder Widerrufsrecht einräume. Zweck eines solchen Vorgehens könne es in aller Regel nur sein, den Arbeitnehmer im Wege der Überrumpelung zu einem dem Arbeitgeber günstigen Entschluss zu bringen, der den nicht mehr korrigierbaren Verlust des Arbeitsplatzes zur Folge habe. Der Arbeitgeber dürfe in diesem Falle den Arbeitnehmer nach Treu und Glauben nicht am Aufhebungsvertrag festhalten[47].

Treuwidrigkeit wegen fehlender Bedenkzeit

Hiergegen spricht jedoch, dass der Arbeitnehmer sich auf diese Art und Weise von einer selbstbestimmten Vereinbarung lösen könnte, obwohl der Vertragsinhalt einwandfrei ist und Willensmängel nicht vorliegen. Auch das Vorgehen des Arbeitgebers, der dem Arbeitnehmer von sich aus keine Überlegungsfrist gewährt, ist nicht zu beanstanden. Dies entspricht der Grundregel der §§ 146, 147 BGB, wonach Anträge unter Anwesenden sofort angenommen werden müssen. Vielmehr hat der Arbeitnehmer gerade umgekehrt die Möglichkeit, sich eine Bedenkzeit auszubitten, wenn er Bedenken hat oder glaubt, die Tragweite seiner Erklärung nicht überschauen zu können. Erklärt sich der Arbeitgeber hiermit nicht einverstanden, kann er ohne weiteres den Vertragsschluss ablehnen[48]. Hingegen ist es nicht Aufgabe des Arbeitgebers, dem Arbeitnehmer eine Bedenkzeit aufzudrängen, die dieser nicht für sich in Anspruch nehmen will. Dies stünde im Widerspruch zum zutreffend auch auf den Arbeitnehmer bezogenen Bild vom mündigen, selbstverantwortlichen und in Selbstbestimmung handelnden Bürger. Dem Arbeitnehmer die Fähigkeit abzusprechen, in einer konkreten Gesprächssituation eigenverantwortlich über seine berufliche Zukunft zu entscheiden, wäre mit grundrechtlichen Wertentscheidungen, insbesondere der Menschenwürde unvereinbar.

Selbstbestimmung und Selbstverantwortung

---

[47] LAG Hamburg vom 03.07.1991, NZA 1992, 309, 310 f.
[48] BAG vom 14.02.1996, NJW 1996, 2593.

Schutz durch Schriftformerfordernis	Darüber hinaus hat der Gesetzgeber dem Problem der Übereilung und Überrumpelung dadurch Rechnung getragen, dass seit dem 1.5.2000 der arbeitsrechtliche Aufhebungsvertrag nach § 623 BGB der Schriftform bedarf. Der Gesetzgeber hat dies für ausreichend erachtet und dem Arbeitnehmer keine darüber hinausgehende Bedenkzeit oder ein Widerrufsrecht eingeräumt. Der Gesetzgeber erachtet also bei Aufhebungsverträgen die Wahrung der Schriftform für ausreichend, um vor Übereilung und unüberlegten Maßnahmen zu schützen. Diese gesetzgeberische Grundentscheidung steht einem zusätzlichen Übereilungsschutz aus § 242 BGB entgegen[49].
Kein Verstoß gegen Treu und Glauben	Es verstößt daher nicht gegen Treu und Glauben, wenn E am Aufhebungsvertrag festhält.

V. Ergebnis

Aufhebungsvertrag wirksam	E und S haben einen wirksamen, bindenden Aufhebungsvertrag geschlossen.

---

[49] BAG vom 14.02.1996, NJW 1996, 2593.

B. Rückzahlung der Lehrgangskosten

E könnte gegen S einen Anspruch auf Rückzahlung der für den Lehrgang zur Qualifizierung von S als erster Verkäuferin aufgewandten 4.500 € aus einer entsprechenden individualvertraglichen Vereinbarung (§§ 241, 311 Abs. 1 BGB) haben.

Anspruchsgrundlage

I. Vereinbarung und Bedingungseintritt

E und S hatten vor Beginn des Lehrgangs vereinbart, dass S die Kosten vollständig zurückzahlen solle, wenn sie im ersten Jahr nach Beendigung des Lehrgangs aus dem Arbeitsverhältnis ausscheidet. Eine entsprechende Vereinbarung wurde somit getroffen, die (aufschiebende) Bedingung, von der die Zahlungsverpflichtung abhängen sollte, ist eingetreten.

Rückzahlungsklausel

II. Wirksamkeit

Eine Rückzahlungsverpflichtung setzt aber weiter voraus, dass die zugrunde liegende Vereinbarung wirksam ist. Im Rahmen der Privatautonomie kann sich der Arbeitnehmer grundsätzlich verpflichten, vom Arbeitgeber übernommene Kosten für Fortbildungsmaßnahmen zu erstatten, wenn das Arbeitsverhältnis vor Ablauf bestimmter Fristen beendet wird[50]. Allerdings unterliegt die Privatautonomie gesetzlichen Grenzen (insbes. §§ 134, 138, 305 ff. BGB). Die zwischen S und E abgeschlossene Rückzahlungsvereinbarung könnte nach § 307 Abs. 1 BGB unwirksam sein. Dies ist der Fall, wenn § 307 Abs. 1 BGB anwendbar ist (1.), die Klausel S entgegen Treu und Glauben unangemessen benachteiligt (2.) und die Benachteiligung zur Unwirksamkeit der Klausel führt (3.).

Wirksamkeitskontrolle

---

[50] BAG vom 16.03.1994, AP Nr. 18 zu § 611 BGB Ausbildungsbeihilfe = NZA 1994, 937, 938 f.; BAG vom 30.11.1994, AP Nr. 20 zu § 611 BGB Ausbildungsbeihilfe unter 2 a = NZA 1995, 727, 728; BAG vom 06.09.1995, AP Nr. 23 zu § 611 BGB Ausbildungsbeihilfe unter 2 = NZA 1996, 314, 315; Meier/Schulz, NZA 1996, 742, 743; Schaub, ArbR-Hdb., § 176 Rn. 16.

1. Anwendungsbereich

Die Kontrolle von Vertragsklauseln nach § 307 Abs. 1 BGB ist auf Allgemeine Geschäftsbedingungen (§ 305 Abs. 1 BGB) und gleichgestellte Vereinbarungen (§ 310 Abs. 3 Nr. 2 BGB) beschränkt.

a) Allgemeine Geschäftsbedingung

Keine Mehrfachverwendung

Bei der Rückzahlungsvereinbarung handelt es sich um eine Allgemeine Geschäftsbedingung, wenn es sich um eine Vertragsbedingung handelt, die von E vorformuliert und gestellt wurde und für eine Vielzahl von Verwendungen bestimmt ist. Wurde die Vereinbarung ausgehandelt, liegt keine Allgemeine Geschäftsbedingung vor (§ 305 Abs. 1 Satz 3 BGB). Die Rückzahlungsklausel ist eine Vertragsbedingung, weil sie eine auf den Willen der Vertragsparteien zurückgehende Verpflichtung begründet. Sie war in einem Formular enthalten, mithin vorformuliert und wurde S von E gestellt, weil E die Klauseln vorgab. Allerdings ist dem Sachverhalt nicht zu entnehmen, dass die Rückzahlungsklausel für eine Vielzahl von Verwendungen bestimmt ist. Da insoweit S, die sich auf die Unwirksamkeit der Klausel beruft, die Darlegungslast obliegt, ist davon auszugehen, dass die Regelung nicht für eine Vielzahl von Verwendungen bestimmt war und keine Allgemeine Geschäftsbedingung vorliegt.

b) Einmalbedingung

Angemessenheitskontrolle sog. Einmalbedingungen

Nach § 310 Abs. 3 Nr. 2 BGB ist das Merkmal, für eine Vielzahl von Verwendungen bestimmt, entbehrlich, wenn die Vereinbarung zwischen einem Unternehmer und einem Verbraucher geschlossen wird und der Verbraucher auf Grund der Vorformulierung keinen Einfluss auf den Inhalt der Regelung hatte. Wie bereits geprüft wurde, ist S Verbraucherin[51] und E Unternehmerin[52]. Auch hatte S keinen Einfluss auf den Inhalt der Vereinbarung, weil diese ihr von E vorgelegt wurde. E hat den Inhalt der Regelung nicht ernsthaft zur Disposition gestellt. Nach § 310 Abs. 3 Nr. 2 BGB ist § 307 BGB auf die Rückzahlungsklausel anwendbar.

---

[51] Siehe oben A I 2 e aa (2.1), S. 263.
[52] Siehe oben A I 2 e aa (2.2), S. 263.

2. Unangemessene Benachteiligung

Unwirksam ist nach § 307 Abs. 1 BGB eine Klausel, die den Vertragspartner des Verwenders entgegen Treu und Glauben benachteiligt. Die Unangemessenheit einer Klausel kann sich – wofür vorliegend Anhaltspunkte fehlen – zunächst aus einer intransparenten Gestaltung der Klausel ergeben. Darüber hinaus kann die Klausel aber auch inhaltlich unangemessen sein (b). Eine Überprüfung der inhaltlichen Unangemessenheit findet jedoch nur bei solchen Klauseln statt, die das Gesetz ergänzen oder von diesem abweichen (a).

a) Reichweite der Angemessenheitsprüfung

Nach § 307 Abs. 3 Satz 1 BGB sind einer inhaltlichen Angemessenheitskontrolle nur solche Klauseln zugänglich, die vom Gesetz abweichen oder dieses ergänzen. Nicht kontrollfähig sind dagegen das Gesetz wiederholende (deklaratorische) Klauseln und solche Klauseln, die die gesetzlich nicht geregelten Hauptleistungen eines Vertrages betreffen. Hauptpflicht der Fortbildungsvereinbarung ist die Pflicht des Arbeitnehmers, sich fortbilden zu lassen. Im Gegenzug übernimmt der Arbeitgeber Pflichten, wie z. B. die Übernahme der Fortbildungskosten und/oder die Freistellung des Arbeitnehmers. Die Verpflichtung des Arbeitnehmers zur Rückzahlung der Fortbildungskosten ergänzt diese Hauptpflichten. Die Rückzahlungsklausel betrifft somit nicht die kontrollfreien Hauptleistungspflichten. Sie wiederholt auch nicht lediglich das Gesetz, weil keine gesetzlich geregelte Rückzahlungsverpflichtung existiert. Die Rückzahlungsklausel ist auf ihre inhaltliche Angemessenheit zu überprüfen.

Rückzahlungsklausel nicht kontrollfrei

b) Inhaltliche Unangemessenheit

aa) Kriterien

Nach § 307 Abs. 1 Satz 1 BGB ist eine formularmäßige Vertragsbestimmung unangemessen, wenn der Verwender durch einseitige Vertragsgestaltung missbräuchlich eigene Interessen auf Kosten seines Vertragspartners durchzusetzen versucht, ohne von vornherein auch dessen Belange hinreichend zu berücksichtigen und ihm einen angemessenen Ausgleich zu gewähren[53]. Die Feststellung einer unan-

Generalisierender, typisierender Maßstab

---

[53] BAG vom 04.03.2004, AP Nr. 3 zu § 309 BGB = NZA 2004, 727; BAG vom 11.04.2006, NZA 2006, 1042, 1044; BGH

gemessenen Benachteiligung setzt eine wechselseitige Berücksichtigung und Bewertung rechtlich anzuerkennender Interessen der Vertragspartner voraus[54]. Bei diesem Vorgang sind auch grundrechtlich geschützte Rechtspositionen zu beachten[55]. Zur Beurteilung der Unangemessenheit ist ein genereller, typisierender, vom Einzelfall losgelöster Maßstab anzulegen[56]. Im Rahmen der Inhaltskontrolle sind dabei Art und Gegenstand, Zweck und besondere Eigenart des jeweiligen Geschäfts zu berücksichtigen. Zu prüfen ist, ob der Klauselinhalt bei der in Rede stehenden Art des Rechtsgeschäfts generell und unter Berücksichtigung der typischen Interessen der beteiligten Verkehrskreise eine unangemessene Benachteiligung des Vertragspartners ergibt[57]. Die S belastende Rückzahlungsklausel ist danach nur dann angemessen, wenn E mit der Klausel berechtigte Interessen verfolgt (aa) und die Interessen von E und S in einen gerechten Ausgleich gebracht wurden (bb).

bb) Angemessenheit einer Bindung an sich

Bindungsinteresse besteht

E verfolgt mit einer Rückzahlungsklausel das Ziel, sich die Fähigkeiten des Arbeitnehmers, in welche mit der Übernahme der Fortbildungskosten investiert, für die Zukunft zu

---

vom 05.06.1997, BGHZ 136, 27 = NJW 1997, 2598; BGH vom 21.02.2001, NJW 2001, 3406, 3407; Erman/S. Roloff, BGB, § 307 Rn. 9.

[54] BAG vom 11.04.2006, NZA 2006, 1042, 1044; BGH vom 21.02.2001, NJW 2001, 3406, 3407; MünchKomm/Basedow, BGB, § 307 Rn. 31; Däubler/Dorndorf, § 307 Rn. 61; Erman/S. Roloff, BGB, § 307 Rn. 9; Ulmer/Brandner/Hensen/Fuchs, § 307 Rn. 93, 102 ff.

[55] BAG vom 24.10.2002, AP Nr. 3 zu § 89 HGB = NZA 2003, 668; BAG vom 11.04.2006, NZA 2006, 1042, 1044; BGH vom 16.03.1999, NJW 1999, 1864; BGH vom 27.01.2000, NJW 2000, 2677, 2678; Däubler/Dorndorf, § 307 Rn. 63; Ulmer/Brandner/Hensen/A. Fuchs, § 307 Rn. 104.

[56] BAG vom 11.04.2006, NZA 2006, 1042, 1044; BGH vom 09.05.1996, NJW 1996, 2155; BGH vom 21.02.2001, NJW 2001, 3406; BGH vom 13.12.2001, NJW 2002, 1713; MünchKomm/Basedow, BGB, § 307 Rn. 33; Däubler/Dorndorf, § 307 Rn. 73, 110; Erman/S. Roloff, BGB, § 307 Rn. 9; Lakies, BB 2004, 1903, 1906; Ulmer/Brandner/Hensen/A. Fuchs, § 307 Rn. 110.

[57] BAG vom 27.04.2000, AP Nr. 1 zu § 765 BGB = NZA 2000, 940; BAG vom 04.03.2004, AP Nr. 3 zu § 309 BGB = NZA 2004, 727; BAG vom 11.04.2006, NZA 2006, 1042, 1044; BGH vom 03.04.1998, NJW 1998, 2600; Lakies, BB 2004, 1903, 1906.

sichern und den Arbeitnehmer an das Unternehmen zu binden[58]. Dieses vom Arbeitgeber vorliegend verfolgte Ziel ist als solches nicht zu beanstanden, weshalb Rückzahlungsabreden für Aus- und Fortbildungskosten den Arbeitnehmer nicht generell unangemessen benachteiligen[59].

cc) Konkrete Ausgestaltung
(1) Kriterien der Prüfung

Allerdings darf E nach vorstehenden Grundsätzen ihre Interessen nicht einseitig durchsetzen und muss berücksichtigen, dass entsprechende Rückzahlungspflichten geeignet sind, die von Art. 12 Abs. 1 Satz 1 GG geschützte Berufswahlfreiheit der S zu beschränken[60]. Die vor diesem Hintergrund für den Arbeitnehmer zumutbaren Bindungen sind auf Grund einer Güter- und Interessenabwägung nach Maßgabe des Verhältnismäßigkeitsgrundsatzes unter Heranziehung aller Umstände des Einzelfalles zu ermitteln[61]. Die Abwägung hat sich insbesondere daran zu orientieren, ob und inwieweit der Arbeitnehmer mit der Aus- oder Fortbildung einen geldwerten Vorteil erlangt (1). Außerdem ist im Rahmen der nach § 307 BGB anzustellenden Interessenabwägung der die Rückzahlungspflicht auslösende Tatbestand zu berücksichtigen (2)[62].

Interesse an Dauer der Bindung

---

[58] BAG vom 05.12.2002, BAGE 104,125 = NZA 2003, 559, 560; BAG vom 19.02.2004 BAGE 109, 345; BAG vom 24.06.2004, BAGE 111, 157 = NZA 2004, 1035, 1036, Däubler/Dorndorf, § 307 Rn. 101, 108; Lakies, BB 2004, 1903; Schmidt, NZA 2004, 1002, 1005.

[59] BAG vom 24.07.1991, NZA 1992, 211; BAG vom 16.03.1994, NZA 1994, 937; BAG vom 24.06.2004, BAGE 111, 157 = NZA 2004, 1035, 1036; BAG vom 11.04.2006, NZA 2006, 1042, 1044.

[60] BAG vom 16.03.1994, NZA 1994, 937; BAG vom 06.05.1998, NJW 1999, 443; BAG vom 11.04.2006, NZA 2006, 1042, 1044; Däubler/Dorndorf, § 307 Rn. 105; Lakies BB 2004, 1903, 1905; Schmidt, NZA 2004, 1002, 1003.

[61] BAG vom 05.12.2002, BAGE 104, 125 = NZA 2003, 559, 560; BAG vom 11.04.2006, NZA 2006, 1042, 1044; Däubler/Dorndorf, § 307 Rn. 108; Lakies, BB 2004, 1903, 1906.

[62] BAG vom 11.04.2006, NZA 2006, 1042, 1044; Däubler/Dorndorf, § 307 Rn. 119 ff.; AGB-Klauselwerke/Thüsing, Arbeitsverträge Rn. 151.

(2) Zulässige Bindungsdauer

Bindungsdauer abhängig von erlangten Vorteilen

Als Faustregel gilt: je länger die Ausbildungsmaßnahme dauert, desto länger ist im Allgemeinen auch die dem Arbeitnehmer zumutbare Bindung. Die Dauer der Fortbildungsmaßnahme ist nämlich in der Regel Indiz für die Qualität der erworbenen Qualifikation. Kann der Arbeitnehmer diese Qualifikation aber auch außerbetrieblich nutzen, dann ist es gerechtfertigt, ihn einen Teil der Kosten tragen zu lassen, wenn sich die Investition in seine Ausbildung für den Arbeitgeber noch nicht bezahlt gemacht hat. Das BAG hat für die Länge der zulässigen Bindungsdauer in Abhängigkeit zur Lehrgangsdauer folgende Grundsätze aufgestellt[63]: Bei einer Lehrgangsdauer von bis zu zwei Monaten ist eine Bindung von längstens einem Jahr gerechtfertigt[64]; beträgt die Lehrgangsdauer mindestens zwei Monate, längstens aber sechs Monate rechtfertigt sich eine Bindung um ein weiteres Jahr, mithin also längstens zwei Jahre[65]; bei einer Lehrgangsdauer von sechs Monaten bis zu einem Jahr kann die Bindung drei Jahre betragen[66]; bei einer mehr als zweijährigen Dauer des Lehrgangs kommt eine Bindung von bis zu fünf Jahren in Betracht[67]. Im Einzelfall kann unter Berücksichtigung des mit der Aus- oder Weiterbildung durch den Arbeitnehmer erworbenen Vorteils von diesen Regel-

---

[63] BAG vom 15.12.1993, AP Nr. 17 zu § 611 BGB Ausbildungsbeihilfe unter B II 2 b = NZA 1994, 835; BAG vom 16.03.1994, AP Nr. 18 zu § 611 BGB Ausbildungsbeihilfe unter B II 2 b = NZA 1994, 937, 940; Boemke, ArbR, § 15 Rn. 61 ff.

[64] Huber/Blömeke, BB 1998, 2157, 2158.

[65] BAG vom 15.12.1993, AP Nr. 17 zu § 611 BGB Ausbildungsbeihilfe unter B II 2 b = NZA 1994, 835, 836 f.; BAG vom 30.11.1994, AP Nr. 20 zu § 611 BGB Ausbildungsbeihilfe = NZA 1995, 727 ff.; BAG vom 06.09.1995, AP Nr. 22 zu § 611 BGB Ausbildungsbeihilfe = NZA 437, 439.

[66] BAG vom 15.12.1993, AP Nr. 17 zu § 611 BGB Ausbildungsbeihilfe unter B II 2 b = NZA 1994, 835, 836 f.; BAG vom 06.09.1995, AP Nr. 23 zu § 611 BGB Ausbildungsbeihilfe = NZA 1996, 314, 316 = NJW 1996, 1916 ff.

[67] BAG vom 15.12.1993, AP Nr. 17 zu § 611 BGB Ausbildungsbeihilfe unter B II 2 b = NZA 1994, 835, 836 f.; BAG vom 16.03.1994, AP Nr. 18 zu § 611 BGB Ausbildungsbeihilfe unter A II 3 = NZA 1994, 937, 940; BAG vom 06.09.1995, AP Nr. 23 zu § 611 BGB Ausbildungsbeihilfe = NZA 1996, 314, 316 = NJW 1996, 1916 ff.; Boemke, Anm. zu BAG vom 16.03.1994, SAE 1995, 127, 130; Schaub, ArbR-Hdb., § 176 Rn. 22.

werten abgewichen werden[68]. Unter Berücksichtigung dieser Vorgaben begegnet die Rückzahlungsklausel im Hinblick auf die Dauer der Bindung keinen Bedenken.

(3) Berücksichtigung des Beendigungsgrunds

Es ist nicht zulässig, die Rückzahlungspflicht schlechthin an jedes Ausscheiden des Arbeitnehmers zu knüpfen, das innerhalb der in der Klausel vorgesehenen Bleibefrist stattfindet. Vielmehr muss nach dem Grund des vorzeitigen Ausscheidens unterschieden werden[69]. Eine Rückzahlungsklausel stellt nur dann eine ausgewogene Gesamtregelung dar, wenn es der Arbeitnehmer in der Hand hat, durch eigene Betriebstreue der Rückzahlungspflicht zu entgehen[70]. Hätte der betriebstreue Arbeitnehmer die in seine Aus- oder Weiterbildung investierten Betriebsausgaben auch dann zu erstatten, wenn die Gründe für die vorzeitige Beendigung des Arbeitsverhältnisses ausschließlich dem Verantwortungs- und Risikobereich des Arbeitgebers zuzurechnen sind, würde er mit den Kosten einer fehlgeschlagenen Investition seines Arbeitgebers belastet[71]. Sieht eine Arbeitsvertragsklausel auch für einen solchen Fall eine Rückzahlungspflicht des Arbeitnehmers vor, berücksichtigt sie nicht wechselseitig die anzuerkennenden Interessen beider Vertragspartner, sondern einseitig nur diejenigen des Arbeitgebers[72].

Kein Bindungsinteresse bei betriebsbedingtem Ausscheiden

Die vorliegende Rückzahlungsklausel differenziert nicht danach, wessen Verantwortungs- und Risikobereich die Beendigung des Arbeitsverhältnisses zuzurechnen ist. Der Arbeitnehmer soll auch dann mit den Ausbildungskosten be-

Keine Einschränkung des Geltungsbereichs

---

[68] BAG vom 16.03.1994, AP Nr. 18 zu § 611 BGB Ausbildungsbeihilfe unter A II 3 = NZA 1994, 937, 940.
[69] BAG vom 16.03.1994, AP Nr. 18 zu § 611 BGB Ausbildungsbeihilfe Nr. 18 = NZA 1994, 937; BAG vom 06.09.1995, AP Nr. 23 zu § 611 BGB Ausbildungsbeihilfe = NZA 1996, 314; BAG vom 11.04.2006, NZA 2006, 1042, 1044; Däubler/Dorndorf, § 307 Rn. 119; Lakies, BB 2004, 1903, 1908; Schmidt, NZA 2004, 1002, 1005.
[70] BAG vom 24.06.2004, BAGE 111, 157 = NZA 2004, 1035, 1036; BAG vom 11.04.2006, NZA 2006, 1042, 1044; Lakies, BB 2004, 1903, 1908.
[71] BAG vom 24.06.2004, BAGE 111, 157 = NZA 2004, 1035, 1036; BAG vom 11.04.2006, NZA 2006, 1042, 1044; Lakies, BB 2004, 1903, 1908.
[72] BAG vom 24.06.2004, BAGE 111, 157 = NZA 2004, 1035, 1036; BAG vom 11.04.2006, NZA 2006, 1042, 1045; Däubler/Dorndorf, § 307 Rn. 120, 121.

lastet werden, wenn er sich wegen eines Fehlverhaltens des Arbeitgebers als zur Eigenkündigung berechtigt ansehen darf oder wenn der Arbeitgeber aus betriebsbedingten Gründen kündigt. In diesen Fällen wäre die vorzeitige Beendigung des Arbeitsverhältnisses nicht dem Arbeitnehmer zuzurechnen. Er kann die Vertragsbeendigung nicht beeinflussen. Eine sachliche Grundlage für die Kostenbeteiligung des Arbeitnehmers, die diese als angemessenen Interessenausgleich erscheinen lässt, besteht in solchen Fällen nicht[73].

Inhalts-, nicht Anwendungskontrolle

Ohne Belang ist in diesem Zusammenhang, auf welche Weise das Arbeitsverhältnis vorliegend tatsächlich beendet wurde. Soweit unter Geltung des alten Rechts im Rahmen des § 242 BGB bei weitgefassten Klauseln jeweils geprüft wurde, ob der Arbeitnehmer im konkreten Fall schutzwürdig ist[74], bleibt hierfür bei der Inhaltskontrolle nach § 307 BGB kein Raum[75]. Im Gegensatz zu dieser am konkreten Einzelfall ausgerichteten Rechtsprechung beruht jetzt die zum Recht der Allgemeinen Geschäftsbedingungen gehörende Inhaltskontrolle auf einer typisierenden Betrachtung einer Klausel, die ohne Rücksicht auf individuelle Besonderheiten der Vertragsparteien vorzunehmen ist[76]. Die §§ 305ff. BGB missbilligen bereits das Stellen inhaltlich unangemessener Allgemeiner Geschäftsbedingungen, nicht erst den unangemessenen Gebrauch einer Klausel im konkreten Einzelfalle[77]. Unangemessen sind daher auch solche Klauseln, die in ihrem Übermaßteil in zu beanstandender Weise ein Risiko regeln, das sich in dem Entscheidungsfall nicht realisiert hat[78].

---

[73] BAG vom 11.04.2006, NZA 2006, 1042, 1045; Däubler/Dorndorf, § 307 Rn. 121; Schmidt, NZA 2004, 1002, 1005; AGB-Klauselwerke/Thüsing, Arbeitsverträge Rn. 151.

[74] Vgl. BAG vom 19.03.1980, AP Nr. 5 zu § 611 BGB Ausbildungsbeihilfe; BAG vom 06.05.1998, AP Nr. 28 zu § 611 BGB Ausbildungsbeihilfe = NZA 1999, 79 f. = NJW 1999, 443 f.

[75] BAG vom 11.04.2006, NZA 2006, 1042, 1044.

[76] BAG vom 27.04.2000, AP Nr. 1 zu § 765 BGB = NZA 2000, 940; BAG vom 04.03.2004, AP Nr. 3 zu § 309 BGB = NZA 2004, 727; BAG vom 11.04.2006, NZA 2006, 1042, 1044; Däubler/Dorndorf, § 307 Rn. 110; Lakies, BB 2004, 1903, 1906; Schmidt, NZA 2004, 1002.

[77] BGH vom 06.02.1985, NJW 1985, 3013, 3015; BGH vom 23.06.1988, ZIP 1988, 1126, 1128; Lakies, BB 2004, 1903, 1906; ErfK/Preis, §§ 305-310 BGB Rn. 42.

[78] Däubler/Dorndorf, § 307 Rn. 74; ErfK/Preis, §§ 305-310 BGB Rn. 42; Ulmer/Brandner/Hensen/A. Fuchs, § 307 Rn. 110.

c) Zwischenergebnis

Die von E verwendete Rückzahlungsklausel benachteiligt S unangemessen.

3. Rechtsfolge

a) Reichweite der Unwirksamkeit gemäß § 307 Abs. 1 BGB

aa) Teilbarkeit

Nach § 307 Abs. 1 BGB sind unangemessene Bestimmungen unwirksam. Die Unwirksamkeit beschränkt sich bei teilbaren Klauseln allerdings auf den Teil, der von der Unangemessenheit betroffen ist[79]. Die Rückzahlungsklausel könnte daher in ihrer Unwirksamkeit auf betrieblich veranlasste Beendigungstatbestände beschränkt sein, wenn eine Aufteilung in betrieblich veranlasste und sonstige Beendigungstatbestände möglich wäre. Eine Teilung von Vertragsklauseln in einen zulässigen und einen unzulässigen Teil kommt jedoch nur in Betracht, wenn der unzulässige Teil sprachlich eindeutig abtrennbar ist[80]. Es wird eine sprachlich und inhaltlich teilbare Klauselfassung vorausgesetzt, die ohne ihre unzulässigen Bestandteile mit ihrem zulässigen Inhalt aufrechterhalten werden kann. Gegenstand der Inhaltskontrolle sind dann für sich jeweils verschiedene, nur formal verbundene AGB-Bestimmungen. Die Zerlegung einer ihrem Wortlaut nach eindeutig einheitlichen Regelung in mehrere selbständige Regelungen ist nicht zulässig.

Sprachlich und inhaltlich teilbare Klausel

In diesem Sinne ist die Rückzahlungsklausel nicht teilbar. Sie enthält keine verschiedenen, nur äußerlich zusammengefassten Regelungen. Vielmehr regelt sie inhaltlich und sprachlich eine Verpflichtung des Arbeitnehmers zur Rückzahlung der Ausbildungskosten für jeden Fall der Beendigung des Arbeitsverhältnisses vor Ablauf einer bestimmten Frist. Die Rückzahlungsklausel ist daher nicht teilbar und daher auch nicht lediglich insoweit teilunwirksam als die Rückzahlungsverpflichtung für Gründe aufge-

Rückzahlungsklausel sprachlich nicht teilbar

---

[79] BAG vom 21.04.2005, AP Nr. 3 zu § 307 BGB = NZA 2005, 1053; Däubler/Dorndorf, § 306 Rn. 11 ff; ErfK/Preis, §§ 305-310 BGB Rn. 99.
[80] BAG vom 11.04.2006, NZA 2006, 1042, 1045; Däubler/Dorndorf, § 306 Rn. 12; Ulmer/Brandner/Hensen, § 306 Rn. 12 ff.

bb) Geltungserhaltende Reduktion

Keine Aufrechterhaltung mit angemessenem Inhalt

Die Unwirksamkeit der unteilbaren Rückzahlungsbestimmung könnte sich allerdings auf den Teil beschränken, der unangemessen ist. In diesem Sinne hat das BAG in seiner früheren Rechtsprechung überschießende Klauseln auf ihren wirksamen Inhalt reduziert[82]. Für das geltende Recht sieht § 306 BGB eine solche Rechtsfolge jedoch nicht vor[83]. Eine Aufrechterhaltung mit eingeschränktem Inhalt wäre auch nicht mit dem Zweck der §§ 305 ff. BGB vereinbar[84]. Sie verhindert zudem, dass sich der Verwendungsgegner sachgerechte Information über die ihm aus dem vorformulierten Vertrag erwachsenden Rechte und Pflichten verschaffen kann. Unwirksame Klauseln können daher auch nicht auf einen mit dem Recht der Allgemeinen Geschäftsbedingungen noch zu vereinbarenden Regelungsgehalt zurückzuführen sein[85]. Insoweit gebieten auch Besonderheiten des Arbeitsrechts keine abweichende Beurteilung[86]. Die Rückzahlungsklausel ist insgesamt unwirksam.

---

[81] BAG vom 11.04.2006, NZA 2006, 1042, 1045.

[82] BAG vom 11.04.1984, AP Nr. 8 zu § 611 BGB Ausbildungsbeihilfe = NZA 1984, 288; BAG vom 15.05.1985, AP Nr. 9 zu § 611 BGB Ausbildungsbeihilfe = NZA 1986, 741; BAG vom 06.03.1994, NZA 1994, 937.

[83] BAG vom 25.05.2005, NJW 2005, 3305, 3307; BAG vom 28.09.2005, NJW 2006, 795, 798; BAG vom 11.04.2006, NZA 2006, 1042, 1045; Däubler/Dorndorf, § 307 Rn. 133; Gotthardt, Arbeitsrecht nach der Schuldrechtsreform, Rn. 329 f.; ErfK/Preis, §§ 305-310 BGB Rn. 100. – A. A. Annuß, BB 2002, 458, 461; Hromadka, NJW 2002, 2523, 2529 f.; Lingemann, NZA 2002, 181, 187; Palandt/Weidenkaff, BGB, Einf. v. § 611 Rn. 75c.

[84] BAG vom 25.05.2005, NJW 2005, 3305, 3307; BAG vom 28.09.2005, NJW 2006, 795, 798; BAG vom 11.04.2006, NZA 2006, 1042, 1045; Däubler/Dorndorf, § 306 Rn. 14; Lakies, BB 2004, 1903, 1908; Ulmer/Brandner/Hensen/H. Schmidt, § 306 Rn. 14.

[85] BAG vom 11.04.2006, NZA 2006, 1042, 1045; Lakies, BB 2004, 1903, 1908.

[86] Däubler/Dorndorf, § 307 Rn. 133; Gotthardt, Arbeitsrecht nach der Schuldrechtsreform, Rn. 329 f.; Lakies, BB 2004, 1903, 1909.

b) Ergänzende Vertragsauslegung

Nach § 306 Abs. 2 BGB treten an die Stelle der unwirksamen Klausel gesetzliche Vorschriften oder richterrechtliche Rechtsgrundsätze. Nach den allgemeinen Bestimmungen gibt es grds. keine Grundlage, auf Grund einer vertraglichen Vereinbarung mit Rechtsgrund empfangene Leistungen wieder zurückzugewähren.

Gesetzliche Regelung

Daher wäre S nicht zur Rückzahlung verpflichtet, es sei denn, eine Rückzahlungsverpflichtung ergäbe sich aus den Bestimmungen über eine (ergänzende) Vertragsauslegung, die zu den zur Lückenfüllung heranzuziehenden Gesetzesvorschriften gehören. Die ergänzende Vertragsauslegung setzt voraus, dass der Regelungsplan der Parteien infolge der durch die Unwirksamkeit einer Vertragsklausel entstandenen Lücke einer Vervollständigung bedarf. Dies ist nur dann anzunehmen, wenn die ersatzlose Streichung der unwirksamen Klausel keine angemessene, den typischen Interessen des AGB-Verwenders und seines Vertragspartners Rechnung tragende Lösung bietet. Dabei rechtfertigt nicht jede Verschiebung der Gewichte zu Lasten des Verwenders die Annahme einer ergänzungsbedürftigen Lücke. Eine ergänzende Vertragsauslegung kann dann in Frage kommen, wenn sich das Festhalten am Vertrag für den Verwender als unzumutbare Härte i. S. des § 306 Abs. 3 BGB darstellen würde. Im Rahmen der ergänzenden Vertragsauslegung ist dann zu fragen, was die Parteien vereinbart hätten, wenn ihnen die gesetzlich angeordnete Unwirksamkeit der Klausel bekannt gewesen wäre

Unzumutbare Härte als Voraussetzung der Vertragsergänzung

Die Unwirksamkeit der verwendeten Klausel führt vorliegend nicht zu einer derart krassen Störung des Gleichgewichts, dass eine ergänzende Vertragsauslegung zu Gunsten der E geboten wäre. Es hätte an ihr gelegen, sich gegen dieses Risiko durch eine wirksame einschränkende Fassung der Rückzahlungsklausel abzusichern. Dazu bestand hinreichend Anlass, weil in der juristischen Fachliteratur bereits seit der Erstreckung der AGB-Kontrolle auf arbeitsvertragliche Vereinbarungen über die Zulässigkeit von Rückzahlungsklauseln diskutiert wurde.

Rückzahlungsklausel insgesamt unwirksam

4. Ergebnis

Demnach ist die Rückzahlungsvereinbarung unwirksam. Ein Rückzahlungsanspruch besteht nicht.

Kein Rückzahlungsanspruch

C. Anspruch auf Entgeltfortzahlung

Anspruchsgrundlage

S könnte gegen E einen Anspruch auf Zahlung des noch ausstehenden Lohnes für den Zeitraum vom 21.02.2006 bis zum 16.04.2006 aus § 611 BGB i. V. m. dem Arbeitsvertrag haben.

I. Anspruch entstanden

Arbeitsverhältnis besteht

Laut Sachverhalt haben S und E einen Arbeitsvertrag abgeschlossen und zum 01.02.2006 ein Arbeitsverhältnis wirksam begründet. Damit ist der Anspruch auf Lohn für die Zeit vom 21.02. bis zum 16.04.2006 zunächst einmal entstanden.

II. Anspruch untergegangen

1. Ohne Arbeit kein Lohn (§ 326 Abs. 1 BGB)

Ohne Arbeit kein Lohn

Der Anspruch auf den Arbeitslohn könnte hier aber nach der allgemeinen, in § 326 Abs. 1 BGB normierten Regel „ohne Leistung, keine Gegenleistung" bzw. konkreter für das Arbeitsverhältnis: „ohne Arbeit kein Lohn" entfallen sein, wenn S die Erbringung der geschuldeten Arbeitsleistung unmöglich geworden ist. S hat vom 21.02.2006 bis zum 16.04.2006 nicht gearbeitet. Die Arbeitsleistung ist wegen ihres Fixschuldcharakters im Allgemeinen auch nicht nachholbar[87]. Mit der Nichtleistung der Arbeit zum vereinbarten Zeitpunkt tritt daher nicht lediglich Verzug, sondern Unmöglichkeit ein. Nach der Grundregel des § 326 I BGB wäre damit der Lohnanspruch wieder erloschen, soweit nicht eine Gegennorm eingreift, die trotz Nichtleistung der Arbeit den Lohnanspruch aufrecht erhält.

2. Entgeltfortzahlung im Krankheitsfalle (§ 3 EFZG)

Für die Zeit vom 21.02. bis zum 12.04.2006 könnte der Lohnanspruch trotz Nichtleistung der Arbeit nach § 3 I EFZG aufrechterhalten worden sein. Hiernach behält der Arbeitnehmer den Anspruch auf Entgeltfortzahlung für die Höchstdauer von sechs Wochen, wenn er ohne sein Verschulden infolge Krankheit arbeitsunfähig ist.

---

[87] Beuthien, RdA 1972, 20 ff.; Hromadka/Maschmann, ArbR 1, § 6 Rn. 128, § 8 Rn. 3; Zöllner/Loritz, ArbR, § 18 I 1, S. 227 f.

a) Arbeitsunfähigkeit infolge Krankheit

Laut Sachverhalt war S vom 21.02. bis zum 12.04.2006 arbeitsunfähig erkrankt. Da der Sachverhalt keine Anhaltspunkte für ein Verschulden von S an der Krankheit gibt, liegen damit die Voraussetzungen von § 3 Abs. 1 EFZG vor. Ein etwaiges Verschulden ist nämlich rechtshindernd, so dass der Arbeitgeber hierfür die Darlegungs- und Beweislast trägt[88].

Keine Arbeit auf Grund Erkrankung

b) Ablauf der Wartezeit (§ 3 Abs. 3 EFZG)

Allerdings entsteht der Entgeltfortzahlungsanspruch nach § 3 Abs. 1 EFZG erst nach vierwöchiger ununterbrochener Dauer des Arbeitsverhältnisses (§ 3 Abs. 3 EFZG). Maßgeblich für den Beginn dieser Wartezeit ist der rechtliche Beginn des Arbeitsverhältnisses[89]. Vorliegend begann die Wartezeit mit Beginn des 01.02.2006 zu laufen (§ 187 Abs. 2 Satz 1 BGB) und endete nach § 188 Abs. 2 Alt. 2 BGB am 28.02.2006. Damit könnte der Entgeltanspruch von S zwar nicht ab dem 21.02.2006, aber ab dem 01.03.2006 nach § 3 Abs. 1 EFZG aufrechterhalten worden sein. Allerdings ist in der Literatur vereinzelt die Auffassung vertreten worden, dass Entgeltfortzahlung für eine während der Wartezeit eingetretene krankheitsbedingte Arbeitsunfähigkeit nicht geleistet werden müsse; der Eintritt der Arbeitsunfähigkeit während der Wartezeit soll zum generellen Ausschluss der Entgeltfortzahlung wegen dieser Krankheit führen[90]. Diese Auffassung findet aber weder im Gesetzeswortlaut eine Stütze, noch würde sie dem verfassungsrechtlichen Gleichheitssatz aus Art. 3 Abs. 1 GG standhalten. Es wäre sachlich nicht zu rechtfertigen, einen Arbeitnehmer, der am letzten Tag der Wartezeit arbeitsunfähig erkrankt, vollständig von der Entgeltfortzahlung auszunehmen, hingegen einen Arbeitnehmer, der unmittelbar nach Ablauf der Wartezeit erkrankt, in den vollen Genuss der Entgeltfortzahlung kommen zu lassen. Der Anspruch auf Entgeltfortzahlung wird also nicht dadurch ausgeschlossen, dass die Erkrankung während der Wartezeit eingetreten ist.

Vierwöchige Wartezeit

---

[88] BAG vom 23.11.1971, AP Nr. 9 zu § 1 LFZG = NJW 1972, 704; BAG vom 01.06.1983, AP Nr. 52 zu § 1 LFZG unter II 1 = NJW 1983, 2659 ff.; Helml, EFZG, § 3 Rn. 48; Kaiser/Dunkl/Hold/Kleinsorge, § 3 EFZG Rn. 190 f.; Schmitt, EFZG, § 3 Rn. 120.
[89] Schmitt, EFZG, § 3 Rn. 318; Vossen, NZA 1998, 354.
[90] Sieg, BB 1996, Beil. 17, S. 18, 19.

c) Erkrankung während der Wartezeit

Kein Entgelt für krankheitsbedingte Fehlzeiten in der Wartezeit

Fraglich ist allerdings, für welchen Zeitraum der Lohnanspruch der S auf Grund der während der Wartezeit eingetretenen und diese überdauernden krankheitsbedingten Arbeitsunfähigkeit nach § 3 Abs. 1 EFZG aufrechterhalten wird. Hierzu werden drei Auffassungen vertreten: Nach einer ersten Meinung soll sich die Ausschlusswirkung des § 3 Abs. 3 EFZG nur auf solche Erkrankungen beziehen, die innerhalb der Wartezeit wieder beendet werden; für den Fall der Fortdauer nach Ablauf der Wartezeit soll der Fortzahlungsanspruch rückwirkend zum ersten Krankheitstag entstehen[91], so dass S Entgeltfortzahlung für sechs Wochen vom 21.02. bis zum 04.04.2006 beanspruchen könnte. Diese Auffassung ist allerdings weder mit dem Wortlaut des § 3 Abs. 3 EFZG, wonach der Anspruch erst nach Ablauf der Wartezeit entsteht, noch mit dem Sinn und Zweck der Wartezeit vereinbar[92]; der Arbeitgeber soll nämlich während der ersten vier Wochen des Arbeitsverhältnisses von der Entgeltfortzahlungspflicht wegen Krankheit generell befreit werden.

Keine Anrechnung von Fehlzeiten in der Wartezeit

Der Lohnanspruch von S würde daher ab dem Ablauf der Wartezeit, also ab dem 01.03.2006 für die Dauer von sechs Wochen, also bis zum 11.04.2006 aufrecht erhalten, wenn die Krankheitszeiten während der Wartezeit auf die Gesamtdauer des Entgeltfortzahlungszeitraums nicht anzurechnen wären. Diese zweite Auffassung ist zwar ursprünglich vertreten worden[93], sie findet aber weder im Gesetzeswortlaut noch in der Gesetzesbegründung eine Stütze. Obwohl dem Gesetzgeber die Möglichkeit der Anrechnung mit Blick auf den früheren § 1 Abs. 3 Nr. 1 Satz 2 LFZG geläufig war, hat er von der Übernahme einer solchen Regelung in das EFZG bewusst Abstand genommen. Er wollte lediglich, um das Prinzip von Leistung und Gegenleistung stärker zu betonen, eine Kostenbelastung des Arbeitgebers innerhalb eines gewissen Zeitraums vermeiden, in dem noch keine erheblichen Arbeitsleistungen erbracht wurden[94]. Über diese Vergünstigung des § 3 Abs. 3 EFZG hinaus soll-

---

[91] Buschmann, AuR 1996, 285, 290.
[92] Ebenso: Bauer/Lingemann, BB 1996, Beil. 17, S. 8, 9; Hanau, RdA 1997, 205, 207; Vossen, NZA 1998, 354, 355.
[93] LAG Niedersachsen vom 19.01.1998, BB 1998, 1423; Giesen, RdA 1997, 193, 194; Preis, NJW 1996, 3369, 3374.
[94] BAG vom 26.05.1999, AP Nr. 10 zu § 3 EFZG = NZA 1999, 1273, 1275. – Siehe auch Gesetzesbegründung in BT-Drs. 13/4612.

te der Arbeitgeber jedoch nicht privilegiert werden, so dass eine Anrechnung ausscheiden muss. Dem innerhalb der Wartezeit arbeitsunfähig erkrankten Arbeitnehmer steht daher nach der dritten, herrschenden Auffassung bei Fortdauer der Erkrankung nach Ablauf der Wartezeit ein Anspruch auf Entgeltfortzahlung für die Dauer von sechs Wochen zu, auf den in die Wartezeit fallende Krankheitszeiten nicht angerechnet werden[95].

d) Zwischenergebnis

Der Lohnanspruch von S gegen E wird nach § 3 Abs. 1 EFZG für die Zeit vom 01.03. bis zum 11.04.2006 aufrechterhalten, nicht aber für den Zeitraum vom 21.02. bis zum 28.02.2006 sowie für den 12.04.2006.

Entgeltfortzahlung ab 01.03.2007

3. Entgeltfortzahlung an Feiertagen (§ 2 EFZG)

Für die Zeit vom 13. – 16.04.2006 könnte der Lohnanspruch trotz Nichtleistung der Arbeit nach § 2 Abs. 1 EFZG aufrechterhalten worden sein. Hiernach kann der Arbeitnehmer Entgeltfortzahlung für die Arbeitszeit verlangen, die infolge eines gesetzlichen Feiertages ausgefallen ist. Wegen der zwei auf den 13. und 16. April 2006 fallenden Osterfeiertage (Karfreitag und Ostermontag) war S vorliegend an der Arbeitsleistung verhindert. Bei diesen Tagen handelt es sich auch um gesetzlich anerkannte Feiertage, die in § 1 Abs. 1 des Gesetzes über Sonn- und Feiertage im Freistaat Sachsen[96] normiert sind.

Feiertagslohn nach § 2 EFZG

Allerdings setzt der Anspruch nach § 2 Abs. 1 EFZG neben dem Erfordernis eines gesetzlichen Feiertags voraus, dass es sich bei diesem Feiertag um die alleinige Ursache des Arbeitsausfalls handelt[97]. Steht fest, dass der Arbeitnehmer aus anderen Gründen nicht gearbeitet und keinen Lohn erhalten hätte, wird der Lohnanspruch grundsätzlich

Kausalität

---

[95] BAG vom 26.05.1999, AP Nr. 10 zu § 3 EFZG = NZA 1999, 1273, 1274; ArbG Frankfurt vom 03.08.1998, BB 1998, 1850 f.; Bauer/Lingemann, BB 1996, Beil. 17, S. 8 f.; ErfK/Dörner, § 3 EFZG, Rn. 68; Löwisch, NZA 1996, 1009, 1013; Schaub/Linck, ArbR-Hdb., § 98 Rn. 59; Schmitt, EFZG, § 3 Rn. 311, 230 ff.; Schwedes, BB 1996, Beil. 17, S. 2, 6; Vossen, NZA 1998, 354, 355 f.

[96] Vom 10. November 1992, SächsGVBl, S. 536.

[97] BAG vom 06.04.1982, AP Nr. 36 zu § 1 FeiertagslohnzahlungsG unter 2 = NJW 1983, 70 f.; Schaub/Linck, ArbR-Hdb., § 104 Rn. 2; Schmitt, EFZG, § 2 Rn. 35.

nicht aufrechterhalten[98]. Im Falle der Krankheit würde die Arbeitsleistung deswegen nicht nur feiertagsbedingt ausfallen. Mangels Kausalität bestünde ein Anspruch aus § 2 EFZG nicht[99]. Für diesen Fall sieht das Gesetz in § 4 Abs. 2 EFZG vor, dass der Arbeitgeber hierbei zur Fortzahlung des Arbeitsentgeltes nach § 3 verpflichtet bleibt und sich die Höhe des fortzuzahlenden Betrages nach § 2 EFZG bemisst. Das Gesetz beugt damit einem ersatzlosen Wegfall einer Entgeltfortzahlung vor[100]. Im konkreten Fall war S nur bis Gründonnerstag arbeitsunfähig und demzufolge am 13. und 16. April nicht mehr arbeitsunfähig krank. Folglich fiel die Arbeit auch nur wegen des Feiertags aus, so dass grundsätzlich ein Anspruch nach § 2 EFZG entsteht.

Krankheitsbedingtes kein unentschuldigtes Fehlen

Ein Anspruch scheidet auch nicht deswegen aus, weil er sich unmittelbar an eine Krankheitsphase anschließt, so dass eine Inanspruchnahme des Arbeitgebers unbillig erscheinen würde. Nach § 2 Abs. 3 EFZG ist der Anspruch auf Feiertagslohn nur ausgeschlossen, wenn der Arbeitnehmer am letzten Arbeitstag vor oder am ersten Arbeitstag nach dem Feiertag unentschuldigt der Arbeit ferngeblieben ist. Diese tatbestandsausschließende Voraussetzung ist beim krankheitsbedingten Fehlen nicht erfüllt.

Für den Ostersamstag (14.04.2006) können keine Entgeltfortzahlungsansprüche nach § 2 EFZG entstehen, weil es sich bei diesem Tag um keinen Feiertag i. S. d. Bestimmung handelt. Der Ostersonntag (15.04.2006) ist zwar ein Feiertag, gleichwohl besteht kein Anspruch auf Entgeltfortzahlung, weil S an diesem Tag nicht zur Arbeit verpflichtet war, die Arbeit also nicht wegen des Feiertags ausgefallen ist.

S erhält für den 13. und 16.03.2006, nicht aber für den 14. und 15.03.2006 ihren Lohn.

---

[98] Schmitt, EFZG, § 2 Rn. 36.
[99] Schmitt, EFZG, § 2 Rn. 49.
[100] Siehe hierzu: BAG vom 19.04.1989, AP Nr. 62 zu § 1 FeiertagslohnzahlungsG unter I 2 = NZA 1989, 715 f.; Schmitt, EFZG, § 2 Rn. 49.

Klausur Nr. 10

Frieden im Betrieb

wiss. Ass. Bernhard Ulrici

Sachverhalt

Die Stadtwerke Koserow GmbH beauftragt Rechtsanwalt und Fachanwalt für Arbeitsrecht Dr. Martin Müller, einen Arbeitsvertrag zu entwerfen, den sie mehrfach und einheitlich gegenüber allen zukünftig einzustellenden Arbeitnehmern verwenden will. Im Beratungsgespräch teilen die Stadtwerke mit, dass sie weder selbst einen Tarifvertrag abgeschlossen haben noch Mitglied im Arbeitgeberverband sind. Ein Betriebsrat besteht derzeit ebenfalls nicht. Der zu entwerfende Arbeitsvertrag soll u. a. berücksichtigen, dass etwaige Meinungsverschiedenheiten zwischen Arbeitnehmern und Arbeitgeber unverzüglich geklärt werden sollen, damit der Betriebsfrieden gewahrt bleibt und sich keine Unzufriedenheit aufstaut.

Prüfen Sie in einem umfassenden Gutachten das von der Stadtwerke Koserow GmbH verfolgte Ziel, Mitarbeiter zu einer schnellen Klärung von Meinungsverschiedenheiten anzuhalten, auf seine Realisierbarkeit. Schlagen Sie eine Formulierung vor.

Vorüberlegungen

I. Methodische Vorüberlegungen

Zu den alltäglichen Aufgaben eines Rechtsanwalts gehört, dass er für einen Mandanten ein Rechtsgeschäft gestaltet. Da die universitäre Ausbildung seit der letzten Ausbildungsreform[1] verstärkt auf den Anwaltsberuf vorbereiten soll[2], ist zu erwarten, dass sich zunehmend auch Examensklausuren an diese praxisrelevante Aufgabe anlehnen. Umso wichtiger ist daher, dass man sich bereits im Studium vergegenwärtigt, wie ein Rechtsanwalt an eine solche Aufgabenstellung herangeht. In der Praxis wird der Rechtsanwalt, soweit es sich um einen Standardfall handelt, regelmäßig auf eine Formularsammlung[3] zurückgreifen. Soweit der Mandant jedoch keinen Standardfall vorträgt, helfen die Formularsammlungen nicht weiter. Vielmehr muss der Rechtsanwalt eine eigenständige Lösung erarbeiten. Diese kann auch darin bestehen, den Vorschlag einer Formularsammlung an die individuellen Bedürfnisse des Mandanten anzupassen[4]. Der dabei zu durchlaufende Vorgang der Rechtsgestaltung ist sehr komplex[5]. Er lässt sich jedoch in groben Zügen in mehrere, regelmäßig wiederkehrende Schritte zerlegen. Diese gilt es nachfolgend kurz darzustellen.

Wie am Anfang jeder anwaltlichen Tätigkeit muss man sich seines Ausgangspunkts, seines Ziels und des Wegs vom Ausgangspunkt zum Ziel versichern. Hieran orientiert sich

---

[1] Zu Zielen der Reform und zum Gesetzgebungsverfahren vgl. Däubler, Verhandeln und Gestalten, §§ 1, 2.
[2] Vgl. BT-Drs. 14/7176, S. 10; BT-Drs. 14/8629, S. 1.
[3] Vgl. für das Arbeitsrecht z. B. Beck'sches Formularbuch Arbeitsrecht; Hümmerich AnwaltFormulare Arbeitsrecht, 5. Auflage (2004); Schaub/Neef/Schrader, Arbeitsrechtliche Formularsammlung, 8. Auflage (2004).
[4] Vgl. Däubler, Verhandeln und Gestalten, Rn. 98.
[5] Die wohl größten Herausforderungen für einen Juristen bei der Rechtsgestaltung sind diejenigen Fälle, in denen der Mandant mehrere Ziele (z. B. gesellschafts-, steuer- und arbeitsrechtliche) verfolgt, sich bei der juristischen Prüfung jedoch zeigt, dass ein Ziel ausschließlich auf Kosten eines anderen Ziels erreicht werden kann. In solchen Fällen muss der Berater zusammen mit seinem Mandanten denjenigen Weg ermitteln, der den Zielen des Mandanten am nächsten kommt. Hierzu kann es erforderlich sein, mehrstufig und wiederholt die skizzierten Prüfungsschritte zu durchlaufen.

auch das Vorgehen bei der Vertragsgestaltung. Den Ausgangspunkt bildet dabei die Klärung des Sachverhalts. Der Rechtsanwalt muss – selbstverständlich bereits das Ziel vor Augen – den relevanten Sachverhalt durch Rückfragen beim Mandanten, einen Blick ins Tarifregister (§ 6 TVG) usw. ermitteln[6]. Hiervon ist der Klausurbearbeiter praktisch befreit, weil ihm ein vollständiger und regelmäßig unstreitiger Sachverhalt vorgelegt wird. Im Anschluss hieran muss das verfolgte Ziel, letztlich der Kern der Aufgabenstellung ermittelt werden. Auszugehen ist von der häufig unjuristischen Fragestellung des Mandanten[7]. Diese ist vom Rechtsanwalt in ein juristisches Ziel zu übersetzen[8]. Richtet der Mandant mehrere Fragen an den Rechtsanwalt, sind diese grundsätzlich getrennt zu untersuchen, um die Übersichtlichkeit zu wahren. Im nächsten Schritt muss der Rechtsanwalt klären, inwieweit es überhaupt einer Gestaltung bedarf[9]. Entspricht bereits die vorgefundene Rechtslage vollauf den Wünschen des Mandanten, bedarf es – abgesehen vom Wunsch nach (deklaratorischer) Klarheit – keiner (konstitutiven) Gestaltung[10]. Ob ein Regelungsbedarf besteht, ergibt sich durch einen Vergleich der bestehenden Rechtslage mit den Regelungszielen des Mandanten[11]. Besteht danach ein Regelungsbedarf, ist in einem weiteren Schritt zu prüfen, wie dieser umgesetzt wird[12]. Dazu müssen vom Rechtsanwalt zunächst denkbare Gestaltungswege daraufhin untersucht werden, ob sie geeignet sind und ob sie zulässig vereinbart werden können[13]. Anschließend muss der Rechtsanwalt unter mehreren geeigneten und zulässigen Gestaltungen diejenige für den Mandanten auswählen, die für diesen am günstigsten ist. Hierzu sind gegebenenfalls weitere – außerhalb des eigentlichen Mandantenauftrags liegende – Interessen des Mandanten einzubeziehen. Verursachen die unterschiedlichen Gestaltungen z. B. unterschiedliche Kosten, ist der kostengünstigste Weg

---

[6] Däubler, Verhandeln und Gestalten, Rn. 92.
[7] Teichmann, JuS 2001, 973, 977.
[8] Däubler, Verhandeln und Gestalten, Rn. 92; Teichmann, JuS 2001, 973, 977.
[9] Däubler, Verhandeln und Gestalten, Rn. 93; Teichmann, JuS 2001, 973, 977 f.
[10] Teichmann, JuS 2001, 973, 978.
[11] Teichmann, JuS 2001, 973, 978.
[12] Ausnahmsweise kann trotz grundsätzlich bestehenden Regelungsbedarfs dieser aus Zweckmäßigkeitserwägungen entfallen, Teichmann, JuS 2001, 973, 978.
[13] Teichmann, JuS 2001, 973, 979.

auszuwählen. Außerdem muss der Rechtsanwalt das Gebot des sichersten Wegs beachten. Bestehen im Hinblick auf einen Gestaltungsweg Bedenken an seiner Wirksamkeit, muss der Rechtsanwalt sich – nach Rücksprache mit seinem Mandanten – für einen anderen entscheiden. Lässt sich kein Gestaltungsweg finden, auf dem sich das vom Mandanten verfolgte Ziel erreichen lässt, muss der Rechtsanwalt denjenigen Weg ermitteln, der den Zielen des Mandanten am nächsten kommt. Ist die richtige Gestaltung gefunden, muss diese noch in eine entsprechende Vertragformulierung gegossen werden. Dabei sind die zuvor ermittelten inhaltlichen Grenzen und formellen Vorgaben zu beachten.

Die vorstehenden Überlegungen lassen sich in nachfolgendem grobem Prüfungsschema zusammenfassen:
1. Regelungsziel
2. Regelungsbedarf
   a) Bestehende Rechtslage klären
   b) Vergleich mit Regelungszielen
3. Umsetzung des Regelungsbedarfs
   a) Geeignete Gestaltungen
   b) Zulässigkeit
   c) Auswahl
4. Ausformulierung

II. Inhaltliche Vorüberlegungen

Bei der Prüfung für die Stadtwerke Koserow muss zunächst berücksichtigt werden, dass die Mandantin die Vertragsformulierung mehrfach gegenüber verschiedenen Arbeitnehmern verwenden will, wodurch grundsätzlich der Anwendungsbereich der §§ 305 ff. BGB eröffnet wird. Bei der Vertragsgestaltung sind daher die für Allgemeine Geschäftsbedingungen geltenden Grenzen zu beachten.

Ihr inhaltliches Begehren formuliert die Mandantin deutlich laienhaft, weshalb ihr konkretes Anliegen sorgfältig zu erforschen ist. Im Ergebnis geht es der Mandantin darum, bestehende Streitigkeiten um das Bestehen von Rechten und Pflichten zeitnah auszutragen. Angesprochen sind damit Ausschlussfristen, die eine entsprechende Beschleunigung herbeiführen. Es ist also im Weiteren zu klären, in welchem Umfang Ausschlussfristen geeignet und zulässig sind. Die dabei gewonnenen Erkenntnisse sind in einen Vertragstext zu gießen.

Lösung

A. Regelungsziel

Der Mandantin ist daran gelegen, etwaige Streitigkeiten zeitnah auszutragen, um das Aufstauen von Unzufriedenheit zu vermeiden. Juristisch betrachtet geht es der Mandantin darum, ihre Arbeitnehmer anzuhalten, etwaige Rechte möglichst zeitnah anzumelden bzw. gerichtlich geltend zu machen. Auf diese Weise wird eine baldige Klärung erzielt. Wenn die Arbeitnehmer ihrer Obliegenheit zur zeitnahen Rechtsverfolgung nicht nachkommen, sollen die Rechte im Interesse der Rechtssicherheit endgültig verfallen.

Klärung der Mandantenziele

B. Regelungsbedarf

I. Bestehende Rechtslage

Klärung der bestehenden Rechtslage

Im Hinblick auf das Regelungsziel der Mandantin enthält das Gesetz in den §§ 194 ff. BGB Vorgaben darüber, inwieweit die Geltendmachung eines Rechts in zeitlicher Hinsicht eingeschränkt ist (1.). Daneben können sich Beschränkungen in zeitlicher Hinsicht unter dem Gesichtspunkt der Verwirkung ergeben (2.).

1. Verjährung

Verjährung als Grenze eines Anspruchs

Wie grundsätzlich alle Ansprüche unterliegen auch Ansprüche der Arbeitnehmer gegen den Arbeitgeber der Verjährung (§ 194 BGB). Dabei gilt grundsätzlich die Regelverjährung des § 195 BGB. Die Verjährungsfrist beträgt 3 Jahre. Sie beginnt am Schluss desjenigen Jahres, in dem der Anspruch fällig wird und der Arbeitnehmer Kenntnis erlangt oder ohne grobe Fahrlässigkeit erlangen könnte (§ 199 Abs. 1 BGB). Unabhängig von der Kenntnis oder dem Kennenmüssen des Gläubigers verjähren Ansprüche spätestens 10 Jahre nach ihrer Entstehung (§ 199 Abs. 4 BGB). Der Lauf der Verjährungsfrist kann durch verschiedene Umstände gehemmt oder gar unterbrochen werden (§§ 203 ff. BGB). Nach Eintritt der Verjährung kann u. U. noch aufgerechnet werden (§ 215 BGB).

2. Verwirkung

Verwirkung als Grenze eines Anspruchs

Alle Rechte, mithin auch Ansprüche, können nur in den Grenzen von Treu und Glauben (§ 242 BGB) ausgeübt werden[14]. Sie können insbesondere verwirkt werden, wenn sie über längere Zeit nicht geltend gemacht werden (Zeitmoment) und besondere Umstände hinzutreten (Umstandsmoment), aufgrund derer der Verpflichtete nicht mehr mit der Geltendmachung rechnet und dies auch darf[15]. Je größer das Zeitmoment umso geringer sind die Anforderungen an das Umstandsmoment und umgekehrt[16]. Starre Grenzen be-

---

[14] BeckOK-BGB/Grüneberg, § 242 Rn. 1.
[15] Jauernig/Mansel, BGB, § 242 Rn. 54; MünchKomm/Roth, BGB, § 242 Rn. 301.
[16] Vgl. BeckOK-BGB/Grüneberg, § 242 Rn. 136; Jauernig/Mansel, BGB, § 242 Rn. 59.

stehen nicht[17]. Beide Voraussetzungen der Verwirkung sind im Einzelfall zu prüfen[18]. Ein verwirkter Anspruch verfällt und kann auch nicht mehr im Wege der Aufrechnung geltend gemacht werden[19].

II. Vergleich des Regelungsziels mit der bestehenden Rechtslage

Weder die Verjährung noch die Verwirkung grenzen die Geltendmachung von Rechten hinreichend ein, um dem Begehren der Mandantin gerecht zu werden. Die Verjährung greift frühestens nach drei Jahren. Die Mandantin will eine frühere Klärung erreichen, weil sich in drei Jahren erhebliche Unzufriedenheit aufstauen kann. Außerdem tritt keine umfassende Klärung ein, weil eine Aufrechnung auch noch nach Eintritt der Verjährung möglich bleibt. Mit der Verwirkung ist der Mandantin ebenfalls nicht hinreichend gedient. Ihr Eintritt ist nicht hinreichend sicher vorhersagbar, sondern im Einzelfall häufig zweifelhaft. Außerdem greift Verwirkung frühestens nach Ablauf eines erheblichen Zeitraums und dem Hinzutreten weiterer Umstände ein. Um das Anliegen der Mandantin umzusetzen, ist eine Gestaltung erforderlich.

Vergleich Ausgangslage und Ziel

---

[17] BeckOK-BGB/Grüneberg, § 242 Rn. 136; Jauernig/Mansel, BGB, § 242 Rn. 59.
[18] Jauernig/Mansel, BGB, § 242 Rn. 59.
[19] Vgl. MünchKomm/Roth, BGB, § 242 Rn. 312.

C. Umsetzung des Regelungsbedarfs

I. Geeignete Gestaltungen

Ermittlung geeigneter Gestaltungen

Zur Erreichung der Mandantenziele bieten sich grundsätzlich zwei Wege an. Möglich erscheint, das gesetzliche Verjährungsrecht durch vertragliche Abreden zu modifizieren (1.). Außerdem ist denkbar, eine feste Frist zu vereinbaren, nach deren Ablauf sämtliche Ansprüche verfallen, wenn sie nicht rechtzeitig geltend gemacht bzw. eingeklagt werden (2.).

1. Modifizierung des Verjährungsrechts

Umgestaltung der Verjährung

Einigen sich Arbeitgeber und Arbeitnehmer über eine kürzere Verjährungsfrist, werden Arbeitnehmer angehalten, ihre Rechte schneller geltend zu machen. Eine weitere Beschleunigung ließe sich dadurch erreichen, dass ein objektiver Verjährungsbeginn (z. B. Fälligkeit, Ende des Arbeitsverhältnisses) vereinbart wird. Um zu verhindern, dass eine Aufrechnung oder die Ausübung eines Zurückbehaltungsrechts die Möglichkeit bieten, auch nach Fristablauf den Streit um zweifelhafte Ansprüche auszufechten, muss § 215 BGB abbedungen werden. Durch eine diese Maßgaben beachtende Modifizierung der Verjährungsregelungen lässt sich das Ziel der Mandantin erreichen.

2. Ausschlussfrist

Einstufige Ausschlussfrist

Mit einer Regelung, nach der Arbeitnehmer ihre Ansprüche innerhalb einer bestimmten Frist beim Arbeitgeber schriftlich geltend machen müssen, die Ansprüche anderenfalls verfallen, lässt sich erreichen, dass Arbeitnehmer ihre Ansprüche zeitnah klären lassen. Hierdurch wird vermieden, dass sich Unzufriedenheiten aufstauen.

Zweistufige Ausschlussfrist

Steigern lässt sich dieser Effekt dadurch, dass der Arbeitnehmer neben der schriftlichen Geltendmachung angehalten wird, die Ansprüche innerhalb einer weiteren Frist gerichtlich geltend zu machen. Da die Ansprüche bei fruchtlosem Fristablauf verfallen sollen, kann mit ihnen auch nicht mehr aufgerechnet werden, wodurch die Rechtssicherheit zusätzlich erhöht wird. Die Vereinbarung einer (zweistufigen) Ausschlussfrist ist geeignet, die Ziele der Mandantin zu erreichen.

II. Zulässigkeit

1. Modifizierung des Verjährungsrechts

Da auch für den Arbeitsvertrag grundsätzlich Vertragsfreiheit besteht[20], kann die Verjährung modifiziert, insbesondere die Verjährungsfrist verkürzt werden, wenn und soweit die Vertragsfreiheit nicht beschränkt ist (§ 105 S. 1 GewO). Zu beachten sind spezielle Grenzen (a), die Grenzen für Allgemeine Geschäftsbedingungen (b) sowie sonstige Grenzen (c).

Ausgangspunkt: Vertragsfreiheit

a) Spezielle Grenzen

Eine spezielle Grenze besteht, wenn es sich bei den gesetzlichen Vorschriften zur Verjährung um zwingendes Recht handelt, weil eine vertragliche Abweichung von zwingendem Recht nicht möglich ist[21]. Aus § 202 BGB ergibt sich jedoch, dass das Verjährungsrecht grundsätzlich dispositiv ist. Dies gilt sowohl hinsichtlich des Verjährungsbeginns als auch der Länge der Verjährungsfrist[22].

Disponibilität der Verjährungsvoraussetzungen

Nicht dispositiv sind dagegen grundsätzlich die Rechtsfolgen der Verjährung (§§ 214 – 218 BGB)[23]. Zwingend könnte daher auch die zur Rechtsfolge zählende Möglichkeit (§ 215 BGB) sein, mit einer verjährten Forderung aufzurechnen. Dies ist jedoch nicht der Fall, weil es grundsätzlich zulässig ist, ein Aufrechnungsverbot zu vereinbaren[24]. Es ist daher erst recht möglich, ein Aufrechnungsverbot ausschließlich für verjährte Ansprüche zu vereinbaren.

Disponibilität der Verjährungsfolgen

Nach § 202 Abs. 1 BGB muss außerdem beachtet werden, dass die Verjährung für Ansprüche, die sich aus einer Haftung für Vorsatz ergeben, nicht erleichtert werden darf. Solche Ansprüche sind bei der Abfassung der Regelung auszunehmen.

Grenze: Haftung für Vorsatz

b) AGB-Kontrolle

Die Vereinbarungen zur Modifizierung der Verjährung sind nach §§ 305 ff. BGB unwirksam, wenn die AGB-Kontrolle eröffnet ist (aa) und ein Einbeziehungshindernis besteht (bb) oder ein Klauselverbot existiert (cc).

Grenze: AGB-Kontrolle

---

[20] Boemke, GewO, § 105 Rn. 3.
[21] Ulrici, JuS 2005, 1073 f.
[22] Jauernig, BGB, § 202 Rn. 2.
[23] Jauernig, BGB, § 202 Rn. 2.
[24] Jauernig/Stürner, BGB, § 387 Rn. 10.

aa) Anwendungsbereich

Eröffnung der AGB-Kontrolle

Die AGB-Kontrolle ist eröffnet, wenn es sich bei den vorgesehenen Regelungen zur Verkürzung der Verjährung um Allgemeine Geschäftsbedingungen i. S. v. § 305 Abs. 1 BGB handelt, weil arbeitsrechtliche Vereinbarungen nicht generell von der AGB-Kontrolle ausgenommen sind (§ 310 Abs. 4 Satz 2 BGB). Allgemeine Geschäftsbedingungen sind nach § 305 Abs. 1 Satz 1 BGB alle für eine Vielzahl von Verträgen (3) vorformulierten (2) Vertragsbedingungen (1), die eine Vertragspartei (Verwender) der anderen Vertragspartei bei Abschluss eines Vertrags stellt (4). Wurde die Vertragsbedingung zwischen den Vertragsparteien ausgehandelt (5), liegt keine Allgemeine Geschäftsbedingung vor (§ 305 Abs. 1 Satz 3 BGB).

(1) Vertragsbedingungen

Ausgestaltung eines Rechtsverhältnisses

Eine Vertragsbedingung ist eine auf die Regelung des Inhalts eines Vertrags, d. h. die Ausgestaltung eines Rechtsverhältnisses abzielende Abrede[25]. Die vorgesehenen Modifizierungen des Verjährungsrechts können nicht einseitig vom Arbeitgeber bestimmt werden. Vielmehr bedarf es hierzu einer vertraglichen Vereinbarung, die darauf abzielt, den Inhalt des Arbeitsverhältnisses (Umfang der Rechte und Pflichten im Arbeitsverhältnis) zu gestalten. Die vorzuschlagenden Regelungen sind Vertragsbedingungen.

(2) Vorformuliert

Festlegung vor Vertragsschluss

Vorformuliert ist eine Vertragsbedingung, wenn sie zeitlich vor dem Vertragsschluss vorliegt[26]. Die Mandantin wünscht den Entwurf eines Arbeitsvertrags, den sie zukünftig bei Neueinstellungen verwenden will. Bei Abschluss der Arbeitsverträge mit den Neueinstellungen liegt der Vertragstext daher vor. Die Klausel ist vorformuliert.

(3) Vielzahl von Verträgen

für dreimalige Verwendung bestimmt

Für eine Vielzahl von Verträgen vorgesehen sind Vertragsbedingungen, wenn sie für eine mindestens dreimalige Verwendung bestimmt sind[27]. Die Mandantin beabsichtigt,

---

[25] Vgl. BGH vom 16.03.1999, NJW 1999, 1864; MünchKomm/Basedow, BGB, § 305 Rn. 9, 12.
[26] Erman/Roloff, BGB, § 305 Rn. 9; Ulrici, in: HK-ArbR, § 305 BGB Rn. 8.
[27] BAG vom 25.05.2005, NZA 2005, 1111, 1116; BAG vom 01.03.2006, BB 2006, 1282, 1283.

die Vertragsbedingungen bei allen zukünftigen Neueinstellungen zu verwenden. Die Anzahl der Verwendungen ist somit zwar noch offen, erfasst nach allgemeiner Lebenserfahrung aber auch eine mehr als dreimalige Verwendung. Die Vertragsbedingungen sind für eine Vielzahl von Verwendungen vorgesehen.

(4) Gestellt

Gestellt werden Vertragsbedingungen von derjenigen Vertragspartei, die sie fertig in die Vertragsverhandlungen mit der anderen Partei einbringt, um sie ihr einseitig aufzuerlegen[28]. Eine zwangsweise Auferlegung ist nicht erforderlich, weil das Merkmal „Stellen" nicht das Gegenstück zum Aushandeln darstellt, sondern nur der Zuordnung der Vertragsbedingung zu ihrem Verwender dient[29]. Die Mandantin will die Vertragsbedingungen zukünftig gegenüber ihren Arbeitnehmern verwenden. Sie bringt die Bedingungen somit ihrerseits in die Vertragsverhandlungen ein, wodurch diese gestellt werden.

Einbringung in den Vertrag

(5) Nicht ausgehandelt

Aushandeln setzt voraus, dass der Verwender eine Vertragsbedingung, insbesondere ihren gesetzesfremden Kerngehalt ernsthaft zur Disposition stellt, d. h. seinem Vertragspartner die Möglichkeit einräumt, zur Wahrung der eigenen Interessen auf den Vertragsinhalt Einfluss zu nehmen, und sich eindeutig bereit erklärt, die von ihm gestellte Vertragsbedingung zu ändern[30]. Zudem muss sich der Vertragspartner des Verwenders der Bereitschaft des Verwenders bewusst sein und sich auf das Aushandeln einlassen[31]. Erforderlich ist mithin mehr als ein bloßes Verhandeln[32] oder nur das Erläutern einer Vertragsbedingung[33].

Kerngehalt nicht zur Disposition gestellt

---

[28] BAG vom 25.05.2005, NZA 2005, 1111, 1116; BAG vom 28.09.2005, NZA 2006, 149, 151.
[29] Erman/Roloff, BGB, § 305 Rn. 12; Ulrici in: HK-ArbR, § 305 BGB Rn. 13.
[30] BAG vom 25.05.2005, NZA 2005, 1111, 1116; BAG vom 27.07.2005, NZA 2006, 40, 44; BAG vom 01.03.2006, BB 2006, 1282, 1283.
[31] Erman/Roloff, BGB, § 305 Rn. 19; Ulrici in: HK-ArbR, § 305 BGB Rn 16.
[32] BAG vom 27.07.2005, NZA 2006, 40, 44; BAG vom 01.03.2006, BB 2006, 1282, 1283. – Großzügiger BAG vom 27.11.2003, NZA 2004, 597, 603.
[33] BAG vom 01.03.2006, BB 2006, 1282, 1283; Däubler/Dorndorf, § 305 Rn. 24.

Vereinheitlichungs-bestreben der Mandantin	Die Mandantin will den zu entwerfenden Arbeitsvertrag einheitlich gegenüber allen ihren Arbeitnehmern verwenden. Diesem Vereinheitlichungsstreben widerspricht es, wenn die Mandantin die Vertragsbedingungen mit jedem Arbeitnehmer aushandeln, d. h. ernsthaft zur Disposition stellen will. Wird die Klausel ernsthaft zur Disposition gestellt, muss mit abweichenden Vereinbarungen gerechnet werden. Dies will die Mandantin jedoch nicht. Die Vertragsbedingungen werden nicht ausgehandelt.

(6) Zwischenergebnis

AGB-Kontrolle ist eröffnet	Bei den geplanten Regelungen zur Verjährung handelt es sich um Allgemeine Geschäftsbedingungen.

bb) Einbeziehungskontrolle

Wirksame Einigung	Damit die Vertragsklausel Vertragsinhalt wird, müssen sich Arbeitgeber und Arbeitnehmer über die Geltung der Klausel i. S. v. §§ 145 ff. BGB einigen. Die besonderen Einbeziehungsanforderungen des § 305 Abs. 2 BGB brauchen von der Mandantin dagegen nicht beachtet werden, weil § 305 Abs. 2 BGB für Arbeitsverträge nach dem eindeutigen Wortlaut des § 310 Abs. 2 S. 2 Hs. 2 BGB nicht (auch nicht analog) zur Anwendung kommt[34]. Bei der Einbeziehung ist außerdem zu beachten, dass Individualabreden nach § 305b BGB Vorrang genießen (1) und die Klausel nach § 305c Abs. 1 BGB nicht überraschend sein darf (2). Bei der Formulierung der Klausel ist überdies zu beachten, dass Auslegungszweifel zu Lasten der Mandantin gehen (§ 305c Abs. 2 BGB). Hierauf ist aber erst bei der Abfassung des konkreten Klauseltextes zurückzukommen.

(1) Vorrang der Individualabrede

Geltung für ausgehandelte Ansprüche	Nach § 305b BGB haben Individualabreden Vorrang vor Regelungen in Allgemeinen Geschäftsbedingungen. Zu klären ist daher, ob die in Allgemeinen Geschäftsbedingungen geregelten Modifizierungen des Verjährungsrechts auch Ansprüche erfassen können, die, wie z. B. häufig der Anspruch auf Arbeitsentgelt, in einer Individualabrede wurzeln. Der Vorrang der Individualabrede setzt einen Regelungswiderspruch zwischen der Individualabrede und der AGB voraus. Soweit der Regelungswiderspruch besteht,

---

[34] LAG Niedersachsen vom 18.03.2005, NZA-RR 2005, 401, 402; Däubler/Dorndorf, § 305 Rn. 40. – A. A. Micha, Jura 2006, 761, 767.

genießt die Individualabrede Vorrang, die Allgemeine Geschäftsbedingung tritt zurück. Ein Regelungswiderspruch liegt vor, wenn die AGB-Regelung den Sinn und Zweck der Individualvereinbarung beeinträchtigt oder aushöhlt. Unerheblich ist dabei, ob es sich um einen unmittelbaren oder mittelbaren, anfänglichen oder nachträglichen Widerspruch handelt[35]. Die einen Anspruch begründende Individualabrede regelt die Anspruchsentstehung. Das Verjährungsrecht regelt die zeitliche Grenze eines Anspruchs und damit den Anspruchsuntergang im weiteren Sinne. Im Kern besteht daher kein Regelungswiderspruch[36]. Allerdings umfasst die einen Anspruch begründende Individualabrede nach ihrem Sinn und Zweck auch eine Aussage darüber, dass der begründete Anspruch werthaltig sein muss[37]. Hierzu gehört auch, dass Gläubigern die faire Chance zur Durchsetzung des Anspruchs verbleiben muss[38]. Zu einem Regelungswiderspruch kommt es daher dort, wo das gesetzliche Verjährungsrecht derart modifiziert wird, dass dem Gläubiger die faire Chance zur Anspruchsdurchsetzung genommen wird.

(1.1) Fristverkürzung

Die reale Durchsetzungsmöglichkeit könnte zunächst dadurch beeinträchtigt werden, dass die gesetzliche Verjährungsfrist verkürzt wird. Die Existenz der Regelung des § 309 Nr. 8 lit. b) ff) BGB zeigt jedoch, dass nicht jede Verjährungsverkürzung die realen Durchsetzungschancen beseitigt. Vielmehr wird die Anspruchsrealisierung erst durch eine extreme Verkürzung der Verjährungsfrist gefährdet. Dies ist der Fall, wenn dem Gläubiger keine faire Chance zur Prüfung seiner Ansprüche verbleibt, bevor er diese zu ihrem Erhalt gerichtlich (vgl. § 204 Abs. 1 Nr. 1 BGB) geltend machen muss[39]. Für eine entsprechende Prüfung ist dem Gläubiger ein Zeitraum von sechs Monaten zuzubilligen. Dies ist in der Rechtsprechung anerkannt, welche für zweistufige Ausschlussfristen eine Fristlänge von zweimal drei Monaten, mithin insgesamt sechs Monate

Verjährungsfrist mindestens sechs Monate

---

[35] Erman/Roloff, BGB, § 305b Rn. 6; Ulrici in: HK-ArbR, § 305b BGB Rn. 7.
[36] Vgl. zur Unterscheidung von Anspruchsentstehung und zeitlicher Grenze BAG vom 25.05.2005, NZA 2005, 1111, 1113.
[37] Vgl. BAG vom 28.09.2005, NZA 2006, 149, 152.
[38] Vgl. BAG vom 25.05.2005, NZA 2005, 1111, 1113.
[39] Vgl. BAG vom 25.05.2005, NZA 2005, 1111, 1113.

vor einer gerichtlichen Geltendmachung fordert[40]. Durch eine Verkürzung der Verjährung auf weniger als sechs Monate würde ein Regelungswiderspruch begründet[41].

(1.2) Objektiver Fristbeginn

Kein objektiver Fristbeginn für kurze Frist

Die reale Durchsetzungsmöglichkeit könnte außerdem dadurch beeinträchtigt werden, dass – in Abweichung von § 199 Abs. 1 BGB – ein von der Kenntnis oder dem Kennenmüssen des Arbeitnehmers unabhängiger Beginn der Verjährungsfrist (objektiver Fristbeginn) vereinbart wird. Eine entsprechende Regelung führt dazu, dass der Anspruch verjähren kann, ohne dass der Arbeitnehmer – infolge Unkenntnis – jemals die Möglichkeit hatte, den Anspruch durchzusetzen. Der Arbeitnehmer hat in diesem Fall keine reale Durchsetzungsmöglichkeit. Hierdurch wird ein Regelungswiderspruch begründet.

(1.3) Aufrechnung mit verjährter Forderung

Ausschluss der Aufrechnung

Die reale Durchsetzungschance könnte außerdem dadurch beeinträchtigt werden, dass – in Abweichung von § 215 BGB – die Möglichkeit ausgeschlossen wird, mit einer verjährten Forderung aufzurechnen. Der eigentliche Wert eines Anspruchs besteht darin, vom Schuldner ein Tun, Dulden oder Unterlassen einfordern zu können (vgl. § 194 BGB). Die Möglichkeit, mit einer verjährten Forderung aufzurechnen, gehört – anders als das Forderungsrecht – dagegen nicht zum eigentlichen Wert eines Anspruchs. Durch den Ausschluss der Aufrechnungsmöglichkeit wird daher die reale Durchsetzungschance nicht ausgehöhlt. Ein Regelungswiderspruch wird nicht begründet.

(1.4) Zwischenergebnis

Frist von weniger als sechs Monaten unzulässig

Bei Vereinbarung einer Verjährungsfrist von weniger als sechs Monaten oder Vereinbarung eines objektiven Fristbeginns entstünde ein Regelungswiderspruch zwischen der Allgemeinen Geschäftsbedingung und durch Individualabrede begründeten Ansprüchen. Die formularmäßigen Vereinbarungen zur Verjährung würden nicht für durch Individualabrede begründete Ansprüche gelten. Um auch solche Ansprüche zu erfassen, sind vorstehende Grenzen zu beachten.

---

[40] BAG vom 25.05.2005, NZA 2005, 1111, 1114 (zweite Stufe) und BAG vom 28.09.2005, NZA 2006, 149, 153 (erste Stufe).
[41] So zum allgemeinen Zivilrecht BGH vom 17.11.1980, VersR 1981, 229.

(2) Überraschende Klauseln

Überraschend ist eine Vertragsklausel, die objektiv so ungewöhnlich ist (2.1), dass der Vertragspartner des Verwenders subjektiv nicht mit ihr zu rechnen braucht (2.2)[42].

Verbot überraschender Klauseln

(2.1) Ungewöhnlichkeit

Ungewöhnlich ist eine Klausel, wenn ein erheblicher Widerspruch zwischen den durch die Umstände bei Vertragsschluss begründeten Erwartungen und dem Vertragsinhalt besteht[43]. Die Ungewöhnlichkeit kann sich dabei sowohl aus dem Inhalt der Regelung als auch aus ihrer formellen Gestaltung ergeben[44]. Einer formellen Ungewöhnlichkeit ist erst bei der konkreten Ausformulierung des Klauseltextes Rechnung zu tragen.

Widerspruch zur Erwartungen des Arbeitnehmers

(2.1.1) Fristverkürzung

Eine Verkürzung der Verjährungsfrist widerspricht ohne zusätzliche Umstände nicht den bei Vertragsschluss begründeten Erwartungen. Dies zeigt bereits die Existenz von § 309 Nr. 8 lit. b) ff) BGB. Ein erheblicher Widerspruch zwischen den Erwartungen des Arbeitnehmers und dem Vertragsinhalt könnte sich aus einer besonders kurzen Verjährungsfrist ergeben. Insoweit ist einerseits zu berücksichtigen, dass das Arbeitsrecht an zahlreichen Stellen auch besonders kurze Fristen von einer (§ 12 KSchG) oder nur wenigen Wochen (§ 4 KSchG, § 17 TzBfG) kennt, obwohl erhebliche Konsequenzen an die Frist geknüpft werden (Verlust des Arbeitsplatzes). Andererseits liegt diesen besonders kurzen Fristen jeweils eine besondere Interessenlage zu Grunde, die sich nicht für alle Ansprüche verallgemeinern lässt[45]. Berücksichtigt man, dass eine Reihe von Tarifverträgen mit Billigung durch die Rechtsprechung vorsehen, dass Ansprüche verfallen, wenn sie nicht innerhalb von einem oder mehreren Monaten geltend gemacht werden, entsteht ein erheblicher Widerspruch zwischen den Erwartungen des Arbeitnehmers bei Vertragsschluss und dem Vertragsinhalt, wenn eine Verjährungsfrist von weniger als ei-

Frist von weniger als einem Monat ist objektiv ungewöhnlich

---

[42] Erman/Roloff, BGB, § 305c Rn. 8; Ulrici in: HK-ArbR, § 305c BGB Rn. 3.
[43] BAG vom 23.02.2005, NZA 2005, 1193, 1198; BAG vom 27.07.2005, NZA 2006, 37, 38 f.
[44] Ulrici in: HK-ArbR, § 305c BGB Rn. 6.
[45] BAG vom 25.05.2005, NZA 2005, 1111, 1114.

nem[46] Monat vereinbart wird. Eine Frist von weniger als einem Monat ist objektiv ungewöhnlich.

(2.1.2) Objektiver Fristbeginn

Objektiver Fristbeginn für kurze Frist ist objektiv ungewöhnlich

Ein erheblicher Widerspruch zwischen den Erwartungen des Arbeitnehmers und dem Vertragsinhalt könnte sich daraus ergeben, dass ein objektiver Verjährungsbeginn vereinbart wird. Unter diesen Umständen können Ansprüche verjähren, von denen der Arbeitnehmer keine Kenntnis besitzt. Allerdings ist zu berücksichtigen, dass das gesetzliche Verjährungsrecht auch Regelungen kennt, nach denen der Verjährungsbeginn an objektive Umstände anknüpft (z. B. §§ 199 Abs. 4 oder 438 Abs. 2 BGB). Die Vereinbarung eines objektiven Fristbeginns widerspricht nicht generell den Erwartungen des Vertragspartners und ist mithin ebenfalls nicht ungewöhnlich. Ein erheblicher Widerspruch zwischen den Erwartungen des Arbeitnehmers und dem Vertragsinhalt könnte sich jedoch daraus ergeben, dass eine kurze Frist und ein objektiver Fristbeginn miteinander kombiniert werden. Dafür spricht, dass die im Gesetz vorgesehenen kurzen Fristen (§§ 4, 12 KSchG, § 17 TzBfG) den Fristbeginn an die Kenntnis des Arbeitnehmers, mithin an subjektive Umstände anknüpfen. Auch der Beginn der gesetzlichen Regelverjährungsfrist knüpft nach § 199 Abs. 1 Nr. 2 BGB an subjektive Umstände an. Nur die äußerste Regelverjährungsfrist von 10 Jahren nach § 199 Abs. 4 BGB knüpft ausschließlich an objektive Umstände an. Die Erwartungen des Arbeitnehmers gehen mithin dahin, dass kurze Fristen ihren Anlauf nicht an ein objektives Ereignis anknüpfen, weil anderenfalls die akute Gefahr besteht, dass Ansprüche verjähren, von denen der Arbeitnehmer keine Kenntnis besitzt. Hierdurch werden diese Ansprüche faktisch entwertet. Dass der Arbeitnehmer mitunter keine reale Chance erhält, seine Ansprüche durchzusetzen, widerspricht erheblich seinen Erwartungen bei Vertragsschluss. Die Kombination aus kurzer Frist und rein objektivem Fristbeginn ist ungewöhnlich.

---

[46] Die Regelung des § 305c Abs. 1 BGB ist insoweit für den Arbeitgeber großzügiger als § 305b BGB (siehe oben C II 1 b bb (1), S. 304 ff.) oder § 307 BGB (siehe unten C II 1 b cc (2), S. 315 ff.). Bei der Vertragsgestaltung sind die jeweils strengsten Vorgaben zu beachten.

(2.1.3) Modifizierung der Rechtsfolgen

Ein erheblicher Widerspruch zwischen den Erwartungen des Arbeitnehmers und dem Vertragsinhalt könnte sich schließlich daraus ergeben, dass die Möglichkeit zur Aufrechnung mit einer verjährten Forderung ausgeschlossen wird. Die Möglichkeit, mit einer verjährten Forderung aufzurechnen, greift nur sehr selten ein. Ihr kommt bei der Ausgestaltung eines Schuldverhältnisses kaum eine erhebliche Bedeutung zu, weshalb die Parteien bei Vertragsschluss zu diesem Punkt regelmäßig keine Vorstellungen hegen. Ein erheblicher Widerspruch des Vertragsinhalts zu den Parteivorstellungen ist daher insoweit ausgeschlossen.

Aufrechnungsausschluss ist nicht objektiv ungewöhnlich

(2.1.4) Zwischenergebnis

Im Ergebnis ist somit festzuhalten, dass ungewöhnlich eine Klausel ist, die eine Verjährungsfrist von weniger als einem Monat vorsieht. Außerdem ist ungewöhnlich eine kurze Verjährungsfrist bei objektivem Fristbeginn.

Objektive Ungewöhnlichkeit bei sehr kurzer Verjährungsfrist

(2.2) Subjektives Überraschungsmoment

Der Arbeitnehmer muss mit einer Klausel subjektiv nicht rechnen, wenn es bei ihm infolge der objektiven Ungewöhnlichkeit zu einem Überraschungsmoment kommt. Abzustellen ist auf die für den Arbeitgeber erkennbaren subjektiven Umstände in der Sphäre des Arbeitnehmers, wobei ein generell-konkreter Maßstab anzulegen ist[47]. Die objektive Ungewöhnlichkeit einer Klausel indiziert, dass der Vertragspartner des Verwenders mit der Klausel nicht zu rechnen braucht[48]. Durch individuelle Begleitumstände kann das subjektive Überraschungsmoment jedoch ausgeschlossen werden. Dies ist der Fall, wenn der Verwender seinen Vertragspartner auf die ungewöhnliche Klausel und ihren Inhalt hingewiesen hat[49]. Am Überraschungsmoment fehlt es zudem, wenn der Vertragspartner des Verwenders positive Kenntnis vom Inhalt der Klausel genommen hat[50]. Dafür genügt nicht, dass er sie gelesen hat, er muss vielmehr auch ihren Sinn erfasst haben[51]. Die oben festgestellte objektive Ungewöhnlichkeit indiziert somit die subjektive Überraschung der Arbeitnehmer. Das Überraschungsmo-

Subjektive Überraschung wird indiziert

---

[47] Vgl. LAG Düsseldorf vom 13.04.2005, DB 2005, 1463, 1464.
[48] Däubler/Dorndorf, § 305c Rn. 14.
[49] BAG vom 23.02.2005, NZA 2005, 1193, 1198; BAG vom 27.07.2005, NZA 2006, 37, 39.
[50] Däubler/Dorndorf, § 305c Rn. 15.
[51] Däubler/Dorndorf, § 305c Rn. 15.

ment kann allerdings dadurch ausgeräumt werden, dass die Arbeitnehmer auf die ungewöhnlich kurze Frist hingewiesen werden. Dabei muss allerdings sichergestellt werden, dass die Arbeitnehmer die betreffende Regelung und die sich daraus ergebenden Konsequenzen verstehen. Hierfür ist im Streitfall der Arbeitgeber darlegungspflichtig[52].

(2.3) Zwischenergebnis

Verjährungsfrist von weniger als einem Monat ist überraschend

Nach § 305c Abs. 1 BGB würde nicht Vertragsinhalt eine Klausel, welche die Verjährungsfrist für den Arbeitnehmer auf weniger als einen Monat verkürzt. Das gleiche gilt hinsichtlich einer Klausel, die den Verjährungsbeginn ausschließlich an objektive Umstände knüpft.

Überraschung kann durch Begleitumstände ausgeräumt werden

Etwas anderes gilt nur, wenn der Arbeitgeber sicherstellt, dass der Arbeitnehmer die Klausel und die sich aus ihr ergebenden Konsequenzen zur Kenntnis nimmt. Ein entsprechendes Vorgehen begründet einen erheblichen Verwaltungsaufwand für die Mandantin, der überdies mit ihrem Anliegen – Vereinheitlichung der Vertragsschlüsse – kaum zu vereinbaren ist. Sie sollte von einem solchen Vorgehen Abstand nehmen.

cc) Inhaltskontrolle

Inhaltskontrolle

Die zur Erreichung der Mandantenziele geeigneten Vereinbarungen zur Modifizierung der Verjährung sind unwirksam, wenn hierdurch der Arbeitnehmer unangemessen benachteiligt wird (§ 307 Abs. 1 Satz 1 BGB). Die Unangemessenheit (2) kann sich aus dem Inhalt einer Regelung (§ 307 Abs. 1 Satz 1 BGB) oder ihrer äußeren Gestaltung (§ 307 Abs. 1 Satz 2 BGB) ergeben. Dieser Prüfungsmaßstab könnte zudem in dreierlei Hinsicht modifiziert sein (1).

(1) Maßstab der Inhaltskontrolle

(1.1) Beschränkung auf Transparenzkontrolle

Beschränkung auf Transparenzkontrolle

Der Maßstab der Inhaltskontrolle könnte nach § 307 Abs. 3 BGB auf die äußere Gestaltung beschränkt sein, wenn es sich bei den Vereinbarungen zur Modifizierung der Verjährung nicht um vom Gesetz abweichende oder dieses ergänzende Regelungen handelt. Eine Regelung zur Verkürzung der Verjährung verfolgt das Ziel, die gesetzliche Verjährungsfrist zu verändern. Sie enthält daher denknotwendig eine vom Gesetz abweichende Regelung. Die Inhaltskontrolle ist nicht auf die äußere Gestaltung beschränkt.

---

[52] Ulrici in: HK-ArbR, § 305c BGB Rn. 9.

(1.2) Verbrauchervertrag

Bei der Bestimmung der Unangemessenheit könnten nach § 310 Abs. 3 Nr. 3 BGB auch die den Vertragsschluss begleitenden Umstände zu berücksichtigen sein, wenn es sich bei den abzuschließenden Verträgen um solche zwischen einem Verbraucher und einem Unternehmer handelt. Die Mandantin muss Unternehmer und ihre Arbeitnehmer müssen Verbraucher sein.

Berücksichtigung von Begleitumständen

Unternehmer ist nach § 14 BGB eine natürliche oder juristische Person, die bei Abschluss eines Rechtsgeschäfts in Ausübung ihrer gewerblichen oder selbstständigen beruflichen Tätigkeit handelt. Die Mandantin ist als GmbH eine juristische Person und betreibt ein Gewerbe, weil ihre Tätigkeit auf Gewinnerzielung angelegt ist. Da die Arbeitsverträge abgeschlossen werden, damit die Arbeitnehmer für die Mandantin deren gewerbliche Tätigkeit fördern, handelt die Mandantin in Ausübung ihrer gewerblichen Tätigkeit. Sie ist Unternehmerin.

Arbeitgeber als Unternehmer

Verbraucher ist nach § 13 BGB jede natürliche Person, die ein Rechtsgeschäft zu einem Zweck abschließt, der weder ihrer gewerblichen noch ihrer selbstständigen beruflichen Tätigkeit zugerechnet werden kann. Die Arbeitnehmer der Mandantin üben selbst kein Gewerbe aus, weil sie definitionsgemäß (vgl. § 84 Abs. 1 Satz 2 HGB) unselbstständig tätig sind. Nach dem Wortlaut des § 13 BGB sind Arbeitnehmer mithin Verbraucher. Dieses Ergebnis wird in der Literatur teilweise unter Hinweis auf den normalen Sprachgebrauch[53] oder die Entstehungsgeschichte[54] der Norm bestritten. Dem ist jedoch nicht zu folgen. Dies ergibt sich zwingend bereits daraus, dass für die Mandantin ein praxistauglicher Vertrag zu entwerfen ist und die für die Rechtspraxis maßgebliche Rechtsprechung die Verbrauchereigenschaft des Arbeitnehmers bejaht[55]. Darüber hinaus vermögen die Einwände in der Literatur aber auch inhaltlich nicht zu überzeugen, weil bei der Auslegung juristischer Fachbegriffe dem normalen Sprachgebrauch keine entscheidende Bedeutung zukommt[56]. Auch die entstehungsgeschichtlichen Erwägungen überzeugen letztlich nicht. Sie werden durch teleologische Erwägungen – vergleichbares Schutz-

Arbeitnehmer als Verbraucher

---

[53] Bauer/Kock, DB 2002, 42, 43.
[54] Annuß, NJW 2002, 2844, 2845.
[55] BAG vom 25.05.2005, NZA 2005, 1111, 1115.
[56] BAG vom 25.05.2005, NZA 2005, 1111, 1115; Ulrici in: HK-ArbR, § 310 BGB Rn 5.

bedürfnis der Arbeitnehmer – überwunden[57]. Der Arbeitnehmer ist mithin bei Abschluss des Arbeitsvertrags Verbraucher[58].

Arbeitsvertrag als Verbrauchervertrag

Der Arbeitsvertrag ist somit ein Verbrauchervertrag[59], weshalb bei der Bestimmung der Unangemessenheit auch die den Vertragsschluss begleitenden Umstände zu berücksichtigen sind (§ 310 Abs. 3 Nr. 3 BGB). Einzugehen ist dabei auf das zwischen den Parteien bestehende Kräfteverhältnis, d. h. die persönlichen Eigenschaften, die Geschäftserfahrung, Verhandlungsstärke und die intellektuellen Stärken und Schwächen der Vertragspartner[60].

(1.3) Berücksichtigung der Besonderheiten des Arbeitsrechts

Berücksichtigung der Besonderheiten des Arbeitsrechts

Schließlich könnten bei der Bestimmung der Unangemessenheit nach § 310 Abs. 4 Satz 2 BGB die Besonderheiten des Arbeitsrechts angemessen zu berücksichtigen sein (1.3.2), wenn im Hinblick auf die Modifizierung der Verjährung solche Besonderheiten bestehen (1.3.1).

(1.3.1) Besonderheit des Arbeitsrechts

weite Verbreitung von Ausschlussfristen und Klärungsbedürfnis des Arbeitgebers als Besonderheiten

In Tarifverträgen, aber auch in Arbeitsverträgen werden verbreitet Ausschlussfristen vereinbart, die gekennzeichnet sind durch einen kurzen Fristlauf (wenige Monate) und zum Anspruchsausschluss ohne verbleibende Aufrechnungsmöglichkeit führen. Die weite Verbreitung von Ausschlussfristen ist Beleg für ein besonderes Klärungsbedürfnis im Arbeitsverhältnis. Dieses besondere Bedürfnis könnte ebenso wie die weite Verbreitung von Ausschlussfristen eine Besonderheit des Arbeitsrechts i. S. v. § 310 Abs. 4 Satz 2 Hs. 1 BGB sein.

e. A.: nur rechtliche Besonderheiten

Nach einer sehr engen, in der Literatur vertretenen Ansicht sind als Besonderheiten des Arbeitsrechts nur rechtliche Besonderheiten innerhalb des Arbeitsrechts (z. B. Besonderheiten kirchlicher Arbeitsverhältnisse) anzuerkennen[61]. Nach einer weiteren Ansicht in der Literatur sind auch rechtliche Besonderheiten des Arbeitsrechts gegenüber

---

[57] BAG vom 25.05.2005, NZA 2005, 1111, 1116; Ulrici in: HK-ArbR, § 310 BGB Rn. 5.
[58] BAG vom 25.05.2005, NZA 2005, 1111, 1115; Boemke, BB 2002, 96; Däubler, NZA 2001, 1329, 1333; Hümmerich/Holthausen, NZA 2002, 173; Micha, Jura 2006, 761, 766 f.
[59] BAG vom 25.05.2005, NZA 2005, 1111, 1115; BAG vom 31.08.2005, NZA 2006, 324, 328.
[60] Micha, Jura 2006, 761, 767.
[61] Birnbaum, NZA 2003, 944, 946ff.

dem übrigen Zivilrecht anzuerkennen[62]. Umstritten ist innerhalb dieser Ansicht, ob entsprechende Besonderheiten nur dort auszumachen sind, wo eine Rechtsnorm ausschließlich für Arbeitsverhältnisse gilt, oder ob es ausreicht, wenn die Norm hauptsächlich auf Arbeitsverhältnisse Anwendung findet.

Nach der auch von der Rechtsprechung vertretenen, weitesten Ansicht, sind Besonderheiten des Arbeitsrechts dagegen sowohl rechtliche als auch tatsächliche Besonderheiten des Arbeitsverhältnisses[63]. Rechtliche Besonderheiten müssen sich nicht aus einem Gesetz ergeben. Erfasst werden vielmehr auch sich aus Gewohnheitsrecht, Richterrecht, Rechtsgrundsätzen oder -prinzipien ergebende Besonderheiten[64]. Als Richterrecht in diesem Sinne scheidet die frühere Rechtsprechung zur Zulässigkeit bestimmter Vertragsgestaltungen jedoch aus[65]. Berücksichtigungsfähig sind allerdings die diese Entscheidungen tragenden Rechtsgrundsätze und Prinzipien[66]. Erfasst werden sowohl Besonderheiten gegenüber dem allgemeinen Zivilrecht als auch Besonderheiten innerhalb des Arbeitsrechts, z. B. Eigenarten kirchlicher Arbeitsverhältnisse[67]. Entsprechende rechtliche Besonderheiten liegen nicht nur dort vor, wo sich eine Rechtsnorm finden lässt, die nur für Arbeitsverhältnisse nicht aber für sonstige Schuldverhältnisse gilt[68]. Vielmehr ist ausreichend, dass einer Rechtsvorschrift, einem Rechtsgrundsatz oder einem Rechtsprinzip im Arbeitsrecht besondere Bedeutung zukommt[69]. Dies ist etwa der Fall, wenn eine Rechtsregel ihren zentralen Anwendungsbereich im Arbeitsrecht hat und nur am Rande allgemeine zivilrechtliche Fallgestaltungen erfasst[70]. Tatsächliche Besonderheiten liegen vor, wenn bestimmte Tatsachen gerade im Arbeitsverhältnis vermehrten Regelungsbedarf auslösen[71]. Insoweit

h. M.: rechtliche und tatsächliche Besonderheiten

---

[62] Däubler/Dorndorf, § 310 Rn. 64 ff., 86; Thüsing, NZA 2002, 591, 592.
[63] BAG vom 25.05.2005, NZA 2005, 1111, 1113; Ulrici in: HK-ArbR, § 310 BGB Rn. 30.
[64] Däubler/Dorndorf, § 310 Rn 64 ff.
[65] BAG vom 27.07.2005, NZA 2006, 40, 45; Däubler/Dorndorf, § 310 Rn. 68.
[66] Däubler/Dorndorf, § 310 Rn. 69.
[67] BAG vom 04.03.2004, NZA 2004, 727, 731.
[68] BAG vom 04.03.2004, NZA 2004, 727, 732. – A. A. Thüsing, NZA 2002, 591, 592.
[69] BAG vom 04.03.2004, NZA 2004, 727, 732.
[70] Vgl. BAG vom 04.03.2004, NZA 2004, 727, 732.
[71] Ulrici in: HK-ArbR, § 310 BGB Rn. 31.

soll berücksichtigungsfähig sein, dass eine Vertragsgestaltung in Arbeitsverträgen seit Jahrzehnten weit verbreitet ist[72].

Maßgeblichkeit der Rechtsprechung des BAG

Für die weitere Prüfung ist der Ansicht der Rechtsprechung zu folgen. Dies ergibt sich zwingend bereits daraus, dass eine praktisch verwertbare Vertragsklausel zu entwerfen ist. Dabei muss sich der Rechtsanwalt an den Vorgaben der Rechtsprechung orientieren, weil letztlich die Rechtsprechung über Wirksamkeit oder Unwirksamkeit des Vertrags entscheidet. Abgesehen davon sprechen aber auch die besseren Argumente für die Sichtweise der Rechtsprechung. Hintergrund für die Regelung des § 310 Abs. 4 Satz 2 BGB war, dass der Gesetzgeber gegen Ende des Gesetzgebungsverfahrens zur Schuldrechtsreform auch Arbeitsverträge der AGB-Kontrolle unterwarf. Dem Gesetzgeber war es jedoch nicht (mehr) möglich, zu prüfen, inwieweit die Übertragung des AGB-Rechts auf Arbeitsverträge in jedem Fall zu angemessenen Ergebnissen führt. Ausgehend hiervon soll § 310 Abs. 4 Satz 2 BGB eine sachgerechte Anwendung des AGB-Rechts ermöglichen, indem der Rechtsanwender ausdrücklich zu einer teleologischen Auslegung der §§ 305 ff. BGB angewiesen wird[73]. Anknüpfungspunkte für teleologische Erwägungen können sich somit aus rechtlichen oder tatsächlichen Umständen ergeben.

Besonderheiten des Arbeitsrechts bestehen

Ausgehend von der Ansicht der Rechtsprechung ist die weite Verbreitung von Ausschlussfristen in Arbeitsverträgen eine Besonderheit des Arbeitsrechts. In ihr kommt zudem ein im Arbeitsverhältnis bestehendes besonderes Klärungsbedürfnis zum Ausdruck, welches ebenfalls eine Besonderheit des Arbeitsrechts ist.

(1.3.2) Rechtsfolge

Öffnung zwingender Klauselverbote für Wertungen

Zu klären bleibt, inwieweit die festgestellte Besonderheit des Arbeitsrechts sich vorliegend bei der Bestimmung der Unangemessenheit auswirken kann. Wie bereits dargelegt wurde, weist der Gesetzgeber mit § 310 Abs. 4 Satz 2 Hs. 1 BGB den Rechtsanwender zu einer teleologischen Anwendung der AGB-Vorschriften an. Dadurch werden auch die Klauselverbote des § 309 BGB für Wertungen geöffnet und führen nicht mehr zwingend zur Klauselunwirksamkeit[74]. Bei der Anwendung der Klauselverbote der §§ 307, 308

---

[72] BAG vom 01.03.2006, NZA 2006, 746, 749.
[73] Ulrici in: HK-ArbR, § 310 BGB Rn. 29.
[74] BAG vom 04.03.2004, NZA 2004, 727, 731; Ulrici in: HK-ArbR, § 310 BGB Rn. 32.

BGB zeitigt § 310 Abs. 4 Satz 2 Hs. 1 BGB dagegen keine Rechtsfolgen, weil arbeitsrechtliche Besonderheiten im Rahmen der bei §§ 307, 308 BGB stets vorzunehmenden Wertung unmittelbar berücksichtigt werden können[75].

(2) Unangemessenheit

Unwirksam sind AGB, die den Arbeitnehmer unangemessen benachteiligen (§ 307 Abs. 1 Satz 1 BGB). Eine unangemessene Benachteiligung liegt zunächst vor, wenn ein spezielles Klauselverbot nach §§ 308, 309 BGB eingreift (2.1). Sie kann sich außerdem daraus ergeben, dass die Klauselbestimmung nicht klar und verständlich ist (§ 307 Abs. 1 Satz 2 BGB). Letzteres ist jedoch erst bei der Ausformulierung zu beachten. Die Unangemessenheit kann sich zudem daraus ergeben, dass die Klausel mit wesentlichen Grundgedanken der gesetzlichen Regelung, von der abgewichen wird, nicht zu vereinbaren ist (2.2) oder wesentliche Rechte und Pflichten (2.3), die sich aus der Natur des Vertrages ergeben, so einschränkt, dass die Erreichung des Vertragszwecks gefährdet ist (§ 307 Abs. 2 Nr. 1 und Nr. 2 BGB). Schließlich führt allgemein (§ 307 Abs. 1 Satz 1 BGB) zur Unangemessenheit jede Beeinträchtigung eines rechtlich anerkannten Interesses des Arbeitnehmers, die nicht durch begründete und billigenswerte Interessen des Arbeitgebers gerechtfertigt ist oder durch gleichwertige Vorteile ausgeglichen wird (2.4)[76].

Unangemessene Benachteiligung

(2.1) Spezielles Klauselverbot

Die vorgesehenen Regelungen zur Modifizierung der Verjährung verstoßen nicht gegen ein spezielles Klauselverbot. Unmittelbar mit einer Erleichterung der Verjährung befasst sich nur § 309 Nr. 8 lit. b) ff) BGB, der jedoch nur für Mängelgewährleistungsansprüche bei Lieferverträgen und daher nicht für das Arbeitsverhältnis gilt[77]. Nicht einschlägig ist auch § 309 Nr. 7 BGB[78]. Selbst wenn die Klausel die in § 309 Nr. 7 BGB genannten Ansprüche erfasst, regelt die Klausel keine Haftungsbeschränkung oder -begrenzung i. S. v. § 309 Nr. 7 BGB, weil die Ansprüche uneingeschränkt

Kein spezielles Klauselverbot

---

[75] Ulrici in: HK-ArbR, § 310 BGB Rn. 34.
[76] BAG vom 04.03.2004, NZA 2004, 727, 732; BAG vom 21.04.2005, NZA 2005, 1053, 1055; BAG vom 27.07.2005, NZA 2006, 40, 46; BAG vom 18.08.2005, NZA 2006, 34, 36.
[77] Boemke in: HK-ArbR, § 309 BGB Rn. 61.
[78] BAG vom 25.05.2005, NZA 2005, 1111, 1113.

entstehen und die in der Klausel modifizierte Verjährung nur die zeitliche Grenze der Ansprüche betrifft[79].

(2.2) Verletzung gesetzlicher Grundgedanken

(2.2.1) Fristverkürzung

Sehr kurze Verjährungsfrist verletzt Grundgedanken

Eine Verkürzung der Verjährungsfrist könnte mit wesentlichen Grundgedanken der gesetzlichen Regelung, von der abgewichen wird, nicht vereinbar sein. Wie die Existenz der Regelung des § 309 Nr. 8 lit. b) ff) BGB zeigt, sind Verjährungserleichterungen nicht per se unangemessen. Eine Abweichung von wesentlichen Grundgedanken des Verjährungsrechts könnte sich allerdings daraus ergeben, dass eine gegenüber § 195 BGB erheblich kürzere Verjährungsfrist vereinbart wird. Mit § 195 BGB hat der Gesetzgeber eine Abwägung der grundsätzlich berechtigten Interessen von Gläubiger und Schuldner in zeitlicher Hinsicht vorgenommen[80]. Dabei wurde zu Gunsten der Gläubiger berücksichtigt, dass diesen eine ausreichende Zeit eingeräumt werden muss, um ihre Rechte zu verfolgen. Wird erheblich von dieser Abwägung abgewichen, ist die Klausel nicht mehr mit dem gesetzlichen Grundgedanken zu vereinbaren, dass Gläubigern eine angemessene Zeit zur gerichtlichen Rechtsdurchsetzung verbleiben soll. Eine erhebliche Abweichung in diesem Sinne liegt grundsätzlich vor, wenn die Verjährungsfrist auf weniger als ein Drittel der gesetzlichen Frist verkürzt wird. Allerdings ist eine entsprechende Abweichung von gesetzlichen Grundgedanken nur „im Zweifel" unangemessen (§ 307 Abs. 2 EL BGB). Die konkreten Umstände des Falles können eine abweichende Beurteilung rechtfertigen[81]. Hierfür ist vorliegend das im Arbeitsverhältnis bestehende besondere Bedürfnis nach schneller Rechtssicherheit anzuführen. Dieses Bedürfnis rechtfertigt es, von einer unangemessenen Benachteiligung durch Verletzung gesetzlicher Grundgedanken erst auszugehen, wenn eine Frist von weniger als sechs Monaten[82] vereinbart wird. Erst bei Fristen von weniger als sechs Monaten bleibt dem Arbeitnehmer keine im Hinblick auf das Klärungsinteresse des Arbeitgebers angemessene Frist zur Anspruchsdurchsetzung.

---

[79] BAG vom 25.05.2005, NZA 2005, 1111, 1113.
[80] Vgl. BAG vom 25.05.2005, NZA 2005, 1111, 1113.
[81] BeckOK-BGB/Schmidt, § 307 Rn. 48.
[82] Siehe oben C II 1 b bb (2.1), S. 307.

(2.2.2) Objektiver Fristbeginn

Mit wesentlichen Grundgedanken des Gesetzes könnte zudem eine Klausel unvereinbar sein, welche die Verjährungsfrist an einen objektiven Fristbeginn knüpft. Wie bereits dargelegt wurde[83], kennt das gesetzliche Gewährleistungsrecht bereits einen objektiven Fristbeginn. Ein objektiver Fristbeginn als solcher verletzt daher keinen gesetzlichen Grundgedanken. Ein gesetzlicher Grundgedanke kann aber dort verletzt werden, wo der objektive Fristbeginn mit einer kurzen Frist verbunden wird. Berücksichtigt man, dass der Gesetzgeber mit § 199 Abs. 4 BGB, aber z. B. auch mit §§ 121 Abs. 2, 124 Abs. 3 BGB eine umfassende Abwägung zu der Frage vorgenommen hat, wann die Ausübung eines Rechts unabhängig von der Möglichkeit seiner Kenntnis allein durch Zeitablauf beschränkt sein soll, darf ein objektiver Fristbeginn nicht mit einer Frist von weniger als 10 Jahren kombiniert werden. Die Kombination eines objektiven Fristbeginns mit einer kürzeren Verjährungsfrist widerspricht einem gesetzlichen Grundgedanken des Verjährungsrechts und belastet den Arbeitnehmer unangemessen[84].

Objektiver Fristbeginn verletzt Grundgedanken

Hieran ändert auch das besondere Bedürfnis nach Rechtssicherheit im Arbeitsverhältnis nichts, weil dieses keinen absoluten Vorrang vor den berechtigten Interessen des Gläubigers genießen darf. Vielmehr sind beide Interessen in angemessenen Ausgleich zu bringen.

Berücksichtigung der Arbeitgeberinteressen

Möglicherweise kann dieses Ergebnis dadurch vermieden werden, dass ein objektiver Fristbeginn sowohl für Arbeitgeber- als auch für Arbeitnehmeransprüche vereinbart wird. In diesem Fall sind sowohl Arbeitgeber als auch Arbeitnehmer durch die Regelung betroffen und es fände u. U. keine einseitige Benachteiligung statt. Berücksichtigt man jedoch, dass rein tatsächlich ganz überwiegend Arbeitnehmer nicht erfüllte Ansprüche einklagen müssen, belastet auch eine beiderseitige Verjährungsverkürzung den Arbeitnehmer gegenüber dem Arbeitgeber unangemessen[85].

Spiegelbildliche Geltung ist keine Rechtfertigung

(2.2.3) Modifizierung der Rechtsfolgen

Mit wesentlichen Grundgedanken des Gesetzes könnte zudem eine Klausel unvereinbar sein, die § 215 BGB abbedingt. Dies setzt voraus, dass die Aufrechnungsmöglichkeit

Ausschluss der Aufrechnung ist gerechtfertigt

---

[83] Siehe oben C II 1 b bb (2.1.2), S. 308.
[84] Vgl. BAG vom 01.03.2006, NZA 2006, 783, 784.
[85] BAG vom 25.05.2005, NZA 2005, 1111, 1113.

nach § 215 BGB einen wesentlichen Grundgedanken des gesetzlichen Verjährungsrechts zum Ausdruck bringt. Der Vorschrift des § 215 BGB liegt die Bewertung zu Grunde, dass sich ein Gläubiger, der selbst Schuldner ist, durch das Gegenübertreten der beiden Ansprüche als hinreichend gesichert ansehen darf und nicht zum vorzeitigen Einklagen seines Anspruchs gedrängt werden soll[86]. Die Vorschrift ist somit Ausdruck des auch in § 216 BGB verankerten verjährungsrechtlichen Grundgedankens, dass gesicherte Ansprüche zwar verjähren können, eine bestehende Sicherheit jedoch werthaltig bleiben soll. Ein endgültiger Anspruchsverfall tritt nach den Vorstellungen des Gesetzes vielmehr nur unter den Voraussetzungen der Verwirkung ein, die neben dem Zeitablauf (Zeitmoment) das Hinzutreten weiterer Umstände (Umstandmoment) erfordert[87]. Durch die Abbedingung des § 215 BGB wird dieser Grundgedanke in einem wesentlichen Teil verdrängt. Gleichwohl ist eine Abbedingung des § 215 BGB nicht unangemessen, weil sie durch die besonderen Klärungsinteressen des Arbeitgebers gerechtfertigt ist. Der Arbeitgeber will durch die Abbedingung des § 215 BGB sicherstellen, dass der Streit um verjährte Ansprüche im Rahmen einer Aufrechnung nicht den Frieden im Betrieb stört.

(2.2.4) Einseitigkeit

Symmetrie der Verjährung ist kein Grundgedanke

Mit wesentlichen Grundgedanken des Gesetzes könnte schließlich unvereinbar sein, dass die Verjährung einseitig nur für Ansprüche des Arbeitnehmers erleichtert wird[88]. Die gesetzliche Regelverjährung gilt grundsätzlich sowohl für Arbeitgeber und Arbeitnehmer gleichermaßen. Eine ausschließlich für die Arbeitnehmerseite geltende Verjährungserleichterung stellt diese Parität in Frage. Entscheidend ist, ob die paritätischen Verjährungsfristen einen wesentlichen gesetzlichen Grundgedanken begründen. Insoweit ist zu berücksichtigen, dass das Gesetz vereinzelt auch nicht paritätische Verjährungsfristen kennt (z. B. § 548 Abs. 1 Satz 1 BGB). Hinter solchen Regelungen stehen allerdings jeweils nicht verallgemeinerungsfähige Interessen-

---

[86] MünchKomm/Grothe, BGB, § 215 Rn. 1.
[87] Jauernig/Mansel, BGB, § 242 Rn. 54; MünchKomm/Roth, BGB, § 242 Rn. 301.
[88] Von der Frage, ob durch eine beidseitige Geltung die Unangemessenheit ausgeräumt werden kann (siehe oben C II 1 b cc (2.2.2), S. 317), ist die Frage zu trennen, ob eine beidseitige Geltung zwingend vorzusehen ist.

lagen. Letztlich spricht aber gegen einen gesetzlichen Grundgedanken in Bezug auf die Parität, dass die §§ 194 BGB unterschiedslos für einseitige und für wechselseitige Ansprüche gelten. Der Gedanke der Parität bei wechselseitigen Ansprüchen hat daher keinen generellen Eingang in die gesetzlichen Regelungen gefunden. Er ist vielmehr nur ein Reflex bei der Anwendung des Verjährungsrechts auf wechselseitige Ansprüche. In Ermangelung eines entsprechenden gesetzlichen Grundgedankens, ist eine nur für Arbeitnehmer geltende Klausel nicht unangemessen nach § 307 Abs. 2 Nr. 1 BGB.

(2.2.5) Zwischenergebnis

Unangemessen wegen Abweichung von gesetzlichen Grundgedanken sind eine Verkürzung der Verjährungsfrist auf weniger als sechs Monate und die Vereinbarung eines objektiven Fristbeginns für diese kurze Frist.

Verjährungsfrist mindestens sechs Monate, kein objektiver Fristbeginn

(2.3) Vertragszweckgefährdung

Die vorgesehene Klausel zur Verjährung könnte vertragswesentliche Rechte so einschränken, dass der Vertragszweck gefährdet wird (§ 307 Abs. 2 Nr. 2 BGB).

Verkürzung vertragswesentlicher Pflichten

(2.3.1) Verkürzung der Verjährungsfrist

Die Verkürzung der Verjährungsfrist könnte zu einer vertragszweckgefährdenden Einschränkung vertragswesentlicher Rechte führen. Sofern die verkürzte Verjährungsfrist auch vertragswesentliche Rechte, wie insbesondere den Lohnanspruch des Arbeitnehmers erfasst, führt sie zu einer entsprechenden Einschränkung, weil der zeitliche Bestand der erfassten Ansprüche verkürzt wird[89]. Diese Einschränkung müsste unangemessen sein, was der Fall ist, wenn dem Arbeitnehmer keine angemessene Möglichkeit verbleibt, seine Rechte vor einer Geltendmachung zu prüfen. Unter Berücksichtigung der Interessen des Arbeitgebers an schneller Klärung muss dem Arbeitnehmer zumindest eine Frist von sechs Monaten zur gerichtlichen Geltendmachung seiner Ansprüche verbleiben[90]. Durch eine kürzere Frist

Aushöhlung vertragswesentlicher Rechte

---

[89] BAG vom 28.09.2005, NZA 2006, 149, 152.
[90] Siehe oben C II 1 b bb (1.1), S. 305 f. – Vgl. BAG vom 25.05.2005, NZA 2005, 1111, 1114 (zweite Stufe) und BAG vom 28.09.2005, NZA 2006, 149, 153 (erste Stufe). – Vgl. zum allgemeinen Zivilrecht BGH vom 17.11.1980, VersR 1981, 229.

würden wesentliche Vertragsrechte unangemessen eingeschränkt[91].

zu kurze Verjährung gefährdet Vertragszweck

Dies gefährdet den Vertragszweck, wenn vertragswesentliche Rechte soweit eingeschränkt werden, dass sie faktisch ausgehöhlt und entwertet werden und sich die Vertragsnatur ändert. Der Natur des Arbeitsvertrags entspricht es, dass die Arbeitnehmer abhängige Dienste gegen Entgelt erbringen. Werden die Entgeltansprüche des Arbeitnehmers durch eine Verkürzung der Verjährungsfrist faktisch soweit entwertet, dass der entgeltliche Charakter des Arbeitsverhältnisses verloren geht, ändert sich die Vertragsnatur[92].

(2.3.2) Objektiver Fristbeginn

Objektiver Fristbeginn kann Vertragszweck gefährden

Den Anlauf der Verjährungsfrist lediglich an einen objektiven Umstand anzuknüpfen, könnte zu einer vertragszweckgefährdenden Einschränkung vertragswesentlicher Rechte führen. Soweit der Klausel auch vertragswesentliche Arbeitnehmeransprüche, wie z. B. der Entgeltanspruch, unterworfen werden, führt ein objektiver Verjährungsbeginn zu einer Einschränkung vertragswesentlicher Rechte, weil die akute Gefahr besteht, dass der Arbeitnehmer Ansprüche infolge Unkenntnis verliert. Hierdurch wird der Vertragszweck gefährdet, weil sich die Natur des entgeltlichen Arbeitsvertrages faktisch ändert, wenn eine kurze Frist mit einem objektiven Fristbeginn verbunden wird[93].

(2.3.3) Modifizierung der Rechtsfolgen

Ausschluss der Aufrechnung

Möglicherweise werden vertragswesentliche Rechte dadurch unangemessen eingeschränkt, dass mit ihnen nach Eintritt der Verjährung nicht mehr aufgerechnet werden kann. Soweit mit verjährten Entgeltansprüchen (vertragswesentliche Rechte) nicht mehr aufgerechnet werden kann, werden diese beschränkt. Zu klären bleibt, ob es sich um eine unangemessene, vertragszweckgefährdende Einschränkung handelt. Berücksichtigt man insoweit, dass der eigentliche Wert des Entgeltanspruchs in einem Forderungsrecht besteht und die Aufrechnungsmöglichkeit nur von untergeordneter Bedeutung ist, liegt im Ausschluss der Aufrechnungsmöglichkeit bei Berücksichtigung des Interesses des Arbeitgebers an schneller Klarheit keine unangemessene, vertragszweckgefährdende Einschränkung. Der Ausschluss der Möglichkeit, mit verjährten Ansprüchen

---

[91] Vgl. BAG vom 28.09.2005, NZA 2006, 149, 152.
[92] BAG vom 28.09.2005, NZA 2006, 149, 152.
[93] BAG vom 28.09.2005, NZA 2006, 149, 152.

aufzurechnen, ist nicht unangemessen nach § 307 Abs. 2 Nr. 2 BGB.

(2.3.4) Einseitigkeit

Der Umstand, dass die vorgesehenen Modifizierungen der Verjährung nur die Ansprüche des Arbeitnehmers erfassen, begründet keine eigenständige Einschränkung von Rechten des Arbeitnehmers. Eine nur einseitige Regelung ist somit nicht unangemessen nach § 307 Abs. 2 Nr. 2 BGB.

Einseitigkeit als solche beschränkt keine Rechte

(2.3.5) Zwischenergebnis

Zu einer unangemessenen, weil vertragszweckgefährdenden Einschränkung vertragswesentlicher Rechte, führen Modifizierungen des Verjährungsrechts, die auf eine Verjährungsfrist von weniger als sechs Monaten oder die Verbindung von kurzer Frist und objektivem Fristbeginn abzielen.

Verjährungsfrist mindestens sechs Monate und kein objektiver Fristbeginn

(2.4) Generalklausel

Nach der Generalklausel ist zu prüfen, ob die durch die Vereinbarung der vorgesehenen Modifizierungen des Verjährungsrechts bewirkte Belastung des Arbeitnehmers durch billigenswerte Interessen des Arbeitgebers gerechtfertigt ist. Die Feststellung einer unangemessenen Benachteiligung setzt also eine wechselseitige Berücksichtigung und Bewertung rechtlich anzuerkennender Interessen der Vertragspartner voraus[94]. Kurzum: es bedarf der Abwägung der Interessen des Arbeitgebers und des Arbeitnehmers[95]. Soweit sich die Unangemessenheit bereits unter den Gesichtspunkten der Vertragszweckgefährdung oder der Abweichung von wesentlichen Grundgedanken ergibt, bedarf es keiner erneuten Prüfung, weil § 307 Abs. 2 Nr. 1 und Nr. 2 BGB die Generalklausel des § 307 Abs. 1 Satz 1 BGB konkretisieren, mithin spezieller sind. Soweit sich die Unwirksamkeit aber noch nicht nach § 307 Abs. 2 BGB ergeben hat, ist noch die Generalklausel zu prüfen.

Umfassende Abwägung der beiderseitigen Interessen

Unangemessen i. S. d. Generalklausel könnte eine Klausel sein, die Verjährungserleichterungen nur hinsichtlich der Arbeitnehmeransprüche vorsieht. Hierdurch könnten die Interessen des Arbeitnehmers nicht hinreichend berücksichtigt werden. Hierfür spricht, dass im Arbeitsverhältnis beiderseits Ansprüche bestehen und der Verjährung unterliegen. Wird die Verjährung zu Lasten nur einer Vertragspartei er-

Einseitige Klausel

---

[94] BAG vom 27.07.2005, NZA 2006, 40, 46; BAG vom 18.08.2005, NZA 2006, 34, 36.
[95] Schaub, ArbR-Hdb., § 31 Rn. 21.

leichtert, wird hierdurch nur diese Vertragspartei belastet. Lassen sich dafür keine berechtigten Belange der begünstigten Vertragspartei erkennen, ist die Klausel unangemessen. Mit der Verkürzung der Verjährung bezweckt der Arbeitgeber die Wahrung des Betriebsfriedens. Da der Frieden im Betrieb aber auch durch den Streit um Ansprüche des Arbeitsgebers belastet wird, sind keine Gründe erkennbar, die eine Ungleichbehandlung zwischen den Vertragsparteien rechtfertigen. Eine nur einseitige Klausel ist unangemessen[96].

(3) Zwischenergebnisse

> Einseitige Klausel ist unwirksam

Unwirksam ist eine Verjährungsverkürzung nur zu Lasten des Arbeitnehmers, weshalb die Klausel einheitlich sowohl für Arbeitgeber als auch für Arbeitnehmer gelten muss. Zudem darf die Verjährungsfrist nicht auf weniger als sechs Monate unter Beibehaltung des subjektiven Fristbeginns verkürzt werden. Ein rein objektiver Fristbeginn kann nicht vereinbart werden. Die Aufrechnungsmöglichkeit des § 215 BGB darf abbedungen werden.

c) Sonstige Grenzen

> Keine sonstigen Grenzen

Neben den §§ 305 ff. BGB muss sich die Erleichterung der Verjährung auch an sonstigen Grenzen, wie insbesondere § 138 BGB messen lassen. Da die §§ 305 ff. BGB strengere Grenzen aufstellen, kommt § 138 BGB vorliegend keine eigenständige Bedeutung zu.

2. *Ausschlussfrist*

> Ausgangspunkt: Vertragsfreiheit

Da auch für das Arbeitsverhältnis grundsätzlich Vertragsfreiheit besteht[97], kann eine Ausschlussfrist vereinbart werden, wenn und soweit die Vertragsfreiheit nicht beschränkt ist (§ 105 S. 1 GewO). Zu beachten sind spezielle Grenzen (a), die Grenzen bei Verwendung allgemeiner Geschäftsbedingungen (b) sowie sonstige Grenzen (c).

a) Spezielle Grenzen

> Haftung wegen vorsätzlicher Handlungen

Als spezielle Grenze könnte § 202 Abs. 1 BGB zu beachten sein, nach dem die Verjährung für Ansprüche wegen vorsätzlicher Handlungen nicht erleichtert werden darf. Vor-

---

[96] BAG vom 31.08.2005, NZA 2006, 324, 326; Boemke in: HK-ArbR, § 307 BGB Rn. 16.
[97] Boemke, GewO, § 105 Rn. 3.

aussetzung ist, dass § 202 Abs. 1 BGB auch auf Ausschlussfristen anwendbar ist. Das Gesetz bezweckt mit § 202 Abs. 1 BGB und § 276 Abs. 3 BGB einen umfassenden Schutz gegen im Voraus vereinbarte Einschränkungen von Haftungsansprüchen aus vorsätzlichen Schädigungen. Deshalb verbietet § 202 Abs. 1 BGB nicht nur Vereinbarungen über die Verjährung, sondern auch über Ausschlussfristen, weil letztere vergleichbare Wirkungen entfalten[98].

b) AGB-Kontrolle

Die Vereinbarung einer Ausschlussfrist ist nach §§ 305 ff. BGB unwirksam, wenn die AGB-Kontrolle eröffnet ist (aa) und ein Einbeziehungshindernis besteht (bb) oder ein Klauselverbot existiert (cc).

aa) Anwendungsbereich

Die AGB-Kontrolle ist eröffnet, weil die vorgesehene Vereinbarung einer Ausschlussfrist den Inhalt der Vertragsbeziehung gestaltet, sie für eine Vielzahl von Verwendungen vorformuliert ist und gestellt wird[99].

bb) Einbeziehungskontrolle

Bei der Einbeziehung der Ausschlussfrist ist zu beachten, dass Individualabreden nach § 305b BGB Vorrang genießen (1) und die Klausel nach § 305c Abs. 1 BGB nicht überraschend sein darf (2). Bei der Formulierung der Klausel ist außerdem zu beachten, dass Auslegungszweifel zu Lasten der Mandantin gehen (§ 305c Abs. 2 BGB), worauf bei der Abfassung des konkreten Klauseltextes zu achten ist. Die besonderen Einbeziehungsanforderungen des § 305 Abs. 2 BGB braucht die Mandantin dagegen nicht beachten[100].

(1) Vorrang der Individualabrede

Nach § 305b BGB haben Individualabreden Vorrang vor Regelungen in Allgemeinen Geschäftsbedingungen. Zu klären ist, ob die in Allgemeinen Geschäftsbedingungen vereinbarte Ausschlussfrist auch Ansprüche erfassen kann, die, wie z. B. häufig der Anspruch auf Arbeitsentgelt, in einer Individualabrede wurzeln. Der Vorrang der Individualabre-

---

[98] BAG vom 25.05.2005, NZA 2005, 1111, 1112; Micha, Jura 2006, 761, 64.
[99] Siehe oben C II 1 b aa, S. 302 ff.
[100] Siehe oben C II 1 b bb, S. 304 ff.

Marginalien:
Grenze: AGB-Kontrolle

Eröffnung der AGB-Kontrolle

Wirksame Einbeziehung

Ausschlussfrist und ausgehandelte Ansprüche

de setzt einen Regelungswiderspruch zwischen der Individualabrede und der AGB voraus. Soweit der Regelungswiderspruch besteht, genießt die Individualabrede Vorrang, die Allgemeine Geschäftsbedingung tritt zurück. Wie bereits zur vertraglichen Modifizierung des Verjährungsrechts ausgeführt wurde[101], entsteht ein Regelungswiderspruch dort, wo Arbeitnehmern keine reale Durchsetzungsmöglichkeit verbleibt. Dies ist der Fall, wenn die Ausschlussfrist kürzer als drei Monate[102] auf jeder Stufe bemessen oder eine kurze Frist an einen objektiven Fristbeginn[103] geknüpft wird. Dass die erste Stufe der Ausschlussfrist mit drei Monaten kürzer bemessen sein darf als die sechsmonatige Frist bei einer Verjährungsverkürzung[104], ergibt sich daraus, dass die Verjährung regelmäßig durch eine Klage gehemmt werden muss, zur Wahrung der ersten Stufe einer Ausschlussfrist aber bereits eine (schriftliche) Geltendmachung genügt.

(2) Überraschende Klauseln

Verbot überraschender Klauseln

Überraschend ist eine Vertragsklausel, die objektiv so ungewöhnlich ist (2.1), dass der Vertragspartner des Verwenders subjektiv nicht mit ihr zu rechnen braucht (2.2)[105].

(2.1) Ungewöhnlichkeit

Objektive Ungewöhnlichkeit

Ungewöhnlich ist eine Klausel, wenn ein erheblicher Widerspruch zwischen den durch die Umstände bei Vertragsschluss begründeten Erwartungen und dem Vertragsinhalt besteht[106]. Die Ungewöhnlichkeit kann sich dabei sowohl aus dem Inhalt der Regelung als auch aus ihrer formellen Gestaltung ergeben[107]. Einer formellen Ungewöhnlichkeit ist bei der konkreten Ausformulierung des Klauseltextes Rechnung zu tragen.

Ausschlussfristen im Arbeitsrecht üblich

Die Vereinbarung einer Ausschlussfrist ist als solche nicht per se ungewöhnlich, weil das Arbeitsrecht auch gesetzliche Ausschlussfristen kennt (z. B. § 4 KSchG, § 15

---

[101] Siehe oben C II 1 b bb (1.1), S. 305 f.
[102] BAG vom 25.05.2005, NZA 2005, 1111, 1114 (zweite Stufe) und BAG vom 28.09.2005, NZA 2006, 149, 153 (erste Stufe).
[103] BAG vom 01.03.2006, NZA 2006, 783, 784.
[104] Siehe oben C II 1 b bb (1.1), S. 305 f.
[105] Erman/Roloff, Bd. 1, § 305c Rn 8; Micha, Jura 2006, 761, 763; Ulrici, in HK-ArbR, § 305c BGB Rn. 3.
[106] BAG vom 23.02.2005, NZA 2005, 1193, 1198; BAG vom 27.07.2005, NZA 2006, 37, 38 f.
[107] Ulrici in: HK-ArbR, § 305c BGB Rn. 6.

Abs. 4 AGG)[108]. Außerdem sind Ausschlussfristen in Tarifverträgen und Arbeitsverträgen weit verbreitet[109]. Sie gehören zu den üblichen Regelungen in einem Arbeitsvertrag und sind daher nicht generell ungewöhnlich[110]. Dies gilt auch für zweistufige Ausschlussfristen, die neben einer Geltendmachung auf der ersten Stufe eine gerichtliche Geltendmachung auf zweiter Stufe erfordern (vgl. § 15 Abs. 4 AGG und § 61b Abs. 1 ArbGG).

Die Ungewöhnlichkeit einer Ausschlussfrist kann sich jedoch daraus ergeben, dass eine sehr kurze Frist vereinbart wird. Insbesondere im Hinblick auf die frühere Rechtsprechung des Bundesarbeitsgerichts waren Ausschlussfristen von bis zu einem Monat in der Rechtspraxis verbreitet. Kürzere Fristen waren dagegen kaum oder gar nicht verbreitet. Eine Ausschlussfrist von weniger als einem Monat ist deshalb ungewöhnlich.

Fristlänge

Aus den bereits genannten Erwägungen[111] ist außerdem eine kurze Ausschlussfrist, die unabhängig von der Kenntnis oder dem Kennenmüssen des Arbeitnehmers anläuft, objektiv ungewöhnlich.

Objektiver Fristbeginn

(2.2) Subjektives Überraschungsmoment

Im Hinblick auf die ständige Rechtsprechung des Bundesarbeitsgerichts zu den Ausschlussfristen muss ein Arbeitnehmer mit einer Ausschlussfrist von weniger als einem Monat nicht rechnen.

Subjektive Überraschung wird indiziert

(2.3) Zwischenergebnis

Nach § 305c Abs. 1 BGB würde nicht Vertragsinhalt eine Klausel, welche eine Ausschlussfrist von weniger als einem Monat vorsieht. Etwas anderes gilt nur, wenn der Arbeitgeber sicherstellt, dass der Arbeitnehmer die Klausel und die sich aus ihr ergebenden Konsequenzen zur Kenntnis nimmt. Hiervon ist der Mandantin aus den bereits genannten Gründen abzuraten[112].

Mindestens ein Monat je Stufe

---

[108] BAG vom 25.05.2005, NZA 2005, 1111, 1113; Micha, Jura 2006, 761, 762; Ulrici in: HK-ArbR, § 305c BGB Rn. 11.
[109] Micha, Jura 2006, 761, 762.
[110] BAG vom 25.05.2005, NZA 2005, 1111, 1113; Micha, Jura 2006, 761, 763; Ulrici in: HK-ArbR, § 305c BGB Rn. 11.
[111] Siehe oben C II 1 b bb (2.1), S. 307 ff.
[112] Siehe oben C II 1 b bb (2.3), S. 310.

cc) Inhaltskontrolle

Inhaltskontrolle

Die Vereinbarung einer Ausschlussfrist ist unwirksam, wenn hierdurch der Vertragspartner des Verwenders unangemessen benachteiligt wird (§ 307 Abs. 1 Satz 1 BGB). Die Unangemessenheit (2) kann sich aus dem Inhalt einer Regelung (§ 307 Abs. 1 Satz 1 BGB) oder ihrer äußeren Gestaltung (§ 307 Abs. 1 Satz 2 BGB) ergeben. Der Prüfungsmaßstab könnte in dreierlei Hinsicht modifiziert sein (1).

(1) Maßstab der Inhaltskontrolle

(1.1) Beschränkung auf Transparenzkontrolle

Ausschlussfrist weicht vom Gesetz ab

Der Maßstab der Inhaltskontrolle könnte nach § 307 Abs. 3 BGB auf die äußere Gestaltung beschränkt sein, wenn es sich bei der Vereinbarung einer Ausschlussfrist nicht um eine vom Gesetz abweichende oder dieses ergänzende Regelung handelt. Da die Geltendmachung von Ansprüchen in zeitlicher Hinsicht durch das gesetzliche Verjährungsrecht begrenzt wird und eine Ausschlussfrist eine weitere zeitliche Grenze fixiert, ergänzt letztere das Gesetz. Die Inhaltskontrolle ist nicht nach § 307 Abs. 3 Satz 1 BGB beschränkt[113].

(1.2) Verbrauchervertrag

Berücksichtigung von Begleitumständen

Bei der Bestimmung der Unangemessenheit sind nach § 310 Abs. 3 Nr. 3 BGB auch die den Vertragsschluss begleitenden Umstände zu berücksichtigen, weil es sich bei den abzuschließenden Arbeitsverträgen um Verbraucherverträge handelt[114].

(1.3) Berücksichtigung der Besonderheiten des Arbeitsrechts

Besonderheiten des Arbeitsrechts

Schließlich sind bei der Bestimmung der Unangemessenheit nach § 310 Abs. 4 Satz 2 BGB die Besonderheiten des Arbeitsrechts angemessen zu berücksichtigen, die sich in der weiten Verbreitung von Ausschlussfristen und dem besonderen Interesse der Arbeitgeber an einer schnellen Klärung streitiger Rechte zeigen[115]. Im Ergebnis werden hierdurch auch die Klauselverbote des § 309 BGB für Wertungen geöffnet[116].

---

[113] BAG vom 25.05.2005, NZA 2005, 1111, 1113.
[114] Siehe oben C II 1 b cc (1.2), S. 311 f.
[115] Siehe oben C II 1 b cc (1.3), S. 312 ff.
[116] BAG vom 04.03.2004, NZA 2004, 727, 731.

(2) Unangemessenheit

Unwirksam sind AGB, die den Arbeitnehmer unangemessen benachteiligen (§ 307 Abs. 1 Satz 1 BGB). Eine unangemessene Benachteiligung läge zunächst vor, wenn ein spezielles Klauselverbot nach §§ 308, 309 BGB eingreifen würde (2.1). Eine unangemessene Benachteiligung kann sich außerdem daraus ergeben, dass die Klauselbestimmung nicht klar und verständlich ist (§ 307 Abs. 1 Satz 2 BGB). Letzteres ist erst bei der Ausformulierung zu beachten. Die Unangemessenheit kann sich zudem daraus ergeben, dass die Klausel mit wesentlichen Grundgedanken der gesetzlichen Regelung, von der abgewichen wird, nicht zu vereinbaren ist (2.2) oder wesentliche Rechte und Pflichten (2.3), die sich aus der Natur des Vertrags ergeben, so einschränkt, dass die Erreichung des Vertragszwecks gefährdet ist (§ 307 Abs. 2 BGB). Schließlich führt allgemein (§ 307 Abs. 1 Satz 1 BGB) zur Unangemessenheit jede Beeinträchtigung eines rechtlich anerkannten Interesses des Arbeitnehmers, die nicht durch begründete und billigenswerte Interessen des Arbeitgebers gerechtfertigt ist oder durch gleichwertige Vorteile ausgeglichen wird (2.4)[117].

Unangemessene Benachteiligung

(2.1) Spezielles Klauselverbot

(2.1.1) Unzulässige Haftungsbeschränkung

Selbst wenn die Ausschlussfrist für die in § 309 Nr. 7 BGB genannten Ansprüche gilt, wird durch eine Ausschlussfrist keine Haftungsbeschränkung oder -begrenzung statuiert. Das Klauselverbot des § 309 Nr. 7 BGB steht somit nicht entgegen[118].

Ausschlussfrist ist keine Haftungsbeschränkung

(2.1.2) Unzulässiges Form- und Zugangserfordernis

Nach § 309 Nr. 13 BGB ist eine Klausel unwirksam, durch die Anzeigen oder Erklärungen, die dem Verwender oder einem Dritten gegenüber abzugeben sind, an eine strengere Form als die Schriftform oder an besondere Zugangserfordernisse gebunden werden.

Geltendmachung als unzulässiges Formerfordernis

Vorgesehen ist eine Klausel, nach der Ansprüche des Arbeitnehmers verfallen, wenn sie nicht innerhalb einer bestimmten Frist gegenüber dem Arbeitgeber geltend gemacht werden. Dass der Anspruch nicht verfällt, ist somit von einer Anzeige oder Erklärung abhängig. Für die Geltendma-

Schriftliche Geltendmachung auf erster Stufe

---

[117] BAG vom 04.03.2004, NZA 2004, 727, 732; BAG vom 21.04.2005, NZA 2005, 1053, 1055; BAG vom 27.07.2005, NZA 2006, 40, 46; BAG vom 18.08.2005, NZA 2006, 34, 36.
[118] Siehe oben C II 1 b cc (2.1), S. 327.

chung darf daher keine strengere Form als die Schriftform vereinbart werden.

Klageerfordernis auf zweiter Stufe

Um die Klärung streitiger Rechte weiter zu beschleunigen, ist angedacht, eine zweite Stufe zu vereinbaren, wonach die Ansprüche innerhalb einer weiteren Frist ab erfolgloser Geltendmachung eingeklagt werden müssen, sie anderenfalls verfallen. Eine solche Gestaltung ist nach § 309 Nr. 13 BGB unzulässig, wenn die zum Erhalt des Anspruchs auf zweiter Stufe notwendige Klageerhebung eine Anzeige oder Erklärung ist, die an eine strengere Form als die Schriftform gebunden ist. Dazu müsste die Obliegenheit zur Klageerhebung eine Anzeige oder Erklärung im vorstehenden Sinne sein[119]. Anzeigen und Erklärungen in diesem Sinne sind alle Willenserklärungen, rechtsgeschäftsähnlichen Erklärungen oder nur tatsächlichen Erklärungen, von denen die Rechtsentstehung, -ausübung, -erhaltung oder -wahrnehmung abhängen soll[120]. In diesem Sinne ließe sich auch die Klageerhebung als eine solche Erklärung ansehen, weil die Klage durch Zustellung einer Klageschrift, die eine prozessuale Erklärung ist, erhoben wird[121]. Von ihrer Zustellung, d. h. einer besonderen Förmlichkeit[122], soll die Rechtserhaltung abhängen. Andererseits ist aber zu berücksichtigen, dass Sinn und Zweck des § 309 Nr. 13 BGB darin besteht, dass der Verwender keine unangemessenen Hindernisse für die Rechtsdurchsetzung errichtet. Bedenkt man insoweit, dass es bei nicht freiwilliger Erfüllung eines Anspruchs ohnehin der Inanspruchnahme gerichtlicher Hilfe zur Rechtsdurchsetzung bedarf, wird durch die zweite Stufe der Ausschlussfrist keine zusätzliche Hürde errichtet, sondern nur die durch das Selbsthilfeverbot gesetzlich errichtete Hürde zeitlich vorverlagert. Nach Sinn und Zweck fällt die Klageobliegenheit somit nicht unter § 309 Nr. 13 BGB[123]. Selbst wenn man insoweit anderer Ansicht ist, müsste man berücksichtigen, dass im Arbeitsverhältnis ein besonderes Bedürfnis nach schnellem Rechtsfrieden besteht. Dies kommt in der weiten Verbreitung von zweistufigen Ausschlussfristen zum Ausdruck. Dieses besondere Bedürfnis nach Rechtsfrieden rechtfertigt jedenfalls die zweite

---

[119] Offengelassen von BAG vom 25.05.2005, NZA 2005, 1111, 1113.
[120] BeckOK-BGB/Becker, § 309 Nr. 13 Rn. 2; Micha, Jura 2006, 761, 764.
[121] So z. B. Micha, Jura 2006, 761, 764.
[122] Dies übersieht Micha, Jura 2006, 761, 764.
[123] Boemke in: HK-ArbR, § 309 BGB Rn. 86.

Stufe der Ausschlussfrist[124]. Die vorgesehene zweite Stufe der Ausschlussfrist ist nicht nach § 309 Nr. 13 BGB unangemessen.

(2.2) Verletzung gesetzlicher Grundgedanken

Die zweistufige Ausschlussfrist könnte unangemessen sein, weil sie mit Grundgedanken der gesetzlichen Regelung, von der sie abweicht, nicht vereinbar ist (§ 307 Abs. 2 Nr. 1 BGB). Eine Ausschlussfrist weicht von der gesetzlichen Vorstellung ab, dass Ansprüche vom Gläubiger bis zur Grenze der Verjährung und der Verwirkung geltend gemacht werden können, ohne dass der Gläubiger zuvor aktiv werden muss. Aus diesem Grund muss sich auch die erste Stufe der Ausschlussfrist am gesetzlichen Verjährungsrecht messen lassen, auch wenn insoweit eine Klage zur Rechtswahrung nicht erforderlich ist[125].

Ausschlussfrist wird am Verjährungsrecht gemessen

(2.2.1) Fristlänge

Eine zu vereinbarende Ausschlussfrist, die kürzer als die gesetzlichen Verjährungsfristen ist, könnte mit wesentlichen Grundgedanken des Verjährungsrechts nicht vereinbar sein. Wie die Existenz der Regelung des § 309 Nr. 8 lit. b) ff) BGB zeigt, sind Verkürzungen gesetzlicher Verjährungsfristen nicht per se unangemessen. Entsprechend sind auch andere zeitliche Schranken nicht generell unzulässig. Unter Berücksichtigung des Interesses des Arbeitgebers an einer zeitnahen Klärung sind jedoch Ausschlussfristen von weniger als drei Monaten auf jeder Stufe unwirksam[126], weil der Arbeitnehmer keine faire Chance zur Durchsetzung seiner Ansprüche erhält.

zu kurze Frist verletzt gesetzliche Grundgedanken

(2.2.2) Fristbeginn

Mit wesentlichen Grundgedanken des Verjährungsrechts unvereinbar ist eine kurze Ausschlussfrist, welche den Fristbeginn unter Verzicht auf subjektive Umstände des Gläubigers an objektive Umstände anknüpft[127]. Dieses Ergebnis ändert sich auch nicht bei Berücksichtigung der besonderen Interessen des Arbeitgebers oder durch die Erstreckung der Ausschlussfrist auf Arbeitgeberansprüche[128].

Objektiver Fristbeginn verletzt Grundgedanken

---

[124] BAG vom 25.05.2005, NZA 2005, 1111, 1113; Boemke in: HK-ArbR, § 309 BGB Rn. 86.
[125] Micha, Jura 2006, 761, 764.
[126] BAG vom 25.05.2005, NZA 2005, 1111, 1114 (zweite Stufe) und BAG vom 28.09.2005, NZA 2006, 149, 153 (erste Stufe).
[127] Siehe oben C II 1 b cc (2.2.2), S. 329.
[128] Siehe oben C II 1 b cc (2.2.2), S. 329.

(2.2.3) Rechtsfolge der Ausschlussfrist

Eine Ausschlussfrist könnte aus dem Grund mit wesentlichen gesetzlichen Grundgedanken unvereinbar sein, dass der Anspruch allein mit Fristablauf verfällt und auch nicht mehr im Wege der Aufrechnung geltend gemacht werden kann. Die Rechtsfolge einer Ausschlussfrist weicht von § 215 BGB ab, der zu den wesentlichen Grundgedanken des Verjährungsrechts zählt. Diese Abweichung ist jedoch nicht unangemessen, weil sie durch das besondere Klärungsbedürfnis des Arbeitsgebers gerechtfertigt wird[129].

(2.2.4) Einseitigkeit

Eine unangemessene Benachteiligung infolge Abweichung von wesentlichen Grundgedanken des Gesetzes könnte sich schließlich daraus ergeben, dass die Ausschlussfrist einseitig nur für die Ansprüche des Arbeitnehmers vereinbart wird. Der grundsätzliche Gleichlauf der zeitlichen Grenzen der Anspruchsdurchsetzung für beide Vertragsparteien ist jedoch kein wesentlicher Grundgedanke des gesetzlichen Verjährungsrechts[130].

(2.2.5) Zwischenergebnis

Unangemessen wegen Abweichung von gesetzlichen Grundgedanken sind Ausschlussfristen mit einer Länge von weniger als drei Monaten und die Vereinbarung eines objektiven Fristbeginns für diese kurze Frist.

(2.3) Vertragszweckgefährdung

Die Vereinbarung einer Ausschlussfrist könnte vertragswesentliche Rechte so einschränken, dass der Vertragszweck gefährdet wird (§ 307 Abs. 2 Nr. 2 BGB). Eine Ausschlussfrist müsste somit zunächst zu einer unangemessenen Einschränkung vertragswesentlicher Rechte führen. Außerdem müsste dadurch der Vertragszweck gefährdet werden.

Wie die Verkürzung der Verjährung schränkt auch eine kurze Ausschlussfrist vertragswesentliche Rechte ein, wenn sie z. B. den Anspruch auf das Arbeitsentgelt erfasst[131]. Diese Einschränkung ist unangemessen, wenn dem Arbeitnehmer keine effektive Möglichkeit verbliebe, seine Rechte vor einer Geltendmachung zu prüfen. Entscheidend ist somit der tatsächliche Fristlauf, der durch die Länge der Ausschlussfrist und den Fristbeginn bestimmt wird. Unter Be-

---

[129] Siehe oben C II 1 b cc (2.2.3), S. 330.
[130] Siehe oben C II 1 b cc (2.2.4), S. 330.
[131] BAG vom 28.09.2005, NZA 2006, 149, 152.

Marginalia:
- Anspruchsverfall als Rechtsfolge gerechtfertigt
- Einseitigkeit verletzt keinen Grundgedanken
- Mindestens drei Monate je Stufe
- Vertragszweckgefährdung
- Vertragswesentliche Rechte

rücksichtigung der Interessen des Arbeitgebers an Rechtssicherheit und Klärung muss dem Arbeitnehmer zumindest eine Frist von drei Monaten zur Geltendmachung seiner Ansprüche verbleiben[132]. Der Fristbeginn darf dabei nicht unabhängig von der Kenntnis des Arbeitnehmers anlaufen, weil anderenfalls die erhebliche Gefahr besteht, dass er Ansprüche infolge Unkenntnis verliert[133]. Nach erfolgloser Geltendmachung muss Arbeitnehmern für die gerichtliche Geltendmachung (zweite Stufe) eine Frist von weiteren drei Monaten verbleiben[134]. Die Vereinbarung kürzerer Fristen ist unangemessen, weil die Ansprüche der Arbeitnehmer faktisch ausgehöhlt und damit entwertet werden.

Durch die unangemessene Einschränkung vertragswesentlicher Rechte wird der Vertragszweck gefährdet, weil die Entgeltansprüche des Arbeitnehmers entwertet und damit der entgeltliche Charakter des Arbeitsvertrages in Zweifel gezogen werden[135].

Änderung des Vertragscharakters

Unzulässig ist somit eine Klausel, die auf einer oder beiden Stufen eine Frist von weniger als drei Monaten vorsieht oder die Frist ohne Rücksicht auf die Kenntnis des Arbeitnehmers anlaufen lässt.

Frist mindestens drei Monaten je Stufe

(2.4) Generalklausel

Nach der Generalklausel ist zu prüfen, ob die durch die Vereinbarung einer Ausschlussfrist bewirkte Belastung des Arbeitnehmers durch billigenswerte Interessen des Arbeitgebers gerechtfertigt ist. Es bedarf der Abwägung der Interessen des Arbeitgebers und des Arbeitnehmers[136]. Dabei ist nur noch auf die nicht bereits nach § 307 Abs. 2 BGB als unangemessen qualifizierten Gesichtspunkte abzustellen. Eine unangemessene Benachteiligung ergibt sich insoweit daraus, dass eine Ausschlussfrist einseitig nur für die Ansprüche des Arbeitnehmers vereinbart wird[137].

Einseitige Ausschlussfrist ist unangemessen

(2.5) Zwischenergebnisse

Unwirksam ist grundsätzlich eine nur die Ansprüche des Arbeitnehmers erfassende Ausschlussfrist, weshalb die Klausel einheitlich sowohl für Arbeitgeber als auch für Ar-

Drei Monate je Stufe, kein objektiver Fristbeginn, keine einseitige Klausel

---

[132] Siehe oben C II 1 b bb (1.1), S. 305 f.
[133] BAG vom 01.03.2006, NZA 2006, 783, 784. – Siehe oben C II 1 b bb (1.2), S. 306.
[134] BAG vom 25.05.2005, NZA 2005, 1111, 1113.
[135] BAG vom 28.09.2005, NZA 2006, 149, 152.
[136] Schaub, ArbR-Hdb., § 31 Rn. 21.
[137] BAG vom 31.08.2005, NZA 2006, 324, 326. – Siehe oben C II 1 b cc (2.4), S. 312 f.

beitnehmer geltend muss. Außerdem kann die erste Stufe der Ausschlussfrist, verbunden mit einem subjektiven Fristbeginn, nicht kürzer als drei Monate vereinbart werden. Für die zweite Stufe muss zumindest eine Frist von weiteren drei Monaten vorgesehen werden.

c) Sonstige Grenzen

Keine sonstigen Grenzen

Ein Verstoß gegen sonstige Grenzen ist für Ausschlussfristen ebenso wie für vertragliche Abweichungen vom Verjährungsrecht[138] nicht erkennbar.

III. Auswahl

Ausschlussfrist besser geeignet

Die vorstehende Prüfung hat ergeben, dass eine Modifizierung des Verjährungsrechts und die Vereinbarung einer zweistufigen Ausschlussfrist im Wesentlichen im gleichen Umfang möglich sind. Unterschiede bestehen insoweit, als die Verjährung nicht auf weniger als sechs Monate verkürzt werden kann. Bei der Vereinbarung einer Ausschlussfrist ist es dagegen möglich, den Zeitraum von sechs Monaten auf zwei Stufen von je drei Monaten aufzuteilen. Mit einer zweistufigen Ausschlussfrist ist es demnach möglich, bereits nach Ablauf von drei Monaten Klarheit herzustellen, wenn der Arbeitnehmer seine Ansprüche nicht innerhalb dieser Frist geltend macht. Wird die Verjährungsfrist verkürzt, kann frühestens nach Ablauf von sechs Monaten Klarheit erzielt werden. Die Vereinbarung einer Ausschlussfrist entspricht demnach besser dem Anliegen der Mandantin, die möglichst frühzeitig Rechtssicherheit will. Der Mandantin ist daher zu raten, eine zweistufige Ausschlussfrist zu vereinbaren.

---

[138] Siehe oben unter C II 1 b cc, S. 310 ff.

D. Ausformulierung

Bei der konkreten Ausformulierung der Klausel sind neben den zuvor geprüften inhaltlichen Vorgaben (I.) auch formelle Vorgaben (II.) zu beachten.

Konkrete Ausformulierung

I. Inhaltliche Vorgaben

Zunächst sind aus der vorstehenden Prüfung die inhaltlichen Vorgaben zusammenzutragen. Dabei ist darauf zu achten, dass die Prüfung verschiedene Grenzen ergeben hat. Für eine wirksame Klausel sind die jeweils strengsten Vorgaben zu beachten:

Zusammenfassung inhaltlicher Vorgaben

1. Hinsichtlich der Fristlänge hat die Prüfung des Vorrangs der Individualabrede ergeben, dass die Frist nicht kürzer als zweimal drei Monate sein darf. Überraschend ist eine Ausschlussfrist dagegen erst, wenn sie kürzer als (zweimal) einen Monat ist. Unangemessen ist wiederum eine Ausschlussfrist von weniger als zweimal drei Monaten. Insgesamt darf die Ausschlussfrist somit nicht kürzer als zweimal drei Monate sein.
2. Außerdem darf die Frist nicht losgelöst von der Kenntnis des Gläubigers anlaufen.
3. Auf der ersten Stufe darf keine strengere Form als Schriftform verlangt werden.
4. Schließlich muss die Klausel sowohl für Arbeitnehmeransprüche als auch für Arbeitgeberansprüche gelten.

II. Formelle Vorgaben

In formeller Hinsicht hat sich bereits gezeigt, dass die Klausel nicht auf Grund ihrer Gestaltung überraschend sein darf (1.). Außerdem sind Auslegungszweifel zu vermeiden (2.). Schließlich muss die Klausel transparent sein (3.).

Ermittlung formeller Vorgaben

1. Überraschende Klauseln

Nach § 305c Abs. 1 BGB werden überraschende Vertragsklauseln nicht Vertragsbestandteil. Überraschend ist eine Klausel, die objektiv so ungewöhnlich ist, dass der Vertragspartner des Verwenders subjektiv nicht mit ihr zu rechnen braucht. Objektiv ungewöhnlich ist eine Klausel,

Äußere Überraschung vermeiden

wenn ein erheblicher Widerspruch zwischen den durch die Umstände bei Vertragsschluss begründeten Erwartungen und dem Vertragsinhalt besteht[139]. Je belastender eine Regelung ist[140] bzw. je weiter sich der Vertragsinhalt vom Üblichen, d. h. insbesondere vom dispositiven Recht entfernt, desto ausgeprägter ist die Ungewöhnlichkeit der Klausel[141]. Die Ungewöhnlichkeit kann sich dabei auch aus formellen Umständen ergeben. Formelle Ungewöhnlichkeit liegt dabei vor, wenn eine Regelung nach der Gliederung oder Systematik des Klauselwerks nicht oder nicht an dieser Stelle zu erwarten ist[142]. So darf eine einschneidende Regelung wie eine Ausschlussfrist nicht unter „Sonstiges" geregelt werden[143].

Klausel nicht im Vertrag verstecken

Hieraus lässt sich ableiten, dass die Ausschlussfrist unter einer deutlichen Überschrift geregelt werden muss. Am besten ist insoweit, wenn sich bereits aus der Überschrift ergibt, dass der Verfall von Ansprüchen geregelt wird. So kommt die einschneidende Rechtsfolge auch in der Überschrift zum Ausdruck und zieht die Aufmerksamkeit des Arbeitnehmers auf sich.

2. Auslegungszweifel

Vermeidung von Auslegungszweifeln

Nach § 305c Abs. 2 BGB gehen Zweifel bei der Auslegung Allgemeiner Geschäftsbedingungen zu Lasten des Verwenders. Dies könnte relevant sein, wenn – wie in Formularbüchern üblich – als Fristbeginn „Fälligkeit" vereinbart wird. Das Problem ergibt sich daraus, dass in inhaltlicher Hinsicht erforderlich ist, dass die Ausschlussfrist auf der ersten Stufe nicht losgelöst von der Kenntnis oder dem Kennenmüssen des Arbeitnehmers vom Anspruch anlaufen darf[144]. Als Rechtsbegriff bezeichnet „Fälligkeit" jedoch einen von subjektiven Umständen losgelösten Zeitpunkt[145]. In der Konsequenz führt dies dazu, dass die Klausel inhaltlich unwirksam ist, wenn man „Fälligkeit" im Sinne eines objektiven Fristbeginns auslegt. Allerdings könnte man den

---

[139] BAG vom 23.02.2005, NZA 2005, 1193, 1198; BAG vom 27.07.2005, NZA 2006, 37, 38 f.
[140] BAG vom 27.07.2005, NZA 2006, 37, 39.
[141] BAG vom 13.07.2005, AP Nr. 78 zu § 74 HGB; Däubler/Dorndorf, § 305c Rn. 10.
[142] BAG vom 23.09.2003, AP Nr. 93 zu § 77 BetrVG 1972 unter II 2; BAG vom 27.07.2005, NZA 2006, 37, 39.
[143] BAG vom 31.08.2005, NZA 2006, 324, 326.
[144] Siehe oben C II 1 b bb (2.1), S. 307 ff.
[145] Vgl. BeckOK-BGB/Unberath, § 271 Rn. 2.

Begriff der „Fälligkeit" auch dahingehend auslegen, dass er mit subjektiven Umständen aufgeladen wird. Dafür spricht, dass die Klausel nur dann wirksam ist[146].

Infolge zweier möglicher Auslegungen könnte die Klausel unwirksam sein, weil Auslegungszweifel zu Lasten der Mandantin gehen und die Klausel dann in dem Sinne auszulegen ist, die für den Arbeitnehmer am günstigsten ist. Da es für den Arbeitnehmer am günstigsten ist, wenn für ihn keine Ausschlussfrist gilt, ist die kundenfeindlichste Auslegung für ihn zugleich die günstigste, weil sie zur Unwirksamkeit der Klausel führt[147]. Voraussetzung für die Anwendung des § 305c Abs. 2 BGB ist jedoch, dass nach Ausschöpfung aller Auslegungsmethoden noch Zweifel verbleiben[148]. Hiervon kann vorliegend jedoch nicht ausgegangen werden, weil der Begriff der Fälligkeit in Ausschlussklauseln üblich ist und durch die Rechtsprechung einen festen Inhalt erhalten hat. Der Begriff der Fälligkeit ist dahingehend auszulegen, dass die Ausschlussfrist erst anläuft, wenn der Gläubiger seinen Anspruch annähernd beziffern kann[149]. Fälligkeit in diesem Sinne liegt nicht vor, wenn es dem Gläubiger praktisch unmöglich ist, den Anspruch mit seinem Entstehen geltend zu machen. Das ist insbesondere der Fall, wenn die rechtsbegründenden Tatsachen in der Sphäre des Schuldners liegen und der Gläubiger es nicht durch schuldhaftes Zögern versäumt hat, sich Kenntnis von den Voraussetzungen zu verschaffen, die er für die Geltendmachung benötigt. Da unter Berücksichtigung der Rechtsprechung des Bundesarbeitsgerichts der Begriff der Fälligkeit eindeutig auszulegen ist, fehlt es an verbleibenden Auslegungszweifeln und § 305c Abs. 2 BGB ist nicht anwendbar.

Klarstellung möglicher Zweifel

---

[146] Vgl. Boemke, in HK-ArbR, § 307 BGB Rn. 7.
[147] Vgl. Ulrici in: HK-ArbR, § 305c BGB Rn. 22.
[148] BAG vom 27.07.2005, NZA 2006, 37, 38; BAG vom 09.11.2005, BB 2006, 386, 387.
[149] BAG vom 28.09.2005, NZA 2006, 149, 152.

3. Transparenzgebot

Klare Formulierung

Unangemessen und damit unwirksam sind nach § 307 Abs. 1 Satz 2 BGB intransparente Klauseln. Das dort fixierte Transparenzgebot verpflichtet den Verwender, die Rechte und Pflichten seines Vertragspartners möglichst klar und durchschaubar darzustellen[150]. Entscheidend ist dabei, dass die Klausel die mit ihr verbundenen wirtschaftlichen Nachteile und sonstigen Belastungen soweit erkennen lässt, wie dies nach den Umständen gefordert werden kann[151]. Je einschneidender die wirtschaftlichen Nachteile oder sonstigen Belastungen für den Arbeitnehmer sind, desto klarer und deutlicher muss eine Regelung gefasst sein. Abzustellen ist dabei auf das Verständnis eines durchschnittlichen Arbeitnehmers[152].

Deutlicher Hinweis auf die einschneidende Rechtsfolge

Die Ausschlussfrist löst einschneidende Rechtsfolgen (endgültiger Anspruchsuntergang) aus. An ihre Transparenz sind daher besonders hohe Anforderungen zu stellen. Für den Arbeitnehmer müssen die einschneidenden Rechtsfolgen aus der Klausel heraus unzweifelhaft klar werden. Dabei kann allerdings berücksichtigt werden, dass arbeitsrechtliche Ausschlussfristen rechtstatsächlich weit verbreitet sind. Bei gängigen Klauseltexten kann daher davon ausgegangen werden, dass der Arbeitnehmer den Inhalt der Klauseln erkennt. Rein vorsorglich sollte die Rechtsfolge der Ausschlussfrist für den Arbeitnehmer verständlich erläutert werden[153].

III. Umsetzung

Formulierungsvorschlag

Unter Berücksichtigung der inhaltlichen und formellen Vorgaben ist der Mandantin folgende Vertragsklausel vorzuschlagen:

„§ .. Verfall von Ansprüchen
(1) Sämtliche Ansprüche der Vertragsparteien aus dem Arbeitsverhältnis verfallen, wenn sie nicht innerhalb von drei Monaten ab Fälligkeit beim Schuldner schriftlich geltend gemacht werden.
(2) Außerdem verfallen sämtliche Ansprüche der Vertragsparteien aus dem Arbeitsverhältnis, wenn sie nicht innerhalb weiterer drei Monate ab ihrer schriftlichen Geltendmachung eingeklagt werden.

---

[150] BAG vom 25.05.2005, NZA 2005, 1111, 1115.
[151] BAG vom 25.05.2005, NZA 2005, 1111, 1113; Palandt/Heinrichs, § 307 Rn. 17.
[152] BAG vom 25.05.2005, NZA 2005, 1111, 1113.
[153] Großzügiger BAG vom 25.05.2005, NZA 2005, 1111, 1113.

(3)¹⁵⁴ Mit dem Verfall sind die Ansprüche endgültig erloschen und können auch nicht mehr im Wege der Aufrechnung geltend gemacht werden.
(4)¹⁵⁵ Die vorstehenden Absätze gelten nicht für Ansprüche aus Haftung wegen Vorsatz."

---

[154] Klarstellung der Rechtsfolge, um im Hinblick auf die Transparenz und das Verbot überraschender Klauseln jegliche Risiken auszuräumen.

[155] Klarstellung im Hinblick auf § 202 Abs. 1 BGB (siehe oben C II 1 a, S. 301). – Entbehrlich nach BAG vom 25.05.2005, NZA 2005, 1111, 1112.

C. Aufbauschemata

Die nachstehend aufgeführten Aufbauschemata sollen die Bearbeitung eines arbeitsrechtlichen Falls erleichtern. Sie helfen bei der Orientierung, welche Tatbestandsmerkmale für das Eingreifen einer bestimmten Rechtsfolge geprüft werden müssen und welche Reihenfolge dabei einzuhalten ist. Das Schema gibt eine Denkhilfe beim Erarbeiten der Lösung an die Hand, indem wichtige Punkte vor dem Vergessen bewahrt und die Grundsätze eines systemgerechten logischen Aufbaus verdeutlicht werden. Insoweit sollte jedes einzelne, in dem jeweiligen Aufbauschema dargestellte Tatbestandsmerkmal bei jeder Fallbearbeitung gedanklich geprüft und abgehandelt werden. Soweit es um die schriftliche Umsetzung der Falllösung geht, ist zu beachten, dass nicht zwingend zu jedem einzelnen Tatbestandsmerkmal gesonderte Ausführungen im Gutachtenstil erforderlich sind; vielmehr zeichnet sich die gelungene Bearbeitung durch Problemorientierung aus. Gutachtentechnisch werden nur die Tatbestandsmerkmale behandelt, die im konkreten Fall rechtlich oder tatsächlich problematisch sind. Im Übrigen bestehen keine Bedenken dagegen, dass Vorliegen unproblematischer Tatbestandsvoraussetzungen knapp im Urteilsstil darzustellen.

Aber: Die Schemata haben keine Wunderwirkung und präsentieren dem Kandidaten nicht von sich aus die zutreffende Lösung. Folgende vier Punkte sollten daher beachtet werden[1]:

1. Nur einfache Fälle mit einer präzisen Fragestellung sind einer schematischen Behandlung zugänglich.
2. Jedes Schema ist nur für eine bestimmte Fallkonstellation entwickelt und brauchbar.
3. Dem Schema kann nicht entnommen werden, hinter welchem Punkt sich die eigentlichen Fallprobleme verbergen.
4. Kein Schema kann sämtliche Probleme berücksichtigen, die irgendwann einmal irgendwie erheblich werden können.

---

[1] Ausführlich hierzu Schwerdtfeger, Öffentliches Recht in der Fallbearbeitung, 12. Auflage (2004), § 1 Rn. 11 ff.

1 Zulässigkeit einer Klage am Beispiel der Kündigungsschutzklage[2]

I. Allgemeine Prozessvoraussetzungen

1. Rechtsweg zu den Arbeitsgerichten (§ 2 ArbGG)
   - bei Nichteröffnung des Rechtswegs keine Klageabweisung, sondern Verweisung von Amts wegen an das zuständige Gericht (§§ 48 Abs. 1 ArbGG, §§ 17, 17a GVG). Da die Kündigungsschutzklage nur dann Erfolg haben kann, wenn der Kläger Arbeitnehmer ist, reicht dessen bloße Behauptung, er sei Arbeitnehmer, ausnahmsweise für die Zulässigkeit der Klage aus (so genannter sic-non-Fall).

2. Örtliche Zuständigkeit
   - §§ 12 ff. ZPO i. V. m. § 46 Abs. 2 ArbGG
   - bei Unzuständigkeit keine Klageabweisung, sondern Verweisung an das zuständige Gericht (§§ 48 Abs. 1 ArbGG, §§ 17, 17a GVG)

3. Sachliche und funktionelle Zuständigkeit (§ 8 ArbGG)

4. Partei- und Prozessfähigkeit, Postulationsfähigkeit
   - Parteifähigkeit: §§ 50 ff. ZPO i. V. m. § 46 Abs. 2 ArbGG
   - Postulationsfähigkeit: § 11 Abs. 1 ArbGG

5. Ordnungsgemäße Klageerhebung (§§ 495, 253 ZPO i.V.m. 46 Abs. 2 ArbGG)

II. Besondere Prozessvoraussetzungen für die Kündigungsschutzklage

1. Feststellungsinteresse (§§ 4 Satz 1, 13 Abs.1 Satz 2 i. V. m. § 23 Abs. 1 Satz 2 und 3 KSchG)
   - Seit 01.01.2004 müssen auch Arbeitnehmer, die nicht in den betrieblichen Geltungsbereich des allgemeinen Kündigungsschutzes fallen, Kündigungsschutzklage erheben, um die Rechtsunwirksamkeit einer Kündigung geltend zu machen (§ 23 Abs. 1 Satz 2 und 3 KSchG), so dass jeder Arbeitnehmer das entsprechende rechtliche Interesse hat, separat die Kündigung anzugreifen.

2. Wahrung der Klagefrist gemäß §§ 4, 13 Abs. 1 Satz 2 KSchG (ggf. i.V.m. § 23 Abs. 1 Satz 2 und 3 KSchG)
   - nach h. M. keine Sachurteilsvoraussetzung, sondern materiell-rechtliche Ausschlussfrist, daher in Begründetheit zu prüfen
   - zutreffende Ansicht: Klagefrist als Zulässigkeitsvoraussetzung

---

[2] Siehe dazu Klausur 3 unter B I, S. 79 ff. und B II, S. 87 ff.; Klausur 4 unter A II 1, S. 111 f.; Klausur 5 unter A I, S. 144 ff. und A II, S. 147 ff.

2 Gestaltungsfaktoren

A. Gleichbehandlung[3]

I. Rechtsgrundlage

1. Spezialgesetzliche Ausprägungen
   - z. B. Art. 141 EG-Vertrag, § 7 Abs. 1 AGG, § 4 TzBfG

2. Allgemeiner arbeitsrechtlicher Gleichbehandlungsgrundsatz
   - Rechtsgrundlage: Dogmatische Grundlagen sind streitig, aber inzwischen gewohnheitsrechtliche Anerkennung

II. Tatbestandsvoraussetzungen

1. Gruppenbezogene Regelung
   a) Allgemeine Vergünstigung für eine Gruppe von Arbeitnehmern
   b) Nicht: Individuelle Begünstigung einzelner Arbeitnehmer

2. Herausnahme einzelner Arbeitnehmer oder einer Gruppe von Arbeitnehmern

3. Ungleichbehandlung
   a) Vergleichbarkeit der begünstigten und der nicht begünstigten Arbeitnehmer
   b) Fehlen eines sachlichen Grunds für die Differenzierung
   c) für § 7 Abs. 1 AGG siehe insbesondere §§ 8 – 10 AGG

III. Rechtsfolge

1. Grundsatz: Unwirksamkeit der allgemeinen Regelung
   - Tarifvertrag, Betriebsvereinbarung, Gesamtzusage ist unwirksam mit der Folge, dass für die Zukunft Ansprüche grds. nicht mehr entstehen können

2. Ausnahme: Erstreckung der Regelung auf die ausgenommenen Arbeitnehmer
   - Voraussetzung: Privilegierte haben bestandskräftige Zusage oder Herausnahme einzelner Arbeitnehmer bzw. einzelner Gruppen von Arbeitnehmern aus allgemeiner Regelung

---

[3] Siehe dazu Klausur 6 unter B II, S. 189 ff.

B. Betriebliche Übung[4]

I. Anspruchsgrundlage

1. Normative Wirkung (Mindermeinung)

2. Vertragstheorie (Rspr.)

3. Vertrauenshaftung (h. L.)

II. Begründung gegenüber dem einzelnen Arbeitnehmer

1. Allgemein
   a) Anspruchsbegründende Tatbestandsvoraussetzungen
      – Gleichförmiges verhalten, auf Grund dessen der Arbeitnehmer auf den Willen zur zukünftigen Leistungsgewährung schließen kann
      – Grundsatz: Dreimalige Leistungsgewährung
   b) Anspruchshindernde Einwendung: Freiwilligkeitsvorbehalt
      = Ausschluss der Bindungswirkung für die Zukunft

2. Neu eingetretene Arbeitnehmer
   a) Vertragliche Einbeziehung (Rspr.)
   b) Gleichbehandlungsgrundsatz

III. Beseitigung der betrieblichen Übung

1. Bei vorbehaltloser Gewährung
   a) Änderungsvertrag
   b) Änderungskündigung
   c) einseitiger Widerruf (Theorie von der Vertrauenshaftung)

2. Einseitiger Widerruf bei Widerrufsvorbehalt
   a) Vereinbarung des Widerrufsvorbehalts
   b) Wirksamkeit des Widerrufsvorbehalts
   c) Wirksame Ausübung des Widerrufsvorbehalts (§ 315 BGB)

3. Ändernde betriebliche Übung

4. Mitbestimmung des Betriebsrats
   – Grundsatz: keine Mitbestimmung bei vollständiger Beseitigung, Mitbestimmung nach § 87 Abs. 1 Nr. 10 BetrVG bei teilweiser Kürzung

---

[4] Siehe dazu Klausur 6 unter B I, S. 188 f.

C. Ausübung des Direktionsrechts[5]

I. Zuweisung der Tätigkeit

1. Ausübung des Direktionsrechts durch empfangsbedürftige Willenserklärung

2. Inhalt der Erklärung (= Auslegung)

II. Wirksamkeit der Weisung (§ 106 GewO)

1. Weisung vom Arbeitsverhältnis gedeckt
   a) Vertraglicher Umfang der Tätigkeitspflicht
      aa) Art der Tätigkeit
      bb) Ort der Tätigkeit
      cc) Zeit der Tätigkeit
   b) Ggf. Erweiterung durch Versetzungs- oder Umsetzungsklauseln

2. Mitbestimmung des Betriebsrats als Wirksamkeitsvoraussetzung

3. Vereinbarkeit mit höherrangigem Recht
   a) Gesetzliche Grenzen
   b) Vereinbarkeit mit einschlägigen Tarifverträgen und Betriebsvereinbarungen
   c) Billiges Ermessen (§ 106 GewO)
      aa) Interessen des Arbeitgebers
      bb) Interessen des Arbeitnehmers
      cc) Interessenabwägung

D. AGB-Kontrolle[6]

I. Anwendungsbereich der AGB-Kontrolle

1. Vorliegen Allgemeiner Geschäftsbedingungen (§ 305 Abs. 1 Satz 1 BGB)
   a) Vertragsbedingung
   b) Vorformuliert
   c) Für eine Vielzahl von Verwendungen
      – Maßgeblich ist die Absicht, die Vertragsbedingung mindestens dreimal zu verwenden. Liegt diese Absicht vor, handelt es sich bereits bei der ersten Verwendung um eine AGB.
   d) Von einer Vertragspartei gestellt
      – Auf die Vermutung des § 310 Abs. 3 Nr. 1 BGB achten, wenn es sich um einen Verbrauchervertrag handelt

---

[5] Siehe dazu Klausur 3 unter A II 2 b, S. 70 ff.
[6] Siehe dazu Klausur 10 unter C II 1 b, S. 301 ff., und C II 2 b, S. 323 ff.

e) Kein Aushandeln (§ 305 Abs. 1 Satz 3 BGB)
2. Einmalbedingungen (§ 310 Abs. 3 Nr. 2 BGB); weitgehende Geltung der AGB-Vorschriften
   a) Verbrauchervertrag
   b) Kein Einfluss des Verbrauchers auf den Vertragsinhalt
      – Arbeitnehmer muss darlegen und beweisen, dass er keinen Einfluss hatte; nach den Grundsätzen der abgestuften Darlegungslast muss der Arbeitgeber seinerseits konkret benennen, wodurch der Arbeitnehmer Einfluss nehmen konnte

II. Einbeziehungskontrolle

1. Einigung i. S. v. §§ 145 ff. BGB (§ 305 Abs. 2, 3 BGB gelten nach § 310 Abs. 4 Satz 2 BGB nicht)

2. Ermittlung des Vertragsinhalts durch Auslegung
   a) Objektive Auslegung
   b) Unklarheitenregelung (§ 305c Abs. 2 BGB)

3. Verbot überraschender Klauseln (§ 305c Abs. 1 BGB)

4. Vorrang der Individualabrede (§ 305b BGB)

III. Angemessenheitskontrolle

1. Anwendungsbereich und Umfang der Angemessenheitskontrolle
   a) Vom Gesetz abweichende oder dieses ergänzende Regelung (§§ 307 Abs. 3 Satz 1 BGB, 310 Abs. 4 Satz 3 BGB)
   b) Berücksichtigung von Begleitumständen beim Verbrauchervertrag (§ 310 Abs. 3 Nr. 3 BGB)
      – Die Kontrolle auf den nachfolgenden Stufen erfolgt grundsätzlich anhand eines abstrakt-generellen Maßstabs. Dieser Prüfungsmaßstab wird beim Verbrauchervertrag jedoch modifiziert: Es sind auch die den Vertragsschluss konkret begleitenden Umstände zu berücksichtigen. Solche Umstände können sowohl für als auch gegen eine Unangemessenheit angeführt werden.

2. Unangemessenheit
   a) Klauselverbote ohne Wertungsmöglichkeit (§ 309 BGB)
      aa) Verbot nach § 309 BGB
      bb) Rechtfertigung durch Besonderheiten des Arbeitsrechts (§ 310 Abs. 4 Satz 2 BGB)
   b) Klauselverbote mit Wertungsmöglichkeit (§ 308 BGB)

c) Generalklausel (§ 307 Abs. 1, 2 BGB)
   aa) Vertragszweckgefährdung (§ 307 Abs. 2 Nr. 2 BGB)
   bb) Unvereinbarkeit mit gesetzlichen Grundgedanken (§ 307 Abs. 2 Nr. 1 BGB)
   cc) Unvereinbarkeit mit Treu und Glauben (§ 307 Abs. 1 Satz 1 BGB)
3. Transparenzgebot (§ 307 Abs. 1 Satz 2, Abs. 3 Satz 2 BGB)

E. Vertragsgestaltung[7]

I. Regelungsziel

Herausfiltern der vom Mandanten verfolgten Ziele
- „Übersetzung" laienhafter wirtschaftlicher Ziele in rechtliche Zielvorstellungen

II. Regelungsbedarf

1. Bestehende Rechtslage klären
   - Klären, was gilt, wenn keine Gestaltung vorgenommen wird
2. Vergleich mit Regelungszielen
   - Sofern die Rechtslage bereits ohne jede Gestaltung den Zielen des Mandanten entspricht, besteht keine Regelungsbedarf (evtl. kommt eine deklaratorische „Regelung" in Betracht)

III. Umsetzung des Regelungsbedarfs

1. Geeignete Gestaltungen
   - Auffinden zur Erreichung des Regelungsziels geeigneter Gestaltungen
2. Zulässigkeit
   - Überprüfung der geeigneten Gestaltungsmöglichkeiten auf ihre rechtliche Zulässigkeit
   - Auszugehen ist grundsätzlich vom Prinzip der Vertragsfreiheit (§ 105 Abs. 1 GewO)
   - Besteht für eine Gestaltung keine Beschränkung der Vertragsfreiheit durch Gesetz (Insbes. §§ 305 ff. BGB), Tarifvertrag oder Betriebsvereinbarung, ist sie zulässig

---

[7] Siehe dazu Klausur 10, S. 293 ff.

3. Auswahl
    - Sind mehrere geeignete Gestaltungen zulässig, ist eine Auswahl vorzunehmen; es ist die dem Mandanten günstigste Gestaltung vorzuschlagen
    - Ist keine geeignete Gestaltung zulässig, ist eine Gestaltung zu finden, die den Zielen des Mandanten möglichst nahe kommt.

IV. Ausformulierung

3 Begründung des Arbeitsverhältnisses

A. Arbeitsverhältnis[8]

I. Privatrechtliches Rechtsverhältnis

1. Schuldrechtliche Rechtsbeziehung
   a) Kraft Gesetz
      - Arbeitnehmerüberlassung ohne Erlaubnis (§§ 9 Nr. 1, 10 Abs. 1 AÜG)
      - Betriebsübergang (§ 613a BGB)
   b) Kraft Rechtsgeschäfts
      aa) Vertrag (§ 611 Abs. 1 BGB)
      bb) Einseitiges Rechtsgeschäft
      - Weiterbeschäftigungsverlangen Auszubildender (§§ 78a BetrVG, 9 Abs. 2 BPersVG)
      - Betriebsverfassungsrechtlicher Weiterbeschäftigungsanspruch (§ 102 Abs. 5 BetrVG)

2. Abgrenzung
   a) Öffentlich-rechtliche Dienstverhältnisse
      - z.B. Beamten, Soldaten, Richter
      - anders: Angestellte und Arbeiter im öffentlichen Dienst (= Arbeitnehmer)
   b) Sonderstatusverhältnisse
      - z. B. Strafgefangene
   c) Tätigkeiten auf vereins- oder gesellschaftsrechtlicher Grundlage
   d) Familienrechtliche Leistungspflichten (§§ 1360, 1619 BGB)

II. Dienstverhältnis

1. Leistung von Arbeit gegen Entgelt

2. Abgrenzung
   a) Unentgeltliche Rechtsbeziehungen, z. B. Auftrag (§§ 662 ff. BGB)
   b) Werkvertrag (§§ 631 ff. BGB)
   c) Entgeltliche Geschäftsbesorgung (§ 675 BGB)

---

[8] Dieses Schema kann auch zugrunde gelegt werden, wenn nach der Arbeitnehmereigenschaft bestimmter Personen gefragt wird.

III. Unselbstständige Tätigkeit (= Abgrenzung zum Rechtsverhältnis des Selbstständigen)[9]

1. Abgrenzungsmerkmal
   a) Rechtsprechung: Persönliche Abhängigkeit
   b) Im Vordringen begriffene Lehre: Unternehmerrisiko
   c) Mindermeinung: Soziale Schutzbedürftigkeit
   d) Gesetzlicher Arbeitnehmerbegriff: Weisungsabhängigkeit
      – (vgl. § 84 Abs. 1 Satz 2 HGB)

2. Beurteilungsgrundlage
   – vertragliche Rechtsbeziehung unter Berücksichtigung der tatsächlichen Handhabung

3. Beurteilungskriterien
   a) Positivkriterien
      aa) Zeitliche Weisungsgebundenheit
      bb) Fachliche Weisungsgebundenheit
   b) Negativkriterien
      aa) Einsatz von Erfüllungsgehilfen
      bb) Eigene Arbeitsorganisation
   c) Abgrenzungsunerhebliche Kriterien
      aa) Wirtschaftliche Abhängigkeit
      bb) Art der Dienste
      cc) Modalitäten der Entgeltzahlung
      dd) Sozialversicherungsrechtliche Einordnung

B. Anfechtung des Arbeitsvertrags[10]

I. Zulässigkeit der Anfechtung

h. M.: Zulässigkeit nach allgemeinen rechtsgeschäftlichen Regeln
a. A.: Keine Anfechtung, nur Kündigung

II. Anfechtungsgrund

1. Arglistige Täuschung
   a) Täuschung
      aa) durch aktives Tun = Wahrheitswidrige Antwort auf Frage des Arbeitgebers bzw. ungefragte Falschangaben
      bb) durch Unterlassen = Verletzung einer Offenbarungspflicht (= Nichtaufklärung über vertragswesentliche Umstände)

---

[9] Siehe dazu Klausur 6 unter A I 2 und 3, S. 178 ff.
[10] Siehe dazu Klausur 1 unter A II, S. 18 ff.

cc) Widerrechtlichkeit
- Vorauss.: Zulässige Frage des Arbeitgebers nach Umständen, die – unter Berücksichtigung gesetzlicher Wertentscheidungen – für das Arbeitsverhältnis von Bedeutung sind
dd) Arglist (= <zumindest bedingter> Vorsatz)
ee) Kausalität der Täuschung
b) Widerrechtliche Drohung
aa) Drohung (= Inaussichtstellen eines empfindlichen Übels, auf das der Drohende Einfluss zu haben vorgibt)
bb) Widerrechtlichkeit
(1) Des Mittels
(2) Des Zwecks
(3) Der Zweck-Mittel-Relation

2. § 119 BGB
a) Irrtum
aa) Inhaltsirrtum (§ 119 Abs. 1 Alt. 1 BGB)
bb) Erklärungsirrtum (§ 119 Abs. 1 Alt. 2 BGB)
cc) Irrtum über eine verkehrswesentliche Eigenschaft
(1) Eigenschaft
(2) Verkehrswesentlichkeit (= Umstände, die unter Berücksichtigung der gesetzlichen Wertentscheidungen für die Durchführung des Arbeitsverhältnisses Bedeutung gewinnen können)
(3) Irrtum
b) Kausalität des Irrtums für Vertragsschluss

III. Anfechtungserklärung (§ 143 BGB)

IV. Wahrung der Anfechtungsfrist (§ 121 BGB bzw. § 124 BGB)

V. Keine unzulässige Rechtsausübung (§ 242 BGB)

Fortwirkung des Irrtums, daher Ausschluss des Anfechtungsrechts, wenn Anfechtungsgrund zwischenzeitlich seine Bedeutung für das Arbeitsverhältnis verloren hat

VI. Rechtsfolge

1. Arbeitsverhältnis noch nicht vollzogen: Wirkung ex tunc (§ 142 Abs. 1 BGB)

2. In Vollzug gesetztes Arbeitsverhältnis: Grds. Wirkung ex nunc

C. Entschädigungsanspruch aus § 15 Abs. 2 AGG[11] bei Begründung eines Arbeitsverhältnisses

I. Beschäftigter als Anspruchsteller

1. Beschäftigter i. S. v. § 6 AGG

2. Besonderheiten bei Begründung eines Beschäftigungsverhältnisses und beruflichem Aufstieg (= „Bewerber")
   a) Objektive Eignung für die Stelle
   b) Subjektiv ernsthafte Bewerbung

II. Verstoß gegen Benachteiligungsverbot

1. Anspruchsbegründende Voraussetzungen
   = Darlegungs- und Beweislast beim Beschäftigten als Anspruchsteller
   a) Benachteiligung
   b) von Merkmalsträgern (§ 1 AGG)
   c) wegen eines in § 1 AGG genannten Merkmals
      – Für Kausalität zwischen Benachteiligung und Merkmal nach § 1 AGG gilt die Beweiserleichterung des § 22 AGG

2. Anspruchshindernde Einwendungen
   = Darlegungs- und Beweislast beim Arbeitgeber
   – Zulässige unterschiedliche Behandlung (= sachliche Rechtfertigung)
   a) Zulässige unterschiedliche Behandlung wegen des Alters (§ 10 AGG)
   b) Zulässige unterschiedliche Behandlung wegen der Religion (§ 9 AGG)
   c) Zulässige unterschiedliche Behandlung wegen beruflicher Anforderungen (§ 8 AGG)

III. Geltendmachung des Entschädigungsanspruchs

1. Gegenüber Arbeitgeber
   a) Schriftform (§ 15 Abs. 4 Satz 1 AGG)
   b) Frist (§ 15 Abs. 4 AGG)

2. Gerichtliche Geltendmachung (§ 61b Abs. 1 ArbGG)

---

[11] Siehe dazu Klausur 4 unter B V, S. 131.

IV. Anspruchshöhe

1. Angemessene Entschädigung
   - keine Begrenzung nach oben
   - Europarecht erfordert Sanktion, die wirksam, verhältnismäßig und abschreckend ist

2. Bei Nichteinstellung
   a) Grds.: Entschädigungsanspruch ohne summenmäßige Begrenzung
   b) Beschränkung auf drei Monatsgehälter, wenn der Beschäftigte auch bei benachteiligungsfreier Auswahl nicht eingestellt worden wäre (§ 15 Abs. 3 Satz 2 AGG)

4 Ansprüche des Arbeitnehmers

A. Entgeltanspruch des Arbeitnehmers[12]

I. Anspruch entstanden (§ 611 Abs. 1 BGB)

1. Anspruch dem Grunde nach
   - Voraus.: Bestehendes Arbeitsverhältnis

2. Anspruchshöhe
   a) Individualrechtliche Regelung
      aa) Ausdrückliche Vereinbarung
         (1) Vereinbarung über Höhe der Vergütung
         (2) Wirksamkeit der Vereinbarung
            - Unwirksamkeit bei Lohnwucher (§ 138 Abs. 1 BGB)
      bb) Betriebliche Übung
      cc) Gleichbehandlung
   b) Kollektivrechtliche Regelung
      aa) Tarifvertrag
      bb) Betriebsvereinbarung
   c) Gesetzliche Regelung (§ 612 Abs. 2 BGB)
      - Mangels abweichender Regelung: Übliche Vergütung

II. Anspruch untergegangen

1. Erfüllung (§ 362 Abs. 1 BGB)

2. (Teilweise) Unmöglichkeit (§ 323 Abs.1 BGB)
   a) Ohne Arbeit, kein Lohn (§ 323 Abs. 1 BGB)
   b) Anspruchserhaltende Gegennormen[13]
      aa) Annahmeverzug (§ 615 Satz 1 BGB)
      bb) Entgeltfortzahlung im Krankheitsfalle (§§ 3 f. EFZG)
      cc) Persönliche Arbeitsverhinderung (§ 616 Satz 1 BGB)
      dd) Sonstige Regelungen

3. Verfall
   a) Ausschlussfrist
      aa) Vereinbarung einer Ausschlussfrist
      bb) Fristablauf
   b) Anspruchserhaltende Fristwahrung
      - Beweislast für Fristwahrung beim Arbeitnehmer als Anspruchsteller

---

[12] Siehe dazu Klausur 4 unter B I, S. 119 f.
[13] Siehe detaillierte Schemata zu den anspruchserhaltenden Gegennormen unten § 4 B, S. 355 ff.

4. Aufrechnung
   - Gegenforderung des Arbeitgebers, z. B. Schadensersatzanspruch aus § 280 Abs. 1 i.V.m. § 241 Abs. 2 BGB
   - Pfändungsfreigrenzen beachten (§ 394 BGB)

III. Durchsetzbarkeit

1. Fälligkeit (§ 614 BGB, § 64 HGB)

2. Zurückbehaltungsrecht des Arbeitgebers (§ 273 BGB)

3. Verjährung (§ 197 BGB)
   a) Fristablauf (§§ 195, 199 BGB)
   b) Erhebung der Einrede (§ 214 Abs. 1 BGB)

B. Lohn ohne Arbeit[14]

I. Annahmeverzug des Arbeitgebers (§ 615 BGB) [15]

1. Anwendungsbereich
   - Nichtanwendbarkeit des § 615 Satz 1 BGB nach den Grundsätzen der Arbeitskampfrisikolehre

2. Erbringbarkeit der Leistung
   - Abgrenzung zur Unmöglichkeit, insbesondere zu § 324 BGB

3. Leistungsfähigkeit und -bereitschaft des Arbeitnehmers (§ 297 BGB)

4. Ordnungsgemäßes Leistungsangebot des Arbeitnehmers (§§ 294 ff. BGB)
   a) Tatsächliches Leistungsangebot (§ 294 BGB)
   b) Wörtliches Leistungsangebot (§ 295 BGB)
      aa) Alt. 1: Erklärung des Arbeitgebers, die Leistung nicht anzunehmen; z.B. konkludent durch Arbeitgeberkündigung und Ablauf der Kündigungsfrist
      bb) Alt. 2: Nichtvornahme einer Mitwirkungshandlung durch den Arbeitgeber; z.B. Nichtzurverfügungstellen eines vertragsgemäßen Arbeitsplatzes. Hierfür soll es nach BAG nicht ausreichen, wenn der Arbeitgeber nach Kündigung dem Arbeitnehmer den Arbeitsplatz bis zum Abschluss eines Kündigungsschutzstreits (vorläufig) wieder zur Verfügung stellt (zweifelhaft).

---

[14] Die Schemata schließen an § 4 A II 2 b, S. 354, an.
[15] Siehe dazu Klausur 3 unter A II 2, S. 68 ff.; Klausur 7 unter B II 2 b, S. 222 ff.

c) Ausnahme: Nichterforderlichkeit des Leistungsangebots (§ 296 Satz 1 BGB): Nichtvornahme einer kalendermäßig bestimmten Mitwirkungshandlung durch den Arbeitgeber

5. Nichtannahme der angebotenen Leistung durch den Arbeitgeber (§ 293 BGB)
   - Achtung: Vertretenmüssen des Arbeitgebers als Gläubiger ist keine Tatbestandsvoraussetzung für den Annahmeverzug

6. Nichtanwendbarkeit des § 615 Satz 1 BGB nach den Grundsätzen der Arbeitskampfrisikolehre

II. Vorübergehende Arbeitsverhinderung (§ 616 BGB) [16]

1. Anspruchsvoraussetzungen
   a) Leistungshindernis in der Person des Arbeitnehmers
   b) Arbeitsverhinderung
      aa) Unmöglichkeit der Arbeitsleistung (§ 275 Abs. 1 BGB)
         (1) Unmöglichkeit
         (2) Nichteingreifen spezieller Regelungen
            - z.B. § 3 EFZG bei Krankheit
      bb) Unzumutbarkeit der Arbeitsleistung (§ 275 Abs. 3 BGB)
   c) Kausalität zwischen Leistungshindernis und Arbeitsverhinderung
   d) Verhinderung für eine verhältnismäßig nicht erhebliche Zeit
      - (Achtung: ist der Arbeitnehmer erhebliche Zeit verhindert, entfällt der Anspruch ganz und wird nicht zum Teil oder für wenige Tage aufrechterhalten)

2. Anspruchshindernde Einwendungen
   - Verschulden des Arbeitnehmers[17] (nur Vorsatz und grobe Fahrlässigkeit schaden)

III. Entgeltfortzahlung im Krankheitsfalle[18]

1. Bestehendes Arbeitsverhältnis (§ 1 EFZG)
2. Entstehung des Anspruchs
   a) Anspruchsbegründende Tatbestandsvoraussetzungen
      aa) Arbeitsunfähigkeit
      bb) Infolge Krankheit

---

[16] Siehe dazu Klausur 3 unter A II 3, S. 77 f.
[17] Nach h. M. ist das Verschulden des Arbeitnehmers eine die Entstehung des Anspruchs hindernde Einwendung, die der Arbeitgeber darzulegen und ggf. zu beweisen hat: vgl. BAG vom 07.08.1991, NZA 1992, 69 (zu § 1 LohnFG); MünchKomm/Müller-Glöge, BGB, § 3 EFZG Rn. 85.
[18] Siehe dazu Klausur 2 unter A I 4 a, S. 45 ff.; Klausur 9 unter C II 2, S. 288 ff.

cc) Kausalität zwischen krankheitsbedingter Arbeitsunfähigkeit und Arbeitsausfall; daher keine Entgeltfortzahlung, wenn die Arbeitspflicht aus anderen Gründen ruht (z. B. Erziehungsurlaub, Wehrdienst, Teilnahme an Arbeitskampf) oder aus sonstigen Gründen die Arbeit nicht hätte geleistet werden können
dd) Erfüllen der Wartezeit (§ 3 Abs. 3 EFZG)[19]
b) Anspruchshindernde Einwendungen
- Verschulden des Arbeitnehmers[20] (nur Vorsatz und grobe Fahrlässigkeit schaden)

3. Durchsetzbarkeit
   a) Leistungsverweigerungsrecht nach § 7 Abs. 1 EFZG[21]
      aa) Verletzung von Anzeige- und Nachweispflichten (Abs. 1 Nr. 1)
      bb) Keine Auskunft über Drittschädiger (Abs. 2)
   b) Leistungsverweigerungsrecht nach § 100 Abs. 2 SGB IV
      - Verletzung der Pflicht zur Hinterlegung des Sozialversicherungsausweises

4. Anspruchsdauer
   a) Höchstdauer nach § 3 Abs. 1 Satz 1 EFZG (sechs Wochen)
   b) Einschränkungen bei wiederholter AU wegen desselben Leidens (§ 3 Abs. 1 Satz 2 EFZG)

5. Entgelthöhe
   a) Lohnausfallprinzip (§ 4 Abs. 1 EFZG)
      aa) Grundlohn
      bb) Besonderheiten bei für Überstunden gezahltes Arbeitsentgelt (§ 4 Abs. 1a EFZG)
   b) Abweichende Regelung im Tarifvertrag (§ 4 Abs. 4 EFZG)

6. Kürzung von Sondervergütungen (§ 4a EFZG)

---

[19] Siehe dazu Klausur 9 unter C II 2 b, S. 289.
[20] Nach h. M. ist das Verschulden des Arbeitnehmers eine die Entstehung des Anspruchs hindernde Einwendung, die der Arbeitgeber darzulegen und ggf. zu beweisen hat: vgl. BAG vom 07.08.1991, NZA 1992, 69 (zu § 1 LohnFG); MünchKomm/Müller-Glöge, BGB, § 3 EFZG Rn. 85.
[21] Siehe dazu Klausur 2 unter B III, S. 50 f.

C. Haftungsausschluss nach § 104 Abs. 1 SGB VII[22]

1. Schadensersatzpflicht (§§ 280 Abs. 1, 241 Abs. 2 BGB, Delikt usw.) des Arbeitgebers

2. Versicherte Person als Geschädigter
   = Arbeitnehmer des Betriebs (§ 2 Abs. 1 Nr. 1 SGB VII) oder wie ein Arbeitnehmer im Betrieb Tätiger (§ 2 Abs. 2 Satz 1 SGB VII)

3. Arbeitsunfall
   = von außen einwirkendes, körperlich schädigendes, plötzliches Ereignis, das in einem inneren, ursächlichen Zusammenhang mit der Tätigkeit steht

4. Personenschaden
   = Gesundheits- oder Körperverletzung, Tötung, einschließlich Hilfsmittel i.S.v. § 8 Abs. 3 SGBV VII

5. Ausnahme: Fortbestehende Haftung bei Vorsatz oder Wegeunfall i.S.v. § 8 Abs. 2 Nr. 1 - Nr. 4 SGB VII

---

[22] Siehe dazu Klausur 2 unter D II, S. 57 f.

5 Haftung des Arbeitnehmers aus § 280 Abs. 1 i. V. m. § 241 Abs. 2 BGB[23]

I. Anspruchsvoraussetzungen

1. Schuldverhältnis (= Arbeitsverhältnis)

2. Pflichtverletzung
   a) Pflicht aus Arbeitsverhältnis (z. B. § 241 Abs. 2 BGB)
   b) Verletzung der Pflicht

3. Vertretenmüssen (§ 619a BGB)[24]
   – gemäß § 276 Abs. 1 BGB grds. Vorsatz und Fahrlässigkeit in Bezug auf konkretes Verhalten (punktueller Fahrlässigkeitsbegriff)

II. Haftungseinschränkung gemäß § 254 BGB (analog)

1. Mitverschulden nach § 254 BGB

2. Mitverantwortlichkeit analog § 254 BGB
   a) Rechtsgedanke der Haftungseinschränkung Zurechnung des Betriebsrisikos entsprechend §§ 670 BGB, 110 HGB
   b) Voraussetzungen der Haftungseinschränkung betriebliche Tätigkeit, nicht aber Gefahrneigung der Tätigkeit
   c) Grundsätze der Haftungsverteilung
      – Verteilung nach mit dem Schadensereignis in Zusammenhang stehenden Billigkeitskriterien
   d) Abwägungsentscheidung:
      – Ermittlung, Bewertung und Abwägung der relevanten Gesichtspunkte
      aa) Arbeitnehmerseite, insbesondere Grad des Verschuldens
      bb) Arbeitgeberseite, insbesondere Betriebsrisiko
      cc) Abwägung: Grds. gilt weiterhin, dass der Arbeitnehmer bei Vorsatz und grober Fahrlässigkeit voll haftet und der Arbeitgeber bei leichtester Fahrlässigkeit den Schaden allein trägt, während bei normaler Fahrlässigkeit der Schaden zu teilen ist, soweit nicht besondere Umstände des Einzelfalls eine abweichende Haftungsverteilung rechtfertigen.

---

[23] Siehe dazu Klausur 5 unter C II 2 d, S. 162 ff.
[24] Abweichend von der allgemeinen Regelung in § 280 Abs. 1 Satz 2 BGB ist gemäß § 619a BGB das Vertretenmüssen des Arbeitnehmers anspruchsbegründend und nicht das Nichtvertretenmüssen anspruchshindernd.

6 Beendigung des Arbeitsverhältnisses[25]

A. Befristung

I. Vereinbarung der Befristung

1. Befristungsabrede (ggf. Auslegung)
2. Schriftform (§ 14 Abs. 4 TzBfG)

II. Zulässigkeit der Befristung

1. Unwiderlegliche Vermutung bei nicht fristgerechter Klageerhebung[26] (§ 17 TzBfG i. V. m. § 7 KSchG analog)
2. Gesetzliche Zulässigkeit
   a) Sachgrundlose Befristung bei Neueinstellung (§ 14 Abs. 2 TzBfG)
   b) Sachgrundlose Befristung wegen Alters (§ 14 Abs. 3 TzBfG[27])
   c) Sonstige Sonderregelungen
      aa) Vertretung von Arbeitnehmern in Elternzeit (§ 21 Abs. 1 BErzGG)
      bb) Hochschulbereich (§ 57b HRG)
3. Befristung mit Sachgrund (§ 14 Abs. 1 TzBfG)
   a) Sachgrund i. S. v. § 14 Abs. 1 Satz 2 TzBfG
   b) Sonstiger Sachgrund

III. Rechtsfolgen

1. Wirksamkeit der Befristung
   - Beendigung des Arbeitsverhältnisses zum vereinbarten Zeitpunkt (§ 15 Abs. 1 TzBfG)
   - Ausschluss des ordentlichen Kündigungsrechts, soweit nicht anderes vereinbart (§ 15 Abs. 3 TzBfG)

2. Unwirksamkeit der Befristung
   - Arbeitsverhältnis ist auf unbestimmte Zeit begründet
   - vereinbarte Frist als Mindestvertragsdauer, soweit nicht ordentliches Kündigungsrecht vereinbart (§ 16 TzBfG)

---

[25] Siehe dazu Klausur 4 unter A II 2 b, S. 112 f.; Klausur 8 unter A I, S. 233 ff.
[26] Siehe dazu Klausur 8 unter A I 2 b, S. 234.
[27] Problematisch im Hinblick auf die europarechtliche Zulässigkeit, siehe dazu EuGH vom 22.11.2005, NZA 2005, 1345 ff.

B. Ordentliche Kündigung[28]

I. Kündigungsrecht

1. Grds. Kündigungsfreiheit (§ 620 Abs. 2 BGB)

2. Ausschluss des ordentlichen Kündigungsrechts
   a) Kraft Gesetzes
      - § 15 KSchG: Betriebsratsmitglieder
      - § 15 Abs. 2 BBiG: Auszubildende
      - § 2 ArbPlSchG: Wehrdienstleistende und Wehrübende
      - § 78 ZivildienstG: Zivildienstleistende
      - § 9 MuSchG: Schwangere und Wöchnerinnen
      - § 18 BEEG: Arbeitnehmer in Elternzeit
   b) Tarifvertrag
   c) Einzelarbeitsvertrag
      - z.B. befristetes Arbeitsverhältnis (§ 15 Abs. 3 TzBfG)

II. Kündigungserklärung

1. Zugang

2. Form (§ 623 BGB: Schriftform)

3. Inhalt
   a) Beendigung des Arbeitsverhältnisses für die Zukunft
   b) Kündigungsgrund
      aa) Grds. keine Angabe
      bb) Ausnahme: Gesetz oder Tarifvertrag

III. Wirksamkeit der Kündigungserklärung

1. Allgemeine Wirksamkeitsvoraussetzungen
   a) Geschäftsfähigkeit
   b) Unwirksamkeitsgründe
      aa) Anfechtung (§§ 119, 123 BGB)
      bb) Verstoß gegen gesetzliches Verbot (§ 134 BGB)
         - Art. 9 Abs. 3 Satz 2 GG: Kündigung wegen Koalitionszugehörigkeit oder -nichtzugehörigkeit;
         - § 78 Satz 2 BetrVG: Kündigung wegen Betriebsratstätigkeit
         - § 612a BGB: Kündigung wegen der Wahrnehmung von Arbeitnehmerrechten
         - § 613a Abs. 4 BGB: Kündigung wegen Betriebsübergangs

---

[28] Siehe dazu Klausur 3 unter B II 2, S. 95 ff.; Klausur 7 unter A, S. 200 ff.

cc) Sittenwidrigkeit (§ 138 BGB) [29]
dd) Verstoß gegen Treu und Glauben (§ 242 BGB)[30]

2. Vorliegen etwaiger Zustimmungen oder Anzeigen
   - § 85 SGB IX: schwerbehinderte oder gleichgestellte Menschen
   - § 17 KSchG: Anzeige bei Massenentlassungen

3. Anhörung des Betriebsrats (§ 102 BetrVG)[31]

4. Ggf. soziale Rechtfertigung (§ 1 KSchG)[32]

IV. Eintritt der Kündigungswirkung

1. Kündigungsfrist

2. Kündigungstermin

C. Außerordentliche Kündigung[33]

I. Kündigungserklärung

1. Zugang

2. Form (§ 623 BGB: Schriftform)

3. Inhalt
   a) Beendigung des Arbeitsverhältnisses für die Zukunft
      - (Abgrenzung zur Anfechtung, Geltendmachung von Nichtigkeitsgründen)
   b) Aus wichtigem Grund (Abgrenzung zur ordentlichen Kündigung)
   c) Kündigungsgrund
      aa) Grds. keine Angabe
      bb) Ausnahme
         (1) Gesetz
            - § 22 Abs. 3 BBiG: Auszubildende
            - § 9 Abs. 3 Satz 2 MuSchG
         (2) Tarifvertrag

---

[29] Siehe dazu Klausur 7 unter A III 4 b, S. 206 ff.
[30] Siehe dazu Klausur 7 unter A III 4 c, S. 209 ff.
[31] Siehe dazu Klausur 3 unter B II 2 b, S. 95 f.; Klausur 5 unter A I 2 b, S. 145 ff.
[32] Siehe dazu Klausur 3 unter B II 2 c, S. 96 ff.; Klausur 4 unter C II 2 a, S. 132 f.; Klausur 5 unter A II 2 b, S. 149 ff.
[33] Siehe dazu Klausur 3 unter B I 2, S. 80 ff.

II. Wirksamkeit der Kündigungserklärung

1. Allgemeine Wirksamkeitsvoraussetzungen
   a) Geschäftsfähigkeit
   b) Unwirksamkeitsgründe
      aa) Anfechtung (§§ 119, 123 BGB)
      bb) Verstoß gegen gesetzliches Verbot (§ 134 BGB)
      cc) Sittenwidrigkeit (§ 138 BGB)
      dd) Verstoß gegen Treu und Glauben (§ 242 BGB)

2. Vorliegen erforderlicher Zustimmungen
   - §§ 85, 91 SGB IX: Schwerbehinderte
   - § 9 Abs. 3 Satz 1 MuSchG: Schwangere und Wöchnerinnen
   - § 18 Abs. 1 Satz 2 BErzGG: Arbeitnehmer in Elternzeit
   - § 103 Abs. 1 BetrVG: Betriebsratsmitglieder

3. Anhörung des Betriebsrats (§ 102 BetrVG)

III. Kündigungsgrund (§ 626 BGB)

1. Keine unwiderlegliche Vermutung nach § 7 KSchG

2. Wichtiger Grund
   a) „An sich" geeigneter Grund
   b) Unzumutbarkeit jedweder weiteren Fortsetzung

3. Interessenabwägung
   a) Negativprognose
   b) Ultima ratio
   c) Übermaßverbot

4. Kündigungserklärungsfrist (§ 626 Abs. 2 Satz 1 BGB)

IV. Eintritt der Kündigungswirkung

1. Kündigungsfrist
   a) Grds.: Fristlos
   b) Unter Umständen: Soziale Auslauffrist

2. Ggf. Umdeutung in ordentliche Kündigung (§ 140 BGB)

Literaturverzeichnis

Ascheid/Preis/Schmidt (Hrsg.), Kündigungsrecht, 2. Auflage 2004

Bauer, Arbeitsrechtliche Aufhebungsverträge, 7. Auflage 2004

Bamberger/Roth, Beck'scher Online-Kommentar zum BGB, Stand 01.11.2006

Berkowsky, Die personen- und verhaltensbedingte Kündigung, 4. Auflage 2005

Boemke, Gewerbeordnung Kommentar zu §§ 105-110, 1. Auflage 2003

ders., Studienbuch Arbeitsrecht, 2. Auflage 2004

ders., Schuldvertrag und Arbeitsverhältnis (1999)

Boemke/Danko, AGG im Arbeitsrecht (2007)

Bulla, Mutterschutzgesetz, 3. Auflage 1968

Däubler, Verhandeln und Gestalten (2003)

Däubler/Dorndorf, AGB-Kontrolle im Arbeitsrecht, 1. Auflage 2004

Däubler/Hjort/Hummel/Wolmerath (Hrsg.), Arbeitsrecht – Handkommentar für die Arbeitnehmerberatung, demnächst im NOMOS-Verlag

Däubler/Kittner/Klebe, Betriebsverfassungsgesetz mit Wahlordung und EBR-Gesetz, Kommentar, 10. Auflage 2006

Dieterich/Müller-Glöge/Preis/Schaub, Erfurter Kommentar zum Arbeitsrecht, 7. Auflage 2007

Dörner, Fälle und Lösungen aus der arbeitsrechtlichen Praxis (1991)

Dütz, Arbeitsrecht, 11. Auflage 2006

Erman, Handkommentar zum Bürgerliche Gesetzbuch, 11. Auflage 2004

Fabricius, Leistungsstörungen im Arbeitsverhältnis (1970)

Oetker,/Preis/Rieble (Hrsg.), Festschrift 50 Jahre Bundesarbeitsgericht (2004)

Fitting/Engels/Schmidt/Trebinger/Linsenmaier, BetrVG, 23. Auflage 2006

Galperin/Löwisch, Kommentar zum Betriebsverfassungsgesetz, Band II, 6. Auflage 1982

Gemeinschaftskommentar zum Betriebsverfassungsgesetz, 8. Auflage 2005

Germelmann/Matthes/Prütting/Müller-Glöge, Arbeitsgerichtsgesetz, 5. Auflage 2004

Gotthardt, Arbeitsrecht nach der Schuldrechtsreform (Neue Rechtslage für bestehende Arbeitsverträge ab 1.1.2003), 2. Auflage 2003

Hanau/Adomeit, Arbeitsrecht, 14. Auflage 2006

Heckelmann/Franzen, Fälle zum Arbeitsrecht, 3. Auflage 2006

Helml, Entgeltfortzahlungsgesetz, 1. Auflage 1995

Henssler/Willemsen/Kalb (Hrsg.), Arbeitsrecht Kommentar, 2. Auflage 2006

v. Hoyningen-Huene, Die Billigkeit im Arbeitsrecht (1978)

v. Hoyningen-Huene/Boemke, Die Versetzung (1991)

v. Hoyningen-Huene/Linck, KSchG, 13. Auflage 2002

Hromadka/Maschmann, Arbeitsrecht Band 1, 3. Auflage 2005

Hueck/Nipperdey, Lehrbuch des Arbeitsrechts, 7. Auflage 1963

Jauernig, Zivilprozessrecht, 28. Auflage 2003

Jauernig, Bürgerliches Gesetzbuch – Kommentar, 11. Auflage 2004

Junker, Grundkurs Arbeitsrecht, 5. Auflage 2006

Kaiser/Dunkl/Hold/Kleinsorge, Entgeltfortzahlungsgesetz – Kommentar, 4. Aufl. 1997

Kasseler Handbuch zum Arbeitsrecht, Band 1, 2. Auflage 2000

Kasseler Kommentar – Sozialversicherungsrecht, 51. Ergänzungslieferung, Stand 01. September 2006

Kittner/Däubler/Zwanziger, Kündigungsschutzrecht, 6. Auflage 2004

KR-Gemeinschaftskommentar zum Kündigungsschutzgesetz und zu sonstigen kündigungsschutzrechtlichen Vorschriften, 7. Auflage 2004

Larenz, Lehrbuch des Schuldrechts, Band 1, Allgemeiner Teil, 14. Auflage 1987

Larenz/Wolf, Allgemeiner Teil des Bürgerlichen Rechts, 9. Auflage 2004

Lecheler, Einführung in das Europarecht, 2. Auflage 2003

Leinemann/Linck, Urlaubsrecht, 2. Auflage 2001

Lieb/Jacobs, Arbeitsrecht, 9. Aufl. 2006

Löwisch, Arbeitsrecht, 7. Auflage 2004

Löwisch, Kündigungsschutzgesetz, 8. Auflage 2000

Löwisch/Spinner, Kommentar zum Kündigungsschutzgesetz, 9. Auflage 2004

v. Mangold/Klein/Starck, GG-Kommentar, 5. Auflage 2005

Medicus, Bürgerliches Recht, 20. Auflage 2004

ders., Schuldrecht Band 1 Allgemeiner Teil, 17. Auflage 2006

Meisel/Sowka, Mutterschutz und Erziehungsurlaub, 5. Auflage 1999

Michalski, Arbeitsrecht. 50 Fälle mit Lösungen, 5. Auflage 2006

Münchener Handbuch Arbeitsrecht, Band 1 – Individualarbeitsrecht I, 2. Auflage 2000; Band 2 – Individualarbeitsrecht II, 2. Auflage 2000

Münchener Kommentar zum Bürgerlichen Gesetzbuch, Band 1, Allgemeiner Teil, 1. Halbband §§ 1 - 240, ProstG, 5. Aufl. 2006; Band 2a, Schuldrecht Allgemeiner Teil §§ 242 – 432, 4. Aufl. 2003; Band 4, Schuldrecht Besonderer Teil II, §§ 611 - 704, EFZG, TzBfG, KSchG, 4. Aufl. 2005; Band 6, Sachenrecht §§ 854 - 1296, 4. Aufl. 2004

Münchener Kommentar zum Handelsgesetzbuch, Band 1, Erstes Buch Handelsstand §§ 1-104, 2. Auflage 2005

Neumann/Fenski, Bundesurlaubsgesetz, 9. Auflage 2003

Neumann/Pahlen/Majerski-Pahlen, Sozialgesetzbuch IX, 11. Auflage 2005

Nikisch, Arbeitsrecht I, 3. Auflage 1961

Oetker, 30 Klausuren aus dem Arbeitsrecht, Individualarbeitsrecht, 6. Auflage 2002

Oppermann, Europarecht, 3. Auflage 2005

Palandt, Bürgerliches Gesetzbuch, 66. Auflage 2007

Preis, Arbeitsrecht, 2. Auflage 2003

Ratajczak, Die Änderungskündigung des Arbeitgebers (1984)

Richardi/Annuß, Arbeitsrecht, 7. Auflage 2000

Richardi, BetrVG, 10. Auflage 2006

Rolfs, Studienkommentar Arbeitsrecht, 1. Auflage 2005

Rosenfelder, Der arbeitsrechtliche Status des freien Mitarbeiters (1982)

Säcker, Individuelles Arbeitsrecht case by case, 1. Auflage 2006

Schaub, ArbR-Hdb, 11. Auflage 2005

Schmitt, Entgeltfortzahlungsgesetz, 5. Auflage 2005

Seiter, Die Betriebsübung (1967)

Söllner/Waltermann, Arbeitsrecht, 14. Auflage 2007

Soergel, Bürgerliches Gesetzbuch, Schuldrecht III/1 §§ 516-651, 12. Auflage 1997

Stahlhacke/Preis/Vossen, Kündigung und Kündigungsschutz im Arbeitsverhältnis, 9. Auflage 2005

Staudinger, Kommentar zum Bürgerlichen Gesetzbuch, 13. Bearbeitung; §§ 90-133; §§ 1-54, 63 Beurkundungsgesetz (Allgemeiner Teil 3 und Beurkundungsverfahren) 2004; Einleitung zu §§ 241 ff, §§ 241-243 (Einleitung zum Schuldrecht, Treu und Glauben) 2005; §§ 611-615 (Dienstvertragsrecht 1) 2005

Steinmeyer/Waltermann, Casebook Arbeitsrecht, 2. Auflage 2000

Streinz, Europarecht, 7. Auflage 2005

Ulmer/Brandner/Hensen, AGB-Recht, Kommentar zu den §§ 305 - 310 BGB und zum UKlaG, 10. Auflage 2006

Wank, Übungen im Arbeitsrecht, 3. Auflage 2002

Wank, Arbeitnehmer und Selbständige (1988)

Weber/Ehrich/Hoß, Handbuch der arbeitsrechtlichen Aufhebungsverträge, 2. Aufl. 1998

v. Westphalen, Vertragsrecht und AGB- Klauselwerke, 18. Ergänzungslieferung, 2006

Zöller, Zivilprozessordnung, 26. Auflage 2006

Zöllner/Loritz, Arbeitsrecht, 5. Auflage 1998

Sachverzeichnis

Abmahnung 134 ff.
  s. a. *Kündigung*
- Abmahnungsbefugnis 135 ff.
- durch Stellvertreter 136
- geschäftsähnliche Handlung 136
- Warnfunktion 136

Allgemeine Arbeitsbedingungen
- AGB-Kontrolle 301 ff., 323 ff.
- Anwendungsbereich 296, 302 ff., 323
- Arbeitnehmer als Verbraucher 263, 278
- Aufhebungsvertrag 262 ff.
- Ausschlussfrist 296, 300, 322 ff.
- Begriff (AGB) 302
- Besonderheiten des Arbeitsrechts 312 ff.
- Einbeziehungskontrolle 304 ff., 323 ff.
- Generalklausel 321 f., 331
- Gesetzliche Grundgedanken 316 ff., 329 f.
- Inhaltskontrolle 262 ff., 278 ff., 310 ff., 326 ff.
- Klauselverbot 315, 327
- Prüfungsmaßstab 310 ff.
- Rückzahlungsvereinbarung 278 ff.
- Transparenzgebot 310 f., 326, 336
- Unangemessenheit 315 ff., 327 ff.
- Unklarheitenregelung 334 f.
- Verbot überraschender Klauseln 307 ff., 324 f., 333 f.
- Vertragszweckgefährdung 319 ff., 330 f.
- Vorrang der Individualabrede 304 ff., 323 f.

Allgemeine Leistungstreuepflicht 45 f.

Allgemeiner Feststellungsantrag
  s. a. *Kündigungsschutzklage*
- allgemeine Feststellungsklage neben Kündigungsschutzklage 101 ff.
- Feststellungsinteresse 102
- Kündigungsschutzklage 87 f.
- selbstständiger prozessualer Antrag 101 f.

Allgemeines Gleichbehandlungsgesetz 204 f.

Altersdiskriminierung 204 ff., 214 ff.

Änderungskündigung
  s. a. *Änderungsschutzklage*; *Kündigung*; *Kündigungsschutz, allgemeiner*; *Kündigungsschutzklage*
- Änderungsangebot 166 f.
- Annahme unter Vorbehalt 167 f.
- Auswirkung unterlassener Betriebsratsanhörung 171 f.
- außerordentliche Änderungskündigung 166, 170 f.
- Frist für Vorbehalt 170 f.
- konkludente Annahme 167 f.
- Rechtsnatur 167
- Rechtswirkungen eines verspäteten Vorbehalts 169 f.
- Unwirksamkeit der Beendigungskündigung 166
- Vorbehalt 168 f.
- Vorbehalt mit Klageerhebung 169
- Weiterarbeit zu geänderten Bedingungen 167 f.

Änderungsschutzklage 165 ff.
  s. a. *Änderungskündigung*; *Kündigungsschutzklage*
- Erlöschen des Vorbehalts 165
- Vorbehalt mit Klageerhebung 169

Anfechtung
  s. a. *Anfechtung des Arbeitsvertrags*
- Ablehnung einer Bedenkzeit 269
- Aufhebungsvertrag 265 ff.
- Drohung mit Kündigung 267 ff.
- Irrtum über verkehrswesentliche Eigenschaft 266 f.
- Täuschung durch Unterlassen 270 f.

- widerrechtliche Drohung 267 ff.
Anfechtung des Arbeitsvertrags 18 ff.
s. a. *arglistige Täuschung; Fragerecht des Arbeitgebers; Irrtum über verkehrswesentliche Eigenschaften*
- Anfechtungserklärung 28 f.
- Anfechtungsfrist 28
- Anfechtungsgrund 19 ff., 28 f.
- Anfechtungsrecht 18 f.
- arglistige Täuschung 19 ff.
- Irrtum über verkehrswesentliche Eigenschaft 25 ff.
- keine Anhörung des Betriebsrats 29
- Wirkung der Anfechtung 30, 31 f.
- Zulässigkeit der Anfechtung 18 f.
Anhörung des Betriebsrats 95 f., 145 f., 148, 171 f.
- Änderungskündigung 171 f.
- Aufhebungsvertrag 259 f.
- außerordentliche Kündigung 145 f.
- Doppelanhörung 95 f.
- Kündigung 95 f.
- ordentliche Kündigung 148
- Verbrauch durch Zeitablauf 96
Annahmeverzug 68 ff., 222 ff.
- Leistungsangebot, ordnungsgemäßes 70, 224 ff.
- Leistungsfähigkeit des Schuldners 224
- Mitwirkungshandlung des Arbeitgebers 226 f.
- tatsächliches Angebot 224
- überflüssiges Angebot 225 ff.
- und Unmöglichkeit 68, 222 ff.
- wörtliches Angebot 224 f.
Arbeitgeber
- als Unternehmer 311
Arbeitnehmer
- als Verbraucher 311 f.
- Begriff 178 ff.
Arbeitnehmerhaftung 54 ff., 160 ff.
s. a. *Mankohaftung*
- Freistellungsanspruch 59 ff.
- Haftung im Außenverhältnis 59
Arbeitsleistung
- Fixschuldcharakter 44, 67, 221
Arbeitslohn 160
Arbeitsunfall
- Haftungsausschluss 57 f.

Arbeitsverhältnis
- Abgrenzung zum Selbstständigen 178 ff.
Arbeitsverhältnis, fehlerhaftes 18 ff., 121
s. a. *Anfechtung des Arbeitsvertrags*
- Rechtswirkungen 31 ff.
Arbeitsvertrag
- als Verbrauchervertrag 311 f., 326
Arbeitsverweigerung, beharrliche 84
Arglistige Täuschung 19 ff.
s. a. *Diskriminierung, geschlechtsspezifische; Diskriminierung wegen Behinderung; Fragerecht des Arbeitgebers*
- bezüglich Geschlechts 19 ff.
- bezüglich Schwerbehinderung 22
- bezüglich Schwerbehinderteneigenschaft 23
- bezüglich Vorstrafen 24 f.
- durch aktives Tun 19 f., 21 f.
- durch Unterlassen 20
Aufhebungsvertrag 259 ff.
- Ablehnung einer Bedenkzeit 269
- Anfechtung 265 ff.
- Anhörung des Betriebsrats 259 f.
- Anwendung von Kündigungsschutzbestimmungen 260
- Drohung mit Kündigung 267 ff.
- Inhaltsirrtum 265 ff.
- Irrtum über Schwangerschaft 265 ff.
- Schriftform 259
- Sittenwidrigkeit 261 f.
- Täuschung durch Unterlassen 270 f.
- Überrumpelung 261 f.
- widerrechtliche Drohung 267 ff.
- Widerruf 272 ff.
Aufklärungspflichten des Arbeitgebers 270 f.
Aufwendungsersatz
- bei Eigenschäden des Arbeitnehmers 52 ff.
- bei Unfallschaden am Privat-PKW 53 f.
- Eigenverschulden 54 ff.
Außerordentliche Kündigung
s. a. *Kündigung; Kündigungsschutz, allgemeiner*
- beharrliche Arbeitsverweigerung 84
- doppelte Unzumutbarkeit 83 f.

- fehlende Beschäftigungsmöglichkeit 84 f.
- Kündigungsgrund 83 ff.

Befristung des Arbeitsverhältnisses 229 ff.
- Anschlussverbot 232, 235 ff.
- Bestätigung 248 f.
- Entfristungsklage 234
- Form der Befristungsvereinbarung 232, 248
- Heilung 248 f.
- Höchstdauer 235, 243, 247
- Kündbarkeit 231
- Sachgrundbefristung 114 ff., 235, 242, 249 f.
- sachgrundlose Befristung 114, 231, 235 ff., 242 ff., 247 ff.
- Schriftform 114
- Unwirksamkeit 231
- Verlängerung 231, 243
- Vermutung der Wirksamkeit 113
- Vorbeschäftigung 235 ff., 243, 248
- Wirksamkeitsfiktion 234, 241, 246
- Wirksamkeitsvoraussetzungen 112 ff., 233, 234 ff., 242 ff., 247 ff.

Benachteiligungsverbot 204 f.
Berufung 110 ff.
- Form 110
- Frist 110
- Zulässigkeit 110

Beschäftigungspflicht 123 ff.
- Nichterfüllung 124 f.
- Nichterfüllungsschaden 124 f.
- Schadensersatz wegen Nichterfüllung 124 f.

Beschäftigungsrisiko des Arbeitgebers 69, 223 f.
Besonderheiten des Arbeitsrechts 312 ff., 326
Betriebliche Übung 188 f.
Betriebsbegriff 149 f.
Billiges Ermessen 72 ff.
  s. a. *Grundrechte*; *Weisungsrecht*
- Grundrechte 73
- Interessenabwägung 75 f.

Bonusmeilen 232, 251 ff.

Direktionsrecht
  s. *Weisungsrecht*

Diskriminierung, geschlechtsspezifische
- Allgemeines Gleichbehandlungsgesetz (AGG) 20 f., 26, 126 ff.
- Ausschlussfristen 128 f.
- Benachteiligungsverbot 126 ff.
- Beweislastumkehr 131
- Entschädigungsanspruch 129 ff.
- Nichteinstellung wegen Schwangerschaft 127 f.
- Nichteinstellung wegen Wehrdiensts 126
- sachliche Rechtfertigung 20 f., 26 f., 126 f.

Diskriminierung wegen Behinderung
- Allgemeines Gleichbehandlungsgesetz (AGG) 22
- Frage nach Schwerbehinderung 22
- Frage nach Schwerbehinderteneigenschaft 23 f.
- positive Maßnahme 24
- sachliche Rechtfertigung 22

Diskriminierung wegen des Alters 204 ff., 214 ff.

Einschränkung der Arbeitnehmerhaftung
  s. *Arbeitnehmerhaftung*
Entgeltfortzahlung an Feiertagen 291 f.
Entgeltfortzahlung bei Annahmeverzug
  s. *Annahmeverzug*
Entgeltfortzahlung bei persönlicher Leistungsverhinderung 77 f.
- Gewissenskonflikt 77 f.

Entgeltfortzahlung im Krankheitsfall 45 ff., 50 f., 288 ff.
- Beweis des ersten Anscheins 46
- Darlegungs- und Beweislast 46
- Dauer 48
- Durchsetzbarkeit 50 f.
- Erkrankung während der Wartezeit 290
- Leistungsverweigerungsrecht 50 f.
- Nichtanlegen des Sicherheitsgurts 46 f.
- Nichtvorlage der AU-Bescheinigung 50 f.
- Verschuldensbegriff 45 ff.
- Wartezeit 289 f.

Entschädigung
- Ausschlussfristen 128 f.
- wegen Geschlechtsdiskriminierung 126 ff.

Erholungsurlaub
  s. a. *Urlaubsabgeltung*; *Urlaubsanspruch*

Fragerecht des Arbeitgebers
  s. a. *Diskriminierung, geschlechtsspezifische*; *Diskriminierung wegen Behinderung*
  - nach Geschlecht 19 f.
  - nach Schwerbehinderung 22
  - nach Schwerbehinderteneigenschaft 23
  - nach Vorstrafen 24 f.
"Freier Mitarbeiter" 177 ff.
Freistellungsanspruch 59 ff.

Gesetzesverstoß 204 ff., 218
Gewissenskonflikt 71 ff.
  - personenbedingte Kündigung 98
  - subjektiver Gewissensbegriff 73 f.
  - verhaltensbedingte Kündigung 97
Gleichbehandlungsgrundsatz 189 ff.
  - allgemeiner arbeitsrechtlicher 189 ff.
  - Voraussetzungen 190
Grundrechte
  - mittelbare Drittwirkung 73, 206, 207 f.
Grundsatz der Vertragstreue 76

Haftung wegen Schlechtleistung
  s. *Arbeitnehmerhaftung*
Haftungsausschluss nach §§ 104 f. SGB VII 57 f.
Herausgabeansprüche
  - Bonusmeilen 232, 251 ff.

Irrtum über verkehrswesentliche Eigenschaften 25 ff.
  s. a. *Diskriminierung, geschlechtsspezifische*; *Diskriminierung wegen Behinderung*
  - Begriff der verkehrswesentlichen Eigenschaft 25
  - Irrtum über das Geschlecht 26 f.
  - Irrtum über Schwerbehinderteneigenschaft 27 f.
  - Irrtum über Schwerbehinderung 27
  - Irrtum über Vorstrafen 28

Klagefrist 111 f., 200 f., 217
  s. a. *Kündigungsschutzklage*
Kündigung 79 ff.
  s. a. *Änderungskündigung*; *Anhörung des Betriebsrats*; *Kündigung, außerordentliche*; *Kündigung, ordentliche*; *Kündigungsschutzklage*; *Verdachtskündigung*
  - Abgrenzung zur Anfechtung 18 f.
  - Abmahnung 134 ff.
  - als ultima ratio 99, 134 ff.
  - Anwendbarkeit des AGG 204 f.
  - Auswahlentscheidung 208 f., 212 ff., 219 f.
  - bei unwirksamer Befristung 231, 238 ff.
  - bei urlaubsbedingter Abwesenheit 91
  - durch Vertreter 80, 200, 201 ff., 217 f.
  - Interessenabwägung 99
  - Kündigungserklärung 145, 148
  - Kündigungsfreiheit 149
  - Kündigungsgrund 132 ff., 151 ff.
  - Lebensalter 204 ff., 214 ff.
  - negative Zukunftsprognose 98 f.
  - per Telefax 90
  - Schriftform 132, 145, 148
  - Sittenwidrigkeit 206 ff., 218 f.
  - soziale Rechtfertigung 97, 203 f., 218
  - unwiderlegliche Vermutung der Wirksamkeit 200 f., 217
  - Verhältnismäßigkeit 134 ff.
  - Verstoß gegen gesetzliches Verbot 204 ff., 218
  - Verstoß gegen Treu und Glauben 209 ff., 219 f.
  - Willkürverbot 212
  - Zugang 89 ff.
  - Zurückweisung nach § 174 BGB 80 ff., 201 ff., 218
Kündigung, außerordentliche 144 ff.
  s. a. *Anhörung des Betriebsrats*
  - Kündigungserklärung 145
  - Kündigungserklärungsfrist 145
Kündigung, ordentliche 147 ff.
  s. a. *Anhörung des Betriebsrats*; *Kündigungsschutz, allgemeiner*
  - Kündigungserklärung 148
  - Kündigungsgrund 149 ff., 151 ff.

Kündigung, personenbedingte 152 ff.
s. a. *Verdachtskündigung*
- Gewissenskonflikt 98
Kündigung, verhaltensbedingte 151 f.
s. a. *Verdachtskündigung*
- Darlegungs- und Beweislast 151 f.
- Gewissenskonflikt 97 f.
- Pflichtverletzung 151
- wiederholte Verspätung 133
Kündigungserklärung 132, 200, 217
s. a. *Kündigung*
Kündigungserklärungsfrist
s. a. *Kündigung*
Kündigungsfreiheit 200
s. a. *Kündigung*
Kündigungsgrund 132 ff.
s. a. *Kündigung*
Kündigungsschutz, allgemeiner 132 f., 144 f., 149 f., 203 ff.
s. a. *Änderungskündigung*; *Kündigung, personenbedingte*; *Kündigung, verhaltensbedingte*; *Kündigungsschutzklage*; *Verdachtskündigung*
- betrieblicher Geltungsbereich 96 f., 144 f., 149 f., 203 f.
- Sozialwidrigkeit 151 ff.
- Wartezeit 96 f., 150, 203, 239 f.
Kündigungsschutzklage 79 ff., 132 ff., 144 ff., 147 ff.
s. a. *allgemeiner Feststellungsantrag*; *Änderungsschutzklage*
- allgemeine Feststellungsklage neben Kündigungsschutzklage 101 f.
- Feststellungsinteresse 145, 165
- Fristverlängerung 93
- Fristwahrung durch allgemeinen Feststellungsantrag 92 f.
- Klagefrist 79 f., 88 ff., 145, 148, 150, 165 f., 200 f., 217
- nachträgliche Zulassung 93 f.
- und allgemeiner Feststellungsantrag 79, 87
- Zulässigkeit 79, 87 ff.
Kündigungstermin 100

Mankohaftung 160 ff.
- Mankoabrede 160
- gesetzliche Haftung 161 ff.
- Beweislast 163 f.
- Schadensersatz wegen Nebenpflichtverletzung 162 ff.

- Schadensersatz wegen Unmöglichkeit eines Herausgabeanspruchs 161 f.

Offenbarungspflichten 20
s. a. *Diskriminierung, geschlechtsspezifische*; *Fragerecht des Arbeitgebers*
- bezüglich Geschlecht 20 f.
- bezüglich Vorstrafen 24 f.
Ohne Arbeit kein Lohn 44, 50, 67, 221, 288

Rechtsgestaltung
s. *Vertragsgestaltung*
Richtlinienkonforme Auslegung 215 f.
Rückzahlung nicht geschuldeter Gegenleistung 43 ff.
Rückzahlung von Gratifikationen 182 ff.
- Bindungsdauer 184 ff.
- geltungserhaltende Reduktion 186
- Inhaltskontrolle 183 f.
- Rechtsfolgen der Unangemessenheit 186 f.
Rückzahlung von Lehrgangskosten 285 ff.
Rückzahlungsvereinbarung 182 ff.

Schadensersatzansprüche 37 f., 161 ff.
s. a. *Schadensersatzansprüche des Arbeitgebers*
Schadensersatzansprüche des Arbeitgebers 37 f., 161 ff.
s. a. *Mankohaftung*
- Beweislast 163 f.
- Schadensersatz wegen Nebenpflichtverletzung 162 f.
- Schadensersatz wegen Schutzpflichtverletzung 37 f.
- Schadensersatz wegen Unmöglichkeit 161 f.
- ersatzfähige Schadenspositionen 37 f.
Schmerzensgeldanspruch 57 f.
Sittenwidrigkeit 206 ff., 218 f.

Treu und Glauben 209 ff., 219 f.

Überrumpelung 261
Unfallschäden am Privat-PKW 53 ff.
s. a. *Aufwendungsersatz*
Urlaubsabgeltung 31 ff.

Urlaubsanspruch 31 ff.
- Bindung an das Kalenderjahr 35
- Grundurlaub 34
- Übertragung 35
- Umfang 34
- Zusatzurlaub für Schwerbehinderte 34

Urlaubsgeld 188 ff.

Verantwortlichkeit nach § 326 Abs. 2 BGB 47
Verbraucher 263, 278, 311 f.
Verbrauchervertrag 311 f., 326
Verdachtskündigung 151 ff.
  s. a. *Wiedereinstellungsanspruch*
- als personenbedingte Kündigung 152
- Anhörung des Arbeitnehmers 154 f.
- dringender Tatverdacht 153 f.
- Pflichtverletzung 154
- Wiedereinstellungsanspruch 157 ff.

Verjährung 298, 300
Vertragsfreiheit 301
Vertragsgestaltung 293 ff.
  s. a. *Allgemeine Arbeitsbedingungen*
- Auswahl 295, 332
- Formulierungsvorschlag 296, 333 ff., 336 f.
- Gebot des sichersten Wegs 296

- im Studium 294
- in der ersten jur. Staatsprüfung 294
- Klärung des Sachverhalts 295
- Realisierbarkeit 295
- Regelungsbedarf 295, 298 f.
- Regelungsmöglichkeiten 295, 300
- Regelungsziel 295, 297
- Vorgehen 294

Verwirkung 298

Weisungsabhängigkeit 179 ff.
Weisungsrecht 70 f.
  s. a. *Billiges Ermessen*; *Grundrechte*
- billiges Ermessen 72 ff.
- gesetzliche Grenzen 71
- Gewissenskonflikt 71 ff.
- Grundrechte 73
- Interessenabwägung 75 f.

Weiterbeschäftigungsanspruch, allgemeiner 120 f.
Weiterbeschäftigungsverhältnis 119 f.
Wiedereinstellungsanspruch 157 ff.
- aus vertraglicher Vereinbarung 157
- aus Treu und Glauben 157 f.
- bei Verdachtskündigungen 157 ff.

Zukunftsprognose, negative 134

 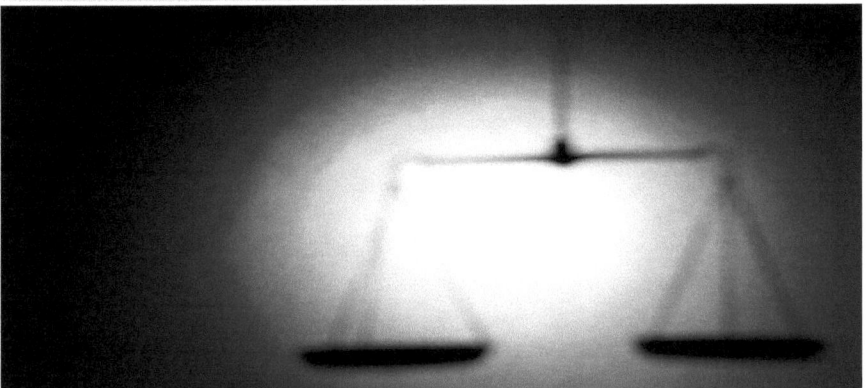

AGG im Arbeitsrecht

B. Boemke, Universität Leipzig; **F. Danko**, Dresden

Das Allgemeine Gleichbehandlungsgesetz stellt als neuer Baustein des deutschen Arbeitsrechts weitere nicht zu unterschätzende Herausforderungen an den Arbeitgeber. Um einer Vielzahl von Haftungsrisiken zu entgehen, die sich aus den Vorschriften ergeben können, ist eine Anpassung der betrieblichen Organisation bei Einstellungen, Beförderungen und Beurteilungen ebenso unerlässlich wie die genaue Überprüfung betrieblicher Individual- und Kollektivvereinbarungen. Der praxisorientierte Ratgeber erklärt systematisch die neue Gesetzeslage unter Berücksichtigung des europarechtlichen Hintergrunds und bietet aktuelle Informationen zu den Auswirkungen des AGG auf den Unternehmensalltag. Durch zahlreiche Praxisbeispiele und Handlungsempfehlungen erhält der Leser einen Leitfaden, wie die Regelungen in der betrieblichen Praxis schnell und rechtssicher umzusetzen sind.

▶ Verbindung von wissenschaftlicher Fundierung und streng praxisrelevanten Problemlösungen ▶ Zahlreiche Praxisbeispiele und Handlungsempfehlungen zur sofortigen Umsetzung in die Praxis ▶ Inklusive Merkblatt für Arbeitgeber, Arbeitgeberchecklist für das Bewerbungsverfahren und Musterformulierung für eine Betriebsvereinbarung gegen Diskriminierung

2007. Etwa 250 S. Geb.
ISBN 978-3-540-49085-2 ▶ € (D) 29,95 | € (A) 30,79 | sFr 43,00

Bei Fragen oder Bestellung wenden Sie sich bitte an ▶ Springer Distribution Center GmbH, Haberstr. 7, 69126 Heidelberg ▶ **Telefon:** +49 (0) 6221-345-4301 ▶ **Fax:** +49 (0) 6221-345-4229 ▶ **Email:** SDC-bookorder@springer.com ▶ €(D) sind gebundene Ladenpreise in Deutschland und enthalten 7% MwSt; €(A) sind gebundene Ladenpreise in Österreich und enthalten 10% MwSt. ▶ Die mit * gekennzeichneten Preise für Bücher und die mit ** gekennzeichneten Preise für elektronische Produkte sind unverbindliche Preisempfehlungen und enthalten die landesübliche MwSt. ▶ Programm- und Preisänderungen (auch bei Irrtümern) vorbehalten ▶ Springer-Verlag GmbH, Handelsregistersitz: Berlin-Charlottenburg, HR B 91022. Geschäftsführer: Haank, Mos, Gebauer, Hendriks

MIX
Papier aus verantwortungsvollen Quellen
Paper from responsible sources
FSC® C105338

If you have any concerns about our products,
you can contact us on
ProductSafety@springernature.com

In case Publisher is established outside the EU,
the EU authorized representative is:
**Springer Nature Customer Service Center GmbH
Europaplatz 3, 69115 Heidelberg, Germany**

Printed by Libri Plureos GmbH
in Hamburg, Germany